晚清
华洋军品贸易的兴起与筹划

费志杰 著

上海人民出版社

国家社科基金结项成果（2015年度国家社科基金一般项目15BZS097）

目　录

引　言

满族王朝的声威一遇到英国的枪炮就扫地以尽。①

——马克思

师夷长技以制夷。②

——魏　源

自强以练兵为要,练兵又以制器为先。③

——奕　诉

购买外洋船炮,为今日救时之第一要务。④

——曾国藩

彼之所恃以傲我者,不过擅轮船之利耳。⑤

——左宗棠

西洋诸国以火器为长技,欲求制驭之方,必须尽其所长,方足夺其所恃。⑥

——李鸿章

若不讲求精利枪炮,而欲战胜洋人,无论如何勇猛,皆属欺人妄谈。⑦

——张之洞

---

① ［德］马克思:《中国革命和欧洲革命》,《马克思恩格斯选集》第一卷,人民出版社 2012 年版,第 779 页。

② 魏源:《海国图志》,岳麓书社 1998 年版,第 1 页。

③ 中国史学会主编:《中国近代史资料丛刊·洋务运动》(三),上海人民出版社 1961 年版,第 466 页。

④ 《曾国藩奏陈购买外洋船炮并进行试造折》,中国近代兵器工业档案史料编委会:《中国近代兵器工业档案史料》第一辑,兵器工业出版社 1993 年版,第 4 页。

⑤ 《左宗棠奏覆筹议自强事宜折》,中国近代兵器工业档案史料编委会:《中国近代兵器工业档案史料》第一辑,兵器工业出版社 1993 年版,第 9 页。

⑥ 《中国近代史资料丛刊·洋务运动》(四),上海人民出版社 1961 年版,第 10 页。

⑦ 《张之洞奏陈军械制造局厂布局折》,中国近代兵器工业档案史料编委会:《中国近代兵器工业档案史料》第一辑,兵器工业出版社 1993 年版,第 10 页。

以武器为主要内容的军品是关系军队实力强弱的重要因素之一,极大影响战争的进程。19世纪中后期各资本主义国家为取得争霸战争的胜利,开始大规模进行武装力量建设,并将当时几乎所有的先进技术和发明创造引入军事领域,在远洋贸易的刺激下,军品逐渐成为重要的国际贸易内容。同时代的中国,在武装力量的建设上远远落后于世界军事变革的潮流。1840年,中国在遭遇西洋坚船利炮中败北,近代"千年未有之变局"由此形成。开眼看世界的魏源,在其《海国图志》一书中说,"是书何以作?曰:为以夷攻夷而作,为以夷款夷而作,为师夷长技以制夷而作"。①并提出了应对外部世界的初步方略。然而,该书的主张直到1858年英法联军闯入京津、攻陷大沽口,才引起清廷的真正重视。太平天国运动风起云涌,第二次鸦片战争爆发。内忧与外患交织并存,清廷疲于应付。1860年《北京条约》签订之后,身负外交重任的恭亲王奕訢、大学士文祥等纷纷上书,重提"师夷长技以制夷",欲以外交治标,船炮治本,推行洋务运动。基于镇压内部叛乱、追随世界潮流的动因,晚清政府开始引进洋枪洋炮以及军工所需设备物料,成规模的军品贸易走上历史舞台。极度落后的清末军队,借此开始加速向近代军队靠拢。近代军品进口贸易不仅规模庞大,而且耗资甚巨,在近代中外关系史和中外经济史上占有重要地位,属于近代军事变革的重要组成部分。

本书主要涉及武器弹药成品与生产武器弹药所需的设备和原料。与此相关的概念有很多。如"军火",是武器和弹药的总称。"军械",是用以毁伤目标或完成某些直接保障毁伤目标任务的军用器械,包括各种武器、弹药和随武器配套的仪器器材等。②"军装"指军事方面的装饰和装备,或单指军服。③"军备"指军事编制、装备。"军工"指军事工业或从事军事工业的人员。"军品"即军用物品,有广义和狭义之分,狭义上通常指武器装备及其他军事专用品;广义上指军队作战、生活等所需的与军队有关的一切物资,既包括武器装备等军事专用品,也包括食品、药品、油料和机电产品等军民通用品。为行文方便,本书采用"军品"概念,主要包括武器弹药及附属品、制造武器弹药所用设备原料、制造技术等。不涉及军服、食品、军人生活用品等与武器及制造没有直接关系的物品。军品的进出口贸易是国家对外贸易的重要组成部分,具有重要的政治、经济、军事意义。一般情况下,某国借鉴世界先进经验,发展本国武器装备,主要有两个途径:一是直接进口武器成

---

① 魏源:《海国图志》(原叙),学苑音像出版社2005年版,第2页。
② 辞海编辑委员会:《辞海》,上海辞书出版社1989年版,第981页。
③ 1906年12月20日,民报社发行了一册由章太炎主编的增刊,题为《天讨》。其中在军政府《谕保皇会》一文中有一句,"幸而今日军装,皆用枪炮"。晚清档案中"军装"一词常包括军火等项。中国银两标称"两"及以下的单位:两、钱、分、厘、毫、丝、忽、微、纤、沙、尘、埃、渺、漠、湖、虚、澄、清、净。

品,装备部队;二是引进制造技术,自己生产。极度缺乏工业基础的晚清政府,既要镇压国内反抗,又要抵御列强侵略,除了武器成品以及制造技术需要向西洋引进,连制造武器所需设备和物料也绝大部分都只能从西洋购买。中国近代军事工业从无到有,发展缓慢,直到辛亥革命之前都没有向外成规模出口军品的能力,因此,晚清华洋军品贸易主要指进口贸易。①书中所讨论之外洋军品购买只限中国与外洋间的军品交易,与驻华外军进口军品无涉。华洋军品贸易所涉及的范围较广、时段较长,牵涉国家众多,涉及器料繁杂,与晚清军政关系、中外关系等有着密不可分的联系,值得深入研究。

---

①　外洋军品相关度量:(1)"生""生的""米得"或"生脱",为"生的米突""生的密达"之简称,即英文 centimeter,"厘米"之译意。一般用来对火炮、枪支口径进行标示,如"三十生半"克虏伯炮,即指"305 毫米口径"克虏伯炮,"八个生的密达"意为 8 厘米口径。每"生的"合中国 0.315 尺。(2)"密里""密里迈当""密达""公厘",为英文 millimeter,即毫米之音译,一般用来对枪支口径进行标示,如"六密里八"毛瑟步枪,即"6.8 毫米口径"毛瑟步枪之意。10"密达"为 1"生的"。(3)"启罗"或"启露",为英文 kilogramme,即"千克"之音译。表示外洋枪弹重量,如弹重"二十启罗"即"20 千克"。每"启罗"合英制 2.204 6 磅。(4)"马克""分尼"为德国等国货币,100"分尼"为 1 马克。(5)"镑""先令",为英国等国货币,20"先令"为 1 英"镑",合库平银四两五钱。英国三海里等于中国十里。英金一镑,金重二钱二分;一先令,银重一钱八分。一格尼为一金镑一先令。一开而之数甚微,以中国每斤十六两,分作二千零九十五零二三七个开而,一开而合中国七毫五书一外皮五微一纤。参见《补海师岱、朱锡康致盛宣怀函》,盛宣怀全宗档案 033342-1、033344,上海图书馆藏。(6)晚清货币以白银为主,银价频繁变动,概略估计,以光绪十五年为例,直隶省粮价每石计银一两四钱,一石大约 156 斤,按一斤粮食平均 3 元人民币计算,一石粮食为 468 元。可知,光绪十五年时的一两白银相当于人民币价值 350 元左右。1888 年时中国的度量衡较为混乱,"部定库平、二两平外,又有关平、漕平、湘平、规平,更有市平、广平、津平、公议平、老广平各种平;部定漕斛外,又有各处之大斗、小斗各种斗;部定营造尺外,又有裁尺、海尺、广尺、布尺、绸尺各种尺;几于各省不同,各县不一"。余思诒:《楼船日记》,岳麓书社 2016 年版,第 68、111 页。

第一章　外患频仍引发清廷
对武器的反思

　　在西方国家发生工业革命前,中国经济、科技、文化曾经长期处于世界前列。1840 年,英国发动侵略中国的鸦片战争,中国历史的发展从此发生重大转折。近代英国洋行为了保持在中国的鸦片贸易,与英国侵华军队相互勾结,"用贩卖鸦片得来的白银换取在伦敦兑换的汇票,以支付陆海军的军费"。①正是鸦片与枪炮的结合,迅速打开了清朝虚掩的大门。地方政府屈服于外国军威成为承担过失的替罪羊,不得已戴上"卖国"的帽子。这进一步唤起排外情绪,伴随着排外运动不断向北方扩展,最终动摇老百姓对封建王朝的忠诚,民族主义运动日益兴起。各国趁机而动,"俄人逼于西疆,法人计占越南,紧接滇奥。英人谋由印度入藏及蜀"。②军机大臣文祥称,"夫敌国外患,无代无之,然未有如今日之局之奇患之深,为我敌者之多且狡也。果因此而衡虑困心,自立不败,原足作我精神,惺我心志,历我志气,所谓生于忧患者正在于此。至此而复因循泄沓,一听诸数而莫为之筹,即偶一筹念而移时辄忘,或有名无实,大局将不堪设想"。③列强瓜分中国之狂潮的兴起,在很大程度上也是由于华洋武器差距所产生的附带效果。

一、坚船利炮之威胁

　　西洋列强明知鸦片贸易不人道,却强迫中国打开贸易大门。时人强调,"此烟来自英吉利,洋人严禁其国人勿食,有犯者以炮击沉海中;而专诱他国,以耗其财,

---

①　刘诗平:《洋行之王——怡和与它的商业帝国》,中信出版社 2010 年版,第 105—106 页。
②　王家俭:《中国近代海军史论集》,文史哲出版社 1984 年版,第 9 页。
③　周家楣:《期不负斋全集》,政书 1,第 38 页,《清史列传》,中华书局 1987 年版。

弱其人"。①甚至英国国内都有人提出异议,认为罪恶的奴隶贸易都比鸦片贸易要仁慈些。因为"我们没有摧残非洲人的肉体,因为我们的直接利益要求保持他们的生命;我们没有败坏他们的品格,没有腐蚀他们的思想,没有扼杀他们的灵魂。可是鸦片贩子在腐蚀、败坏和毁灭不幸的罪人的精神世界以后,还折磨他们的肉体"。②道光皇帝1838年颁布诏书,下令在全国范围内严禁吸食鸦片,任命在两湖地区禁烟卓有成效的林则徐赴广东严厉禁烟。大批英国商人不甘心放弃鸦片走私中的暴利,采取各种卑劣手段破坏清廷的禁烟法令,甚至动用枪炮舰船,对中国进行武力恫吓。满朝文武对西洋强敌认识不足,大部分人仍然昏睡于"天朝上国"的迷梦中。地方官僚昧于世界大势,甚至对自身实力也盲目自信,"今日之大势衡之,幅员之广亘古未有,兵力不为不多,粮饷不为不足,器械不为不备,炮火不为不全。大宪发愤为雄,每省挑选兵勇一万以骁将驭之,将能爱兵兵能畏将,将识兵意兵识将情,合之可得精壮十有余万,再于近海边省各造楼船或二十号或三十号,总计亦几二百号之多,兵足船坚,即以此渡数万里之重洋,捣其巢穴,亦复不难"。③1839年奉旨查禁鸦片的林则徐对英国实情尚未充分了解,在给道光皇帝的奏折中写道:"夫震于英吉利之名者,以其船坚炮利而称其强,以其奢靡挥霍而艳其富。不知该夷兵船笨重,吃水深至数丈,只能取胜外洋,破浪乘风,是其长技,惟不与之在洋接仗,其技即无所施。至口内则运调不灵,一遇水浅沙胶,万难转动,是以货船进口,亦必以重赀请士人导引,而兵船更不待言矣。从前律劳卑冒昧一进虎门,旋即惊吓破胆,回澳身死,是其明证。且夷兵除枪炮外,击刺步伐,俱非所娴,而其腿足缠束紧密,屈伸皆所不便,若至岸上,更未能为。是其强非不可制也。"④

1842年6月16日晨,英军兵分两路向吴淞口进攻,以"皋华丽""布朗底""北极星"3艘战舰,共载140门重炮编成主力舰队,由轮船"谭那萨林""西索梯"拖带,从正面进攻西岸土塘和西炮台;以"摩底士底""哥伦拜恩""克里欧""阿尔吉林"4艘小型战舰共载舰炮58门,编成助攻舰队,由轮船"复仇""佛莱吉森""伯鲁多"拖带,进攻江面清军船只。牛鉴、王志元等守将临阵脱逃,吴淞口、宝山、上海等地相继失陷。7月英国侵华全权代表璞鼎查等率军舰11艘、轮船9艘、运兵船4艘、运输船48艘,载陆军10 000余人,沿长江而上,进犯镇江。英军付出39人

① 魏源:《道光洋艘征抚记》,转引自《中国近代史资料选辑》,生活・读书・新知三联书店1954年版,第3页。

② [德]马克思:《鸦片贸易史》,《马克思恩格斯全集》第12卷,人民出版社1998年版,第584—585页。

③ 《清代兵事典籍档册汇览》卷35,学苑出版社2005年版,第628页。

④ 《筹办夷务始末(道光朝)》卷1,中华书局1964年版,第217页。

毙命、130 人受伤、3 人失踪的代价占领镇江。8 月道光帝在赛尚阿建议与英军一决雌雄的奏折上批复"无人、无兵、无船,奈何,奈何"①。然而英军舰船数量虽然庞大,但其中并没有一等或二等舰,三等舰也仅有四艘,不及总数的十分之一,四等舰二艘,五等舰四艘,六等舰九艘,以及排不上名次的各式小舰,属于一支"头轻脚重"、以杂牌军充数而舰只数量又小的舰队。英国总兵力 20 万,包括正规军14 万,担负内卫任务的国民军 6 万。而清朝投入总兵力 80 万,包括八旗兵约20 万,绿营兵 60 万,占据兵力优势又有地主之利的清军,并未把英海军放在眼里。然而,实战中英军的舰炮大中小各型火炮相结合、远中近各种射程相衔接,可在 800—2 000 米以内、清军海岸炮的有效射程之外轰击炮台。英军常以数舰猛攻一处炮台,其舰炮总数常在清军海岸炮的 6 倍以上。虎门保卫战之后,战场上清军的海岸炮没有一发炮弹击中英舰,而虎门要塞十多座炮台尽被英军轰毁。

1840 年 10 月 4 日,汀漳龙道称:"坚船胜脆船,多船胜少船,大炮胜小船,今英夷所恃惟在船坚炮利,然计其支数不过四十,计其人数不过数千,且去其乡土七万余里之远,业已自失其利。……若我兵千百万之中用之无穷,又小舟如蚁战至陆路堵之于前,水师摄之于后,并用海滨之民以驾熟之船使惯用之器千百为举,四面攻击。……使之前后左右不能相顾,即其善于用炮抵敌士卒即不能抵击小舟,能抵小舟即不能抵敌士卒,必可大加惩创收效。"②实战过程中,清军由于训练疏失,武器操作始终不够严谨科学,漳州府在《行知传谕兵丁教习演放大炮由》中奏称:"钦定会典则例二千二百七十四斤之大炮载明用药四斤……每百斤用药二两八钱之数,有称炮重百斤吃药四两者此是无稽之谈最是误事,不可轻信。……不可用木棍等物捣药坚实致炮炸裂。"③邓廷桢对战洋兵则较为实际,在《筹议攻夷水战各机宜司详》中称"今仿造夹板船尚在未就,自不宜外洋接仗"。④英军不仅拥有吃水浅的铁甲轮船复仇女神号新式炮舰,能够旋转炮口射击。他们的野战炮射击准确,火力猛烈。步兵的滑膛燧发枪远胜中国火绳枪,还有部分具备击发装置的滑膛枪。清军往往固守沿岸要塞,炮口固定朝向射击。英军在海军炮火支持下,一次次地以经过训练的、准确的密集队形从侧翼攻击夺取炮台或者突破清军阵线。整个鸦片战争期间,到 1842 年 8 月《南京条约》签订,英国舰队只损失三艘

---

① 王兆春:《空教战马嘶北风》,兰州大学出版社 2005 年版,第 47 页。马幼垣:《靖海澄疆——中国近代海军史新诠》,联经出版社 2009 年版,第 7—16 页。该书认为英国海军部共有50 艘舰船、载炮 450 门,加上东印度公司 16 艘战船,运兵 4 000 人。
② 《清代兵事典籍档册汇览》卷 35,学苑出版社 2005 年版,第 65 页。
③ 同上书,第 101—104 页。
④ 同上书,第 14 页。

舰船,且全系失事沉毁而与中国的抵抗毫无关系。①道光皇帝感慨中西方差距,"推其原始由于巨舰水师与之接仗,其来不可拒,其去不可追"。②清廷下谕旨要求川鄂沿海各省赶造战船,并设法购买外国战舰,对"有捐赀制造战船炮位者"和"力能设法购买夷船者"予以"从优鼓励"。至于仿造西洋舰船则没有得到更多的人赞同,"中国既鲜坚大之材,又无机巧之匠,勉强草创,断不能与夷船等量齐观。况舵水人等与船素不相习,于一切运棹折戗之术俱所未谙。即使船与夷船相埒,而人不能运,亦属无济于事"。③

在咄咄逼人的英军面前,琦善认为交一笔赔款和新开放一个像厦门那样的港口给欧洲人通商,就能够不交出香港,甚而可以收回舟山。义律却认为需要使琦善明白他军事上的软弱无力,竟在 1841 年 1 月 7 日命令英军占领了虎门炮台。这时琦善才无可奈何地于 1 月 20 日同意了《穿鼻草约》。英国人在这项协议中提出的条件是割让香港;赔款六百万元;两国官员在平等的基础上直接交往,并且开放广州贸易。清帝 2 月 26 日看到奏章时勃然大怒,后草约被否决。英国维多利亚女皇批评义律不遵守巴麦尊训令,让英国利益受到损失。很快,义律就被爱尔兰人璞鼎查爵士所代替,他即着手争取得到以下的让步:赔偿鸦片价款6 189 616 元;收回行商欠债 3 000 000 元;付远征军费用约 2 500 000 元;至少开放四个新港口;保持香港,以及割让更多供免税卸货的岛屿;每个条约港口均开设英国领事馆;取消公行;以及解禁鸦片。是年 5 月广州附近的海战中,英国的"复仇女神号"钢铁汽船,排水量为 700 吨,吃水线只有 6 英尺,配备了两门发射 32 磅炮弹的大炮,在西洋看来并不算强大,却击败了中国在海上集结的任何一次对抗。英方记载了第一次鸦片战争时双方对抗的具体情形,"'复仇女神号'在赫伯特船长的率领下迅速出击,寻找目标。……追了一英里左右以后,我们突然发现了中国人所有的由武装帆船、火筏子及小舟等组成的船队,大约有 100 多艘。……密集的子弹弹无虚发地射向不知所措的中国士兵。大多数中国人驾船向岸边逃生;其他人则争先恐后地向河上游逃跑。突然,一个隐蔽的小炮台向汽船开炮,但我们只用几发炮弹,外加霰弹枪的射击便把中国人赶出炮台,还打散了一股从后面增援的军队。……短短的三个小时,除较小的船只外,还有 43 艘作战帆船被炸,32 艘火木筏被毁"。④

璞鼎查指挥的远征军,包括二十五艘正规军舰、十四艘汽轮、九艘给养船和载

---

① 马幼垣:《靖海澄疆——中国近代海军史新诠》,联经出版社 2009 年版,第 16—20 页。
② 《筹办夷务始末(道光朝)》卷 54,中华书局 1964 年版,第 2092 页。
③ 《筹办夷务始末(道光朝)》卷 65,中华书局 1964 年版,第 5 页。
④ 〔英〕约·罗伯茨:《十九世纪西方人眼中的中国》,中华书局 2006 年版,第 100—101 页。

有一万名步兵的运兵船。他带领第一批共两千名士兵和一部分舰队向北驶到福建省的重要港口厦门。该处的防务已花费二百万银两,配备各型海岸炮 400 多门,配有五十艘大战船、三个"坚不可摧"的堡垒和九千步兵,看似固若金汤。当英国远征舰队于 8 月 26 日停泊在厦门港口外时,海军司令巴尔克发现城堡非常坚固,但中国炮手的协同炮击时间却不足以阻止登陆部队夺取炮台。后来,英军很快占据周围高地,以死两名、伤十五名的代价占领厦门。8 月 29 日,中英和议,签订《南京条约》。9 月英军再攻定海,在力主抗战的钦差大臣裕谦的带领下,定海三总兵葛云飞、王锡朋、郑国鸿壮烈殉国。后人认为原因之一是"官兵的武器完全是落后的枪炮和冷兵器,作战时如同以袒胸露背之兵面对枪炮狂射之敌,结果是弹片飞击,血肉横飞,绝无取胜的可能"。①鸦片战争用火与剑的形式告诉中国人,不顺应世界军事近代化潮流就是死路一条。

第一次鸦片战争失败后,道光帝发布上谕,要求各将军督抚总结教训上奏条陈。1841 年 8 月,余含棻在其所撰的《筹海策略》中谈到"英夷猖狂并无他技,所恃者仅船炮耳,原省垣将士不可谓不众,器械不可谓不全,炮火不可谓不足,以理推之,料无不胜,况夫以逸待劳,以主逐客,我师又操必胜之权,而英夷万里行师,深入重地,又犯兵家所忌哉,酒尽使逆夷得畅所欲者。……其后乃有火炮、有鸟枪、有排枪、有边枪、有佛郎机、有神机枪、有室赛贡、有子母炮皆制自西洋,于楼船上用炮亦自西洋起"。②不过,绝大部分秉持"天朝上国"观念的遗老遗少们,并未充分认识到西洋枪炮的威力,认为将帅一心,勤加练习,就能够战胜列强。还有一部分人期望发挥陆战长处,放弃海洋而与敌决战于陆地。即便那些参战的将领虽然亲眼看到了西洋船坚炮利的威力,依然持守旧态度。一小部分人主张仿造西洋船炮的意见,没能成为主流,和议一成便逐渐消失了。在《海国图志》中魏源曾详细介绍战舰和火器的制造技术,福建巡抚陈阶平等人改进了火药的提炼方法,龚振麟改传统土模造炮法为铁模造炮法,提升火炮质量,还制造了一些新型炮架和搬运器械。不过,这些新技术并未得到广泛推广与使用。故步自封的清政府军队没有在战败中奋起直追,而是原地徘徊度过了一个相对平稳的十年,中西方的军器差距迅速增大。

1856 年开始的"亚罗号"战争(第二次鸦片战争)再次证明了中国军队之落后。僧格林沁的 3 000 蒙古骑兵一败涂地。英国海军再度攻占虎门炮台,一直打到十三行。他们用一门大炮每隔十分钟向叶名琛衙门轰击一次,轰垮城墙后派遣一支突击队冲入衙门,到处展示其火力威力。在外国军人眼中,中国军人的形象

① 王兆春:《空教战马嘶北风》,兰州大学出版社 2005 年版,第 38 页。
② 《清代兵事典籍档册汇览》卷 35,学苑出版社 2005 年版,第 522—545 页。

很差，"他们都是全副武装——火绳枪、弓和箭、剑、盾以及胸甲……中国人的火绳枪是我见到过的最糟糕的，本来就粗制滥造，又保养得极差，肯定毫无用处"。①1857 年 12 月 20 日下午，英国全权代表额尔金爵士与海军舰长艾略特乘坐一艘炮船开赴广州城，只因为中国地方官叶名琛拒绝了其入城的要求，英国军队就不顾中国 100 万人的生命，"竭尽全力确保进攻计划的实施，等等，把（英国人）生命和财产的损失降到最低点"。②毫无疑问，正是软弱的中国军队给予了英国军队无比的优越感和疯狂屠杀中国人的机会。

从魏源到林则徐，筹建新式水师的呼声日涨。1858 年两江总督何桂清有一段代表性的议论："各该夷所恃者，船坚炮利，我之师船，断难与之争锋。惟有夺其所恃，转为我用，方能制（置）其死命。盖该夷等惟利是视，虽至坚至利之物，亦不难以重价购而得之。我之元气既足，即用反间之计，以购买其船炮。弱者植之，使之助我；强者锄之，使之不敢恣肆。则夷患平而边衅弭矣。"③1858 年 4 月俄国人提出为中国购买武器，朝廷答复，"枪炮等项无须代为备办，中国从不与各国海外争锋，军器亦尚可恃，彼肯从中说合即见和好之谊，毋庸更助兵械"。④是年 12 月，英法联军第一次北上攻陷大沽，迫使清政府签订《天津条约》。第二次鸦片战争失败，仍有不少人强调战胜逆夷的手段不在器物而在人心，咸丰帝"饱浸性理名教之义，罔知兵革器物之力"。⑤曾国藩在初期也曾认为："洋枪洋药，总以少用为是。"又说："兵器当以抬鸟刀矛为根本。"⑥法国侵略军中的德里松伯爵就曾描述当时的清军武器，"那又是一些什么样的武器啊！有一些是弯把子的火绳枪，样子古里古怪的，式样老透了，使用既不方便，也没有杀伤力，其中大多数都涂上了一层红颜色；还有一些则是弓、弩、标枪和几把坏刀"。⑦在外洋坚船利炮面前，某些官僚甚至想直接放弃海防，认为"拒之于水不如拒之于陆"⑧，徐广缙、叶名琛曾上奏裁减广东水师战船。

二、华洋武器之差距

林则徐在第一次鸦片战争中，深刻认识到华洋战力之差距，"窃谓剿夷而不谋

---

① ［英］约·罗伯茨：《十九世纪西方人眼中的中国》，中华书局 2006 年版，第 99—100 页。
② 同上书，第 102 页。
③ 贾桢等编：《筹办夷务始末（咸丰朝）》第 20 卷，中华书局 1979 年版，第 7 页。
④ 《清代兵事典籍档册汇览》第 52 卷，学苑出版社 2005 年版，第 444—445 页。
⑤ 茅海建：《苦命天子咸丰皇帝奕詝》，生活·读书·新知三联书店 2006 年版，第 49 页。
⑥ 曾国藩：《曾国藩全集·家书》，岳麓书社 1994 年版，第 881 页。
⑦ 中国史学会编：《第二次鸦片战争》（第六册），上海人民出版社 1978 年版，第 282—283 页。
⑧ 《筹办夷务始末（道光朝）》卷 65，中华书局 1964 年版，第 16 页。

船炮水军,是自取败也。……议军务者皆曰不可攻其所长,故不与水战而专于陆守。此说在前一二年犹可,今则岸兵之溃更甚于水,又安得其短而攻之。……彼之炮火,远及十里内外,若我炮不能及彼,彼炮先已及我,是器不良也。彼之放炮,如内地之放排枪,连声不断,我放一炮后,须我辗转移时,再放一炮,是技不熟也。求其良且熟焉,亦无他缪巧耳。……盖内地将弁、兵丁虽不乏久历戎行之人,而皆觌面接仗,似此之相距十里、八里,彼此不见面而接仗者,未之前闻,故所谋往往相左。徐尝谓剿夷有八字要言:'器良、技熟、胆壮、心齐'是已"。①1840 年 8 月 29 日,林则徐上《密陈夷务不能歇手片》,"议者以为内地船炮非外夷之敌,与其旷日持久,何如设法羁縻。抑知夷性无厌,得一步进一步,若使威不能克,即恐患无已时。且他国效尤,更不可不虑。即以船炮而言,本为海防必需之物。虽一时难以猝办,而为长久计,亦不得不先事筹维"。②如能制造和使用与外洋相同的大炮,"不患无以制敌"。③这实为近代中国购造外洋军品之最初动议。

轻武器方面,清军沿袭明末清初的作战队形,20 名抬枪手、30 名鸟枪手、50 名冷兵器手组成三个层次,由远及近杀伤敌人,而英军则装备燧发枪和击发枪,队形灵活,作战效率高。鸦片战争之际,清朝陆军的主要火器是鸟枪和抬枪,以鸟枪居多,数量有限,至少一半以上的人还只能使用刀矛弓矢等冷兵器作战。鸟枪长六尺一寸,重六斤,火绳点火,射程 100 米以内,射速每分钟 1—2 发,枪膛和管壁均不标准,极易炸膛伤人,"是以兵丁鸟枪多有厌恶施放"④。自嘉庆五年到道光前期由于大的外患不多,清政府军工产业十分衰败,火器新造及储存都很少。随着英国鸦片侵入中国,东南沿海局势愈发紧张,冲突摩擦也愈发频繁。应时所需,1829 年前后开始装备抬枪,长七尺五寸(注:约 2.3 米),重量从十几斤到三十几斤不等,射程 500 米以内,十杆为一排,装药三两五钱,铅子重五钱,可装五个,射速每分钟 1 发。这相当于放大版的鸟枪,"一人将枪安于肩上,双手勒定皮带,又一人将枪尾托定,看准钩发"。⑤江南制造局的抬枪长达 2.45 米,重达 13.2 公斤,山西机器局的抬枪也有 2.2 米,10 公斤以上。陕西机器局的抬枪长 1.6 米,14.14 公斤。各种抬枪口径不同,山西抬枪口径 25 毫米,陕西抬枪口径达 41.3 毫米。⑥一般情况下,枪管越长,装药越多,射程越远,威力越大,较重的抬枪

①② 秦翰才:《左宗棠全传》2010 年未刊本,复旦大学图书馆藏,第 204 页。

③ 林则徐:《致姚春木、王冬寿书》,《道咸同光名人手札》第 2 集卷 2,商务印书馆 2017 年版。

④ 1840 年 4 月 4 日《澳门新闻纸》报道,《中国近代史资料丛刊·鸦片战争》(二),上海人民出版社 1954 年版,第 461 页。

⑤ 《筹办夷务始末(道光朝)》卷 25,中华书局 1964 年版,第 24 页。

⑥ 《清朝自主研发的独特枪支——抬枪,从鸦片战争一直使用到甲午战争》,https://www.360kuai.com/。

也称为抬炮。1883年中法战争,广西巡抚徐延旭对抬枪过于自信,认为法军火炮一次只装一弹,而抬枪因多装子威力更强。实际上这种武器笨重,射速既慢,射程又近。后来,对抬枪进行改造,从前膛改成后膛,用金属定装弹药代替了铅子黑火药组合。山东巡抚李秉衡在《奏山东机器局造成坚利远后膛抬枪片》里说:"其大端因乎毛瑟,兼有比利时之浑坚,哈乞开斯之利捷,释放可及四里之远,架毛瑟而上之,似为制敌利器。"1894年12月30日,四品京堂盛宣怀致电张之洞,称金陵制造局制造的后门抬枪射程远,比快炮好用,请求金陵制造局多加制造,并询问了制造局的产量和价格。①不过,同时期英军法军的步枪已经从燧发枪发展到了线膛枪。1835年后装击针枪的出现,奠定了欧洲后膛枪基础,五六十年代金属子弹取代纸壳子弹,弹仓枪产生,一系列技术改进使发射速度大为提高。英军使用的伯克式前装滑膛枪每分钟射速2—3发,射程近200米。布伦士威克击发式步枪,每分钟可发射3—4发枪弹,射程300米。从击发方式来看,中国鸟枪用火绳点火,火绳是用硝酸钾等盐类溶液浸透并经过干燥处理的麻绳,射手扣动板机时,夹在弯形杠杆上的火绳便被点燃进行发射。而英军的滑膛枪通过弹簧驱动带齿轮的轮子,与燧石摩擦起火,点燃火药进行射击;而击发枪则使用底火点燃火药进行发射。明显,英军枪族的击发方式,大大提高了发射成功率。仅从射速和射程上看,2支鸟枪相当于1支伯克枪,5支鸟枪相当于1支布伦士威克枪。

火炮方面,清军装备有以红夷大炮为原型的炮种,如"神威无敌大将军"等;也有将佛郎机炮和红夷炮结合的新品,如"制胜将军""子母炮"等;还有对传统火炮的改良品,如"威远大将军"、抬炮等。只是由于技术、材料等原因,火炮及弹药质量较难保证,所造炸弹有的不炸,有的炸膛;所铸铁炮有的膛口与炮口不合,有的火门不正。英军到达天津时,山海关清军的大炮是将翻拣出来的"前明之物"蒸洗备用的。②1835年,水师提督关天培指出,广东武备守台弁兵积习因循,并未演练,大炮既无准头又无联络。广东沿海各营所储炮弹,尚多康熙十六七年时的旧物,几乎全部锈蚀,且有孔眼,不堪使用。1836年关天培在佛山制造59门火炮,由于制造技术不过关,10门炸裂,3门损坏。③截至1840年8月,广东虎门清军装备各种火炮212门,在数质量上优于其他各海口,所装备的有800斤以下的轻型火炮,也有从800斤到9000斤不等的重型火炮。关天培上任广东水师提督后,督造了近60门新炮。但火炮炮膛内表面大多高低不平,到处是孔眼和坑洼,实战中常出现炮管被火药燃气烧红而发软或突然炸裂等情况。不仅机动性差,而且射

---

① 《盛宣怀为请速饬金陵制造局赶造后门抬枪事致署两江总督张之洞电》,《中国近代兵器工业档案史料》第一辑,兵器工业出版社1993年版,第425页。

② 《筹办夷务始末(道光朝)》卷25,中华书局1964年版,第461页。

③ 关天培:《筹海初集》,台湾华文书局1969年版,第586页。

速很慢,射程较近,大角和沙角炮台所安 3 000 斤巨炮,射程不足 1 200 米,仅能射到珠江航道的中心线。当时的《澳门新闻纸》评论认为"大约不能为害人物"。①有学者认为当时中英火炮技术水平相差无几,中国火炮仿造的是欧洲 17 世纪最先进的火炮,"中国清朝与西方的火炮技术水平之间便不会存在实质性的差距"。②西方仅在铸造、发射药、炮膛精度、炮弹和炮架炮车等方面优于中国火炮。③不过,交战胜负考验的是综合实力,主场作战的清军武器、训练、后勤等各方面,都没有任何优势足以胜敌。同期的欧洲火炮正处于发展之中,采用直膛线的滑膛前装炮发射实心球弹、球形爆炸弹、霰弹和榴霰弹。1846 年意大利发展螺旋线膛炮,使弹丸旋转、飞行稳定,提高了火炮威力、精度和射程,而且火炮实现了后装,发射速度明显提高。19 世纪 50 年代,英国军火商阿姆斯特朗研制出具有良好闭锁装置的线膛后装炮,射程更远,精度更高,批量生产后直接应用于第二次鸦片战争。

火药方面,作为最大消耗品的火药,在第一次鸦片战争前,中国的生产技术还非常落后,"造成火药不堪久贮,虽安置高燥之处,两月后即行回潮,不能致远,必须季季置办,方能得力"④。1835 年 11 月广东水师提督关天培向朝廷奏报指出,广东沿海的空气湿度大且盐分多,所用火药两个月就回潮,火力不足,射程不远,只能随用随造。广东在战备时,如果火药贮存更多,会因过时转潮失效;贮存过少,难以应付急需。中英对抗中,清军使用的仍是含硝量在 80% 以上的旧式火药,而同时期的英国军队使用的火药则采用物理和化学手段制造,吸湿性极强,便于贮存。而英国同期的火药制造工业已居于世界领先地位,被各国确定为标准的火药配方,所装备的火药不仅耐潮利于贮存,且燃烧稳定、威力大。

战舰方面,华洋差距最大,在禁海政策的影响下,清王朝的水师战船发展缓慢。主要依赖赶缯船、水艇船、哨船、八桨船等帆桨战船。缺少保护装置,除装备 1—5 门旧式火炮外,其余多为冷兵器。从数量上看,清军外海战船 28 种,内河战船 34 种。都是木质船体,用松木、杉木等为船体,易腐朽,以人力和风帆为动力,航程为 333 米至 366 米。虽然其中的大船可以载 30 门炮,但火炮质量较差,易炸裂,射程短。对外洋军舰几乎没有任何威胁。而英国舰船都装有大量火炮,大船安置 70 余门,中等船只 20—40 余门,小型船只装备 10 余门,射程最远可达

---

① 1840 年 4 月 4 日《澳门新闻纸》报道,《中国近代史资料丛刊·鸦片战争》(二),上海人民出版社 1954 年版,第 461 页。

② 潘向明:《鸦片战争前的中西火炮技术比较研究》,《清史研究》1993 年第 3 期。

③ 吕小鲜:《第一次鸦片战争时期中英两军的武器装备和作战效能》,《历史档案》1998 年第 3 期。

④ 关天培:《春秋训练筹备一十五款稿》,《筹海初集》卷三,台湾华文书局 1969 年版。

10 000 米,炮弹有实心弹、子母弹、开花弹等。到了 19 世纪中期,蒸汽机技术被运用于海军舰船的制造,产生了螺旋推进器蒸汽舰。英军的军舰与清军相比,主要有三方面优点:一是排水量大,百余吨到千余吨不等;二是行驶速度快;三是船体坚实装备精良,"周身内外,均用白铁皮包裹,惟底用铜包"。①闽浙总督邓廷桢在经过对中英舰船全面比较后说,炮船的火力实在不能相敌。②清军战法落后,指挥不当,缺乏训练,而英军在长期的掠夺殖民地的战争中积累了争夺要塞和岛屿战的丰富经验,鸦片战争中,英军通常以优势舰炮火力从正面轰击,而后掩护士兵强行登陆或从侧翼包抄,前后夹击,最后夺取整个要塞。1853—1856 年西方发生的克里米亚战争为军舰制造带来根本性的改革,蒸汽装甲战舰逐步占据重要地位,1859 年法国建造了 5 630 吨的"光荣"号战列舰,1860 年英国建造了 9 137 吨的"勇士"号蒸汽装甲战列舰。1871 年 10 月,一艘琉球宫古岛船部分乘客因闯入台湾原住民住地,惨遭杀害。1874 年 5 月,日本政府以此为借口出兵台湾。清政府遂以"铁甲尚未购妥,不便与之决裂"③,无奈之下于同年 10 月底与日本签订《北京专约》,除赔款五十万两之外,还承认日本侵台为"保民义举",次年日本就直接占领琉球。通过台湾事件,清政府充分认识到铁甲舰船与台湾重要地位的关系。湘军将领胡林翼见到外国轮船速度飞快、性能先进,被刺激吐血,认为此乃日后大患。

虽然第一次鸦片战争清廷即受到强烈的刺激,但囿于思维的僵化和财力受限,直至第二次鸦片战争爆发,清军武器装备改善不大。水师仍使用缺乏海战能力的木壳蓬帆船,火炮仍为老式前装滑膛炮,射程不足一千米,射速慢且威力小。陆军仍用刀矛、弓箭,少量射程在二三百米内且射速不大的鸟枪、抬枪。经历第二次鸦片战争的洋人回忆,"中国人的炮弹打得一点也不准","尽管他们的旧式长枪不停地开火,然而一点也不准,这样,我们的损失就和我们遇到的抵抗成不了比例"。④19 世纪 60 年代,清军武器陈旧、训练不足。同一时期的英法军队的武器装备与第一次鸦片战争时期相比,却有了很大幅度的提升。清军的鸟枪抬枪是用硝酸盐等盐溶液浸泡并干燥处理的麻绳点火,易受雨变潮失效;而英军则用摩擦起火点燃火药或使用击发帽点燃火药。英军枪械还装有刺刀,可近距离使用。英国海军舰艇大部更新为铁壳蒸汽动力舰,还制成了适于浅水航行的蒸汽炮艇。而且英军陆战已改用后装线膛阿姆斯特朗炮,法国则改用拿破仑炮。这两种火炮不仅炮身轻而移动方便,射程也都在 2 000 米左右。轻武器方面已更新为米涅式、

① 《筹办夷务始末(道光朝)》卷 59,中华书局 1964 年版,第 38 页。
② 王兆春:《空教战马嘶北风》,兰州大学出版社 2005 年版,第 12 页。
③ 《中国近代史资料丛刊·洋务运动》第 1 册,第 34 页。
④ 《第二次鸦片战争》(第六册),上海人民出版社 1978 年版,第 250、276 页。

李恩飞式和兰开斯特式线膛步枪,有效射程 1 000 米,射速快且命中精度高。①一支军队的战斗力,与武器直接相关,但往往又是综合因素起作用。1860 年前后,夏燮认为,"国家承平二百余年,海防既弛,操江亦废。自英夷就抚后,始请以捐输之余作为船炮经费,而官吏侵渔,工匠草率偷减,不及十年,皆为竹头木屑。一旦有事,以言制造,则为不虞之备;以言招募,难为迁地之良"。②武器不精的同时,清军作风松散,士气低下。镇海之战中,清军统领边指挥边吸食鸦片,带兵官因害怕遇到英军,在沿海来回行驶,定期呈交假战报。太平军面前,清军兵骄将惰,"诸将锦衣玉食,倡优歌舞,其厮养皆吸洋烟,莫不有桑中之喜,志溺气惰,贼氛一动,如以菌受斧"。③屡屡欠饷不发,军心益怨,大都有"贼匪一到,我们即走"之语。④"今则将不恤兵,兵不顾将,一旦有事,上惟无贿之患,下为有挟之求,其能免于弗戢自焚之祸哉。"⑤清军欲镇压太平军,却越镇压越多,一方面,清军将领贪生怕死而贻误战机,有临阵脱逃者、畏葸不前者、巧于趋避者等;另一方面,太平军整体实力虽未明显超过清军,却由于采用灵活机动的战略战术给清军留下深刻印象,"善侦探,善设伏,善结营,善致死于我,善踞险要地势,善诈为我军状,善为奇正抄合之术"。⑥传统重文轻武习俗的积淀消磨了被列强侵略而产生的刺激,和议终成则嬉嬉相庆,购买西洋武器的奏折并不少,不仅筹款甚艰,更常被"无庸置议"。洋务自强受到顽固派的拦阻,欲自强必先理财,而议者辄指为言利;欲自强必图振作,而议者辄斥为喜事。至稍涉洋务则更有鄙夷不屑之见横亘胸中。不知外患如此其多,时艰如此其棘,断非空谈所能有济。若事事必拘成法,恐日即危弱而终无以自强。中法战争期间,部分官僚洞察时势,认识到中国军队衰败之大端。1884 年4 月,福建道监察御史赵尔巽的奏折较为典型,"中外之不敢轻于言战者,大抵为中国船不如其坚,炮不如其利,饷不如其充足,兵不如其奋勇耳。夫船炮之讲求久矣,至于今而犹不足恃,则讲求者何事既不足恃,将坐以待困乎,抑尚有不恃船炮而可以制敌者乎,不知船炮虽精亦恃有用之人,苟有肉薄敢死之士,何船炮之足畏,何坚利之不破,况乎敌有所长即有所短,我苟深思备御之法,岂遂一筹莫展。自甘颓弱。……(上海)所置巨炮购自外洋,并未一试,临时得用否尚不可知。……非可仍拘扎营盘整队伍之旧制,亦非可尽恃学洋操习洋语之新文,奴才以为欲其进战,必先示退守之足恃,不为开花炮所惊扰,不为洋枪所冲突,乃足以

---

① 军事历史研究会:《兵家史苑》第二辑,军事科学出版社 1990 年版,第 203 页。

② 夏燮:《粤氛纪事》,中华书局 2008 年版,第 55—56 页。

③ 陈继聪:《忠义纪闻录》第 3 卷,文海出版社 1987 年版,第 14 页。

④ 王尔敏:《淮军志》,广西师范大学出版社 2008 年版,第 3 页。

⑤ 夏燮:《粤氛纪事》,中华书局 2008 年版,第 378 页。

⑥ 陈徽言:《武昌纪事·杂论》,《太平天国》(四),第 602 页。

励士气。……俄罗斯铁甲船悉用铁钢蒙于船面,炮中其上力无所施又闻广东演放开花炮,其偶遇土性松浮之处皆不能炸裂,以此数端推之,皆柔能克刚之明证,充此求之岂无破之之策。……今日饷项虽绌,然转之将来索偿兵费多寡何如,且法人亦岂富足之国而铺张如此,中国地大物博果能裁捐漏卮,固结民心亦不患无饷可筹。……果有强帅自有利兵,果有肉薄敢死之士虽无炮台土圩足以克敌矣。至于有功必赏有罪必诛,将帅得人志气坚定,不以游移废事不以败衄为优"。①洋务自强二十年,轮船、枪炮之制造小有成绩,然缺少肉薄敢死之士,仍不能御敌。需要讲求兵法进退有据、固结民心裁捐筹饷、奖惩分明志气坚定,方能克敌制胜。

三、 师夷长技以制夷

1840 年 8 月,攻占浙江定海的英军军官安突德在踏勘浙江沿海地形绘制地图时被俘,魏源应邀至军营审讯安突德,进一步加深对英国的了解,写出《英吉利之记》,后又写下《寰海》组诗,其中"欲师夷技收夷用,上策唯当选节旄"的诗句,表明他开始酝酿"师夷制夷"的思想。1841 年 5 月英军对广州进攻,清军一败涂地,平日无赖的本地盗匪和三角洲的海盗顺势变得比以前更加胆大妄为。两广的大部分地区迅速被匪帮占据,社会秩序日益混乱,成为民变的温床。1842 年魏源在《道光洋艘征抚记》中写道,节省出犒赏洋夷的数千百万金,为购买洋鲛洋艘练水战火战之用,就可以尽转外夷之长技为中国之长技,乃富国强兵之要。中国造船制炮,至多不过三百万,即可师敌之长技以制敌。②同年,魏源又在林则徐提供的《四洲志》的基础上,撰写 50 卷 57 万字的《海国图志》,序言中谈及写作动机,"是书何以作? 曰:为以夷攻夷而作,为以夷款夷而作,为师夷长技以制夷而作。……善师四夷者,能制四夷,不善师外夷者,外夷制之。……夷之长技三:一战舰,二火器,三养兵练兵之法"。③他认为中国旧式武器如刀、枪、弓箭、土炮等已不适应时代要求,应学习西方先进军事技术。提出应设译馆翻译西书,请外国军官教授军舰驾驶、训练士兵、培养工匠学习铸造等;设立船局、制炮工厂,制造军舰、枪炮等,以达到尽得西洋之长技为中国之长技的目的。然而,魏源的呼吁并未受到清廷的真正重视。林则徐曾向清廷建议以粤海关关税收入的十分之一,购置西洋新式船炮,进而"制炮造船",被道光帝斥责为"一派胡言"。④1842 年广东绅士潘世荣雇

① 《赵尚书奏议》,上海图书馆藏古籍电子文献 T28072-142,第 6790 页。
② 魏源:《魏源集》(上册),中华书局 1983 年版,第 177 页。
③ 魏源:《海国图志》,岳麓书社 1998 年版,第 1 页。
④ 《林文忠公政书》乙集卷 4,《密陈夷务不能歇手片》;《筹办夷务始末(道光朝)》卷 16,中华书局 1964 年版,第 21 页。

请洋匠制成轮船一艘,但行驶不甚灵便。靖逆将军奕山和两广总督一同将此事奏报朝廷,并提出"将来或雇觅夷匠仿式制造,或购买夷人造成之船"。①道光帝当即谕批,"火轮船式,该省所造既不适用,着即毋庸雇觅夷匠制造,亦毋庸购买"。②1843 年两广总督耆英向朝廷进呈双筒步枪和六眼小枪各一支,建议仿造,道光帝虽称其为"绝顶之妙","灵捷之至",但不同意仿造。清廷虽不支持,但各地并未停止购买少量外洋武器的尝试。1853 年 5 月上海道台吴健彰向美国购买"神羊"号(Agnus)和"羚羊"号(Antelope),7 月再次购买一只"总管"(Dewan)号轮船,组成一支舰队,向上海的"小刀会"发动攻击。③碰到太平军劲敌之后,清廷"始有购舰外洋以辅水军之议"。④

英国殖民主义依仗船坚炮利用武力打开了长期实行闭关锁国政策的清朝的大门,清政府惨败,引得美、法等列强趁火打劫相继签订一系列不平等条约,使中国的领土主权遭到破坏,中国社会从此开始进入了一个动荡不安的时代。越来越多的大臣认识到,"居今日而曰攘夷,曰驱逐出境固虚妄之论,即欲保和局、守疆土,亦非无具而能保守之也"⑤,"洋人论势不论理,彼以兵势相压,我第欲以笔舌胜之,此必不得之数也"。⑥"自周秦以后驭外之法,征战者后必不继,羁縻者事必久长。今之各国又岂有异。惟练兵、制器相去太远,正须苦做下学,工夫做到那处说到那处。"⑦时人王韬也认为,列强略土争地,有一日千里之势,所恃者惟在将士效命船械精良,以致战无不胜,所向披靡,"中国上下莫不以西方器械战法为效习自励之途"。⑧林则徐从欧洲购来数百支枪和一条用于军事训练的外国船,同时,他强调应自己制造,"以船炮而言,本为防海必需之物,虽一时难以筹办,而为长久计,亦不得不先事筹维",要求"制炮必求极利,造船必求极坚"。⑨第二次鸦片战争败北,李鸿章等重臣充分认识到武器之重要性,"东南底定,彼族无所挟持,当渐顺手。惟朝廷为远大之计仍须及时变易绿营旧制,选留劲旅,厚给粮饷,精求火器,择置能将,使各国无轻视之心,即当局有操纵之术"。⑩"西洋诸国以火器为长技,欲求制驭之方,必须尽其所长,方足夺其所恃。"⑪

---

①② 《筹办夷务始末(道光朝)》卷 5,中华书局 1964 年版,第 2470—2471 页。

③ 张国辉:《洋务运动与中国近代企业》,中国社会科学出版社 1979 年版,第 86 页。

④ 《清史稿·兵志七》,中华书局 1998 年版,第 4029 页。

⑤ 李鸿章:《筹议制造轮船未可裁撤折》,同治十一年五月十五日。

⑥ 李鸿章:《筹议海防折》,同治十三年十一月初二日。

⑦ 李鸿章:《复曾相》,同治九年闰十月二十一日。

⑧ 王尔敏:《清季军事史论集》(叙录),广西师范大学出版社 2008 年版,第 3 页。

⑨ 林则徐:《林文忠公政书》,中国书店出版社 1991 年版,第 199 页。

⑩ 李鸿章:《复薛谨堂侍郎》,同治三年九月十一日。

⑪ 李鸿章:《京营官弁习制西洋火器渐有成效折》,同治三年十二月二十七日。

军品贸易有时也成为清廷的外交筹码和手段,官僚们认为法国较为贪利,愿意通过购买枪炮船只,使法国感到有利可图,进而愿意帮助清廷镇压太平军等内患。如《着曾国藩薛焕酌雇法国匠役教习制造枪炮等事之上谕》中所说,"借夷剿贼,流弊滋多,自不可贪目前之利而贻无穷之患。惟此时初与换约,拒绝过甚,又恐夷性猜疑,转生叵测。惟有告以中国兵力足敷剿办,将来如有相资之日再当借助,以示羁縻。并设法牢笼,诱以小利。佛夷贪利最甚,或筹款购买枪炮船只,使有利可图,即可冀其亲昵,以为我用"。①

1862 年清廷开始采纳群臣之意,《着上海等各口认真学习洋人兵法及制造各项火器之法之上谕》:"逆贼窜扰东南,蔓延上海、宁波等海口,官兵不能得力,暂假洋人训练,以为自强之计。原以保卫地方,不至使洋人轻视,谓中国兵力不悟,转致视贼为重。……莫若选择员弁,令其学习外国兵法,去其所短,用其所长,于学成后自行训练中国勇丁,则既可省费,亦不至授外国人以兵柄。……广东、福建等省营伍久弛,而广州、福州各海口必须仿照上海等处学习洋人兵法,以免外国借口于中国兵力难恃,不肯协力防剿。……断不可惜目前之小费,以致仓卒间不能悉心斟酌,为外国所把持,转涉靡费。"②1866 年初总税务司赫德呈递《局外旁观论》,英国使臣威妥玛呈递《新议论略》。清廷感到"因思外国之生事与否,总视中国之能否自强为定准"③,从而引发自强之议。1866 年 4 月 5 日《着官文等妥议自强事宜之上谕》:"该使臣等所论,如中国文治、武备、财用等事之利弊,并借用外国铸钱、造船、军火、兵法各条,亦间有谈言微中之事。总在地方大吏,实力讲求,随时整顿,日有起色。俾不至为外国人所轻视,方可消患未萌,杜其窥伺之渐。……应如何设法自强使中国日后有备无患,并如何设法豫防俾各国目前不致生疑之处。"④

1866 年 8 月,总理衙门提出从直隶绿营中挑选一万五千名"练军",装备西方武器装备,驻扎在少数几个中心城市,得到批准。1867 年,江苏布政使丁日昌建议,为了节省经费以用于新武器和新训练计划,各省绿营军应至少裁减一半。不过,深信需要西方技术的士大夫仍未占大多数。1874 年台湾事件则大大促进了外洋军品之购造,"窃查日本兵踞台湾番社之事,明知彼之理曲,而苦于我之备虚。

---

① 《着曾国藩薛焕酌雇法国匠役教习制造枪炮等事之上谕》,中国近代兵器工业档案史料编委会:《中国近代兵器工业档案史料》第一辑,兵器工业出版社 1993 年版,第 3 页。

② 《着上海等各口认真学习洋人兵法及制造各项火器之法之上谕》,中国近代兵器工业档案史料编委会:《中国近代兵器工业档案史料》第一辑,兵器工业出版社 1993 年版,第 4—5 页。

③ 《着官文等妥议自强事宜之上谕》,中国近代兵器工业档案史料编委会:《中国近代兵器工业档案史料》第一辑,兵器工业出版社 1993 年版,第 7 页。

④ 同上书,第 7—8 页。

据沈葆桢来函,谓现在兵端未开,澎湖、鸡笼等处,彼以避风为词,宜防而未宜遽阻;然现为筹防之计,购买铁甲轮船未成。李鸿章函述,曾致沈葆桢信,并令提督唐定奎只自扎营操练,勿遽开仗。实以一经决裂,滨海、沿江处处皆应设防,各口之防难恃,不得不慎于发端"。①是年李鸿章说得非常明白:"历代备边多在西北,其强弱之势、客主之形皆适相埒,且犹有中外界限。今则东南海疆万余里,各国通商传教,来往自如,麇集京师及各省腹地,阳托和好之名,阴怀吞噬之计,一国生事,诸国构煽,实为数千年来未有之变局。轮船电报之速,瞬息千里;军器机事之精,工力百倍;炮弹所到,无坚不摧,水陆关隘,不足限制,又为数千年来未有之强敌。"②中法战争爆发后,时任四川总督都宝桢全力支持,1882 年 6 月奉谕由四川官运局每年拨银二十万两,协济云南。为云南前线提供了大量的军火和军需物资。太平天国后期,随着国内危机不再突出,清廷对外患的感觉日益加深。1869 年 2 月 27 日慈禧太后与曾国藩对话,"(太后)问:近来外省督抚也说及防海的事否?(曾国藩)对:近来因长毛捻子闹了多年,就把洋人的事都看松些。问:这是一件大事,总搁下来未办。对:这是第一件大事,不定那一天他就翻了。兵是必要练的。那怕一百年不开仗,也须练兵防备他"。③"靖内患""御外侮"成为晚清王朝"军事自强"的最大动力。

经过两次鸦片战争,中国门户洞开,以"天朝上国"姿态孤芳自赏的时代一去不复返了。李鸿章等实力派官僚清醒认识到,"中西交涉以来,中国处处示弱,失算于人,良由地隔数万里重洋,彼可以来,我不能往,即此先已逊人。我战十胜,不能伤其皮毛;我战两败,便已扼吭拊背。况船坚于我,炮利于我,兵精饷足于我,何怪谋国是者之自柔也"。④内忧与外患交织在一起,清廷不断败于对手,而内外对手之取胜又都有使用西洋武器的重要因素。"它的战败是由于外国武器和舰艇的优越性,所以它自然地愿意在这方面和这些近代的敌人并驾齐驱。"⑤因此,清廷着意"精求武备,为雪耻复仇之计"⑥,"仿制轮船,以夺彼族之所恃"⑦。清廷购买西洋武器,发展军工生产,镇压内乱与抵御外患都是其重要目标之一,甚至刻意用

---

① 《总理各国事务衙门奏请将所拟海防事宜交滨江沿海督抚等筹议折》,中国近代兵器工业档案史料编委会:《中国近代兵器工业档案史料》第一辑,兵器工业出版社 1993 年版,第 10 页。

② 李鸿章:《筹议海防折》,《李文忠公全集·奏稿》卷 24,清光绪末年金陵刻本,第 11—12 页。

③ 曾国藩:《曾文正公手书日记》,同治八年正月十七日,宗教文化出版社 1999 年版。

④ 《甲午中日战争·盛宣怀档案资料选辑之三》下,上海人民出版社 1982 年版,第 97 页。

⑤ 干德利:《中国进步的标记》,《中国近代史资料丛刊·洋务运动》第 8 册附录。

⑥ 礼亲王世铎等奏折,《中国近代史资料丛刊·洋务运动》第 1 册,文海出版社 1972 年版,第 118 页。

⑦ 左宗棠:《左文襄公书牍》卷 7,长沙岳麓社 1989 年版,第 25 页。

前者掩盖后者之目的。1864年5月总理各国事务衙门恭亲王奕䜣等奏称,"现在江浙尚在用兵,讬(托)名学制以剿贼,亦可不露痕迹,此诚不可失之机会也。若于贼平之后,始筹学制,则洋匠虽贪重值而肯来,洋官必疑忌而挠阻,此又势所必至者。是宜趁南省军威大振,洋人乐于见长之时,将外洋各种机利火器实力讲求,以期尽窥其中之秘,有事可以御侮,无事可以示威,即兵法所云,先为不可胜以待敌之可胜者此也。……相应请旨饬下火器营,于曾经学制军火弁兵内,拣派心灵手敏之武弁八名,兵丁四十名,发往江苏,交抚臣李鸿章差委,专令学习外洋炸炮炸弹,及各种军火机器与制器之器……务期各弁兵尽心尽力,朝夕讲求,务得西人之秘。如此则御侮有所凭借,庶国威自振,安内攘外之道不外是矣"。①内乱平息之后,抵御外侮自然成为师夷之技以制夷的主要考量。如江南制造总局和金陵机器局都是在攻克天京之后才兴建的,天津机器局的大力扩建也是在捻军覆灭之后。

"满族王朝的声威一遇到英国的枪炮就扫地以尽,天朝帝国万世长存的迷信破了产,野蛮的、闭关自守的、与文明世界隔绝的状态被打破。"②甲午战败对清廷刺激最大,得到的共识包括,绿营必须裁撤,必须使用最新精利枪炮。所有旧式鸟枪刀矛,必须完全摒弃;临时募勇不可用,必须集中兵力,长期施以训练;旧有战法不适用,必须采用新式组织战法;必须新立营伍,别择统将。③在外患频仍的强烈刺激下,以华洋军品贸易为重要载体的近代军事变革就拉开了帷幕。

---

① 《筹办夷务始末(同治朝)》卷25,中华书局1979年版,第1页。

② [德]马克思:《中国革命和欧洲革命》,《马克思恩格斯选集》第一卷,人民出版社2012年版,第779页。

③ 王尔敏:《淮军志》,广西师范大学出版社2008年版,第362页。

第二章　内部危机促使清廷实施
军品贸易

第一次鸦片战争后,中国内部民变四起,对清政权产生了巨大的威胁。以太平军为代表的起义军揭竿而起,同样以冷兵器为主,但起义军战斗力较强,承平日久的清军根本不是对手。初期,太平军由于信奉耶稣而得到外洋重视,基于利益和同情因素,甚至常常突破清军封锁开展包括军品在内的各种贸易。起义军部分使用西洋武器,极大激发了清军大批量购买西洋武器的动力。

一、各地民变频繁起事

由于晚清社会严重的不公正、清廷和地方行政当局的衰败以及官僚政治道德的沦丧等原因,第一次鸦片战争前后,各地民变风起云涌。1851 年爆发的太平天国起义是规模最大的一场民变。太平军保持着严格的教义管理,严禁吸食鸦片,不准饮酒抽烟。许多妇女被编入军事单位,各有战斗岗位,甫一出现就成为清军的强硬对手。

晚清时期清专制政权进入末路,社会积弊已深,满族统治者不以为忧,仅仅怪罪部属不力,而非从根本上进行改革。1852 年时人发出感慨,"试问天下之大,道路之多,国家安得无限之兵,无穷之饷,处处布置,处处征调乎? ……故论者为贼之初起,罪在郑祖琛;大局之坏,罪在赛尚阿;贼之窜出永安州、全州,罪在向荣、余万清;贼之窜入湖南,罪在程矞采。皆定论也"。[①]其后,十一月时朝廷对剿匪不力者革职拿问,阿克东阿、廉昌等人被置重典。然而,"自广西多事以来,城陷之速,而文武官员不知羞耻者,莫过于岳州、安庆、镇江、扬州四地矣。……国家大

---

① 中国社会科学院近代史研究所近代史资料编辑室:《太平天国文献史料集》,中国社会科学出版社 1982 年版,第 370 页。

小文武官以朦胧粉饰为事，习惯见常，不以为羞，伐异党同，是非颠倒。安徽之开防堵局也，蒋中丞无所短长，李方伯为局中总理，二公所信任者一周刺史葆元，江宁人，主持大计。怠贼至，各自奔逃，贼去后两月，复先后入皖城办事，奏称收复。贼再至，复又逃入集贤关"。①1853 年 5 月，福建省小刀会首领黄威（黄德美）首先在澄海县起事，相继攻陷厦门、安溪及漳州各城。太平军攻陷镇江及扬州之际，上海道台吴健彰为了策划防卫，征集一批强壮的福建和广东游民，组成地方团练以加强武力。后来长江上游情势稳定之后，为节省开支该团练遭遣散。上海小刀会组织的领导人福建省首领李咸池借机组织这些游民，加上广东帮的力量，准备起事。1853 年 10 月，小刀会自上海东门冲入城内，杀死县令，占领上海。

太平军在斗争初期主要使用的是旧火器。据英国人观察太平军初期所配备武器情况，"他们的武器主要是戟、短剑、长矛和劣质火绳枪，他们的确充满了可观的战斗热情。他们的活力和机警与清朝军队的迟钝和愚蠢呈现着不寻常的对比。清朝军队畏惧地看待自己的对手，承认不能与他们相对抗"。②明显太平军武器要劣于清军，容闳认为，太平军"初无枪弹军火之利器，所持者耰锄棘矜耳。以此粗笨之农具，而能所向无敌，逐北追奔，如疾风之扫秋叶，皆由宗教上所得之勇敢精神为之"。③从清军缴获太平军的武器上看，太平军初期的军器不外乎"抬枪""抬炮""鸟枪""刀矛""藤牌""大小铜铁炮""竹帽""手炮""火药""铅子""战鼓""子母炮""火药喷筒"等项。④1853 年，清军在与太平军等起义军斗争的过程中，缴获"药铅、抬枪、鸟枪，500 斤铜铁大炮、刀矛、军械、骡马不计其数"。⑤未提及西洋武器，可见双方军械方面差距不大。

太平天国后期新旧火器更新较快，装备大量洋枪洋炮。在西洋武器的来源上，主要有战场缴获、以高价向外国购买和设厂仿造三个方面。⑥太平军中最初设置了"洋炮馆"和"洋炮官"⑦，专门负责各种进口大炮的维修、保养与调拨，并制造西洋子弹、炮弹；接着在各地先后设立了许多维修、仿造外国军火的军工厂。李鸿章 1863 年克复苏州之前，"苏州城内有英国机械师参加军火工场，能制造炮弹、地

① 中国社会科学院近代史研究所近代史资料编辑室：《太平天国文献史料集》，中国社会科学出版社 1982 年版，第 375—376 页。
② 茅家琦：《太平天国对外关系史》，人民出版社 1984 年版，第 107 页。
③ 容闳：《西学东渐记》，生活·读书·新知三联书店 2011 年版，第 55 页。
④ 中国社会科学院近代史研究所近代史资料编辑室：《太平天国文献史料集》，中国社会科学出版社 1982 年版，第 190、199、200、201、203、220、234、245 页。
⑤ 《清代兵事典籍档册汇览》卷 51，学苑出版社 2005 年版，第 21、35、50、54 页。
⑥ 蓝振露：《试论太平天国的军火进口贸易》，《史学月刊》1991 年第 6 期。
⑦ 《太平天国文书汇编》，中华书局 1979 年版，第 309、445 页。

雷和比较新式的大炮"。①在李秀成的建议下,太平军中也建立了自己的洋枪队,并聘请洋人训练。②主持苏南军务的太平天国慕王谭绍光,驻守苏州时曾设法购置洋枪洋炮装备部队,并聘请数十名外国人训练炮手。1861 年冬,谭绍光在指挥太平军保卫苏州时,曾使用中外各型火炮同敌作战 2 个多月,伤毙"常捷军"官兵数百人。③李秀成在带军征战过程中,尤其是在东征江、浙、沪时,曾多次遭到美、英、法等国洋枪洋炮的大规模屠杀。所以他一直主张全力购置和仿制洋枪洋炮,以增强作战能力。临终前曾留下遗训:"与洋鬼争衡,务先买大炮早备为先。"④李秀成自述中曾记载他对常胜军装备的印象,"李巡抚有上海正关税,钱多,故招鬼兵与我交战。……太太利害,百发百中,打坏我之城池,打平城池,洋枪洋炮连响,一涌直入,是以见衍我救不及。……有一千之鬼,要押制我万之人,何人肯服? 故未用他也"。⑤太平天国引进西方军事科技和武器装备的行动,一定程度上揭开了以引进西方器物文化为口号的洋务运动的序幕。

虽然有清政府的打压和军火禁运的限制,太平军得到西方军械非常不易,但为赚取丰厚利益,西方军火商总是想方设法找到销售军火的途径。1853 年英国怡和洋行就已开始向太平军出售武器了,因洋行商人被清政府抓获,英国领事拒绝营救,所以这种情况对清军也不是什么秘密。⑥苏松太道吴健彰所部在镇江附近拿获英国商船,"内有夷人三名,洋剑一把,洋枪六十杆,洋刀四十把,洋硝一包,火药一罐。……系夷人雇装兵器至镇江卖给贼匪者,在后尚有一船装载洋枪一百四十杆,洋刀六十把及洋硝火药等物",⑦并且还有一只船躲过了检查。"合众国(美国)人三名,驾小哨船,行经白水营,载太平军人谢应泷,携有太平天国侍王李(世贤)红绸大旗一面,护照一张,洋枪五把,洋银四百九十六圆,据称为李世贤商购大轮船,以便沿海窜飏。"⑧"有英国人一名,布国(普鲁士)人三名,合众国人一名,驾船行经海门山港,被截获时,将所载货物投水,然犹起得洋枪与铜帽等件。"⑨1854 年 4 月两江总督怡良曾奏称,"上海逆匪向洋人买铜火药帽,自来机火

① 南京大学历史系太平天国研究室:《太平天国史新探》,江苏人民出版社 1982 年版,第 226 页。
② 华强:《太平天国军事经济思想检讨》,《军事历史研究》1989 年第 4 期。
③ 王兆春:《中国火器史》,军事科学出版社 1991 年版,第 320 页。
④ 太平天国历史博物馆:《太平天国文书汇编》,中华书局 1979 年版,第 544 页。
⑤ 李守孔:《中国近百余年大事述评》第一册,台湾学生书局 1997 年版,第 86 页。
⑥ 北京太平天国历史研究会:《太平天国史译丛》第一辑,中华书局 1981 年版,第 146 页。
⑦ 中国第一历史档案馆:《清政府镇压太平天国档案史料》第 10 册,社会科学文献出版社 1993 年版,第 458 页。
⑧⑨ 秦翰才:《左宗棠全传》2010 年未刊本,复旦大学图书馆藏,第 49 页。

枪,虽大雨亦可利用"。①1860 年 11 月 9 日容闳赴苏州考察太平军情况,同行中有四名洋人,英人一名、法人一名、美人两名,其一为医生,"一则贩卖枪弹者,因索值过昂,尚未成议"。②西方人观察到,"事实上,叛军有很多各式各样的武器,其中的一部分显然是最近购买来的"。③1863 年年初,"忠逆李秀成复由苏州添贼万余,炮船二百余支并带大洋炮数千架,炮子数千斤于正月初二三四日,尽夜轰打,初五黎明业将大北门外营盘攻陷,西门外两营也相继被踢"。④7 月中忠王率部回到南京,并在一个多月内,以自己的"洋枪军"不断打败曾国荃。曾国荃围攻南京之战中,太平军"挟西洋开花炮自空下击,所触皆摧"。⑤8 月洋枪队白齐文谋求复职而不成的情况下,率旧部数百人(包括洋匠马惇[Morton]等西方人约 50 名),带常胜军高桥(Kajaw)小火轮,并大量军火,自上海取道吴江至苏州投降太平军慕王谭绍光,⑥并协助太平军建兵工厂制造大小炸炮。据呤唎称,"白齐文自愿至上海招募欧人,采购军火,屡索巨款,而每归辄带白兰地数百箱,终以酗酒败事,虚废公帑,枪械不增"。⑦1864 年 10 月,李世贤占领了福建沿海的漳州,并在那里雇了十六名外国人帮助训练他的部队使用西方武器。

　　除了通过走私渠道购买外洋军品之外,太平军还有相当多的武器来自战场上的缴获。1860 年 6 月,忠王李秀成部在占领苏州、昆山等地时,不但缴获了大批洋枪洋炮,而且组织人员进行仿制,以改善太平军的装备。7 月,李秀成部又将在上海青浦缴获华尔洋枪队的 2 000 余支洋枪、100 多门洋炮⑧,装备太平军使用。同常胜军和常捷军交锋多次,太平军俘获"一艘配备有 12 对英国维多利亚时代曲射炮的炮艇,以及 6 箱炮弹等物。……这次从帝国军队手中夺得了三四十艘炮艇"。⑨忠王李秀成善于利用欧美走私船和水上伏击战术,获得许多杆洋枪和一部分洋炮弹药,战力增强。1862 年时太平军与清军和常胜军对抗,太平军有机会在

　　① 　上海社会科学院历史研究所:《上海小刀会起义史料汇编》,上海人民出版社 1958 年版,第 282 页。

　　② 　容闳:《西学东渐记》,生活·读书·新知三联书店 2011 年版,第 47 页。

　　③ 　夏春涛:《西方关于太平天国的报道》,《近代史资料》第 98 号,中国社会科学出版社 1999 年版,第 150 页。

　　④ 　《清代兵事典籍档册汇览》卷 57,学苑出版社 2005 年版,第 248 页。

　　⑤ 　徐一士:《王闿运与〈湘军志〉》,《湘军志、湘军志平议、续湘军志》,岳麓书社 1983 年版,第 177 页。

　　⑥ 　李守孔:《中国近百余年大事述评》第一册,台湾学生书局 1997 年版,第 92 页。

　　⑦ 　同上书,第 93 页。

　　⑧ 　太平天国历史博物馆:《太平天国文书汇编》,中华书局 1979 年版,第 544 页。

　　⑨ 　夏春涛:《西方关于太平天国的报道》,《近代史资料》第 98 号,中国社会科学出版社 1999 年版,第 151—152 页。

战胜常胜军时缴获西洋枪炮,"郭松林(湘军头目)等奋不顾身往来血战,将奥伦所失炸炮两尊、开花子十一个(从太平军中)夺回,该逆败退入城"。①是年5月,不少满载军火的走私船只进入宁波港。太仓之战太平军打败了华尔的洋枪队,缴获了大批洋枪洋炮等新式武器。西方媒体评论这次战斗时指出,"如果说这次作战中联军所受的损失比以往和叛乱军作战的任何一次都更大的话,那是因为对方有欧洲的卡宾枪和手枪,是那些假仁假义的走私贩提供的"。②

太平天国运动获得了不少洋人传教士的帮助,"不少的西方传教士和商人还到过镇江、苏州等太平天国占领地区,不仅带去了《圣经》、药品,有些人甚至向太平军供应手枪、小望远镜及美国制造的新式滑膛枪"。③1860年前后,上海"充斥着罪犯、投机者和失意的军人,都想在混乱中靠私运军火与太平军和清军进行秘密交易而发横财,甚至参加交战双方乘机抢劫或大捞一把"。④

到了1862年上半年时,随着外国传教士对太平天国的进一步接触,基于各自的利益考量,洋人对太平天国运动从抱有好感和期望到不理解或误解,进而全面对抗。洋人对太平天国武器的支援也大幅减少,并且从公开走入地下。当"借师助剿"成为清廷既定决策后,太平军新式武器的数量和质量就逐渐落后于清军了。攻打上海又造成太平军与列强势力的直接冲突,太平军从西洋列强个人或组织手中获得武器的渠道更加狭窄。

除了太平军之外,捻军、回军等民变力量也在战场上给了清军很大的打击。1865年至1866年,甚至用现代武器装备的李鸿章的淮军,在几次大战中也被新捻军击溃。学者们认为发生这一惊人变化的原因,是在1864年春,一支试图解南京之围而被阻于湖北的太平军参加了捻军。赖文光希望与西方人友好接触并在芝罘取得他们的武器,1866年6月,赖文光取得少数外国人的援助并拥有少量滑膛枪。1868年5月,"因捻军逼近海隅,清政府恐有洋人暗济军火,命曾国藩、丁日昌迅即派员将上海捕盗船架炮配兵,连夜驶往天津,严防海口"。⑤1871年正月马化隆归降,"缴纳骡马九百五十九匹,枪矛一百五十杆,枪械一千七十件,最后降时,令其子缴纳车轮大铜炮四尊,九节黎炮四尊,威远炮二十八尊,劈山炮二十尊,鸟枪一千三十杆,抬枪二百九十三杆,刀矛二千四百十八件,洋枪一百八十杆,火药五篓,铅子七百斤,硝磺二百九十斤,金银铜钱合银十九万两有奇,嗣又于堡内

---

① 《清代兵事典籍档册汇览》卷57,学苑出版社2005年版,第242—243页。
② 北京太平天国历史研究会:《太平天国史译丛》第二辑,中华书局1983年版,第163页。
③ 张功臣:《洋人旧事》,新华出版社2008年版,第55页。
④ 同上书,第67页。
⑤ 相守荣等:《上海军事编年》,上海社会科学院出版社1992年版,第51页。

掘得洋枪一千二百有奇"。①1877 年左宗棠率湘军至新疆达坂城对付回捻军,在一次对抗中毙敌两千余人,"收精利炮械千件"。②1886 年 9 月 29 日穆和德(赫德)致函盛宣怀,稽查外洋军火,"内函外手枪七杆送呈盛大人。昨日英国天津轮船进口拿获违禁之扦手枪七杆,估值关平银十四两,兹特送上即祈饬收按估价十分之一赐给关平银一两四钱充赏"。③这些违禁枪支,多为民变力量所购得,对清廷产生较大威胁。

二、 华洋合作绞杀起义军

为应对太平军,清廷自 1850 年 10 月 12 日由湖南拨银十万两、户部再拨银二十万两开始,到 1851 年 4 月已放银超过一百六十万两。然而随着军费的增加,清军却一败再败。咸丰只好派出军机大臣、管理户部事务赛尚阿,许以军前便宜行事,清廷为其拨款一千万两银。④然而太平军一路得胜,直到定都天京。曾国藩练出轻重火器与冷兵器相结合、水陆军齐备战斗力较强的湘军,也接连失败。

借师助剿之议不断被提起,1861 年 1 月恭亲王奕䜣等的奏折中称,"借夷剿贼,流弊滋多。然不用其剿贼,又恐其与贼勾结。惟有设法笼络,诱以小利。佛夷贪利最甚,或筹款购买枪炮船只,使其有利可图,即可冀其昵就"。⑤借师助剿便与外购枪炮一起成为清廷应对起义军的选项。太平天国后期,英法军队与清军合作共同攻打太平军,也是让清军迅速接近西洋武器的一个前提。不过,清廷最初只想借助外洋利器镇压太平军而绝不希望洋人介入战场,列强则由最初的表面维持和平、两不相助,暗地里向双方提供武器,到后来抛弃太平军,公开偏袒清军,清廷则在战场不断失利的情形下,无奈允许洋兵出面。最终华洋合作镇压太平军的局面逐渐形成。列强势力渗透到清军与太平军之争,基于四点考虑,"其一为售与双方军火,其二为备与清军战费,其三以官兵协助清军作战,其四为与太平军半官式之往来及私人间勾结"。⑥洋人组织的军队,初期主要有美国人指挥的常胜军,英国人指挥的常安军(即绿头勇),法国人指挥的常捷军(花头勇与黄头勇),还有上海租界英法人自行组织的军队。常胜军后归清政府雇募由李鸿章节制,常安军与

①　秦翰才:《左宗棠全传》2010 年未刊本,复旦大学图书馆藏第 68 页。

②　《湘军志、湘军志平议、续湘军志》,第 298 页,岳麓书社 1983 年版。

③　《赫德致盛宣怀函》,盛宣怀全宗档案 033682,上海图书馆藏。

④　茅海建:《苦命天子·咸丰皇帝奕詝》,生活·读书·新知三联书店 2006 年版,第 65、70 页。

⑤　蒋廷黻:《近代中国外交史资料辑要》上卷,湖南教育出版社 2008 年版,第 342 页。

⑥　秦翰才:《左宗棠全传》2010 年未刊本,复旦大学图书馆藏,第 48 页。

常捷军后受左宗棠节制。"此三常军外籍将士其俸给,每人每月均在银一百两以上,兵士粮饷,较其他清军高出一倍。……伤亡之后巨额抚恤,与胜利时巨额之犒赏,尚不在内。"①

　　九江失陷,江南练营兵溃之后。考虑到洋人的军械先进,战斗力强,而清朝自己的正规军则在太平军面前一触即溃,清朝政府开始筹议借洋兵助剿。1853 年 3 月 15 日上海道台吴健彰向法国领事敏体呢(de Montigny)请求派法国兵船开西尼号(le Cassini)去南京助战,被拒绝。次日开西尼兵船船长普拉斯(M. de Plas)拜会吴健彰,吴再次提出要求,也被拒绝。吴健彰不得不专门去雇用西洋船只帮助清军打仗,当时吴雇用了三只夹板船:狄丸号(De Wan)、安提洛普号(Antelope)、塞因斯号(Science),开到镇江附近助战清军。1853 年南京失陷后,江苏巡抚杨文定由吴健彰陪同会见英国领事阿礼国(Rutherford Alcock)交涉借兵之事,但被阿礼国拒绝。1854 年美国公使麦莲(Robert M. Mclane)同意借兵镇压,但因两江总督怡良不同意而作罢。1855 年法军协同清军进攻小刀会,取得成功,清朝东南各省大员们再次筹划借洋兵镇压之事。1856 年太平军全力反攻清军包围,英国人李泰国(Horatio Nelson Lay)在上海建议购买英国新造火轮船,进入长江镇压太平军,同时,也有人建议雇用外国兵船助战。1861 年 6 月英国公使卜鲁斯采纳了海关之税务司赫德提出的建议,即由李泰国出面代表清政府购置一支海军舰队。10 月,即在曾国藩收复安庆后一个多月,卜鲁斯应允了恭亲王的请求:即长江上的外国船只不得在通商口岸附近以外任何地点停泊,以使太平军难于得到外国船只提供的武器和物资。

　　1860 年 5 月,英法公使同意吴煦的请求,宣布派兵保护上海的安全,但拒绝派兵攻打苏州。上海道台吴煦便着手征集一支规模不大的"夷勇"。在那个广有资财的同胞和商业合伙人杨坊(浙江银行家,当过怡和洋行的买办)的建议下,吴煦得到了华尔(Frederick Townsend Ward)的效劳。华尔曾在中国轮船上任职,在马萨诸塞州的塞勒姆度过童年后一直在海上和陆上从事冒险生涯。华尔胆大勇敢,性情急躁,但又胸无城府,一任杨坊摆布(他最后跟杨坊的女儿结了婚)。他和几名高加索同伙领着二百名菲律宾士兵于 7 月攻陷了位于上海西南的一个重要小镇松江,但不出一个月它又沦于叛军之手。8 月李秀成攻打上海时,受到了英法联军的猛烈抵抗,停于苏州河的英舰"先驱"号(Pioneer)用大炮轰击太平军,最后太平军败退离开上海。经薛焕批准,吴云(苏州前任知府)和应宝时(吴煦的副手)于 1862 年 1 月 13 日建立了一个"中外会防局",为期待已久的联合作战筹集经费。同时清廷也发谕旨,要求总理衙门与英法使臣妥商"借兵助剿"之策,以

①　秦翰才:《左宗棠全传》2010 年未刊本,复旦大学图书馆藏,第 36 页。

防守上海。1862 年 3 月 21 日上海会防局雇英国商轮赴安庆运淮军来沪，英国驻华海军司令何伯(Vice Admiral James Hope)允发商轮护照，并令英舰予以保护。28 日所雇英商轮船 7 艘驶抵安庆，准备分三批将淮军运沪，每次 3 000 人。4 月 8 日李鸿章率亲兵营及“开字营”2 000 人抵沪，驻上海县城城南。5 月 2 日，李鸿章部淮军 6 500 人全部到达上海。协防上海中，淮军曾数次与洋兵协同作战，李鸿章看到洋兵“队伍即整，炸炮又准，攻营最为利器，贼甚胆寒”①，“洋兵数千枪炮并发，所当辄靡。其落地开花炸弹真神技也”。②

　　1860 年之前，西洋各国基本对中国保持中立态度，不公开支持太平军和清军的任何一方，不存在大规模的出兵帮助镇压。但 1860 年江南危机之后，西洋各国的态度有所转变，一方面上海的外国洋商希望为清军提供支持，以维护他们的商业利益；而另一方面，一些居住上海的外国流氓和冒险的游散军人，更盼望有机会开创新天地，“不管是太平军或是清军官兵，他们都肯参与尝试，这要看太平军和清军的领袖是否给他们机会。……因此这批人却极欢喜投效中国官方或太平军中，取得相当信任，而自组军队，为双方效力”③。当时清政府各口岸的军队雇用了许多外国军官，英、法、美三国军官都有，雇用的方式也是五花八门。1860 年后，英法等国相继主动示意愿为清廷镇压太平军，沙俄公使提出“欲派数人来京，教铸枪炮，一并教演”④。英法隐蔽地以枪械、子弹、火药源源不断接济由美国人华尔率领的专门对抗太平军的洋枪队。西方史学家马士曾说，清廷之所以没有灭亡在太平天国手里，“在相当程度上是由于英法两国在一八六○年所勉强给以，而在一八六二——一八六四年所不吝给以的外援”⑤，其中自然包括军火方面的大量供应。1862 年 3 月李鸿章在安庆组建淮军，大规模地采用西式武器装备军队和用于战场作战，取得对太平军明显的军事优势。“臣军由江南剿贼入手，本宜水而不宜陆。嗣因西洋火器精利倍于中国，自同治二年以后，分令各营雇觅洋人，教习使用炸炮洋枪之法，传习日久，颇窥奥妙。”⑥1864 年福州海关税务司英国人美里登，携带开花炮，由厦门、海澄帮助镇压太平军。⑦借师帮助镇压，大大降低清廷威信，实属无奈之举，李鸿章曾发感慨，“臣所处之位，与报名应试者无异，专借西兵

---

①　李鸿章：《上曾相》，同治元年三月二十一日。

②　李鸿章：《上曾相》，同治元年四月初二日。

③　王尔敏：《清季军事史论集》，广西师范大学出版社 2008 年版，第 282 页。

④　《筹办夷务始末（咸丰朝）》卷 67，中华书局 1979 年版，第 22 页。

⑤　马士等：《远东国际关系史》，上海书店出版社 1998 年版，第 257 页。

⑥　李鸿章：《密陈剿捻事宜片》，吴汝纶编：《李文忠公全集·奏稿》第 8 卷，文海出版社 1980 年版，第 35 页。

⑦　秦翰才：《左宗棠全传》2010 年未刊本，复旦大学图书馆藏，第 46 页。

与请人顶替者无异。故他人但作事外之议论,而臣则当细思事件之曲折。既以借助外国为深愧,尤以无兵会剿为大耻。……臣当谨遵谕旨,加意拊循,胜必相让,败必相救,不敢稍乖恩信,见轻外国"。①李鸿章明白对于洋兵帮助镇压,"若拒其所请,既非和好相待之谊,若任其所之,必有太阿倒持之忧"。②深知与洋人交往必须凭借实力,在淮军初到上海却连打胜仗的情况下,洋兵"再三来告奋勇,我谓帮我打固是甚好,但须受我指挥节制,功赏罪罚,一从军令,彼亦一一认可,然后用之,果然如约服从,成了大功"。③即便在清廷允许借师帮助镇压的大背景下,李鸿章仍然认为,"盖目前之患在内寇,长久之患在西人"。④借师帮助镇压并未因太平天国失败而结束。孙宝琦1909年升任山东巡抚后,"有一年山东闹民变,官兵已无能为力,孙宝琦秘密雇了些德国人组织了一个临时的武装力量,把变乱压了下去"。⑤

1861年在吴煦和杨坊的大量资助下,华尔按照"英国方式"操练他的士兵并用精良的连发快枪装备他们。12月8日恭亲王奕䜣致函薛焕,就赫德建议在上海购买西洋船炮用于对付太平军,进行商讨。由于参加了上海附近的战斗,它被官方封为"常胜军",以象征吉祥。常胜军的费用非常高昂,"薪粮夫价及一切军火支应视官军加至数倍,漫无限制,陆续增至四千五百人,并长夫炮船轮船经费月需饷银七八万两,前此收复松江青浦等城未尝不兼资其力,遂日益骄塞,渐成尾大不掉之势。……士迪弗立原定条约十三条,臣复加勘正增为十六条,于十一月二十五日盖印移交,分执并咨明总理衙门备案,其条约大要如裁汰常胜军为三千人……购买军火须有抚臣文书,(外国)管带官不准私购"。⑥"常胜军"依仗西洋利器,却也并非常胜不败,很多时候远未达到清廷预期。1863年3月李鸿章率淮军与"常胜军"共2 000余人以洋枪洋炮进攻太仓,太平军即退守城内,在"各城门批列炮位"轰击攻城之敌。当清军轰塌城墙冲入城内时,太平军伏兵骤起,用千余洋枪封锁城墙缺口,射击敌军,将其击退。"常胜军伤亡百余人,外国兵头亦伤十余人……该军即于二十九日退回松江。"⑦

外洋在协助清军镇压太平军的同时,偶尔也暗通款曲。1863年10月,忠王李秀成、慕王谭绍光致信常胜军戈登。《慕王谭绍光复英国会带常胜军戈登请放

---

① 蒋廷黻:《近代中国外交史资料辑要》上卷,湖南教育出版社2008年版,第349页。

② 李鸿章:《驾驭西兵片》,同治二年八月初二日。

③ 吴永口述、刘治襄笔记:《庚子西狩丛谈》,中华书局2009年版,第125页。

④ 李鸿章:《复徐寿蘅侍郎》,同治二年九月二十七日。

⑤ 天津市政协文史资料研究委员会编:《天津的洋行与买办》,天津人民出版社1987年版,第212页。

⑥ 《清代兵事典籍档册汇览》第57卷,学苑出版社2005年版,第233—234页。

⑦ 李鸿章:《进攻大仓援剿福山折》,《李鸿章全集》(1),安徽教育出版社2007年版,第199页。

出受伤诸人并欲往来买卖枪炮事书》称："顷接来信,知欲放出受伤诸人,以便医治,并欲往来买卖枪炮,兼有回去之人道及我处待人情谊,故来候函,具见桂(贵)台义重情挚。日前马敦(惇)(此人于 1863 年 5 月 7 日在常胜军中不服从戈登节制而被撤职)在于荡口夺获炮船,正应赏功,不知其因何事,不辞而去,令人思念。……至各人军装炮械,彼此皆知底细,你处图利,我处置办,听从通商,原无禁令。此时你处如有枪炮洋货,仍即照常来此交易。若或桂(贵)台肯到我处,我等亦乐共事。总之我国系与该清争取疆土,自有天命攸归,与外邦不相干涉,孰得孰失,未能预料。特着外洋商人送书前来,面达一切。桂(贵)知我情真,我等亦知桂台义挚。倘肯前来一叙,即知我等心迹。须知我等同拜上帝耶稣,一教相传,并无虚假损害之念。"①《慕王谭绍光复英国会带常胜军戈登述太平天国对外政策书》中记载,"洋商回转,接到复信,知所答笺,已经雅照。赐马拜收,骑之甚良;枪炮等件,亦已领取,种种厚情,感谢不尽。现令小制金属金珮,聊以报琼,一俟制就,即行寄呈"。②太平军攻占南京月余,"刘逆欲借温那治以通好于金陵,遂具折称臣,以宝刀为赞,且属温介绍焉。温乃遣火轮二,复以洋枪、火药通贸易于金陵,又寄逆书致殷勤,并附刘逆伪折以闻。行至镇江,江面有官兵水师巡船逻获之,解送常州。时两江总督驻扎在常,讯供得实,咨会粤东督臣查办。是时,内患方殷,大府欲以近攻远交眙其构间,事亦旋寝"。③这段文字不但如实记载了上海小刀会起义后,曾通过温那治与太平天国联系而未果的事实,而且暴露了清朝统治阶级明知温那治等在为小刀会传递信函,并有向太平天国贩卖军火之嫌疑,竟不敢加以任何惩处的畏洋如虎的丑态。

　　为了自身利益,列强可以同时与清军为敌为友。"英法联军防守上海,实际参战之日,亦正值英法联军攻占大沽,其在北方与清军为敌,却在上海协助清军作战,表面上显得十分矛盾,实际上仍是为了自身利益。"④1860 年江南大营兵溃之后,浙江巡抚王有龄、两江总督何桂清、上海道台吴煦感到官军无力对抗太平军,把所有希望寄托在借洋兵上了。而此时,中国对英、法的关系却已到了战争的边缘,英、法公使均带兵船到达上海,准备北上攻打天津,清政府对英、法两国也基本持敌对态度。很快北京沦陷,咸丰逃往热河。1860 年 6 月上海道台吴煦和上海城的绅士都向法国领事提出法军援助的请求,宁波商人杨坊甚至声明法军驻上海城内防守的费用可由他负责供给。7 月吴煦再次警告说太平军即将攻打上海,请法军和英军联合起来打退太平军。法使和英使联合发表声明,宣布上海是各国通

①　太平天国历史博物馆:《太平天国文书汇编》,中华书局 1979 年版,第 324—325 页。
②　同上书,第 325—326 页。
③　夏燮:《粤氛纪事》卷十三,清同治八年刻本 1869 年版,第 3 页。
④　王尔敏:《淮军志》,广西师范大学出版社 2008 年版,第 52—53 页。

商口岸,拒绝暴动和抢劫。不过,他们反对采取对太平军的进攻,更没有接受进攻苏州的请求。太平军屡次进攻上海都被英、法军队阻挡之后,英国军方向太平军递交文件说明上海已在英、法军队保护之下,忠王李秀成随即撤退出上海。就在英、法军队抵抗太平军,给上海的官绅带来极大安全感的同时,北京的英、法军队却占领大沽,向北京进兵。南北两地英、法军队的相反表现,恰恰说明了它们都是为着各自的利益打算。

1860 年 11 月,俄使伊格那提业夫(Nicholas Ignatieff)向中国建议,俄国愿意派兵三四百名携兵船帮助中国在长江作战。两江总督曾国藩却不愿意洋兵助战夺取湘军在江南的发展机会,仅同意借助外国技术兴造船炮,江苏巡抚薛焕和浙江巡抚王有龄则表示极其需要外兵,并极欢迎外兵的到来。薛焕甚至都推出了酬劳洋兵的办法。1861 年年底,太平军包围上海,上海的官绅想尽各种办法请求洋人派兵帮助镇压,并愿意负担相关费用。英国军方的政策是保卫上海周围三十里以内地区,海军司令何伯到南京向太平军提出这项要求,并且被同意一年有效。1862 年 2 月太平军准备向上海进攻时,特别致信给上海洋商,劝洋军严守中立,两不相扰。但英、法两国公使发出通告,宣称只要太平军在上海发生军事行动,就等于同联军宣战。太平军占领宁波后,洋商受到威胁,英、法军队对太平军有了更多的敌意。江南地区一度谣传太平军占领宁波后将向美国购船直攻天津,促使清廷加快借洋兵帮助镇压的步伐。上海的中外会防局专门为借兵帮助镇压而设立,根据当时的章程,"会防局要负担一万名洋兵的薪水、服装和使用的军火"[1],会防局还负责华尔率领的常胜军和代购轮船。曾国藩反对洋兵助攻苏州、常州、南京、南翔和嘉定,仅赞同洋兵防守上海和攻夺宁波。这其实也是清廷在自身实力屡弱应对太平军无力的前提下,"两害相权取其轻"的无奈之举,"查洋人生性好胜,起争颜面,倘得总理各国事务王大臣一言嘱其协助防守,必壮我声威"。[2]上海的清军与英法洋兵开始了初步的合作,"中外队伍三面环列,先之以洋枪,继之以炸弹火箭接连施放,瞥见贼营六座同时火起,贼势大乱,常胜军与英法两国兵当先冲入烟雾之中,大呼奋击擒斩甚多。王步云持令督饬参将郭太平等,亦各督队渝濠登墙刀矛竞举,贼势不支,向北奔溃,中外各军乘胜跟进,沿途击杀及落水淹毙者不可数计"。[3]"三品顶戴白齐文接管华尔常胜军,此次攻克嘉定颇资其力,该军四千余人,打仗向称奋勇,所有西洋炮、大炮各利器购备夙多,施放亦便,自有轮船数支再添雇数支,可敷利驶。"[4]常胜军一度欲派往金陵,要求曾国藩"督饬曾国荃等善

---

① 王尔敏:《清季军事史论集》,广西师范大学出版社 2008 年版,第 289 页。
② 《清代兵事典籍档册汇览》第 57 卷,学苑出版社 2005 年版,第 144 页。
③ 同上书,第 180 页。
④ 同上书,第 212 页。

为笼络驾驭,即可用其力以剿贼,亦可使观吾军师律之盛以折其心"。①

清廷有"借师助剿"之策,而太平天国更以与西洋同为"耶稣兄弟"为名,对西洋列强恩威并施,曾提出联合洋兵以"借师除妖"的要求。1861年3月,《殿左三中队将李鸿昭等致英法统将照会》称:"闻之抚我则后,虐我则仇,古今共此人情,中外同其心性。慨自清末以来,国祚之气运将终,主德之昏庸尤甚。在位者尽时食残,在野者常形憔悴。而且贿赂公行,良歹莫辨,此所以官逼于上,民变于下,有由来也。兹蒙天父天兄耶稣大开天恩,命我天王定鼎南京,扫除贪官酷吏之所为,以行伐暴救民之善政;不许妄拜邪神,务期共归正道。……弟等之兵士俱是束发留须,弟等之号旗着写太平天国,务宜饬令亲信人员密为查确,庶不误事,免中奸谋;望为先容。绕祈原谅,希惟钧鉴,伫候玉音。"②后来的太平天国文书显示,美国水师提督曾经与太平天国将士"畅叙雅情,私衷慰焉!仰见义谊之笃,如同一家"。③随着太平军日渐衰微,列强逐步放弃太平军,甚至军火走私都难以觅见了。

协助清军镇压太平军,外洋军队收获是非常丰富的。1862年1月13日,当太平军被发现沿吴淞江堤岸行军时,英法军队仅从船上朝他们开炮而已。但是到了2月21日,海军中将何伯便亲自带领远征队向上海东北十英里太平军所占据的高桥发动攻击。何伯的炮兵得到了三百五十名英军和六十名法军的支援,还有六百名华尔的士兵充作散兵和突击队。接着在整个4月里,对上海附近的几个市镇采取了类似的行动;但他们并不总是成功的,因为有些到手的市镇防卫不当,很快便又被太平军夺了回去。只是在2月22日何伯才致函卜鲁斯要求批准肃清上海周围三十英里以内的叛乱者。直到4月12日才得到卜鲁斯的批准,约在同时,士迪佛立将军带了约一千八百名英军从天津抵达这里。2月25日北京采纳薛焕建议,授予华尔以四等军衔和花翎顶戴。5月1日至18日,英国、法国和华尔的联军乘坐英国炮舰往返于广阔的内河水网,攻陷了三十英里内的主要市镇。对每个攻克的市镇的大力掳掠所得,都是按事先商定的协议进行"公平分配"。法军帮助清兵击溃小刀会而收复上海,获利颇丰,除赏银10 000两和绸缎4卷外,更重要的实际利益是法国租界立即向西扩张至老北门口、向东扩张至小东门外。而且上海城又特为法国人留开一个新北门,以便就近出入。

列强参与反太平军战斗的方式有三种:英、法军队直接进行干涉;为清军提供近代化的武器和训练;为非正规雇佣军分队提供外籍军官。无疑,其中以外国军队的直接作用最不重要。历史意义最大的莫过于提供近代化的武器装备,改善清

---

① 《清代兵事典籍档册汇览》第57卷,学苑出版社2005年版,第213页。
② 太平天国历史博物馆:《太平天国文书汇编》,中华书局1979年版,第310—311页。
③ 同上书,第315页。

军武器装备的同时,随之产生的军火制造业,则大大促进了中国军队和军事工业的近代化。

三、 外洋军器之初步引进

太平军出现之前,清军主要分两个体系,八旗军负责驻防全国各地要塞,绿营军则主要维持社会治安。但八旗、绿营在太平军面前均无能为力,由此,从团练开始兴起的湘军、淮军走上了历史舞台,帮助大清王朝消除了灭顶之灾。新出现的军事力量"不杂一兵,不滥出一弁,扫除陈迹,特开生面,赤地新生,庶收寸效"[①],而且"这些军队最先广泛地采用西式武器及训练方法。为武装这些军队,中国实施了'自强'计划"[②]。奕䜣曾在奏折中声称,"就今日之势论之,发捻交乘,心腹之害也"。[③]西洋武器在镇压太平军过程中发挥了较大作用,他曾直言不讳,"近年江苏用兵,雇觅英法洋弁,教练兵勇。该洋弁遂将该国制胜火器,运营应用,取我厚值。抚臣李鸿章不惜重赏,购求洋匠,设局派人学制,源源济用。各营得此利器,足以摧坚破垒,所向克捷,大江以南逐次廓清,功效之速,无有过于是也"。[④]

虽然在 19 世纪 50 年代一些清军,包括和春与张国梁的军队,已经使用"西洋毛瑟枪",但是数量少且不受重视。经制绿营兵的军械非常落后,"锅帐锹斧枪矛皆窳钝不足用"。[⑤]曾国藩作战中非常注意改进战船,"东南七省皆自有水师战船,多用湘军将,及制造皆仿湘军焉"。[⑥]1854 年,湖北武昌城署按察使知府多山面对太平军,"燃城上大炮击来寇,炮不发,拜祝之,再燃,火烟出而无声,发愤自到死"。[⑦]登州太守戴燮元在《东牟守城纪略》中记载了清军与捻军在攻守城作战的情况,1861 年 9 月捻军进入山东境内,在守城规则中谈到"城上凡冲要处所须安放炮位一尊,视路之多少安炮如之余,按几处垛设一抬枪,按几处垛设一鸟枪,见贼来,远者先点大炮次抬枪逼近再放鸟枪,不可乱放致糜火药铅子"。[⑧]太平军远早于淮军就开始使用西式武器了,"而且数量颇多,其所以不能获胜,反为淮军所制者,在于淮军之有组织,也就是淮军用湘军编伍的定制,参合西洋运用洋枪的成

---

① 李守孔:《中国近百余年大事述评》第一册,台湾学生书局 1997 年版,第 49 页。
② [英]约·罗伯茨:《十九世纪西方人眼中的中国》,中华书局 2006 年版,第 98 页。
③ 《筹办夷务始末(咸丰朝)》第 71 卷,中华书局 1979 年版,第 18 页。
④ 《筹办夷务始末(同治朝)》第 25 卷,中华书局 1964 年版,第 1 页。
⑤ 《湘军志、湘军志平议、续湘军志》,岳麓书社 1983 年版,第 158 页。
⑥ 同上书,第 82 页。
⑦ 同上书,第 29 页。
⑧ 《清代兵事典籍档册汇览》第 57 卷,学苑出版社 2005 年版,第 30 页。

法,而成为一种新的队伍。初时李鸿章仅使各军编制洋枪小队,尚未改动营制。至同治元年九月,始改各营之小枪队为洋枪队,每哨并添劈山二队,这种形式,是就旧勇改立特种武器的新营,一营可抵两营之用"。①得到西方枪炮的太平军给了清军很大的打击,促使不少清军将领要求使用西方枪炮。②

常与外洋打交道的李鸿章对西洋坚船利炮印象深刻,"外国利器强兵,百倍中国,内则狎处辇毂之下,外则布满江湖之间,实能持我短长,无以扼其气焰"。③认为中国的弓箭刀矛鸟枪旧法,断不足以制服洋人。仅 1862 年 5 月到 1864 年 7 月底,李鸿章为购买外洋军械就花费白银 90 余万两。④李鸿章对常胜军的武器装备很是看重,"英人借给戈登开花大小炮位甚多,军火杂械时肯济助,臣故与英官曲意联络,冀为我用以助中国兵力之所不逮"。⑤1862 年年底初尝洋枪之利的淮军开始大规模购置西洋火炮,次年刘铭传、程学启、张遇春营首先配备十二磅、三十二磅洋炮数门,还聘任了许多洋人教习教给中国士兵使用这些新式武器。1864 年李鸿章致函曾国藩,"鸿章尝往英、法提督兵船,见其大炮之纯熟,子药之细巧,器械之显明,队伍之雄整,实非中国所能及。其陆军虽非所长,而每攻城劫营,各项军火皆中土所无,即浮桥、云梯、炮台,别具精工妙用,亦未曾见"。⑥李鸿章未等清廷提出要求,就主动开始购买西洋武器,因为有着常胜军这样的特别军队,李鸿章为淮军购置武器就非常便利。到 1869 年淮军已装备了洋枪千余杆,淮军中专门为此改编原小枪队为洋枪队,太平军降将程学启部中即有洋枪队一营。"遇贼交锋,先以劈山炮护洋枪队而行,屡获幸胜。"⑦1869 年 9 月,四川崇庆州人黄鼎创立彝军进行镇压松潘番叛,也提到"各营演习洋枪阵法,自是更艺娴胆壮矣"。⑧1874 年日本犯台之后,李鸿章上条议强调陆军应裁汰一律改为洋枪队,

①　王尔敏:《淮军志》,广西师范大学出版社 2008 年版,第 93—94 页。
②　光绪年以前晚清主要引进的是各种前装炮,海防大讨论之后,引进了大量的后膛炮,主要有德国克虏伯火炮、英国阿姆斯特朗炮和格鲁森炮等。主要是因为各国军工技术各有所长,火炮方面,德国全用后膛,英国全用前膛,俄法则小枪多后膛,大炮多前膛,美国仍用老式滑膛。论射程和威力,前膛不如后膛,论稳固经久,后膛不若前膛。故行仗小炮宜用后膛,取其轻而及远,轮船、炮台所用大炮,以前膛为宜。西洋列强以两种方式命名火炮,一种是以发射炮弹磅数命名,如四磅炮、八磅炮、十二磅炮、二十四磅炮、四十磅炮、一百磅炮等;另一种是按火炮用途以及炮管长度与口径的比例命名,如加农炮、榴弹炮、臼炮等。
③　李鸿章:《复陈筱舫侍御》,《李鸿章全集》,《朋僚函稿》(卷五),时代文艺出版社 1998 年版,第 3237 页。
④　中国史学会编:《中国近代史资料丛刊·洋务运动》,第 3 册,第 474 页。
⑤　《清代兵事典籍档册汇览》第 57 卷,学苑出版社 2005 年版,第 257 页。
⑥　李鸿章:《上曾相》,同治元年十二月十五日。
⑦　李鸿章:《复曾沅帅》,同治元年八月二十四日。
⑧　《清代兵事典籍档册汇览》第 64 卷,学苑出版社 2005 年版,第 175 页。

"沿海防营,并换用后门进子枪,于紧要口岸附近之处屯扎大枝劲旅。无事时专讲操练兼筑堡垒,有事时专备游击,不准分调。备海口仿照洋式,修筑沙土炮台,以地步宽展,椭圆坚厚为要。炮位兼用口径八寸至十余寸者,择兵演习之。务在及远,愈速愈妙,务在能中,不中不发"。①

1853年太平军占领南京前夕,上海地方政府就购买了两艘蒸汽船,用于保护南京。清军水师与太平军作战屡屡战败,福建布政使曾望颜等官僚希望雇外洋火轮船帮助镇压。清廷深感没有西洋枪炮的威力,太平军实难对付。"惟饷项不足,船炮不甚坚利,恐难灭贼。"②1860年第二次鸦片鸦片战争刚一结束,要求购买船炮的声音骤起。1861年总税务司赫德建议清廷向英国购买兵船并配以精利枪炮,"现在派人前往购买,俟明年四五月内,有一半可到中国,其余一半明年八月可以全到。……约计一年之期,俟(咸丰)十三年三月内,即可将此项兵丁全数载入火轮船,前往长江,六日之内可到南京,步军由山路攻打,轮船由水路轰击……两路加攻,一日之内可保成功,南京一旦收回则'国家大定矣'"。如果不赶快办理,太平军"先买外国枪炮,以御官军",则清军"无论再用何法,必不能得力"。③是年7月奕䜣等奏称,"若令速购船炮,则约计明年四月可以到齐。倘失此不图,贼势既难逆料。即英、佛之笼络,亦恐无以善其后矣"。④12月掌湖广道监察御史魏睦严奏,"自海上通商以来,各色火器,又以西洋最精。……其铸炮造船,配制火药,止求制器巧捷,不计工料。又本之天文度数,参以勾股算法,故能巧发奇中,兼能及远。中原制造船炮,限于成例,不免侵渔,故不及也。……拟请旨饬下通商衙门,与英、法各国使臣,将西洋之火器火轮船等议定价值,按价购买。……先以火轮兵船,扫清江面。即以炸炮火箭等器,用攻坚城,逆贼断不能守。费银不过数十万两,丑类之歼,计日可待。与现在之老师糜饷,奏功无期者相万也。……果其实力讲求,精益求精,则船炮军械,转有胜于西洋者,亦何惮而不为耶。万一洋商良莠不一,将洋枪等器暗资粤逆,则大兵剿办更为棘手,亦不可不早为虑及也"。⑤

1861年年底,得悉太平天国有"汇银五十万两向美购买船炮之事"⑥,引起清廷很大惊恐,也更促使其加快了购船的步伐。1862年年初,总署命江苏巡抚薛焕、两广总督劳崇光等加紧执行购船计划。由此,购船之论开始正式实施。洋枪

---

① 《筹办夷务始末(同治朝)》卷99,中华书局1964年版,第16—17页。
② 《筹办夷务始末(咸丰朝)》卷79,中华书局1979年版,第17页。
③ 《海防档·购买船炮》,台湾近代史研究所1957年版,第10、12页。
④ 《筹办夷务始末(咸丰朝)》卷79,中华书局1979年版,第17—19页。
⑤ 蒋廷黻:《近代中国外交史资料辑要》上卷,湖南教育出版社2008年版,第361—362页。
⑥ 《中国近代史资料丛刊·洋务运动》第二册,上海人民出版社1961年版,第42页。

队华尔请美国驻华公使浦安臣进行干预,沪当局又担心"恐美国查禁之后,该逆或转赴英、法二国购觅"。①美国传教士罗孝全1862年1月从太平军中逃到上海,告诉赫德,太平军曾托他寄信回美国,代为购办船炮,并收到过美国国内受委托人的"回书"②。清廷决定请赫德委托回英国休假的总税务司李泰国为清政府购买兵船。1863年10月这支新式舰队驶抵上海,由英国军官阿思本(Sherard Osborn)率领,共计七艘兵船和一艘趸船。由于李泰国擅自与阿思本签订合同,只听命于皇帝指挥,不受地方督抚节制,大大出乎清廷意料之外。而且总理衙门还与李泰国建立协定,如果舰队攻陷金陵,太平天国所留财物"就十分而论,以三分归朝廷充公,以三分半归阿思本分赏外国兵弁,三分半归中国兵弁作赏。如系阿思本克复,并无官兵在事,则七分归阿思本充赏"。③担任主攻金陵的曾国藩、曾国荃等人在此情况下,声称长江要冲已被攻陷,无需外国兵船协助,进而强烈要求遣散舰队,"其一百七万之船价,即使全不能收回,亦属无关紧要"。④一个月后清廷决定全数解散该舰队。

曾国藩创办湘军伊始,对清军之败因多归结于勇气不足,"自军兴以来,二年有余,糜饷不为不多,调集大兵不为不众,而往往见贼逃溃,未闻有鏖战者,所用兵器皆大炮、鸟枪,远远轰击,未闻有短兵交锋者,其故何哉? 由兵未练习,无胆无艺故也"。⑤湘军创制,武器方面主要装备抬枪、刀矛、小枪、炮等。⑥1861年《曾国藩奏陈购买外洋船炮并进行试造折》称:"东南贼氛蔓延,果能购买外国船、炮剿贼,必能得力。⋯⋯内患既除,则外国不敢轻视中国,实于大局有益。"⑦不过,1862年以前,曾国藩的部队却并未使用外洋船炮,曾国藩相信军事制胜的秘密"实在人而不在器",而且旧式"劈山炮"十分有效。⑧后来,曾国藩也认识到湘军在湖南湖北地区获胜的部分原因是洋炮的作用。

1860年清军江南大营兵败,绿营解体,八旗兵在英法联军面前一触即溃,皇帝奔逃。抚议大臣们筹议大局,奕訢等人提出了必练之兵首先是八旗禁军和京营(火器营、健锐营、巡捕营和圆明园旗营),而且装备洋枪洋炮。练兵之首在于京师

①　《海防档》(甲),《购买船炮》,台湾近代史研究所1957年版,第57、63页。

②　同上书,第93页。

③　同上书,第174页。

④　同上书,第362页。

⑤　《湘军志、湘军志平议、续湘军志》,岳麓书社1983年版,第19页。

⑥　同上书,第160页。

⑦　《曾国藩奏陈购买外洋船炮并进行试造折》,中国近代兵器工业档案史料编委会:《中国近代兵器工业档案史料》第一辑,兵器工业出版社1993年版,第3—4页。

⑧　[美]刘广京等编,陈降译:《李鸿章评传》,上海古籍出版社1995年版,第49页;王尔敏:《淮军志》,广西师范大学出版社2008年版,第194、205—206页。

稳固,以改练洋枪洋炮为手段,不仅可以防备留驻京师的洋人军队,更可借此达到"强干弱枝"的目的。第二次鸦片战争后期,越来越多的官僚主张军事自强,一来可借洋枪洋炮威力镇压太平天国,二来可借洋枪洋炮之威力抵御外侮,维持晚清政体。他们纷纷借助魏源的"师夷长技以制夷"的口号,上奏朝廷,要求学习欧美造坚船利炮的长技,增强国家的武备,以靖内患御外侮。1865年陈廷经奏陈海防事宜,称"方今粤逆虽就殄灭,而回匪尚扰于陕甘,苗匪犹踞于云贵,西洋诸夷内则狃处辇毂之下,外则布满江湖之间,通商传教,目前虽称恭顺,蔓延日久,难保无奸民煽惑,势极可危。则欲有以靖内患、御外侮,非讲求兵制不可。⋯⋯(西洋)长技为何?一在战舰之精也,一在机器之利也。然彼有其战具,我非不可以购求;彼有其机巧,我非不可以学习"。①"⋯⋯我师其所长而用之,则西洋之长技,皆可为中国之长技,诚万世之至计也。"②"造船必须先设船厂,购料兴工,已非年余不成。自不如火轮船,剿办更为得力。第南省虽旧有二只,惟旬据赫德则称并非打仗之船,且已有一只败坏。⋯⋯据称伊国火轮船一只,大者数十万两,上可载数百人;小者每只数万两,可载百数十人。大船在内地,不利行驶。若用小火轮船十余号,益以精利枪炮,其费不过数十万两。⋯⋯若内地人一时不能尽习,亦可雇用外国人两三名,令其司舵司炮。而中国欲雇用外国人,英、佛亦不得拦阻。如欲购买,其价值先领一半,俟购齐验收后,再行全给。"③

经过两次鸦片战争和太平天国运动的冲击,清政府内部越来越多的开明官员对西方列强先进的武器装备有了更为深刻的认识。"我能自强,可以彼此相安,潜慑其狡焉思逞之计。否则,我无可恃,恐难保无轻我之心⋯⋯今既知其取胜之资,即当穷其取胜之术。"④

---

① 《陈廷经奏海防亟宜筹画等情折》,中国近代兵器工业档案史料编委会:《中国近代兵器工业档案史料》第一辑,兵器工业出版社1993年版,第6页。

② 同上书,第7页。

③ 《筹办夷务始末(咸丰朝)》卷七十九,中华书局1979年版,第17—19页。

④ 《筹办夷务始末(同治朝)》卷二十五,中华书局1964年版,第1—3页。

第三章 洋务思想对军品贸易的积极推动

经过外患内忧的打击,清朝部分官僚认识到西方坚船利炮的威力。曾国藩、李鸿章、左宗棠以及在中枢执掌大权的恭亲王奕䜣等人,采纳"师夷长技以制夷"的建议并付诸实践,开始学习西方文化及先进的技术,兴办近代化军事工业和民用企业的"洋务运动"。这是一场引进西方军事装备、机器生产和科学技术以实现富国强兵,挽救清朝统治的自救运动。其中为提高军队发展水平而进行的军事自强运动包括购置外洋船炮、输入军事常识以及设立武备学堂并派遣军事留学生、海防建设等。从人们对外洋武器的态度,到军工厂的筹划,再到外购与自造关系的处理,随着清廷各级官僚督抚对外洋武器的认识不断深入,军品贸易日渐成熟。

一、官僚大臣的呼吁

早在第一次鸦片战争时期,魏源全力支持林则徐的禁烟抗英行动,在《海国图志》中说到,"今西洋器械,借风力、水力、火力,夺造化,通神明,无非竭耳目心思之力,以前民用。因其所长而用之,即因其所长而制之,风气日开,智慧日出,方见东海之民,犹西海之民"。①强调学习西洋武器的必要性,认为英人长技无非战舰、火器、练兵养兵之法三项,"广东互市二百年,始则奇技淫巧受之,继则邪教毒烟受之,独于行军利器则不一师其长技,是但肯受害不肯受益也"。②要求在虎门建设造船厂和火器局,请英法工匠来广东制造枪炮舰船,并允许沿海商民自行设厂造船;裁撤部分旧式水师,购置西洋战舰,组建新舰队。建议仿效英法,把军工人才视为科甲出身。不过,第一次鸦片战争只是惊醒了清廷中小部分的改良派,如龚

---

① 《魏源全集》(四),岳麓书社 2011 年版,第 39 页。
② 同上书,第 35—36 页。

自珍、林则徐、徐继畬等人。但道光、咸丰二帝却依然醉心在"天朝上国"的大梦之中。"以夷制夷""以夷攻夷""师夷长技以制夷"的思想只在少数知识分子中引起反响,朝廷上下并未达成共识。

第二次鸦片战争中,清军再次败于洋兵,清政府中一些较开明的官员,如奕䜣、文祥、曾国藩、李鸿章、左宗棠等认识到武器的威力,更产生了学习借鉴的想法,"夷情叵测,反复靡常,利器精兵,百倍中国,其所以逞其贪纵者,不过持有长技耳。长技为何?一在战舰之精也,一在机器之利也。然彼有其战具,我非不可以购求;彼有其机巧,我非不可以学习"[1],人们强烈建议要把驭夷作为"天下第一要政",以免中华"为天下万国所鱼肉"[2]。1861年1月13日,钦差大臣恭亲王奕䜣、大学士桂良、户部左侍郎文祥上奏《通筹夷务全局酌拟章程六条》称:"此次夷情猖獗,凡有血气者无不同声忿恨。臣等粗知义理,岂忘国家之大计。惟念捻炽于北,发炽于南,饷竭兵疲,夷人乘我虚弱,而为其所制。如不胜其忿而与之为仇,则有旦夕之变;若忘其为害而全不设备,则贻子孙之忧……窃臣等酌议大局章程六条,其要在于审敌防边,以弭后患,然治其标而未探其源也。探源之策,在于自强。自强之术,必先练兵。现在抚议虽成,而国威未振,亟宜力图振兴,使该夷顺则可以相安,逆则可以有备,以期经久无患。况发、捻等尤宜迅图剿办,内患除则外侮自泯。查八旗禁军,素称骁勇。近来攻剿,未能得力。非兵力之不可用,实胆识之未优。若能添习火器,操演技艺,训练纯熟,则器利兵精,临阵自不虞溃散。现俄国欲数鸟枪一万杆,炮五十尊。佛国(法国)洋枪炸炮等件,均肯售卖,并肯派人教导铸造各种火器。上海等处应如何设法雇用洋人,铸造教导,臣等于议复袁甲三等剿贼折内声叙,请饬曾国藩、薛焕酌量办理。其天津通商之处,如或可以设法照办,亦拟筹款办理。……现在各营遗失器械甚多,若俟俄夷送到,佛国铸成,然后分授,既属缓不济急,且恐见轻外夷。如火器营等处,或有枪炮,或有款可筹,多为添置,先为酌办,分给八旗兵丁,即行演习。京营抬枪,极为得力。前于八里桥接仗时,圆明园官兵抬枪颇能致远,夷兵受伤甚多。且各营除排枪外,均宜多添抬枪,以资利用。至京城各营,除巡捕、健锐、火器等营,向演技艺。其余或仅习弓马,或仅习排枪,每于临阵时,防身无术,能整而不能散。胆气未优,若遇敌兵包抄,纷纷溃散。现拟有技艺各营,并习枪炮。其仅习弓马者,加习枪炮,并习技艺。并加挑选各旗营闲散余丁,另立营伍,专习技艺抬枪,认真操演。……所需操演口粮,及置备器械,需费若干,或于各营内所存办公项下酌借。如再不敷,即于户部酌领。将来章程议定,拟于新旧各海口关税内,除奉天留支东三省俸饷,上海为江

---

① 《中国近代史资料丛刊·洋务运动》第1册,上海人民出版社1961年版,第13页。

② 冯桂芬:《校邠庐抗议》,朝华出版社2017年版,第143页。

南军饷要需,暂缓酌提外,其余关口,每年酌提一成解部,另款存储,以为月支口粮,置备军装之用。并将目前借支各款归还,以清款项。庶以收夷之税,量为练兵之计,是亦体国防边之要务也。"①

不过,晚清官僚对新式武器的认可是经过一段过程的。1862 年 6 月,曾国藩给曾国荃送去 100 支洋枪,强调"弟前索洋枪,又托少泉至上海购买,兹令盛四送百杆与弟,内大者七十九,小者二十一,余不甚喜此物,盖其机最易坏,不过打二三十枪即须修整。弟与各将弁试用一二十次,识破其短处,当以余言为然也"。②"然我军仍当以抬鸟刀矛及劈山炮为根本。譬之子弟于经书八股之外,兼工诗赋杂艺则佳,若借杂艺以抛弃经书八股,则浮矣。至嘱!鲍春霆(超)并无洋枪洋药,然亦屡当大敌,未闻以无洋人军火为憾。和(春)、张(国梁)在金陵时,洋人军器最多,而无救于(咸丰)十年三月之败。弟若专从此等处用心,则风气所趋,恐部下将士人人有务外取巧之习,无反己守拙之道,或流于和、张之门径而不自觉。不可不深思,不可不猛省。真美人不甚争珠翠,真书家不甚争笔墨,然则将士之真善战者,岂必力争洋枪洋药乎?"③19 世纪 60 年代,西方列强开始走向后装线膛枪炮时代,曾国藩依然思想较为保守,从 1853 年办团练开始到 1868 年任直隶总督,前后 15 年里,其中 11 年与早就使用新式武器的太平军交手,到太平天国末期,曾国藩却仍未对新式武器持有正确态度。

太平天国被镇压之后,一些守旧派官僚沾沾自喜,认为天下太平应共庆中兴,"尚得谓之弱乎?"④梦想着回到一统天下的旧时代。以大学士倭仁、徐桐、李鸿藻等为代表的顽固派强烈反对,他们思想守旧,认为学习西方就是"以夷变夏",违反祖宗成法。1866 年恭亲王奕䜣提出在京师同文馆增设天文算学馆,聘请西人担任教习,大学士倭仁等以"上伤国体,下失人心"⑤为理由而强烈反对,甚至把制造船炮的技术问题视为一种与诡谲、异端相联系的"术数",进而提出"立国之道,尚礼义不尚权谋,根本之图,在人心不在技艺"。当清廷镇压太平天国运动之后,就强调清军兵器与兵法足以应对内忧外患,"军械兵法,无俟外求"⑥。李鸿章等官僚则强烈反驳,称:"居今日而曰'攘夷',曰'驱逐出境',固为虚妄之论。即欲保和

---

① 《筹办夷务始末(咸丰朝)》卷七十一,中华书局 1979 年版,第 17—25 页。咸丰十年十二月初三日恭亲王等奏,同月初十日奉旨准行。
② 曾国藩:《曾国藩全集》家书二,岳麓书社 1987 年版,第 834 页。
③ 蔡锷:《曾胡治兵语录》,广西师范大学出版社 2012 年版,第 187 页。
④ 方濬颐:《议复赫威两使臣论说》,转引自李时岳、胡滨:《论李鸿章的洋务思想》,《吉林大学学报》1980 年第 3 期。
⑤ 中国史学会编:《中国近代史资料丛刊·洋务运动》第 2 册,上海人民出版社 1961 年版,第 34 页。
⑥ 《筹办夷务始末(同治朝)》卷四十二,中华书局 1964 年版,第 63 页。

局、守疆土,亦非无具而能保守之也。中土士夫不深悉彼己强弱之故,一旦有变,说能御侮谁信呢? 仅有小胜,就说内乱易平,外患不足虑,难得有自信吗? 我朝处于数千年未有之奇局,自应建数千年未有之奇业,师敌所长以自强自立。"李鸿章等洋务派官僚对洋务自强的倡导,应者廖廖。他慨叹,天下事无一不误于互相牵掣,遂致一事办不成。美国罗兹曼曾指出:"李鸿章和其他新的军事领袖们率先认识到某些西方进口货的优越性,并作出了积极的反应。他们不仅聘请西方军事顾问,购买西方枪械船只,而且兴办了一大批西式学堂,以求更彻底地掌握技术革新并保证中国能更快加以吸收。可是,这种对现代化发展潜力的进一步认识仅仅限于地方军队的圈子里,没有被中央政府在全国范围提倡,没有成为国家的一项政策性问题。"①

面对讥讽洋务言谈的守旧派官僚,李鸿章说,"今日谈洋务人人怕谈,人人都不谈,天下赖何术以支持耶? 中国日弱,外人日骄,此岂一人一事之咎! 从此之后,洋务之讲求逾发遍及中华大地"。"洋务一名词,颇难下一圆满之定义,抽象言之:曰应付洋人之事务,曰模仿洋人之事务。具体言之:曰交涉,曰军备,曰商务。前一者其远应付之范围,后二者属于模仿之范围。"②冯桂芬《制洋器议》称:"购值不资,岁修不资,赏犒不资,使令之不便,驾驭之不易,其小焉者也。是尚未如借兵雇船之为愈也。借兵雇船皆暂也,非常也。目前固无隙,故可暂也,日后岂能必无隙? 故不可常也。"③

李鸿章在与洋兵协同镇压的过程中,近距离了解了西洋军品的发展程度,"深以中国军器远逊外洋为耻,日戒谕将士虚心忍辱,学得西人一二秘法,期有增益而能战之"。④"洋务最难著手,终无办法,惟望速平贼氛,讲求洋器,中国但有开花大炮、轮船两样,西人即可敛手。"⑤"若火器能与西洋相垺,平中国有余,敌外国亦无不足。"⑥罗兹曼曾指出:"上海的李鸿章,与西方的军队协同作战,观察到西方人的武器、训练方法和战术。他们认识到西方的小型武器,轻火炮,海军舰船,以及可用于支持陆上用兵的炮艇等确实有其优越性。"⑦1873 年李鸿章再次呼吁,"蕞尔日本,略效西人皮毛,亦敢睥睨上国,实逼处此,所恃多几件后门枪炮、两个铁甲船耳。中国非竟力不能致,但大家因循膜视,疆吏武臣虚心讲求者尤少,久必无以

① [美]罗兹曼:《中国的现代化》,江苏人民出版社 1988 年版,第 90—91 页。
② 秦翰才:《左宗棠全传》2010 年未刊本,复旦大学图书馆藏,第 225 页。
③ 冯桂芬:《校邠庐抗议》,朝华出版社 2017 年版,第 141—142 页。
④ 李鸿章:《上曾相》,同治元年十二月十五日。
⑤ 李鸿章:《上曾相》,同治二年四月初四日。
⑥ 李鸿章:《上曾相》,同治二年三月十七日。
⑦ [美]罗兹曼:《中国的现代化》,江苏人民出版社 1988 年版,第 89 页。

自存,可为危悚"。①对绿营仍沿用小枪、抬枪不思改进的情形,李鸿章叹道:"中土之惜小费好便易均为可嗤。……欲以自强御夷,岂不戞戛乎难之。"②

然而,还是有一部分习惯天朝上国心态的守旧派官僚却对西洋武器不以为然。两江总督李宗羲等人认为外国火器不足恃,"西洋火器日新月异,迭出不穷,今日之所谓巧,即后日之所谓拙。论中国自强之策,绝非专恃火器所制胜。观西人所著《防海新论》备言南北花旗决战之事,虽有极善之炮台,极猛极多之大炮,只能击坏一二敌船,并不禁其来去,如是火器之不足深恃,可谓明证"。③通政使于凌辰认为,"今以重洋人机器之故,不能不以是为学问、为人才,无论教必不利,学必不精,窃恐天下皆将谓国家以礼义廉耻为无用,以洋学为难能,而人心因之解体,其从而学习之者必皆无耻之人,洋器虽精,谁与国家共缓急哉","至布置一切防夷事宜,非不简器,但修我陆战之备,不必争利海中也。非不练兵,但固我士卒之心,结以忠义,不必洋人机巧也……复不必购买洋器、洋船,为敌人所饵取"。④王家璧认为"三层大兵轮船及铁甲船、蚊子船兵水雷等项,应请圣明裁断,不但毋庸购买,亦不必开厂制造,更毋庸往外国制造,以杜浮冒之门,以留急需之饷",认为将士训以忠义,即"足以固江海之防"。⑤王韬曾说,"盖以西法为可行者不过二三人,以西法为不可行、不必行者几乎盈庭皆是,或惧其难以持久者此也"。⑥1867年3月初监察御史张盛藻才上书陈述他的观点,认为自强不必依赖洋枪轮船,而取决于"练兵筹饷"和一个纲纪整肃、刑政严明的吏治。顽固派反对购买外国船炮的真实目的是反对学习西方,清廷对之进行了批评,认为"与诸议均相隔阂,即经本三人占从二人之意核实拟办,应请无庸置议"⑦。与顽固派拒绝新事物的观点不同,洋务派主张仿效西方近代军工技术,兴办新式陆海军。为了说服顽固派支持洋务运动,不少人强调要"以中国之伦常名教为原本,辅以诸国富强之术"⑧的"中体西用"思想。在中西关系上,认为"中学其本也,西学其末也;主以中学,辅以西学"。⑨王韬提出"形而上者,中国也,以道胜;形而下者,西人也,以器胜",进而主张"器则取诸西国,道则备自当躬"。⑩李鸿章说得更为明白,"炮械之精,轮船之

① ② 李鸿章:《论购办西洋枪弹船炮》,同治十三年八月二十日。

③ 《筹办夷务始末(同治朝)》卷一百,中华书局 1964 年版,第 3 页。

④ 中国史学会编:《中国近代史资料丛刊·洋务运动》第 1 册,上海人民出版社 1961 年版,第 121—122 页。

⑤ 同上书,第 133—134 页。

⑥ 《中国近代史资料丛刊·洋务运动》第 1 册,上海人民出版社 1961 年版,第 486 页。

⑦ 《李鸿章全集》(卷 6),奏议(六),安徽教育出版社 2008 年版,第 298 页。

⑧ 冯桂芬:《校邠庐抗议》,上海书店出版社 2002 年版,第 57 页。

⑨ 夏东元:《郑观应集》,上海人民出版社 1982 年版,第 276 页。

⑩ 王韬:《弢园尺牍》,中华书局 1959 年版,第 30、323 页。

捷,又大非中国所能敌。中国所长,则在秉理守义,三纲五常……盖诸国不逮亦远矣"。①

1864 年 5 月李鸿章就学制外国火器事致函总理各国事务衙门:"中国士夫沉浸于章句小楷之积习,武夫悍卒又多粗蠢而不加细心,以致所用非所学,所学非所用。无事则嗤外国之利器为奇技淫巧,以为不必学;有事则惊外国之利器为变怪神奇,以为不能学。不知洋人视火器为身心性命之学者,已数百年。一旦豁然贯通,参阴阳而配造化,实有指挥如意,从心所欲之快。……中国文武制度,事事远出西人之上,独火器万不能及。其故何由?盖中国之制器也,儒者明其理,匠人习其事,造诣两不相谋,故功效不能相并。艺之精者,充其量不过为匠目而止。洋人则不然,能造一器为国家利用者,以为显官,世食其业,世袭其职,故有祖父习是器而不能通,子孙尚世习之,必求其通而后止。上求鱼,臣干谷。苟荣利之所在,岂有不竭力研求,穷日夜之力,以期至于精通而后止乎?"②李鸿章要求为之开科取士,使制器之人也可以成就功名,吸引更多的人才精研武器制造。

1865 年,海关总税务司赫德呈递《局外旁观论》,强调"武之要在兵精,不在多。兵法、兵书、兵饷,均有应改。各省若有兵五千人,常留营内操练,不准出外谋生。十八省不过九万之多,比此时百万得力而省,京都另养一万之数,此费可于洋税扣满四成之后支销"③。英国公使馆参赞威妥玛呈递《新议论略》,强调清廷必须进行社会改革,军事方面,应该聘请外国专家指导,训练水师、陆军,这样做才能使中国兵力强盛,防御外国的干涉。④清廷感到"因思外国之生事与否,总视中国之能否自强为定准"⑤,从而引发自强之议。清廷下旨《着官文等妥议自强事宜之上谕》,"该使臣等所论,如中国文治、武备、财用等事之利弊,并借用外国铸钱、造船、军火、兵法各条,亦间有谈言微中之事。总在地方大吏,实力讲求,随时整顿,日有起色。俾不至为外国人所轻视,方可消患未萌,杜其窥伺之渐。……应如何设法自强使中国日后有备无患,并如何设法豫防俾各国目前不致生疑之处"。⑥
1866 年 6 月 25 日,陕甘总督左宗棠奏覆《筹议自强事宜折》,"就彼己强弱言之,中国前此(镇压太平军之前)兵力制土匪不足,何况制各国夷兵,前此枪炮制发逆

---

① 丁伟志等:《中西体用之间——晚清中西文化观述论》,中国社会科学出版社 1995 年版,第 160 页。

② 《李鸿章就学制外国火器事覆总理各国事务衙门函》,中国近代兵器工业档案史料编委会:《中国近代兵器工业档案史料》第一辑,兵器工业出版社 1993 年版,第 5 页。

③ 《筹办夷务始末(同治朝)》卷四十,中华书局 1964 年版,第 11—22 页。

④ 同上书,第 24—36 页。

⑤ 《着官文等妥议自强事宜之上谕》,中国近代兵器工业档案史料编委会:《中国近代兵器工业档案史料》第一辑,兵器工业出版社 1993 年版,第 7 页。

⑥ 同上书,第 7—8 页。

不足,何能敌彼中机器;今则将士之磨练日久,枪炮之制造日精,不但土匪应手歼除,即十数年滔天巨寇亦已扫除净尽。……就英、法两国而言,英诈而法悍。其助我也,法尚肯稍为尽力,英则坐观之意居多;法之兵头捐躯者数人,英无有也,法人与中国将领共事,尚有亲爱推服之词,英则忌我之能,翘我之短,明知中国兵力渐强,彼之材技有限,而且深藏以匿其短,矜诩以张其能,如此彼之所恃以傲我者,不过擅轮船之利耳"。①清廷筹议威妥玛、赫德所递论议和众大臣说帖,认为英国之傲慢的唯一的理由不过是其有轮船之利。

权衡利弊得失,"两害相权取其轻",借助洋人的帮助镇压国内民众反抗成了首要任务,以购造枪炮为中心内容的洋务运动登上历史舞台。清廷深知洋人之向背,以中国之强弱为论衡,向西人学习军工技艺,以图振兴御侮之资。"现在江、浙尚在用兵,托名学制以剿贼,亦可不露痕迹,此诚不可失之机会也。若于贼平之后,始筹学制,则洋匠虽贪重价而肯来,洋官必疑忌而挠阻,此又势所必至者。是宜趁南省军威大振,洋人乐于见长之时,将外洋各种机械火器实力讲求,以期尽窥其中之秘。有事可以御侮,无事可以示威。即兵法云,先为不可胜,以待敌之可胜者此也。臣等每于公余之际,反复筹维。洋人之向背,莫不以中国之强弱为衡,固非独一日本为然。"②

"自强"一词是1860年英法联军占领北京以后第一次出现的,它是清朝新的对外政策的一部分,强调要与欧洲列强妥协,接受条约制度。虽然要求与列强保持和平,但建立中国自己的力量仍被视为有助于维护这种和平的局面。"自强之术,必先练兵",达到外夷顺可以相安无事,逆则可以有备无患。西方火力给清朝官僚们留下了难以忘却的印象,甚至部分人认为只要有几艘炮舰,就能轻而易举地攻陷南京太平天国的要塞。1866年6月25日,陕甘总督左宗棠奏覆《筹议自强事宜折》,"道光十九年海上事起,适火轮兵船已成,英吉利遂用以入犯。厥后寻衅生端,逞其狂悖,瞰我寇事方殷,未遑远略,遂敢大肆狓猖。……(按:威妥玛、赫德所递论议、说帖)臣揣其意有三:发逆既平,彼无所挟以为重,恐启中国轻视之渐,一也;结款已满,彼无所图,欲借购雇轮船、器械因缘为利,二也;西洋各国外虽和好,内实险竟,共利则争,英人欲首倡雇船、买船之议见好各国,以固其交,又知各国必将以新法售我,思先发以笼其利,三也"。③1867年,时任江苏布政使的丁日昌在通过李鸿章呈清廷的条陈中,特别强调了建立海军的重要性,并初步提出

---

①　《左宗棠奏覆筹议自强事宜折》,中国近代兵器工业档案史料编委会:《中国近代兵器工业档案史料》第一辑,兵器工业出版社1993年版,第9页。

②　蒋廷黻:《近代中国外交史资料辑要》上卷,湖南教育出版社2008年版,第370页。

③　《左宗棠奏覆筹议自强事宜折》,中国近代兵器工业档案史料编委会:《中国近代兵器工业档案史料》第一辑,兵器工业出版社1993年版,第8页。

"变通旧制"的方案，他写道："自海氛搆衅，中国水师，无能御敌，是不独师船不及轮船夹板，即沿海炮台，亦呆无所用，沿海兵制，亦散而无统。是以洋人游弋海上，厚集其势，由一路伺隙进攻，而中国必须处处设防，不能互为援应，正犯兵家备多力少之忌。此其所以不胜者也。"因此，必须变旧制为新制，即"制造中等根驳轮船（即炮艇）……约三十号，以一提臣督之。分为三路：一曰北洋提督，驻扎大沽，直隶盛京山东各海口属之；一曰中洋提督，驻扎吴淞江口，江苏浙江各海口属之；一曰南洋提督，驻扎厦门，福建广东各海口属之。三路海军统一指挥，有事则一路为正兵，两路为奇兵，飞驰援应，如常山蛇首交至，则藩篱之势成，主客之形异，而海氛不能纵横驰突矣"。①

1891 年，薛福成出使四国回来之后，对列强竞治武备，争胜于平时，深有感触："窃尝观英法俄德美诸大国，不惮殚其物力，穷年累世，聚精会神，以求枪之灵，炮之猛，舰之精，台之坚。迨各造乎其极，而又无所用之。非不用也，殆以不用为用也。夫地球各国，平时互相考校，于其枪炮舰台之孰良孰楛，无不确有定评。一旦有事，则弱者让于强者，强者让于尤强者。殆必至之势，固然之理。强者于攻战守早有把握，则虽取千百里之地，索千百万之饷而不难。弱者于攻战守尚无把握，则亦割地输币而有所不靳。且弱国即幸而偶胜，而弱固不足以敌强，于是虑大国有再举之师，邻邦有勒和之议，终于弃地受盟。如光绪戊寅己卯之间，土耳其之于俄罗斯是也。是故与其争胜于境外，不如制胜于国中。盖必营度于平时，然后能操此无形之具。若不得已而用攻战，则已出于下策矣。然则居今之世而图国是。虽伊、吕复出，管、葛复生，谓可勿致意于枪之灵、炮之猛、舰之精、台之坚，吾不信也。"②在薛福成看来，中国已被东西列强包围，如不急求充实武备，实亦难逃列强之宰割，"自欧洲而外，火器、军械、战舰、水师谁能与之颉颃，若使避其所难者而图其所易者，悉心殚力以勤夫远略，吾亚洲其能高枕而卧哉"。③1893 年天津泰来洋行福克回信答复盛宣怀关于两艘战舰事，"前承委询之战舰两艘，兹接外洋覆电云，已经意国购去矣，公便时尚希转达傅相为感"。④

二、购造并举的选择

中国近代军队武器装备的改进主要通过购买和仿制两种途径。早在鸦片战争之前，人们就知道有外洋武器的存在。伴随洋货由海道输入江浙等地，有俗语

---

① 《筹办夷务始末（同治朝）》第十册，文海出版社 1988 年版，第 5172—5173 页。
② 薛福成：《出使英法义比四国日记》卷五，商务印书馆 2016 年版，第 49—50 页。
③ 王韬：《弢园文录外编》卷四，上海书店出版社 2002 年版，第 8—9 页。
④ 《福克致盛宣怀函》，盛宣怀全宗档案 040463，上海图书馆藏。

流传，"表可战时英吉利，炮能制胜佛朗机。奇珍异物知多少，不是中华日用资"。①鸦片战争中，林则徐深感枪炮之重要，在致友人信函中强调，"窃谓剿夷而不谋船炮水军，是自取败也。……以水中无剿卫之人，战胜之具，故无所用其却顾耳。……窃闻议军务者曰：'不可攻其所长，故不与水战，而专于陆守'。此说在前一二年犹可，今则岸兵之溃，更甚于水，又安能得其短而攻之？况岸上之城郭垒台，弁兵营垒，皆有定位者也，水中之船无定位者也。彼以无定攻有定，便无一炮虚发；我以有定攻无定，再一躲闪，则炮子落水矣。彼之大炮远及十里内外，若我之炮不能及，彼之炮已先及我，是器不良也；彼之放炮如内地之放排枪，连声不断，我放一炮后，须辗转移时再放一炮，是技不熟也。求其良且熟焉，亦无他精巧耳。不此之务，即远调百万貔貅，恐只供临敌之一哄。今此一物置之不讲，真令岳、韩束手"。②林则徐主张购买和制造西洋武器装备，向朝廷奏称，"中国造船铸炮，至多不过三百万，即可师敌之长技以制敌"。③提出"器良技熟，胆壮心齐"八字要言，主动搜集外国造船资料、图纸，强调应按照西方人的方法制造中国的坚船利炮，建立和训练一支熟练掌握新式船炮技术，能在水面尾追敌人的海军。他大胆从美商处购进大吨位商船改为兵船。因晚清科学基础薄弱，人才、技术不足，海防形势之危急，终不得不依赖于外购。"各样兵船、铁甲船及精式利用之洋枪，为目前计，只得购之洋人。为久远计，必须自我制造，以期精益求精，用不胜用。"④

对晚清一般省份的普通督抚来说，主持购买陆军枪炮等军品是分内职责，购买军品过程中，还涉及向他省商借军械，也可能被他省截留军品，以及内购与外购相互博弈等情况。以四川省督抚赵尔巽为例，他参与的外购军品包括两类，一类是枪械弹药，一类是设备物料。枪械弹药方面，如1910年1月四川省有来自日本三井洋行的榴弹、散弹、药筒、小粒黑药等，运到上海交货。日本村田式军枪并刺刀、弹药盒、皮带、指挥刀等，由大连进口。还有德国泰来洋行六密里八最新式改良马克沁机关快炮、子弹、各种千里镜、炮步兵测远器、警察灯、德律风电报两用机、铜精兵用饭盒水壶、官用饭盒水壶等，以及七密里步枪、马枪、子弹等，均由大连进口。设备物料方面，1904年12月，四川省为本省兵工厂订购1903年的毛瑟步枪各种新机。1907年四川省机器总局向泰和洋行订购紫铜，向地亚士洋行订

---

① 雷梦水等：《中华竹枝词》，北京古籍出版社1996年版，第2754页。

② 林则徐：《致姚春木·王冬寿书》，《近代名人文库精萃》，太白文艺出版社2012年版，第32—33页。

③ 魏源：《道光洋艘征抚记》，转引自《中国近代史资料选辑》，生活·读书·新知三联书店1954年版，第11页。

④ 阮芳纪等：《洋务运动史论文选》，人民出版社1985年版，第99页。

购新式冷气舂铜壳机。在柏林蜀赫厂购办枪弹无烟火药制造器械、德国知利硝等。各省如临时请旨派兵而赶不急外购军品时,相互间有商借外洋军品的情况,或请陆军部直接拨配并由省付价,不过,常有购买国内枪械偿还他省外洋军品的现象。辛亥革命前夕,各地编练新军对外洋军品所需甚多,多因经费极度支绌而无力购买,甚至出现截留他省军品等现象。

1878 年 6 月,为进一步收归财权军权,总理衙门奏请拟定购买外洋军械划一办法,对纷乱的外洋军品购运实施统一管理。1883 年 1 月,户部奏请各省购买西洋军械应立以范围,事前报部立案,事后方准核销。清廷规定购买外洋军品必须由兵部(陆军部)核准。不过,除陆军部直接购买的少量军品之外,各省主官实际控制着进口军品的种类、数量甚至配属范围。基于权力掌控和利益驱动等因素,为了控制军品进口,清廷屡次修订枪支子弹进口章程。清陆军部对军品购买的护照要求较严,不仅核准后方发放护照,且必须在护照内言明何种武器、何处交货及运往何处。清廷规定营用枪械、官用物料、赛会用品、铁路物料等进口时可以免税。①清政府在外洋军品购运上利用发放准运并进口免税护照的权力,决定西洋武器的进口,并限制外洋军品购置种类。为扶持国内企业,对于外洋枪械之附属品,有国内能够制造或可以找到替代品的,清廷都要求优先从国内采购,如天幕布及手枪皮袋等枪械附属物品。当外洋枪械与国内所产价格相差无几时,清廷往往要求尽量先购买国内军品。②关于外洋军火购运的规章虽然出台不少,但奕䜣等权贵也明白,"办理洋务,其纲领虽在内,其实仍在外"③,"外省交涉案件办事之权疆臣操之"④。直到辛亥革命前夕,外洋军火购运依然表现出主要由地方督抚掌控的局面。

"以我国科学之不讲,工业、技术、人才之不足,船炮诸物实有购自国外之一途。惟以过于依赖他人,其为害亦有不可胜言者,似又以设厂自制为优。"⑤船炮之购买与自制问题,成为时人争论之一大主题。魏源在《海国图志》中提出"夷炮夷船但求精良,皆不惜工本,中国之官炮、之战船,其工匠与监造之员,惟知畏累而省费,炮则并渣滓废铁入炉,安得不震裂?舰则脆薄窳朽不中程,不足遇风涛,安

---

① 《清代兵事典籍档册汇览》第 56 卷,学苑出版社 2005 年版,第 65～83 页。

② 《宣统元年九月军实司咨直督购机关炮查照粤厂仿造价值》,《兵部陆军部档案全宗》,第一历史档案馆藏。

③ 《恭亲王奕䜣等奏为法国来照情词叵测并现在办理情形折》(同治五年七月十八日),中国第一历史档案馆、福建师范大学历史系编:《清末教案》第 1 册,中华书局 1996 年版,第 549 页。

④ 全国图书馆文献缩微复制中心:《总署奏底汇订》第 1 册,全国图书馆文献缩微复制中心 2003 年版,第 14 页。

⑤ 王家俭:《中国近代海军史论集》,文史哲出版社 1984 年版,第 294 页。

能遏敌寇"。①"水战之器,莫烈于火炮。有守炮,有攻炮。其制莫精于西夷,其用莫习于西夷,与其制于内地,不如购之外夷。"②因此,"造炮不如购炮,造舟不如购舟"。③王韬与外洋接触颇多,对洋务自强极有讲求,认为轮船应该外购,火器则必须自造,"我国家虽于天津、福州、上海、广东四处设局制造枪炮船舰,而其法未备,仅能步趋西匠,仿效成规。……今欲整顿军营,练习军制,使兵士转弱而为强,转败而为胜,则必自精造火器始"。④要求废弃国内所造轮船,购买外洋火轮战舰,守口则用英国根钵之制,使大小互相联络,认为西洋轮船制造日精,中国不能出奇制胜,"(西洋)船质必求敌炮不能洞穿;其火器必求敌兵不能抵御。虽过于重大,不免进退之间未极灵捷。然式样日新,制造日巧,防守海口,不啻金城汤池。驶进敌境,不啻奔雷激电,其为用固有足多者也"。⑤

太平天国运动后期,李鸿章之淮军乘轮船转运之敏捷,给清朝大臣们深刻的印象。"益觉中国必自有轮船,方能抗外国之侵略。……一为向外国购买或租赁,一为自行学习制造。时国藩在安庆省城,试造小轮。宗棠在杭州省城,亦仿制小轮,试行于西湖。"⑥由于缺乏工业基础和充裕资金,中国大多数军工厂设备简陋陈旧、生产效率低下,工人的技术水平低,制造用的机器设备、钢材木料甚至煤炭都要从外洋进口,必然耗资巨大、成本高昂。而且初期诸多仿制品能试验合用的极少。拿造船来说,耗费远过于购船,且质量差距很大,许多大臣主张停止制造改向外洋采购船炮。

1860年12月19日,钦差大臣、两江总督曾国藩奏《曾国藩奏议资夷力以助剿济运师夷智以造炮制船折》:"此次款议虽成,中国当可一日而忘备。……无论目前资夷力以助剿济运,得纾一时之忧;将来师夷智以造炮制船,尤可期永远之利。"⑦他认为进口武器的首要目的是"尽窥其中之秘",仿造出自己的枪炮,以提升清军战斗力水平。他主张访求能人巧匠,先演习,后试造,不过一二年,火轮船必成为官民通行之物,可以镇压太平军、捻军,勤远略。1862年曾国藩在奏折中说,"欲求自强之道,总以修政事,求贤才为急务,以学炸炮,造火轮舟等具为下手工夫"。⑧同年李鸿章到上海后,得到外国侵略者帮助训练洋炮队、设洋炮局。他

---

① ③　魏源:《魏源全集》卷3,岳麓书社2011年版,第563页。

②　同上书,第557页。

④　《弢园文录外编》,上海书店出版社2002年版,第230页。

⑤　同上书,第63页。

⑥　秦翰才:《左宗棠全传》2010年未刊本,复旦大学图书馆藏,第205页。

⑦　《曾国藩奏议资夷力以助剿济运师夷智以造炮制船折》,中国近代兵器工业档案史料编委会:《中国近代兵器工业档案史料》第一辑,兵器工业出版社1993年版,第2页。

⑧　曾国藩:《曾文正公手书日记》,同治元年五月初七日。

认为,清军作战往往数倍于外敌,仍不能胜,原因在武器不行,枪炮瘟滥,如能使火器与西洋相埒,则"平中国有余,敌外国亦无不足"。总理衙门大臣奕䜣也认为,学习和仿制"外洋各种机利火器,……有事可以御侮,无事可以示威"。①强调自强以练兵为要,练兵又以制器为先,我能自强,就可以彼此相安。丁宝桢认为清政府应抓紧机会,引进军械和技术,"所幸者外洋有独擅之利器,而不思自秘其长,每制一械,但使足以济用,即贪利而专售他人,此在彼有自敝之愚,在我则有可乘之机"。②王文韶认为购买船械为临时之举,"今以整顿海防,广征利器,急就之法,不能不出于购买,不足恃也。……仍唯有讲求制造而已"。③

1863年1月,李鸿章致函曾国藩,"用兵在人不在器,自是至论。鸿章尝往英法提督兵船,见其大炮之精纯,子药之细巧,器械之鲜明,队伍之雄整,实非中国所能及。其陆军虽非所长,而每攻城劫营,各项军火皆中土所无。即无浮桥云梯炮台,别具精工妙用,亦未曾见。忠逆雇去洋人,乃系流氓,亦无从购觅真正炸炮。金陵龙游军中所用炸弹,亦恐有未尽美善之处。洋酋金云该两国君王禁炸炮入中国。英酋前与鸿章办常胜军事,云不令伊国派员会带,即将外洋火器取回,恐此军亦归无用。盖常胜军粗立战功,仅赖几件炮火,何伯、华尔等拼凑而成,其勇并非精强也。常熟投诚之贼,陆续来沪求救,但求拨洋兵数百,炸炮数尊,贼必解围而去,是贼亦徒震于炸炮之名也。鸿章亦岂敢崇信邪教,求利益于我;惟深以中国军器远逊于外洋为耻。日戒谕将士虚心忍辱,学得西人一二秘法,期有增益。而能战之程学启、郭松林等皆坚僻自是,不肯求教。刘铭传稍稍解悟,又急索真炸炮大炮不得。若驻上海久,而不能资取洋人长技,咎悔多矣"。④

李鸿章认为应该采购机器,添设厂局,仿造西式之洋枪洋炮,不主张件件购自外洋。外购枪炮甚难,如果自造则官弁匠役互相传习,久而愈精,才能达到师夷之所能,夺夷之所恃的目的。"惟以中国造船之银,倍于外洋购船之价。为急于成军,故亦以先在外国定造为省便。"⑤赫德向李鸿章推销英国造蚊子船,声称该船配有巨炮,能"击穿铁甲十余寸","其力足可制铁甲",李鸿章遂决定向阿姆斯特朗厂订购三十八吨、二十六吨半炮船四只,需银四十五万两。海军舰船从西洋购买是一时之举,中国制造之法宜渐扩充,果使所造行驶之速、锋棱之利不逊于洋厂,虽需费稍多,亦可免洋人之居奇,开华匠之风气。李鸿章要求对马尾等船厂进行

① 《总理各国事务恭亲王等折》,《中国近代史资料丛刊·洋务运动》(三)第466页。
② 丁宝桢:《丁文诚公奏稿》,文海出版社1967年版,第1272页。
③ 李树华、刘吉信主编:《中国近代兵器工业档案史料》(一),兵器工业出版社1993年版,第18页。
④ 蒋廷黻:《近代中国外交史资料辑要》上卷,湖南教育出版社2008年版,第351页。
⑤ 《筹议海防折》,《李鸿章全集》奏稿,卷24,安徽教育出版社2007年版,第17页。

可行性调查，"如能合算，即以应购铁甲之费，附入该厂克期造办"①。强调"各省防江、防海需用洋枪炮之子药，均宜设局在内地仿造。否则事事购自洋商，殊无以备缓急"。②

海防大讨论后，李鸿章基本上把建设海军装备的精力投到了购买外国舰船上，同时排挤压制自力造船。③1875 年 1 月，李鸿章上奏《海防条议》指出，"夫铁船飞炮，古人所无之物，亦古人所未载之条，嗜古者固无怪其不欲弃我之长、效彼之长，然使彼仅以船自囿于泰西，则我亦何妨以戈矛自足于中土，无如我弱一分，则敌强一分，我退一步，则敌进一步，安危祸福之间固有稍纵即逝者。……（铁甲舰）选派熟悉船务、结实可靠之委员，分往外国船澳，托其制造；一面带同中国制船、驶船之人，前往认真学习，俟其造成，中国工人亦可习焉而化"。④

相比本国制造，外购自然省费，然而，一旦发生战争往往外洋军品价格倍增，甚至被外洋禁售。清廷反过来又会重视国内军工厂的自造。1895 年 12 月 4 日，光绪帝发谕旨，"去岁海上用兵，中国购买外洋枪炮良楛不一，价倍异常。朝廷有鉴前失，特降谕旨令督办军务大臣督率江苏候补道刘祺祥办理上海制造军器局"。⑤

张之洞主张购械与自造并举，并逐步减少外购，以便"操权在我"。中法战争后不久，张之洞即上奏朝廷，"窃维自强之本，以权操在我为先，以取用不穷为贵，夫欲善其事，先利其器，百工居肆，君子致道，经之明调也；器械不利，与空手同，不能及远，与短兵同，史之良规也。自法人启衅以来，历考各处战事，非将帅之不力，兵勇之不多，亦非中国之力不能制胜外洋，其不免受制于敌也，实因水师之无人，枪炮之不具。故臣抵粤以来，首以购备军械为务，分向欧美各洲，不惜重金，广求利器，远募洋将，以资教练。并访求粤省究心雷械之员弁工匠，凡稍有才艺心思者，皆令多方试造，以冀逐渐扩充，开兹风气。往时华军与洋人角逐，每若不敌。近来滇桂出关之师，渐得各种后膛快枪，已能取胜，倘更有陆军车炮地雷等具，加以主客之形，众寡之势，胜算实可自操。即台北诸役，人自为战，尚能遏其内犯，如有利械，何敌不摧。兹虽款局已定，而痛定思痛，宜作卧薪尝胆之思，及今不图，更将何时"。⑥张之洞千方百计扩大汉阳兵工厂规模，并要求各军向该厂订购军械。

由于清政府缺乏必要的技术与人才储备，国内军工厂仿制的西洋武器，不仅

---

① 李鸿章：《议复梅启照条陈折》，光绪六年十二月十一日。
② 李鸿章：《筹议海防折》，同治十三年十一月初二日。
③ 张家瑞：《李鸿章与晚清海军舰船装备建设的买与造》，《军事历史研究》1998 年第 3 期。
④ 赵春晨：《晚清洋务活动家·丁日昌》，广东人民出版社 2007 年版，第 102—104 页。
⑤ 孙毓棠：《中国近代工业史资料》上册，科学出版社 1975 年版，第 308 页。
⑥ 苑书义等：《张之洞全集》，河北人民出版社 1998 年版，第 307 页。

质量较差,且远远滞后于西洋最新利器。清军后期编练新军所需要的大量军械,只有一小部分可以从国内购得,且质量无法保证。这给了一些守旧官僚抨击洋务运动的借口。

三、 新式船炮的制造

早在鸦片战争时期,魏源就强调海防为百年大计,处处依赖于人自非长久之道,若能设厂自造,则可免求人之患,利权亦不外溢。倘若"中国知用洋枪而不能自造洋枪,非受制于洋人,即受骗于洋行,非计之得者也"①,"既用外洋枪炮,必须外洋子药,而内地所用皆购于外洋,为费甚巨;且恐有事之时,药弹无处购办,则枪炮转为弃物"②。"为经久计,必须制之中土。"③

"请于广东虎门外之沙角大角二处,置造船厂一,火器局一,行取佛兰西、美利坚二国,各来夷目二人,分携西洋工匠来粤,司造船械。并延西洋舵师,司教行船演炮之法,如钦天监夷官之例,而选闽粤巧匠精兵以习之。工匠习其铸造,精兵习其驾驶、攻击。"④第二次鸦片战争失败,《北京条约》签订,使清政府进一步受到刺激。以军机大臣恭亲王奕䜣、户部侍郎文祥等人为代表,成立总理事务衙门,又称"译署""总署",负责处理通商和各项对外事宜;地方上则以曾国藩、左宗棠、李鸿章、沈葆桢等人为代表,积极策划和推行洋务举措。1861 年,冯桂芬写出《校邠庐抗议》一书,大胆提出"采西学、制洋器"的口号。李鸿章在上海成立洋炮局,聘请洋人马格里筹划军火供应事宜。1865 年曾国藩、李鸿章在上海设立机器制造局,即江南制造总局;同年李鸿章在南京设立金陵机器局。1866 年 7 月左宗棠在福建马尾设立福州船政局,专门制造轮船,认为"轮舟为海战利器,岛人每以此傲我,将来必须仿制,为防洋缉盗之用。中土智慧,岂逊西人。如果留心仿造,自然愈推愈精。如宣城之历学,及近时粤东、扬州之制造钟表、枪炮,皆能得西法而渐进于精意。彼人所恃以傲我者,我亦有以应之矣。……欲仿制,必先买其船,访得覃思研求之人,一一拆看摹拟。既成,雇洋匠驾驶而以华人试学之,乃可冀其有成。为此早,始有所费而终必享其利,始有所难而终必有所获",呼吁"借不如雇,雇不

---

① 中国史学会编:《中国近代史资料丛刊·洋务运动》第 1 册,上海人民出版社 2000 年版,第 118 页。

② 中国史学会编:《中国近代史资料丛刊·洋务运动》第 4 册,上海人民出版社 2000 年版,第 305 页。

③ 阮芳纪等:《洋务运动史论文选》,人民出版社 1985 年版,第 172 页。

④ 《海国图志》卷 2,筹海篇 3,议战。

买,买不如自造"。①强调应先由外国购置机器、轮机,"宽给其值,但求其良","以机器制造机器,积微成巨,化一为百"。②1867 年三口通商大臣崇厚设立天津机器局。伴随军品外购的晚清军工建设持续了长达半个多世纪,这是军事现代化建设的开端,它在历史上所起的作用是不能抹杀和低估的;但也存在着严重的缺点,主要由于工艺落后、工业基础差、资金浪费惊人等原因,中国的军工生产不但产量少,而且质量低劣、价格昂贵。③

广西巡抚王之春曾论及,"洋人之所以悍然与我为难者,非不知我民心之甚固也,非不知我兵力之尚强也。而敢于得寸思尺,要求无己者,恃有兵船,谓彼能来而我不能往耳"。④他强调应该自造轮船而非购自外洋,"今欲防洋,而仍购洋人之船,且请洋人以为船之主,是发之者洋人,收之者亦洋人。中国虽有船,谓为无船可也。即谓此船仍为洋人之船亦可也。则何如自造之为得也"。⑤对于外购之害认识较为深刻,"若一一仰给于人,购诸外国,一旦有事,群起而为闭耀之谋,徒手何能御敌? 又况我能击人,亦必防人之击我;倘或以劣为优,以旧为新,不徒受其绐,而实受其害乎"。⑥清流派张佩纶也认为购买武器只能是暂时的,"即强矣,而非自强也"。⑦不过,工业基础落后导致钢铁、煤炭皆取自外国,依然受外国操控。张佩纶等人要求中国开采矿山。因为,"有钢铁而始能造机器,有机器而始能造车船枪炮。……非独富国之常模,实为强兵之首务"。⑧丁日昌在给朝廷的奏折中强调,"海上争锋纵有百号之艇船,不敌一号之大兵轮船"⑨,他主张裁撤旧船专养轮船,购买美国若干艘大轮船组织新式海军。

李鸿章早年即向曾国藩进言,认为"目前之患在内寇,长久之患在西人,只要我能自强,则彼族尚不至妄生觊觎,否则后患不可思议。希望速平内乱,讲求洋器,中国但有开花大炮、轮船两样,西人即可敛手"。负责为常胜军、淮军购买洋枪洋炮、购制机器、制造炮弹的丁日昌认为,"自古以来中国所以能自强者,大抵能制人而不受制于人,今则外人趁中国有事多方挟制,岂可不熟思自强之策。船坚炮利,外人长技在此,中国受制亦在此,现既已设有洋军火局,著有成效,仅轮船力尚未及。现应筹储经费,建立制造夹板火轮船厂,为生聚教训之计"。⑩1865 年陈廷

---

①　秦翰才:《左宗棠全传》2010 年未刊本,复旦大学图书馆藏,第 205 页。

②　《左宗棠全集》(奏稿三),岳麓书社 2014 年版,第 53 页。

③　陈崇桥:《中国近代军事后勤史的几个问题》,《军事历史研究》1990 年第 1 期。

④⑤　王之春:《王之春集》(一),岳麓书社 2010 年版,第 474 页。

⑥　同上书,第 470 页。

⑦　张佩纶:《涧于集》,《续修四库全书》第 1566 册,上海古籍出版社 2002 年版,第 476 页。

⑧　同上书,第 167 页。

⑨　《筹办夷务始末(同治朝)》卷五十三,第 26 页。

⑩　《海防档》第 3—4 页。

经上奏《海防亟宜筹画等情折》，称"……又查西洋专以造船、驾舶、造火器、奇器取士抢官。上之所好，下必甚焉。今请于闽、粤二省武试增水师一科，有能造西洋战舰、火轮舟，造飞炮、火箭、水雷、奇器者列为上等；能驶长风巨浪，能熟风云沙线，能枪炮有准者次之。皆由水师提督会同总督拔取，送京验试，分发沿海水师教习技艺。使天下知朝廷所注意者在是，则人人争奋于功名，必有奇材绝技出乎其中矣"。①"先制战船，次造巨炮，而后配以精兵。……必使中国水师可以使楼船于海外，可以战夷船于海中，庶几有备而无患。"②

1862 年李鸿章创设上海洋炮局时说，"西洋火器，利赖颇多。念购器甚难，得其用而昧其体，终属挟持无具；因就军需节省项下筹办机器，选雇员匠，仿造前膛兵枪、开花铜炮之属"。③1863—1864 年，李鸿章在江苏不仅雇佣外国军官训练他的军队，而且还取得洋人的帮助来制造西式弹药。1866 年左宗棠创设福州船政局的过程中受到来自各方面的阻力。如英国人威妥玛、总税务司赫德等人"扬言制造耗费，购雇省事，冀以阻挠成议"。④英国驻福州领事直到船政局建厂时，仍然明知无可阻挠，多谓事之成否尚未可知，目前浪费可惜。左宗棠则强调向外国购雇轮船不是根本办法，非设局建造轮船不可，"兹局之设，所重在学西洋机器以成轮船，俾中国得转相授受，为永远之利也，非如雇买轮船之徒取济一时可比，其事较雇买为难，其费较雇买为巨……当此时细举盈之际，凡费宜惜，巨费尤宜惜，而顾断断于此者，窃谓海疆非此，兵不能强，民不能富，雇募仅济一时之需，自造实擅无穷之利也。于是则虽难有所不避，虽费有所不辞。然而时需五载，银需二百数十万两，事属创举，成否未可预知"。⑤1887 年 6 月 23 日，张之洞发出感慨，"采办（外洋军火）维艰，必须购置机器，自行制造，始可取用不尽，无庸倚藉外洋"。⑥张之洞在 1892 年前后创办湖北枪炮局时，强调"以银易铁，实为非计。且万一遇有缓急，敌船封口，洋埠禁售，受制于人，购运均无从下手"。⑦在曾国藩、李鸿章、左宗棠、张之洞等洋务派官僚的主持下，一大批近代军事工厂局出现，大大改变了清军专恃刀弓矛箭、帆篷舟楫的落后状况。

---

① 《陈廷经奏海防亟宜筹画等情折》，中国近代兵器工业档案史料编委会：《中国近代兵器工业档案史料》第一辑，兵器工业出版社 1993 年版，第 7 页。

② 同上书，第 6—7 页。

③ 李鸿章：《李鸿章全集》（六），安徽教育出版社 2008 年版。

④ 《左宗棠全集》奏稿五，岳麓书社 2014 年版，第 213 页。

⑤ 左宗棠：《详议创设船政章程折》，《船政奏议》卷 2，《中国近代史资料丛刊·洋务运动》第 5 册，上海人民出版社 1961 年版，第 24 页。

⑥ 吴剑杰：《张之洞年谱长编》上，上海交通大学出版社 2009 年版，第 201 页。

⑦ 中国史学会编：《中国近代史资料丛刊·洋务运动》（四），上海人民出版社 1961 年版，第 459 页。

船政出洋学生在外购船炮过程中,考查西洋炮厂情况,认为中国应该自造船炮,"泰西炮厂不一,当以法华士厂、克虏伯厂、安蒙士唐厂、好雨莺厂简箍用精钢,身用铸铁。皆擅专长。然半钢半铁,制费虽减,终有用久裂逢之虞。不如纯用全钢,价虽贵而无弊。参观比较,仍以德国克虏伯、英国法华士作法为妙。故中外各国用该两厂之炮为最多。中国欲于此两厂择一取法。雇其上等工匠,定购制炮机器。就船政造船旧厂,开拓加增,克日兴工铸造。虽经始之费银需银五六十万两,而从此不向外洋买炮,即以买炮经费津贴炮厂,当亦有盈无绌。……如能筹得二三百万金,矿、炮并举,不惟炮可自制,推之铁甲兵船与夫火车铁路一切大政,皆可次第举办。较向外洋购买,终岁以银易铁,得失显然。泰西各国于此等工程,断不贪购买之便而自省烦劳,良有以也。……此次法夷犯顺,游弋重洋,不过恃船坚炮利。而我以船炮悬殊之故,非独不能海上交馁,即台湾数百里水程亦苦难于渡涉。……若能筹款开办,即于英、楚交界之处择要设立船政炮厂,专造铁甲兵船,后膛巨炮,实国家武备第一要义"。①

左宗棠、沈葆桢等自造船舰办海军,为清军从冷兵器过渡到热兵器,走出了一条新路②,也促进了购船质量的提高和南北洋海军的建设。1872 年,内阁学士宋晋提出停止制造轮船的奏折,李鸿章严加驳斥,称驱赶外洋列强出国门不太现实,就算要"保和局、守疆土",也并非一无所有就能守得住的。自强之道,就在于"师其所能夺其所恃"。李鸿章进而批评徒有虚名的社会习俗,"士大夫囿于章句之学而昧于数千年来一大变局,狃于目前苟安而遂忘前二三十年之何以创巨而痛深,后千百年之何以安内而制外。……国家诸费皆可省,惟养兵、设防、练习枪炮、制造兵轮之费万不可省。求省则必屏除一切,国无与立,终不得强矣"。③此一时期,福州船政局以及江南制造总局的造船计划都遭到朝廷大臣们的攻击。李鸿章、曾国藩二人出来辩护,李鸿章还联合船政大臣沈葆桢,呼吁继续对福州船政局给以财力支持。1873 年日本侵台事件极大刺激了清廷,以奕䜣为首的总理各国事务衙门专门上奏折,强调"以一国之不驯,而备御已苦无策。西洋各国之观变而动,患之濒见而未见者也。倘遇一朝之猝发,而弭救更何所凭。……今日而始言备,诚病其已迟;今日而再不修备,则更不堪设想矣"。④经慈禧批准,包括练兵、简器、造船、筹饷、用人、持久等六条紧要应办事宜在内的奏折,交李鸿章、沈葆桢等十五

---

① 秦翰才:《左宗棠全传》2010 年未刊本,复旦大学图书馆藏,第 217 页。

② 黄国盛、杨奋泽:《中国近代海军初创时期洋务派造船与买船得失浅探》,《内蒙古大学学报》1988 年第 1 期。

③ 李鸿章:《筹议制造轮船未可裁撤折》,同治十一年五月十五日。

④ 中国史学会编:《中国近代史资料丛刊·洋务运动》第 1 册,上海人民出版社 1961 年版,第 26—29、30 页。

人讨论,海防问题大讨论由此展开。

1899年,盛宣怀上奏练兵折,强调枪炮推广制造,"练兵练勇得以制胜土匪者,发捻回苗虽众,其所执军器刀矛止及一二十步,土枪土炮亦不过一二百步,湘淮各军起稍有洋枪洋炮,较能及远遂收摧枯拉朽之效,以当外敌则我之枪炮不及彼矣。甲午之战日本快枪快炮器利而子准,我军枪队亦有时可与对抗,而彼之快炮往往先居高阜见我队到群子如飞,军士以血肉当之莫不洞穿胸腹而一遇无不遁矣。或谓练兵可无恃枪炮,此谬说也,苟仓猝买自洋厂居奇而多劣,应以自造为宜。各国多有商厂,惟俄罗斯日本只有官厂,中国欲兴商未必有此魄力,现令湖北所造枪炮均用鄂厂自炼精钢,督臣张之洞已添购厂地足可扩充,应请饬下张之洞赶紧筹款添造,务期三年之内能足二十万人之用,臣一俟萍乡焦炭炼炉及运道办成,自当设法筹款多炼精钢以济制造之用,臣愚与其另设分厂多靡经费不及推广已成之厂,同一筹款事半功倍"。①

1866年8月,左宗棠与法国人日意格选定福州罗星塔附近为造船厂厂址。9月,左宗棠奏请朝廷任原江西巡抚沈葆桢总理船政,委任德克碑为船政的副监督。建厂之后,取得了一些明显的成绩。但是,军工厂在制造枪炮的过程中,因材料受限、管理浮冒等种种原因,效率不高,成为顽固派"造船不如买船"的借口。1869年接任闽浙总督的吴棠固步自封,到处反对左宗棠和沈葆桢的造船举措,还说什么"船政未必成,虽成亦何益",还诡称总理衙门担心船政"用钱失当"②。为了反对船政局,吴棠甚至令人编造谣言,流布社会。吴大廷任船政局提调,是"尽革陋规"的创新之材;夏献纶是船政局的重要干将;周开锡是"专意从公"又善于理财的清廉官吏;李庆霖是"劳瘁不辞"的船政委员。吴棠诬陷这几个人的打油诗云,"吴号抽筋周剥皮,夏名刮骨更稀奇,三人声势常相倚,聚敛鸿名遍天涯";"抽厘收税不为难,欲造轮船壮大观,利少害多终罔济,空输百万入和兰"。③左宗棠反复强调轮船必须自造的主张,认为不能让西洋独擅其技术之强,自造轮船是国家自强的标志,购买和雇用西洋轮船终非长久之计。光靠买船而不造船弊端有三:其一是外国侵略者唯利是图,卖给中国的必是破旧不堪之轮船,西洋可永远以彼先进之船傲视我破旧之船。其二是购买西洋轮船尚需雇用西人驾驶,中国则失去另雇或更换管驾人员之权。其三是轮船日常维修,必须购买西洋造船之国之零配件,西洋可能高价勒索,或故意延迟而拖延中国用船日期。后又经沈葆桢的据理力争,才得到了清廷支持得以继续开办。但此后,从以造为主的军事自强转向以

---

① 《盛宣怀等奏折汇抄》,盛宣怀全宗档案027115,上海图书馆藏。
② 王兆春:《空教战马嘶北风》,兰州大学出版社2005年版,第55—56页。
③ 同上书,第56页。

外购为主的阶段。1874年到1885年,清政府为应付外部危机,先后向英、德、美、法购买大小舰艇三十九艘,建立了以定远、镇远两艘铁甲舰为主干的北洋舰队,出现了电报、轮船等军民混用的工业企业。1888年北洋海军成军,边疆危机有所缓和,洋务运动的重心再次向民用经济倾斜,海军外购停滞,纺织、铁路、炼钢等成了重要项目。

第四章　列强售卖军品攫取巨额利润

从 1840 年鸦片战争到 1911 年辛亥革命前夕,正是资本主义列强处于自由资本主义发展的高峰,并向垄断资本主义过渡的历史时期,为了发展本国工业,极力向外争夺原料产地和工业品的销售市场。为此它们利用自然科学理论的极大进步,发展军事工业,研制各种新式武器,远超普通贸易利润的军火贸易逐渐成为西方最热衷的生意,它们争相售卖的主要是包括各种物料在内的淘汰品、次等品、旧式武器,因而不用担心一旦与中国作战会对它们自身造成太大威胁。西洋列强为了做成同清政府的巨额军火生意,通过直接推销、拉拢官员、霸占市场等手段,相互之间展开激烈竞争。清政府选择军火贸易伙伴,很多时候并不能收到物美价廉之实效,而是受多方面因素限制,需要买、可以买,甚至买多少西洋武器,常常无法自主决定。晚清七十年中,列强对清廷大肆倾销各式武器,不仅赚取了巨额利润,有时还实施军火禁售,干涉中国主权。

鸦片战争之后,受内忧外患的刺激,中国开始与西方列强进行成规模的军品贸易。由于政治地位和军工生产能力极低,华洋之间的军品贸易基本上是单向的,商品种类主要包括武器成品及附件和军工物料,贸易方式只有进口而没有出口。与列强之间的军火贸易相比,中国在贸易中处于绝对劣势地位,军品售与中国往往可以攫取更多的利润。郑观应在《盛世危言》中认为,军火运载有费,行佣有费,奸商之染指有费,其成本已视外国悬殊。天津和上海是最主要的军火交易市场。各种大炮、战舰、枪弹、火药、骑兵装备、步兵装备、炮兵装备等等,供清政府"源源不断地获取到需要的军械"。这些军火商为了售卖武器,不惜夸大其杀伤力,每分钟可以消灭百万敌人,却对自己毫无损伤,人们戏言"好像他们所有的军械都是自动的,都不需要士兵使用,而可以让敌人自动送死"。①

---

① Chester Holcombe: The Real Chinese Question. New York: Dodd, Mead & company, 1900. pp.133—134.

一、大肆倾销军火打压军工企业

列强利用其工业技术先进、军工基础扎实等便利条件,大肆倾销军品,打压中国的工业萌芽和脆弱的军工企业。工业产品上,经过远洋运输在华销售的洋货却用大大低于同类土货的价格来培养用户消费习惯,目的是及早形成市场垄断地位,最终靠垄断赢利。成品军火及军工物料的销售更是如此。1869年津海关关册记录,"广泛使用外国铁的原因必须归之于土铁较洋铁为贵这一事实"。①从18世纪60年代起,西洋各国先后实现了"产业革命",基于开拓世界市场的需要,纷纷建立了大型的兵工厂和战船建造厂,制造各种枪炮舰船,作为开辟新的原料供应地和商品销售市场的利器。为了长期稳定向中国销售军火,列强有意打压中国尚在襁褓中的军事工业。散布"造船费大难成,不如买现成船便宜"的论调。②不过,列强主要出售的是本国更替的淘汰品,一般不会直接售卖现役武器。第二次鸦片战争和约谈判期间,法国建议帮助中国铸造大炮,而且允许中国人像彼得时代的俄国人那样学会制造武器和轮船的技术。

第二次鸦片战争刚一结束,英国公使卜鲁斯和参赞威妥玛趁机怂恿清政府购买英国舰船。1861年4月,代理中国海关总税务司的赫德向恭亲王建议购买外洋船炮,"火轮船一只,大者数十万两,上可载数百人;小者只数万两,可载百数十人。大船在内地不利行驶,若用小火轮船十余号,益以精利枪炮,其费不过数十万两。至驾驶之法,广东、上海等处多有能之者,可雇内地人随时学习,用以入江,必可奏效。若内地人一时不能尽习,亦可雇用外国人两三名,令其司舵司炮,而中国雇用外国人,英、佛(法)亦不得拦阻。如欲购买,其价值先领一半,俟购齐验收后再行全给"。③清廷官僚担心购买外洋枪炮费用太高,赫德则说鸦片税厘"岁可增银数十万两,此项留为购买船炮,亦足裨益"。④6月,法国公使馆又重提了在天津的一名法国海军中校提出的建议,表示法国可以协助清廷购买火轮船舰队。但鉴于英国对清廷的影响以及赫德在海关的地位等因素,恭亲王和文祥仍旧采纳李泰国和赫德拟订的有关英国炮舰的计划。1862年赫德写信要求李泰国为清政府订购七艘轮船,其中中号火轮船三艘、小号火轮船四艘,每艘连同炮位、火药。清廷欲购买外洋军械的消息一传出来,立即引起了所有列强的高度关注。法国驻华使

---

① 彭泽益编:《中国近代手工业史资料》第2卷,中华书局1962年版,第173页。
② 《左文襄公全集》卷八,文海出版社1972年版,第55页。
③ 《筹办夷务始末(咸丰朝)》,中华书局1979年版,第2915页。
④ 《筹办夷务始末(咸丰朝)》,中华书局1979年版,第31页。

馆参赞哥士奇要求总理衙门给予证明，"令其购买船炮，伊即案请国主，代为购买"。①洋枪队统领美国人华尔也不甘落后，与江海关道吴煦和道员杨坊达成共识，派其弟亨楞华尔回美国购买船炮。1862 年清廷正式决定向英国购买舰船之后，赫德却又猛增加价，除购买轮船需银 81 万余两之外，还有雇用洋员等费，"通计需银一百五十六十万两"。②英国人马格里向李鸿章提出意见，认为军火购买不应付出过高代价，中国应自办军火工厂，称"李鸿章很赞成我的建议"。③恭亲王奕䜣与户部左侍郎文详认为自己设厂制造，不如购买火轮船"剿办更为得力"。④

左宗棠 1867 年创设兰州制造局，主要是因外购军火价格过昂，"此项军火皆由上海洋行采办而来，价值即甚昂贵。……乃就省局制造"。⑤1874 年 7 月，左宗棠致沈葆桢信中说，西人长处虽多，而一种贪鄙傲狠之情，则与生俱来。近因生计匮乏，群思取赢中土，而豪侈积习难忘，银钱到手辄尽，此时纵勉事羁縻，终无止境。"仿制伊始，铜铁铝锡购自外洋，转手太多，不能照中国市价核算者。"⑥1875 年丁宝桢在济南创设山东机器局，也谈到外购军火价昂之事，"惟既用外洋枪炮，必须外洋子药，而内地所用皆取购于外洋，为费甚钜，且恐有事之时，药丸无处购办，枪炮转为废物"。⑦1876 年丁宝桢又借鉴山东机器局的经验，创办了四川机器局，再次谈到军火价格问题，闻该省各勇营亦皆习用洋枪，均须购自上海洋行，价值既费，而道路转运，费亦不赀，自办军火"庶可为国家省无穷之费"。⑧1881 年北京设立神机营机器局时，谈到"所用枪炮，外购者每苦价昂，故拟于城外海甸地方，添设制造局一所，以便自行制造云"。⑨然而，自办军火工厂并不容易，特别是仿制外洋新式武器，需要进口包括物料、机器在内的所有材料，还要高薪聘请外洋教习。

洋务运动前，德国几乎没有与中国发生正面的冲突。为充分利用中国对德国所谓的"好感"，顺利扩大德国在华的军械贸易额，签订《烟台条约》补充条约时，德国驻华公使巴兰德要求中国作出相关保证，庆亲王最终答应，"在买进或订购大炮、步枪、军舰时……中国政府将给予德国工业以特殊的，并且比其他国家更

---

① 《筹办夷务始末（咸丰朝）》，中华书局 1979 年版，第 2916 页。
② 《筹办夷务始末（同治朝）》卷 4，中华书局 2008 年版，第 10 页。
③ 孙毓棠：《中国近代工业史资料》第 1 辑上册，科学出版社 1957 年版，第 253 页。
④ 《筹办夷务始末》（咸丰朝），中华书局 1979 年版，第 2914—2915 页。
⑤ 《左宗棠全集》，《奏稿四》，岳麓书社 2014 年版，第 31 页。
⑥ 《中国近代史资料丛刊·洋务运动》第 4 册，上海人民出版社 1961 年版，第 380 页。
⑦ 《中国近代兵器工业档案史料》（一），兵器工业出版社 1993 年版，第 135 页。
⑧ 同上书，第 140 页。
⑨ 孙毓棠：《中国近代工业史资料》第 1 辑上册，科学出版社 1957 年版，第 505 页。

多的照顾"。①为了在军工方面加大对中国的控制,德国还主动讨好海军领域重要
人物曾纪泽,邀请其去德国参观"海军船只和德国船坞"以及克虏伯等军工厂,还
给其以较高礼遇。曾纪泽后来专函致克虏伯:"我向您保证,将利用一切机会为您
效劳和使您满意。希望贵厂同我们海军衙门的关系越来越好。"②德国的克虏伯
大炮在中国军队中使用范围非常广泛,不仅在德国订造的船只,甚至国内军工厂
制造的船只也使用克虏伯炮作为舰炮的标准装备。③不仅如此,德国为进一步垄
断中国军火市场,还要求清政府对德国枪械必须配套使用。从同治初年开始,德
国向中国输入军火,起初仅是一些德国军火贩子通过走私向中国售卖少量武器。
19 世纪 70 年代起,德国官方和克虏伯等商业公司开始公开向中国兜售军火。据
德国公布资料显示,仅从 1885 年到 1892 年,德国卖给清政府的军火中,有克虏伯
大炮 432 门、舰用炮 20 门、鱼雷炮 20 门、鱼雷 30 枚以及弹药等军备物资。从
1880 年到 1899 年,清政府海军自德国购入舰船 36 艘,而同期购自英国的舰船仅
为 10 艘。④1910 年,四川同上海泰来洋行订购新式机关枪,德商要求操作该枪"须
用敝行秘制上等无烟药弹,实因敝行拣选上等药质配就相当之药力,故能连放极
快(每分钟最快五百余发),如用他家同一口径之子弹,或药力太猛,或药力不足等
弊,不能施放则敝行概不担任也"。⑤

表 4.1　德国在列强对华军售中排名情况⑥

1886 年	德国排名第一
1889 年	德国排名第五
1890 年	德国排名第五
1891 年	德国排名第五
1892 年	德国排名第二
1893 年	德国排名第二,炮身第一,步枪第三
1894 年	德国排名第二,炮身第一,步枪第四

---

① ［德］施丢尔克:《十九世纪的德国与中国》,生活·读书·新知三联书店 1963 年版,第
236 页。

② 同上书,第 242 页。

③ 同上书,第 268 页。

④ 吴景平:《从胶澳被占到科尔访华——中德关系(1861—1992)》,福建人民出版社 1993 年
版,第 30 页。

⑤ 《谨将敝行经理爱赫特各项炮件开呈钧鉴事》,《兵部陆军部档案全宗》,第一历史档案
馆藏。

⑥ ［德］施丢尔克:《十九世纪的德国与中国》,生活·读书·新知三联书店 1963 年版,第
258、292、293 页。

英德法等国为了向中国倾销军火,相互之间竞争非常激烈。英国驻华公使发牢骚说"(德国公使)经常强迫中国人购买德国武器"。①1886 年,英国怡和洋行甚至低价向中国出售阿姆斯特朗炮,同时还用大量的白银贿赂采购官僚。英国人在报纸上发表《论后膛炮》对克虏伯炮进行贬损。克虏伯军火商则发文反驳,嘲笑英国人的说法是小儿之言,强调克虏伯的弱点已彻底解决。②法国也不断在报纸上发文攻击德国大炮,同时派法国公使大肆向中国推销邦格炮。1888 年法国还在中国组织了一场火炮性能大比拼,组织法国邦格炮与德国克虏伯炮公开进行射击比赛,结果邦格炮占了上风。虽然如此,习惯购买克虏伯炮的中国大员们并未轻易转向购买法国大炮。不过,法国还是充分利用中国雇请的法国匠师的影响,打开了军品贸易的缺口。比如,福州船政局所需炮位来自英国,而建造物料则倾向于法国。德国在绝对占优的情况下也不忘发挥德国在华人员的作用,如在广东总督处服务的德国预备役军官恩斯特·克莱慈舒玛中尉就为广东订购了大量的德国鱼雷艇、鱼雷、水雷和克虏伯炮等。

列强与清廷之间的军火贸易虽有合同条款进行约束,但实际上列强均采取一定的手段逼迫清廷就范。如 1897 年 1 月 20 日,比利时表示愿意向中国借款400 万镑,为此清廷排除了所有其他列强的参与。"比利时人的策略就是先签草约,把其他竞争对手都吓跑了,然后再勒索清廷。"③怡和洋行的宓吉在信函中称:"如果阿姆斯特朗能立即派出技术人员,我们就能击败其他竞争者。然而最明智的办法还是四家著名的英国商号(阿姆斯特朗、汤普森、莱尔德和□□□)联合起来而不要相互激烈竞争。"④

19 世纪 80 年代以前,英国与法国是清廷新式舰艇的主要供给国,英国所占份额最大。当然,在定造铁甲舰时,德国又抢占了先机。据不完全统计,自1875 年至 1898 年,清政府向外洋订购各种舰船 62 艘,其中英国 20 艘,约占总数的 32%,德国 40 艘,约占总数的 65%,2 艘在美国订造,约占总数的 3%。而且英国订制的 20 艘舰船中,在德国参与订制清政府舰船后才揽到业务的只有 8 艘,约占总数 16%。1880 年春,克虏伯与李鸿章建立直接联系,获得淮军只用克虏伯火炮的承诺。直到义和团运动之后,日本在华军售不断增加,才部分打破德国对中国军品市场的垄断。英德法所产火炮各有优长,各国公使纷纷代表本国兵工厂向

① [德]施丢尔克:《十九世纪的德国与中国》,生活·读书·新知三联书店 1963 年版,第107 页。
② 《皇朝经世文统编》,文海出版社 1980 年版,第 3103 页。
③ 生番:《1911:一个人的革命》,浙江大学出版社 2011 年版,第 94 页。
④ [英]勒费窝:《怡和洋行——1842～1895 年在华活动概述》,上海社会科学院出版社1986 年版,第 79 页。("□"原文如此)

清政府提出军品贸易要求。单纯购买一国武器自然有利于最大限度统一制式,却又隐藏着战时无法供货的风险。1905 年 1 月 25 日,英驻华公使萨道义向清廷推荐阿姆斯特朗炮位。3 月 1 日,德国参议葛尔士致函清廷,认为直隶总督袁世凯不应通过德国信义洋行购买法国大炮,因清廷正与德国克虏伯议购 72 尊大炮,如与此批大炮一起交德国制造,则九到十个月可以交货。还批评法国炮均为旧炮,何况购买克虏伯可以"归于划一,而免参差"①。3 月 7 日,袁世凯奏称,北洋订购法国炮位实乃早经订约,主张不应全部订购德炮,以防意外之变。法国驻天津领事担保,"如果查系旧炮改制,或并非原式最新之炮,任凭退还"。②一方面是列强之间为瓜分中国军品市场而进行激烈竞争,另一方面软弱的清廷又不敢得罪任何一个列强。1885 年冬建造"镜清"号快船时,福州船政局向克虏伯厂订购了 4 尊 12 生水师后膛钢炮和 3 尊 15 生水师后膛钢炮。为防止英国不满,清廷又向英国订购了 4 尊荷士教五管连珠炮。1906 年 5 月 10 日,俄使璞科第向外务部声明,丹国爱可色尔德厂轻机快炮,独归天津逸信洋行经理,并请咨行各省督抚禁止英公司滥卖。6 月 2 日,英署使函致外务部,声称英商瑞克斯公司确有在华售卖丹厂轻机快炮权利。6 月 9 日,清外务部致函英俄公使,英丹公司互争售卖轻机快炮权利,中国未便干涉,亦不受其专利限制。辛亥革命后,列强停泊在各港口的军舰,经常以调防的名义将大批军品载入我国,深入长江沿岸,然后转到商船上,直接运交各地军阀。特别是日清汽船株式会社设法命它在万县的驻在员北岛静打入我国四川军阀杨森幕府,充当军品掮客。③

二、 拉拢腐蚀官员增加军品订货

外洋列强想方设法扩大在中国的武器销路,常委托中外官员拉拢清廷订货。光绪十九年龚照瑗在致盛宣怀的信函中透露推销武器之意,"兹因瑞生洋行(Buchheister)行主蒲实行友何理问恭寿……尊处如须购制枪炮等件,即可令其代办,必能格外尽力,不致有误,缘该行向来承办南北洋军火器械,价廉工巧,十有余年,毫无贻误,即瑗与该商议定军火从无一事见欺,故敢为介绍也"。④法国辛迪加通过天津道台贷款给山东省官员 60 万两,这种优厚条件的贷款是"慷慨而明智的贿赂",更是影响官方作出决定的最巧妙的手段。

① 《海防档·购买船炮》,艺文印书馆 1957 年版,第 1093 页。
② 同上书,第 1095 页。
③ 政协武汉市委员会文史学习委员会:《租界洋行》,《武汉文史资料文库》第五卷,武汉出版社 1999 年版,第 293—294 页。
④ 《龚照瑗致盛宣怀函》,盛宣怀全宗档案 033476,上海图书馆藏。

为拉拢清朝各省督抚达成军品贸易,许多列强的代理机构都极力讨好各级官僚,如怡和洋行为了让刘铭传购买更多的武器,曾向刘铭传的幕僚放过私人贷款,其中李同恩1万两,张祖和3万两,期限都是3年。毫无疑问,今后两人都会更加卖力。为了达成更长远的合作,其甚至在军火订购中少收佣金,赢得清廷官员的信任与合作。因此直到刘铭传离开台湾巡抚位置,台湾的武器订单几乎全部通过怡和洋行代理。①怡和洋行为了争取合同甚至通过总理衙门向李鸿章等施加影响,迫使李鸿章采购物资时优先考虑怡和洋行。②醇亲王去世之后,怡和洋行迫不及待地结识"那些可能补缺的少数大臣,以便一旦继任者上任之后,可以不失时机地向他提交怡和洋行建议承贷三千万两借款的信件"。当确知庆亲王奕劻将有权调度借款时,怡和洋行立即作了部署,设法取得庆亲王的信件副本,留意与他来往的客人并分析他对借款和铁路的态度。③

1887年9月,外洋教习李宝向盛宣怀呈递关于胶州澳地势论说帖,提出了该地域之防卫需求,对安设炮位提出了明确建议,"窃查胶州澳可称为中国水师兵轮海口之窗口,内形势宽阔,波澜安稳,统口之水汲深三丈有奇,无论大队兵轮以及艨艟巨舰都能停泊于内(所需炮位种类及数量见下文)"。

表4.2　胶州防卫炮台所需炮位种类及数量一览表④

炮台编号	安设炮位种类及数量
第一号炮台	二十六生特炮四尊
第二号炮台	二十四生特炮两尊
第三号铁甲炮台	三十六生特大炮两尊
第四号炮台	二十六生特炮两尊、二十四生特炮四尊
第五号炮台	三十生特半炮两尊、二十四生特炮两尊
第六号炮台	二十六生特炮两尊、二十四生特炮一尊
第七号炮台	二十八生特炮两尊、二十四生特炮一尊、二十一生特炮一尊
第八号炮台	三十生特半炮两尊
第九号炮台	二十六生特炮两尊、二十八生特田鸡炮两尊
第十号炮台	三十生特半炮两尊、二十四生特炮一尊
第十一号炮台	三十生特半炮三尊

---

① [英]勒费窝:《怡和洋行——1842～1895年在华活动概述》,上海社会科学院出版社1986年版,第80页。

② 同上书,第81页。

③ 同上书,第110—111页。

④ 《胶州澳地势设帖》,盛宣怀全宗档案040467,上海图书馆藏。

炮台编号	安设炮位种类及数量
第十二号炮台	二十一生特炮两尊、十五生特炮两尊
第十三号炮台	十二生特炮两尊(围城炮架)、九生特炮四尊(路陆炮架)
第十四号炮台	十二生特炮四尊(围城炮架)
第十五号炮台	十二生特炮两尊(围城炮架)
第十六号炮台	九生特炮两尊(路陆炮架)
第十七号炮台	十二生特炮三尊
第十八号炮台	十二生特炮三尊
数座炮垒	十五生特一尊(围城炮架)、十二生特炮两尊(围城炮架)
合　　计	六十三尊
备注一:初等守法炮台垒两座需炮十二尊	二十六生特炮八尊、二十四生特炮四尊
备注二:二等守法炮台垒十座需炮三十八尊	三十生特半炮两尊、二十六生特炮十二尊、二十四生特炮十尊、十二生特炮八尊、九生特炮六尊
备注三:三等守法炮台垒二十五座需炮八十尊	三十生特半炮七尊、二十八生特炮两尊、二十八生特田鸡炮两尊、二十六生特炮十六尊、二十四生特炮十三尊、二十一生特炮三尊、十五生特炮七尊、十二生特炮二十四尊、九生特炮六尊

泰来洋行福克、许寅辉致函上海转运局冯瑞光,呈报九个口径一百零二尊军火价目:"每尊零件在内价银五百九十两,共六万零一百八十两。弹子三万零六百颗,每价一两四钱,共四万二千八百四十两,共银十万三千零二十两,收过定银二万五千两,船到再付二万五千两,余货到清再付,行用九五合银五千一百五十一两,香港到上海水脚共约五千至六千左右。"①

表 4.3　1885 年上海泰来洋行呈德国格林炮(hamburgj.j.buchheister)零件遗漏清折②

种类	数量	种类	数量	种类	数量	种类	数量
洗把连皮带	1	擦炮闩布	1	下钢圈起子	1	皮药袋篓	5
送子棍	1	紧后闩螺丝铁片起子	1	锹有皮带	1	木盒内装弹子自来火等用	1
拉火皮盒	1	洗门眼螺丝钉	1	斧头有皮带	1	背皮药篓袋皮条	1
自来火皮盒	1	钳子	1	锄头有皮带	1	水银表尺	1
毡毯	1	榔头	1	水桶	1	槌线它连线	1
钢锉	1	炮闩短刷	1				

---

① 《九个口径克虏伯炮一百零二尊价值清单》,盛宣怀全宗档案 066780-1,上海图书馆藏。
② 《格林炮遗漏零件清折》,盛宣怀全宗档案 033386,上海图书馆藏。

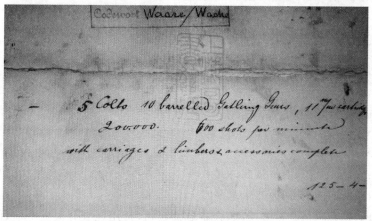

图 4.1　天津瑞生洋行呈递的格林炮照片①

　　1894 年 10 月，德国瑞生洋行补海师岱与朱锡康联合向天津海关道盛宣怀呈送炮位清折，"兹将枪炮定银缮就华洋文收条两纸送呈钧核敢求迅赐给领以便汇付外洋，俾得将货从事起运实为德便。再者外洋现货快炮昨日虽向罗观察谈及，然并未呈过华文清折，刻将该炮敬谨缮就清折一扣送呈宪鉴，敢求转禀中堂并请代为吹嘘（宣传），则唧感无量也"。②庚子事变后，马克沁代理商在天津将该炮式样及价值呈送袁世凯，望其转交庆亲王奕劻，甚至直接联系陆军部要求订购。1904 年 5 月 28 日，英国公使萨道义致函清廷，专门推荐费克斯马克沁炮厂所造陆路过山炮，称其"为环球所共称之头等利器"，该厂"所造各项，敝国军中向来颇

---

①　《德国格林炮照片》，盛宣怀全宗档案 150031，上海图书馆藏。

②　《补海师岱、朱锡康致盛宣怀函》，盛宣怀全宗档案 033350，上海图书馆藏。

为购置,取用之时,甚为得力","希(中国)将来练兵即购用此等炮位"。①

三、 欺瞒清方官僚骗取军贸经费

长期在北洋海军任职的德国人汉纳根曾经在给父亲的信中,指出中国在军品贸易中被欺瞒的情况,"中国人事实上并没有省钱,他们上了这些骗子的当,我要告诉中国人,那些他们曾经十分信任的人其实是骗他们最狠的人"。②恩格斯在论述德国推销商品之行为时,曾揭露道,德国总是"先送优良货样后交劣等商品"③,因此"价格便宜而质量低劣"④,军火等产品的销售方面也必然会存在此种问题。"定远"铁甲舰在制造时就因为伏尔铿厂偷工减料被揭露,不得不返工,交工日期延后一年有余。德国军火产品的激烈竞争也促使"英国人走上了降低产品质量的歪路"⑤,1887年清政府派海军总教习琅威理前往英国接收"致远""靖远"两快船时,琅威理认为两船虽完工,"改装和更加进益之处甚多"⑥。军火销售的宣传经常言过其实,诱使中方经手官僚上当受骗。沈能虎曾致函盛宣怀,"月初有以黎氏水雷来售者,每只万金,须五十只起票。旁人力阻,旋经试放,所见不如所言,故即罢论"。⑦由中国出资,在德国订造的两艘铁甲"定远"和"镇远",竟然是"德国海军做失败实验的产品。把主炮装置成梯形斜置模式不仅大大缩减射界,发炮时还会对甲板造成很大的破坏"⑧,按当时的海军发展速度,两舰的设计到甲午战争时已相当落伍。甲午战争时期,南美诸州纷纷向中国推销军舰,其主要动机是可借此更换升级主力舰只,提升本国海军实力。⑨1894年12月20日营口致电盛宣怀,"各转运局所解来毛瑟开斯子,两头均有黄腊,又有外国厚纸四层闲阁,每打不霍铅头焊处,复有纹如螺线,纵放得出,亦不能远。此中恐有外国人买通工匠作弊之事,请与东局海光寺制造总办密查,设法办理"。⑩

外洋列强之所以欺瞒清方经手官僚屡屡得手,背后存在多种原因。

一是军火代理商不讲信誉。各国列强在与中国进行的军品贸易中,经常采用

---

① 《海防档购买船炮》,艺文印书馆1957年版,第1077页。

② 刘晋秋、刘悦:《李鸿章的军事顾问汉纳根传》,文汇出版社2011年版,第81页。

③⑤ 《马克思恩格斯全集》第21卷,人民出版社1965年版,第379页。

④ 《马克思恩格斯全集》第19卷,人民出版社1963年版,第194页。

⑥ 《提督琅威理来函》1887年7月28日,《英署钞案》,转引自张国辉:《洋务运动与中国近代企业》,中国社会科学出版社1979年版,第103页。

⑦ 王尔敏等:《盛宣怀实业朋僚函稿》,台湾近代史研究所1997年版,第1315页。

⑧ 马幼垣:《靖海澄疆:中国近代海军史事亲诠》,联经出版社2009年版,第557页。

⑨ 马幼垣:《靖海澄疆:中国近代海军史新诠》,联经出版社2009年版,第329—330页。

⑩ 《甲午中日战争·盛宣怀档案资料选辑之三》上,上海人民出版社1980年版,第324页。

欺诈手段。因外洋交货常掺杂劣质枪炮,所以验收军品非常棘手,由最初的抽验,改为全验,需要专业人手,且耗时费力。1893年9月,上海礼和洋行连纳致函盛宣怀,请派员弁验收为胶州所购炮位,"章镇台发给收据,载明炮件二百七十五箱,仅只验四箱,其余尚未点验,如随后验有短少损坏,仍应由敝行补交,此次收据未便作为收清凭券付清价值,收发电咨胶防统领章镇台赶紧验收完竣,知会贵道以凭付价等因。仰见宪台慎重军械无微不至,窃此次承办快炮十八尊并零件子弹等共装二百七十五箱,特著马赤随承平轮船赴胶交纳,原意欲满数开箱点验,惟胶防处现无军械库。既开箱点看,非得熟手断难原箱收藏,缘此再三商量,任凭章镇台随指开四箱查点,均与箱面编号清折相符,其余验看箱外整齐,箱内必无短少,是以章镇台给发收据注明。如随后验有短少损坏仍应由敝行补交字样,此乃章镇台谨慎之言,现蒙宪台电咨,胶防统领赶紧一律验收完竣,知会贵道始行付价,甚为妥适,免得随后周转耽延,且此项炮价久闻备足在库,早给一天则商人沾光一天利息,且近日马克价值稍为相宜,兹特肃函仰恳俯恤商情,再为电达胶防统领赶紧验收完竣,仍由电复来津免得久延"。①"居奇抬价……有贱价贩自外洋而浮冒报销者。"②金登干(James D. Compbell)曾请中国驻英公使留心外洋军火价目表和净价的区别:"外洋刊刻价目,辄浮其数,果购买则核减一二成,照价单以给值,枉耗多矣。"③德国的礼和洋行也是如此,"礼和洋行经销的德制车床、钻床、磨床、刨床等机器都是德国名厂名牌,凡属礼和经销的,上面都钉有礼和双线商标。旧时中国人向礼和订购机器设备,往往只认这个双线商标,不大注意商品内在质量。礼和觉得有机可乘,就经常利用双线商标,把商品改头换面,欺骗用户。碰到名牌机器脱销时,就向其他洋行搜罗式样近似,质量较次的货品,加钉双线牌商标顶替。有时甚至收购中国产机器、换钉商标,冒充德货,高价出售"。④不仅德国礼和洋行如此,其他外洋军火代理商也不讲信誉。"洋行早于同治、光绪年间洋务运动时就进口机器和工具。机器卖出后,在配购零件和源源补充副件上,长远作前无穷尽的买卖。后来洋行钻空子常常把应代向国外订购的配件副件竟在当地以廉价的工料仿制贴上商标来冒充。这类蒙骗行为,英、美较大的洋行,如怡和、慎昌等都曾干过。"⑤1873年李鸿章曾在奏折中指出,西方各国和日本将淘汰的前膛枪贱售给中国,各省防军被欺骗而贪便宜争相购买,"全是此种人弃我取之物,转视为

---

① 《连纳致盛宣怀函》,盛宣怀全宗档案033391,上海图书馆藏。
② 薛福成:《出使四国日记》,湖南人民出版社1981年版,第40页。
③ 刘锡鸿:《英轺私记》,湖南人民出版社1981年版,第158页。
④ 王垂芳:《洋商史》,上海社会科学院出版社2007年版,第58页。
⑤ 天津市政协文史资料研究委员会编:《天津的洋行与买办》,天津人民出版社1987年版,第14页。

难能可贵"。①1905年4月绥远向德国泰来洋行订购枪械,因锈损不堪任用,仅留步枪100支,其余分别退还。

二是清方官僚对军火不够了解。火轮兵船的价格在清廷中有明白者也有糊涂妄言者。1865年《陈廷经奏海防亟宜筹画等情折》谈到"……计英夷二桅中号兵船,每艘值银二万余圆,三桅大兵船每艘值银四万余圆(见澳门新闻纸中),凡侈言每艘需十万金者,皆妄也"。②清廷昧于世界军火市场,自然为外国洋行提供了许多蒙骗的机会。1894年12月13日,《伦敦每日新闻》报道:"只要外国公司引诱或贿赂他们(清廷官员),再老掉牙的枪支或陈旧的弹药他们都会购买……看看这些枪是什么货色吧:外观上还像那么回事儿,但托盘根本没有加工好,枪口也锉得十分粗糙,螺丝上得敷衍了事,有些螺帽都掉了,以至连接处都松开了。"③

三是外洋军工厂的大力推销。外洋军火常通过代理商向中国各地方督抚直接推销,广为联络军品生意,各督抚由此开阔了眼界,了解了西洋武器的大致情况。一方面,各军火商之间的竞争为清廷以较低价格购买外洋武器提供了操作空间;另一方面,各军火商又常采取联手控价、蒙混过关等方式榨取中国有限的军购经费,也使不少督抚在西洋军火商专意推销的影响下受了很大蒙骗。免费提供样枪样弹是推销武器的绝佳手段,样枪样弹的进口由武器生产国驻华领事向中国监督申领护照,其推销背后因有领事的强力介入,各省督抚不敢怠慢。

---

① 李鸿章:《论购办西洋枪弹船炮》,同治十三年八月二十日。
② 《陈廷经奏海防亟宜筹画等情折》,中国近代兵器工业档案史料编委会:《中国近代兵器工业档案史料》第一辑,兵器工业出版社1993年版,第6页。
③ 徐剑梅:《甲午战争打断了中国现代化进程吗》,《国学》2013年第5期。

第五章 战争时期对华实施军火禁运

晚清时期,列强基于国家利益或军工集团诉求,与清政府之间既有战场对抗,又有军事合作。在中外战争爆发时,列强与中国处于敌对关系,与用新式兵器武装中国军队相矛盾,同时又与列强发战争财相一致。当有战况出现却没有威胁到本国利益,或对本国威胁不大时,一些列强虽着眼国际立场宣布"中立"却并不严格执行"军火禁运",只是由公开售卖转为本国商人助推的私下交易,常常是向敌对双方同时出售武器。当中国内部政府军与起义军等民变组织爆发冲突时,清政府乞求列强保持中立,拒绝向起义军出售弹药,列强为维持与清政府的合作关系,公开向起义军实施军火禁运,但同时,各国商人私售武器给起义军的现象层出不穷。到内战后期,往往在清政府的要求下,列强公开售卖武器装备清军。

第一次鸦片战争爆发时,英国政府明确禁止本国商人出售武器给中国。太平天国运动前期,列强宣布对交战双方军火禁运。辛酉政变后,列强选择与清廷合作共同对太平天国实施镇压,清军开始大量使用洋枪洋炮,而太平天国却被列强单方面实施禁运,太平军只能通过走私等地下途径获得少量西式武器。中法战争时张之洞督两粤,对前方兵将有筹备饷械之责,吃尽苦头,"开战而后购械,十分艰难,种种吃亏"。①列强对中国的军火禁运,背后有复杂的动机。时而单方禁运,时而公开解禁,禁运实施过程中军火走私成为公开的秘密。总体来看,不管是中外战争还是中国国内战争时期,列强基于自身利益的需要,实施的都是有限的军火禁运。

一、 太平天国运动时期

自鸦片战争列强用炮舰轰开中国大门后,中国的武器装备就进入了变革时

---

① 《张之洞全集》(七),《电牍 4》,河北人民出版社 1998 年版,第 5063 页。

代。传统的刀剑、火枪、火炮逐被现代武器所取代,这种武器的变革首先是从太平军开始的。太平军以冷兵器起事,在使用各种火器上经历了从无到有、从单一旧式火器到采用部分洋枪洋炮的历史发展过程。1850 年 12 月 27 日,太平军第一次大败清军,夺取部分清军炮械,但此时对立双方均未批量装备西洋武器,而且清军武器从数量水平方面要远高于太平军。随着形势的发展,太平天国充分利用外洋列强表面上不干涉中国内政,向交战双方实施军火禁运,私下却暗图暴利的心态,引进了不少外洋武器,这对太平天国革命的发展起到了非常重要的作用。此时期,上海的小刀会也通过列强的私下售卖,改善了部分武器。当然清军通过广东的渠道也在采购西洋武器,叶名琛的幕僚朱用孚在《摩盾余谈》中记载,"沈公命余乘洋人轮船到香港采办洋药,以充军实"。①

从史料记载中可见,太平军从 1852 年开始接触西洋武器。是年,耶稣传教士观察太平军时发现,"叛乱者的武器不是中国制造的"。②定都天京以后,太平天国长期占领着长江沿岸的广大地区,很快就在与洋人的交往中获得了部分西洋武器。镇江太平军就曾对过往的英国舰船表示,"如有大炮、火药、米粮,可来销售"。③1853 年 3 月,"洋人自上海以大轮船泊下关……出其枪械、火药示贼军,贼大喜,鼓吹迎其酋入城,与之联教通款,俾常接济军火……洋人大获其利"。④几个月后,这位名叫嘞呐吐(即温那治,Samuel George Bonham,又称文翰,时任香港总督兼英国驻华全权公使,英国驻上海领事官)的英商又雇用两只宁波钓船,装载洋枪 200 杆、洋刀 100 把及火药、洋硝等物,至镇江卖给贼匪。"不少的西方传教士和商人还到过镇江、苏州等太平天国占领地区,不仅带去了圣经、药品,有些人甚至向太平军供应手枪、小望远镜及美国制造的新式滑膛枪。"⑤《怡和书简》记载,"雷诺(ReYnold)给叛军运送军火,现在正被囚在镇江官军舰队船上"。⑥太平军逐渐装备的西洋武器有美国春田兵工厂铸造的榴弹炮、二千五百斤大洋炮、三磅弹洋炮和美国马萨诸塞生产的十二磅弹洋炮等⑦,部分洋炮还被太平军安置于水师战船上。列强在向太平军出售武器的同时,还提供教官的支持,1854 年罗大纲镇守湖口时,"身有洋鬼子四人"。⑧是年 8 月,曾国藩率领水陆师 2 万余人,自

---

① 茅家琦:《太平天国对外关系史》,人民出版社 1984 年版,第 143 页。

② 邓元忠:《美国人与太平天国》,台湾华欣文化事业中心 1983 年版,第 397 页。

③ 《中国近代史资料丛刊·太平天国》第 7 册,上海人民出版社 1957 年版,第 123 页。

④ (清)夏燮:《中西纪事》,岳麓书社 1988 年版,第 149 页。

⑤ 张功臣:《洋人旧事》,新华出版社 2008 年版,第 55 页。

⑥ 《太平天国史译丛》第一辑,中华书局 1981 年版,第 146 页。

⑦ 管仕福、唐林生:《太平军武器装备初探》,《衡阳师专学报》1992 年第 2 期。

⑧ 《曾国藩全集·家书》,岳麓书社 1985 年版,第 710 页。

长沙北上占领岳州(今湖南岳阳)时,夺取了太平军使用的 11 门洋炮。①总体上看,1855 年前,太平军使用的洋枪洋炮虽然由少到多,但总体规模有限,尚未成为战胜清军的绝对优势。1855 年 3 月 27 日,广州天地会首领陈显良通告英美法三国公使,"各大国贸易者,每每以艇船用米盖住火药,载运进省,其火炮名为防贼,而实卖与奸官,殊乖正理。愿各大国自今以后,禁止船艇装载火炮、火药、粮米等物卖与奸官所用"。②

1855 年开始,为了尽快实现推翻清王朝的最终目的,太平天国主动寻求向列强大批量购买西洋武器,尤其在占领苏、浙地带之后,更是充分利用对外通商口岸的优越地理条件,积极开展包括军火购买在内的对外贸易。太平天国与外国的军火贸易主要发生在以上海、苏州、南京、宁波为中心的长江下游及苏(福)、浙(江)占领区域。运输线路主要有三条:一是外商利用大轮船从新加坡、香港等地由海路至上海、宁波及镇海、乍浦、漳州等沿海口岸,然后就地或贩至各地卖给太平军;二是利用长江航运的便利,在长江沿岸各埠暗与太平军做军火生意;三是从上海经水陆各路至苏州及其附近各地。其中由苏州到上海路线有四种路线:由吴江水路至上海;由吴县水路至上海;由平望水路至上海;由盛泽水路至上海。由上海至苏州路线有六种:上海—青浦—沈韩泾—高店—苏州—葑门,为 196 里水路;上海—青浦—朱家角—滕村—高店—苏州—葑门,为 210 里水路;上海—青浦—拓华寺—斜塘镇—苏州—葑门,为 204 里水路;南黄浦—闵港—金泽—莘塔—同里—苏州;上海—青浦—曹滕桥—昆山—苏州;黄渡—昆山—唯亭—苏州③。第六种路线为太平天国后期与外国军火交易的主要区域,所得军火主要补给忠王李秀成各部的军备力量。其中主要的交易地点分布较广,在太平天国苏福省境内主要为天京(南京)、镇江两地。在苏福省境内,除上海、苏州、太仓、松江外,尚有吴江、青浦、嘉定等地。在浙江省境内主要有宁波、镇海、绍兴、嘉兴、乍浦等地。

俄国人声称英国人正在广州和其他地方供给太平军武器弹药,让清廷震惊的是,这一情报与关于英法联军正在积极支持叛乱者的其他报告不谋而合。感受到其中的利害关系后,清廷与外洋列强之间达成默契,希望不要向太平军提供支持。然而违背清廷和列强禁令、不避路途艰险的冒险军火商贩源源不断,军火交易一直禁而无绝。清廷为此强烈向各国交涉,要求各国领事禁止本国商人与太平军进行军品贸易。列强纷纷宣布所谓"中立"政策,禁止除鸦片以外的所有与太平天国

---

① 曾国藩:《水师迭获大胜将犯岳贼船全歼折》,《曾国藩全集·奏稿一》,岳麓书社 1987 年版,第 167 页。

② 茅家琦:《太平天国对外关系史》,人民出版社 1984 年版,第 142 页。

③ 董蔡时主编:《太平天国史料专辑》,第 317、429—430 页;《吴煦档案选编》,第三辑第 287 页及第一辑第 314、367 页;《太平天国史料丛编简辑》,第二册,第 184 页。

的贸易。1855 年,英国甚至颁布法令,严禁在华臣民向太平军"提供出售或代办任何种类之战争物资。或代为装备船只"。①清政府照会列强各国,要求对"擅赴内地或竟私运枪炮火药者,立即押回,交与本国领事查办,货物入官充公"。②列强通过判断清政府与太平军的此长彼衰,同意清政府的请求,对太平军实行军火禁运。不过,"重利之下必有勇夫",仍然有不少外国人争着同太平军做买卖。"向来不法之外国人每带外国洋枪至苏州卖与长毛,虽官军稽查甚严,其中偷漏者不少。其偷贩之故,皆因长毛肯出重价,去一次可抵三次,三次之中即被军官擒获将货查拿入官,而一次所得利已倍蓰矣。"③《燐血丛钞》中记述,"洋人甘密达自上海来,售军火。……洋枪名落花……每炮值价万金,又有大轮船,每船需价十万金,忠王靳于资,仅购一船两炮"。④1853 年,美国旗昌洋行商人兼驻沪副领事金能亨(Curningham,Edward)将一艘轮船和大批美国枪械弹药卖给太平军,未料被清军侦知,结果在上海引起舆论大哗。⑤曾为太平军俘虏的洋枪队副领队法尔思德回忆,当时"在上海十五元或二十元能够买得到的短枪,太平军须付给走私者一百元"。⑥除一般散商外,洋行仗其雄厚的实力,在与太平天国军火贸易中占了很大部分。为遮人耳目,上海英租界一些有名的洋行变换包装,把一箱箱贴着"雨伞"标签的卡宾枪和借用"圣经箱"包装的左轮手枪卖给太平军。⑦1856 年,驻守镇江的太平军不仅夺获大量西洋武器,还请四位"洋兄弟"在镇江为他们"制巨炮、喷筒,甚精制,能达远"⑧。太平天国后期,苏浙太平军诸王在苏州、太仓、昆山、盛泽、嘉定、青浦、南桥、拓林、湖州、嘉兴、漳州等地先后建立了规模不一的军工厂,其中以苏州、昆山、太仓三地规模最大。在外国工程技术人员的帮助下,这些军工厂仿造的产品主要为各种枪炮、子弹、炮弹、火药及炮车、弹药筒、战船等。1858 年何德曾对开放长江航运发表看法:"要使长江沿岸的贸易既有利于外国人,又有利于中国人,把它建立在一个体面而经久的基础上,而不是使其成为各通商口岸一切恶棍和流氓(他们多得不计其数)从事走私并向长江沿岸的叛军供应军火等剥削活动的场所。"⑨1860 年,在镇江至天京间外国人与太平军军火交易

①　《太平天国史译丛》第一辑,中华书局 1981 年版,第 52 页。

②　《吴煦档案选编》第一辑,江苏人民出版社 1983 年版,第 104 页。

③　太平天国历史博物馆编:《吴煦档案选编》第五辑,江苏人民出版社 1984 年版,第 399 页。

④　《太平天国史料专辑》,上海古籍出版社 1979 年版,第 411—412 页。

⑤　[法]梅明、傅立德:《上海法租界史》,倪静兰译,上海译文出版社 1983 年版,第 100 页。

⑥　《太平天国史译丛》第三辑,中华书局 1985 年版,第 119 页。

⑦　[法]梅明、傅立德:《上海法租界史》,倪静兰译,上海译文出版社 1983 年版,第 216 页。

⑧　蓝振露:《试论太平天国的军火进口贸易》,《史学月刊》1991 年第 6 期。

⑨　[美]斯蒂芬·洛克伍德:《美商琼记洋行在华经商情况的剖析(1858—1862)》,上海社会科学院出版社 1992 年版,第 153 页。

屡见不鲜,以致长江开放通商简直像是"专为以供应品接济太平军而设的了"。①广西巡抚郑祖琛、广西提督向荣抓获太平军首领钟亚春等人,"起获七百斤大炮一位、百斤洋炮一位、子母炮一杆、大钢子百馀颗、木戳、战鼓、军器等件"。②是年6月,太平军攻占苏州后,在嘉兴、盛泽总理太平军粮饷、关卡的耕天福汪心耕、锡天福沈枝珊先后派人携汇银两潜入上海,"侦探官兵信息,并购买洋枪火药,接济贼营"。③翌年10月,忠王李秀成下令周庄、陈墓各乡官,"赴沪采办洋枪一千杆,铜帽二十万,大红绉二百匹",以为军用。④1861年2月,英国海军上将何伯和领事巴夏礼(Harry S.Parkes)率领的考察远征队沿长江航行,美国琼记洋行上海分行协理罗伯特·费隆(Fearon)获准参加。他后来在给琼记洋行老板何德的信中写道:"在南京有买卖可做,极度秘密,采用不声不响地直接面晤叛军首领的办法。他们首先需要武器和弹药。有多少武器弹药能够送到他们那里,他们就买多少。当然,这是极不正规的贸易,但是我想告诉你成就这笔买卖所出的价钱!"⑤怡和洋行也写信给本国负责人,要求多运各种武器,什么状况的都可以。不管什么质量的军器,在中国这个大战场上都可以轻易地销售一空。⑥太平军在给宁波洋人的照会中写道,"我防军之火枪、弹药等物供应不足,如阁下携带此类物品来乍浦出售,无论价钱如何,一应付给"。⑦1863年3月至6月,太平天国殿前副掌率总统水陆马步军务蔡某、开朝王宗殿前忠诚三十九天将李某、忠闳朝将队内鳞天安余某也先后发给"洋兄弟"路凭,前往太仓、上海、嘉兴等地采办军需。⑧同年8月,原常胜军领队白齐文投归太平军后,为太平军赴上海购买洋枪军火。⑨李鸿章强调:"苏贼无劈山炮,专恃洋枪,每进队,必有数千杆冲击,猛不可当"⑩,"我军惟有多用西洋军火以制之"⑪。1863年11月,苏州守将谭绍光在英人史密斯帮助下曾试

---

① [英]莱特:《中国关税沿革史》,姚曾广译,商务印书馆1964年版,第202页;[英]呤唎:《太平天国亲历记》,王维周译,上海古籍出版社1985年版,第656页。

② 中国社会科学院近代史研究所近代史资料编辑室:《太平天国文献史料集》,中国社会科学出版社1982年版,第68页。

③ 《太平天国史料丛编简辑》第二册,中华书局1962年版,第184页。

④ 《吴煦档案选编》第二辑,江苏人民出版社1983年版,第126页。

⑤ [美]斯蒂芬·洛克伍德:《美商琼记洋行在华经商情况的剖析(1858—1862)》,上海社会科学院出版社1992年版,第144页。

⑥ 北京太平天国史研究会编:《太平天国史译丛》第一辑,中华书局1981年版,第134页。

⑦ 郭毅生:《太平天国经济史》,广西人民出版社1991年版,第429页。

⑧ 《近代史资料》总第65号,中国社会科学出版社1987年版,第3—4页。

⑨ 王崇武、黎世清译:《太平天国史料译丛》第一辑,神州国光社1954年版,第66页。

⑩ 李鸿章:《复曾沅帅》,同治元年八月二十四日。

⑪ 李鸿章:《复曾沅帅》,同治元年九月初七日。

图建造一艘装配 32 磅重炮的大轮船,后因战火逼近,不得已而中止。①

　　列强在通过各种方式向太平军提供武器的同时,也公开为清军供应西洋武器,"军火禁运"成了一纸空文。部分同情太平军的洋人认为,既云外国人卖军火与长毛有罪,则土、何提督帮助官兵亦该有罪。因对列强实行的所谓"中立"政策甚为不满,甚至有人公开宣称"屡卖洋枪与长毛,日后仍有洋枪等要卖,即前此太仓长毛所用洋枪,皆我亲往卖也"。②1854 年到 1856 年曾国藩从国外购买了1 800 门洋炮③,不过,其中相当一部分被太平军缴获。湖口之战时,汪海洋等太平军"先锋队"就使用洋枪突击,夺获湘军大批战船洋炮。曾国藩克复安福县城后,也从太平军手中缴获洋枪炮械多达四百余件④。1857 年前后,湖北巡抚胡林翼曾三度奏请向粤省购买洋炮,第一批六百尊分期解到,第二批运到三百尊,第三批又购八百尊,大部分作为湘军东征水陆各军之用。到 1857 年 3 月,湘军共购买、仿造洋炮 2 000 多门。⑤1858 年有洋人曾发表看法,反对使长江沿岸"成为各通商口岸一切恶棍和流氓从事走私并向长江沿岸的叛军供应军火等剥削活动的场所"。⑥是年发生的繁昌之战中,太平军刘官芳部已大量使用洋枪。1858 年年底,太平天国芜湖守将候裕田曾向航行于长江的英舰巴克舰长索要武器,《详天燕侯裕田致英国水师总领巴克照会》称,"缘乏缺洋炮火门应用,祈贤弟劳心,相让若干,是为深感"。巴克回应,"船上所有炮火,为一己御侮之具,不能让与他人御敌也。且我国法律,彼此相争,毋许相助"。《详天燕侯裕田再致英国水师总领巴克照会》中再次恳求,"顷接手书,敬悉大英法度森严,而炮火毋得彼此相助,有干法纪等语。但弟与麾下原系天父上帝之子,均是天兄耶稣之弟,彼此情同手足,谊切同胞。昨弟所需者,不过恳祈麾下相赠小洋炮一二杆,洋粉若干,洋炮火嘴十余个而已,并非要尊船大炮也。为此再行照会,望乞见赠"。⑦1859 年 7 月 21 日,江苏六合西门外之七条买卖街有许多洋枪铺户,不少法国人身穿长毛服饰销售洋枪炮械,还有轮船在仪凤门外专做军火生意。⑧太平军还派韩章信秘密到苏州一带购

---

①　《太平天国史译丛》第二辑,中华书局 1983 年版,第 125 页。

②　《吴煦档案选编》第五辑,江苏人民出版社 1984 年版,第 373 页。

③　张一文:《太平军所使用的兵器》,《军事历史》1997 年第 1 期。

④　《曾文正公全集》(二),奏稿卷十一,世界书局 1936 年版,第 210 页。

⑤　《骆文忠公奏稿》卷一,白纸精刻本 1891 年版,第 23 页。

⑥　[美]斯蒂芬·洛克伍德:《美商琼记洋行在华经商情况的剖析(1858—1862)》,上海社会科学院出版社 1992 年版,第 153 页。

⑦　太平天国历史博物馆:《太平天国文书汇编》,中华书局 1979 年版,第 308—309 页。

⑧　郭廷以:《太平天国史事日志》上册,上海书店 1986 年版,第 628 页;《太平天国史料丛编简辑》第 3 册,中华书局 1962 年版,第 256 页。

买洋枪火药。韦志俊池州叛降时交出的"器械甚精,洋枪甚多"①。到 12 月 20 日太平军攻打池州城时,胡林翼称其"施放洋枪,子落如雨"②,说明太平军所配备的西式武器已占相当大的比例。太平军在辅王、忠王、护王、侍王、听王等诸王军中广泛成立洋枪队,还包括使用开花大炮的洋炮队。其中归王邓光明的洋炮队的武器性能较为先进,规模也达到 5 000 人。1860 年长江开放后,外国人可自由进入中国内地经商游历,不少外国冒险家趁太平军与清军苦战之机,以经商为掩护,前来从事军火贸易,捞取巨利。

上海"充斥着罪犯、投机者和失意的军人,都想在混乱中靠私运军火与太平军和清军进行秘密交易而发横财,甚至参加交战双方乘机抢劫或大捞一把"③。太平军进攻上海时,"外国人来申游荡无业者,或卖洋枪济匪,或无赖滋事,人数甚多"。④1860 年 5 月,太平天国曾试图请来苏州探访的外国传教士赫威尔等带钱到上海购买武器,但遭拒绝。⑤是年 7 月,曾有外国黑人商贩在吴江居住十多天,将四门大炮、六大桶火药、八支五尺长洋枪价值银万余两的军火卖给太平军,不久又将载来的两船火药枪炮赴苏州售卖。⑥8 月的《北华捷报》报道说,当时上海一些有身份的外国人将以鼻烟名义包装的火药及其他武器在"黄浦江与苏州河上游各地向叛军出售"。⑦清军在黄渡以东堵截了三只在青浦将"枪药济匪"后空船东返的外国商船,迫其返回原路。⑧3 月,上海西商总会代表之一亚历山大·米切致安特罗巴士的信函中透露,对太平军来说,"军火、火药和汽船是他们迫切想购买的东西。……他们的武器装备极其低劣,他们在交战中压倒清军这一事实仅仅证明了清政府绝对的、毫无指望的衰弱"。⑨5 月,洋人在报告中说,"叛军现在装备得很好,他们有毛瑟枪,并拥有大量的弹药"。⑩6 月,驻防乍浦的太平军首领鸿天福陈某照会英国水师提督何伯表示太平军不攻打宁波,并提出与之进行枪支、火药交易。8 月,太平军首领购置大量外洋武器,"并解洋枪、洋炮、火药、军饷"赴太平

① 《曾文正公全集》(三),书札卷二十,世界书局 1936 年版,第 98 页。

② 郭廷以:《太平天国史事日志》上册,上海书店 1986 年版,第 648 页。

③ 张功臣:《洋人旧事》,新华出版社 2008 年版,第 67 页。

④ 《吴煦档案选编》第五辑,江苏人民出版社 1984 年版,第 431 页。

⑤ 《太平军在上海——〈北华捷报选译〉》,上海人民出版社 1983 年版,第 469 页。

⑥ 《吴煦档案选编》第一辑,江苏人民出版社 1983 年版,第 362 页。

⑦ 《太平军在上海——〈北华捷报选译〉》,上海人民出版社 1983 年版,第 321 页。

⑧ 《吴煦档案选编》第一辑,江苏人民出版社 1983 年版,第 426 页。

⑨ 夏春涛《西方关于太平天国的报道》,《近代史资料》第 98 号,中国社会科学出版社 1999 年版,第 146—147 页。

⑩ 太平天国历史研究会编:《太平天国史译丛》第二辑,中华书局 1985 年版,第 193 页。

军军营运用。①太平军从美国人手中购得大批滑膛枪，10 月还派周庄、陈墓各乡官赴上海采办洋枪 1 000 杆、铜帽 20 万。1862 年春，太平军准备"汇银五十万两向美购买船炮"②，此事引起清廷极大惊恐。江苏巡抚薛焕上奏称，"发逆勾结外国奸商，潜购洋枪炮，节径知照各国领事会同查禁，拏获多起。近日风闻该逆又令奸商私赴美国购买轮船枪炮，有汇银十万两之说，适美国使臣蒲麟痕自粤来沪，据答称此事亦有所闻"。③美国传教士罗孝全从太平军逃到上海后，告诉赫德，太平军曾托他寄信回美国，代为购办船炮，并收到过美国国内受委托人的"回书"④。洋枪队华尔为保持对太平军武器上的优势，请美国驻华公使蒲安臣进行干预，然而沪当局却又担心"恐美国查禁之后，该逆或转赴英、法二国购觅。此事关系非轻，必须豫行杜绝等情，合照仰恳天恩饬下总理各国事务衙门，照会英法二国使臣，令其行文本国严禁贼匪私购轮船枪炮，实于军务有裨"。⑤在此种情况下，清廷接受赫德建议，命江苏巡抚薛焕、两广总督劳崇光等加紧执行为清军向英美购船的计划。同时，向列强交涉，英国驻京公使卜鲁斯应允恭亲王的请求，即长江上的外国船只不得在通商口岸附近以外任何地点停泊，以使太平军难于得到外国船只提供的武器和物资。1862 年，江南海关探闻太平军"近于宁波、镇海地方，截掳海船，并以重价购买外国轮船及枪炮等项"，因而建议清廷："暂停宁波通商，庶免为贼勾通。"⑥清宁波海关并派出炮艇巡视舟山一带海面，多次截获走私火器、军械给太平军的外国船只。⑦实际上，军火贸易从未停止过。1864 年 7 月，天京陷落，太平军余部南走福建。10 月，侍王李世贤驻节漳州，修内政，办外交，重整旗鼓，声誉大振，吸引不少国际友人前往投奔太平军，外国商人纷纷前往接济太平军军火。李世贤所部"枪炮铅药皆运自夷船"。⑧

　　1874 年年底，李鸿章在《筹议海防折》中谈到，"盖发、捻、苗、回诸贼，皆内地百姓，虽有勇锐坚忍之气，而器械不及官军之精备"。1880 年，都察院御史志和等在奏折中说，"同治初年，兵与贼较，兵少贼多而战无不利，兵之器械较精耳"。⑨两种说法皆有基于清军镇压太平天国之结局而自吹之嫌，实际上清军与太平军的对抗中，绝大部分时间都是太平军的武器水平占据上风。清军攻打太平军在苏南的

①　管仕福、唐林生：《太平军武器装备初探》，《衡阳师专学报》1992 年第 2 期。
②　《中国近代史资料丛刊·洋务运动》第二册，上海人民出版社 1961 年版，第 42 页。
③　《筹办夷务始末（同治朝）》，文海出版社 1966 年版，第 436 页。
④　同上书，第 436—437 页。
⑤　《海防档·购买船炮》，艺文印书馆 1957 年版，第 57、63 页。
⑥　《吴煦档案选编》第五辑，江苏人民出版社 1984 年版，第 237—238 页。
⑦　同上书，第 376 页。
⑧　［英］呤唎：《太平天国革命亲历记》下册，王维周译，上海古籍出版社 1985 年版，第 656 页。
⑨　阮芳纪等：《洋务运动史论文选》，人民出版社 1985 年版，第 91 页。

地盘时,发现太平军使用洋枪洋炮非常及时,李鸿章强调,"苏贼无劈山炮,专恃洋枪,每进队,必有数千杆冲击,猛不可当"①,"我军惟有多用西洋军火以制之"②。随着战场上常胜军、常捷军、常安军等洋兵队伍的增多,太平军受到了较大的威胁。太平军将士战场上感受到洋枪洋炮的巨大威力,因而在对外贸易中他们的需要最为迫切的是西洋枪炮。战场上屡屡失败的清军自然不甘落后,一时间,"与西方列强进行军火贸易,变成太平军和清军竞相追求的目标"。③太平天国与外国的军火贸易主要在以上海、苏州、南京、宁波为中心的长江下游及苏浙地区内进行。1862 年,李鸿章的淮军开始成批量装备洋枪,再与由华尔率领的洋枪队相互配合。"淮军用湘军编伍的定制,参合西洋运用洋枪的成法,而成为一种新的队伍。初时李鸿章仅使各军编制洋枪小队,尚未改动营制。至同治元年九月,始改各营之小枪队为洋枪队,每哨并添劈山二队,这种形式,是就旧勇改立特种武器的新营,一营可抵两营之用。"④1861 年,曾国藩奉旨在安徽设立安庆内军械所,加紧生产新式武器。到 1862 年 5 月,太平军使用滑膛枪的比例曾达到三分之一左右。⑤同期淮军所用多为鸟枪抬枪,新式武器装备不多。1863 年前后,曾帮助太平军训练洋枪的外国人反映,"苏州城中可能有三万支外国枪(左轮手枪和后膛来福枪等),叛军中四分之一的兵士佩带步枪和来福枪,忠王一千名卫队完全佩带来福枪"。⑥忠王还命呤唎组织忠义辅助军,也即洋枪队。军官由欧洲人担任,人数为两百人,配两艘轮船,以苏州为基地教练新式战术。12 月 8 日,正式组建,几乎每个人都有来福枪,还有大炮、炮艇和汽轮,史密斯大尉就曾为该支部队专门从国外购买引进了六百门新式洋铁炮。⑦太平军使用西洋武器的比例远超湘军,与大批装备新式武器的淮军也不相上下。1863 年年底进攻苏州时的淮军,配备洋枪仅一万六千支左右,仅占太平军的一半左右。1864 年,郭松林等四部已装备洋枪一万多支;刘铭传部装备洋枪四千多支,士兵装备洋枪的比例接近四分之三。

1862 年,太平军全面占领宁波,由此进一步获得粮食、军火等各种物资的充分供应。《北华捷报》曾报道,"大炮成百地,枪支成千地,弹药成吨地进入宁波

① 李鸿章:《复曾沅帅》,同治元年八月二十四日。
② 李鸿章:《复曾沅帅》,同治元年九月初七日。
③ 王介南:《近代中外文化交流史》,书海出版社 2009 年版,第 83 页。
④ 王尔敏:《淮军志》,广西师范大学出版社 2008 年版,第 93—94 页。
⑤ 《太平天国史译丛》第三辑,中华书局 1985 年版,第 192 页。
⑥ 《太平天国史料译丛》,神州国光社 1954 年版,第 73 页;夏春涛:《西方关于太平天国的报道》,《近代史资料》第 98 号,中国社会科学出版社 1999 年版,第 150 页。
⑦ 周荼仙:《浅谈太平军的洋枪队——忠信军》,《上饶师专学报》1991 年第 3 期。

港"，一次英国海军曾在宁波附近海面截获一条英国走私船只"模范号"（Paragon），当场搜出"重六磅到三十二磅不等的大炮三百门，枪支一百箱，弹药五十吨，估计这些武器在当时足够装配一打城池"。①江苏巡抚薛焕奏称，"该逆进（宁波）城后，即有洋商人入城游玩，……且许售洋枪之说"。②通过宁波口岸，太平军很快便通过西方商人和投机家弄到了几千支步枪。1862 年，英国公使卜鲁斯和海军上将何伯在向英国政府提交的报告中谈到，香港和通商口岸的洋行公开做枪炮生意，"许多船只为上海的洋行运送军械弹药给叛军，他们远离领事馆可监督的范围，在预先约定的地点卸货，以便让太平军来领取"。③是年 2 月，驻守南汇的太平军首领曾派三名太平军携洋银 1 400 元到松江购买洋枪火药。④在上海，太平天国专门委派了秘密的军火代理人，同华尔的洋枪队争购西洋武器。⑤是年 4 月，上海一家洋行卖给太平军步枪 3 046 支、野炮 795 尊、火药 484 桶及 10 974 磅、子弹 18 000 发、炮盖 450 多万个。⑥另有"几只船被缉获，满载供给太平军的军械，亦系由洋行偷运者。清廷苦口埋怨，开放长江本以通商，但却利便敌人在外国旗下运械运粮。私贩军械者皆是外国人，驶船运至长江各埠，买卖极盛。……远在新加坡，于一年之内运出大炮 3 000 尊。香港及各口岸则公开运出军械，均以接济叛党者"。⑦4 月周浦之战中，英法军"拘获到一艘载有一百七十套武器的民船，显系德国制造，还有英国制造大量弹药，雷管及炸药"⑧。同期，英国轮船"巴腊岗"号，以装载竹器为名，私运"三百门铁制大炮，千副轻武器，以及大量弹药"卖给太平军，被清方截获⑨。李鸿章向曾国藩报告，太平军中多用洋枪，力可及远，皆广东、宁波商船购运者，无法禁止。5 月嘉定之战中，洋兵发现一座衙门前面放着 1861 年制铁炮两尊，其上刻有"同珍洋行"字样与皇冠商标，"还有装着大批英法两国制雷管，红色火药瓶及小桶火药的箱子若干只，其上注有伦敦夏普公司的商标"。⑩青浦之战中，太平军有四五尊九磅重弹的大炮，其上印有英商"同珍洋行"的商标，还有"英国与法国制造的雷管，寇悌斯与哈维公司的火药与欧洲生产的武

① The North China Herald, May 17, 1862, No.616.
② 《筹办夷务始末（同治朝）》卷二，文海出版社 1966 年版，第 288 页。
③ 《太平天国史译丛》第二辑，中华书局 1983 年版，第 163 页。
④ 《太平天国》第六册，神州国光社 1952 年版，第 490 页。
⑤ 《太平天国史译丛》第三辑，中华书局 1985 年版，第 83 页。
⑥ C. A. Montalto de Jesus：Historic Shanghai. Shanghai Mercury, 1909. p.145.
⑦ 简又文：《太平天国全史》，简氏猛进书屋 1962 年版，第 1972—1973 页。
⑧ 《太平军在上海——〈北华捷报〉选译》，上海人民出版社 1983 年版，第 298 页。
⑨ 管仕福、唐林生：《太平军武器装备初探》，《衡阳师专学报》1992 年第 2 期。
⑩ 《太平军在上海——〈北华捷报〉选译》，上海人民出版社 1983 年版，第 309 页。

器随地皆是"。①5月24日《北华捷报》报道南桥与拓林之战,太平军"使用的武器是炮楼式毛瑟枪,弹药很充足,这个情报使我们感到非常惊愕"。6月9日太平军谭绍光、陈炳文部攻占青浦县城,自上海运往松江的枪弹被太平军夺得。②太平军在青浦俘虏常胜军副领队法尔思德后,华尔以一百万发弹药、二百套武器以及十箱鸦片的高昂代价,赎回了法尔思德。太平军通过缴获的方式获得不少西洋武器,松江之战中,"有尚(上)海来救之鬼,用舟装洋药洋炮千余条而来,经我官兵出队与其迎战,鬼败我胜,将其火药洋炮枪为我所有"。③10月13日为解天京之围所进行的雨花台大战中,忠王李秀成率领十多万人猛攻曾国荃湘军,将所能搜集到的几万杆洋枪和几百门新旧洋炮"悉萃于此一枝"。李秀成率军进攻天京郊外曾国藩的湘军营垒时,军中拥有"洋枪多至二万杆",并配备有相当数量的开花炮。④10月14日,英国的《中国大陆贸易报》也承认:"太平军据有宁波还可以得到他们所迫切需要的一切军用物资。"⑤忠王李秀成大举进攻曾国荃湘营时,曾国荃说,"贼之火器精利于我者百倍之多,又无日不以开花大炮子打垒内,洋枪队多至二万杆,所以,此次殒我精锐不少,伤我士卒不少"。⑥仅1862年全年英国向太平军供应的"武器与军火的全部价值,估计不致少于二十万英镑这个整数"。⑦与太平军恶战的湘军统帅曾国藩惊呼,"忠、侍两逆,众约二十余万,攻扑官军营盘,纯用洋枪、洋炮、西瓜炮","其西瓜炮之利害,犹无可比拟,新副营之垒厚丈余,内砖石而外土块,亦为轰坍数处"。⑧

甚至上海的一些清朝地方官吏与清军下级官兵,见利眼红,也帮助太平军走私洋军火。塞克斯曾于1862年9月谈到,"上海道台曾在太平军进口武器的交易中拿过佣金,并默许将这些武器送往太平军地区。不仅如此,连何伯海军司令和麦华陀领事对这个舞弊事件也都是完全知情的"。⑨太平天国实行适度的税收政策,过往商人只缴付一次税款,即发给一张凭照,直到目的地不再于他处纳税。而清政府则层层设卡,卡卡抽税,再加上中途贪官污吏的层层盘剥。这种鲜明的对照吸引了大批洋人与太平天国做生意。

英国海军军官吟唎1860年开始就主动到太平天国担任枪炮教官,包括吟唎

① 《太平军在上海——〈北华捷报〉选译》,上海人民出版社1983年版,第321页。
② 相守荣等:《上海军事编年》,上海社会科学院出版社1992年版,第43页。
③ 《太平天国文书汇编》,中华书局1979年版,第524页。
④ 罗尔纲:《李秀成自述原稿注》,中华书局1982年版,第288页。
⑤ [英]吟唎:《太平天国革命亲历记》,上海古籍出版社1985年版,第440页。
⑥ 郭毅生:《太平天国经济史》,广西人民出版社1991年版,第430页。
⑦ 《太平军在上海——〈北华捷报〉选译》,上海人民出版社1983年版,第468页。
⑧ 龚泽琪:《太平天国与中国军事经济的近代化》,《军事经济研究》1996年第12期。
⑨ 《太平天国史译丛》第一辑,中华书局1981年版,第86—87页。

在内的"洋兄弟"除教授太平军使用洋枪、洋炮外,还教练太平军一种中西参半的阵法,以适应新式枪炮的作战要求。一个曾经访问过太平军的英国人就这样写道,"看来叛军武装甚为精良,有来福枪、左轮枪和滑膛枪。清军在这方面不能和他们相比,因为清军只有土炮火绳枪、抬炮和长矛,甚至十人之中还没有一支火绳枪,并且又是一群褴褛肮脏的暴徒。反之,叛军服装整齐、清洁,并且又经过了欧洲兵法的教练"。①经过训练的太平军,甚至可以"隔数间屋击灭油灯"。为解决西洋枪炮的维修、保养以及弹药的供给等问题,太平军还专门设置了"洋炮馆"和"洋炮官",负责各种进口大炮的维修、保养与调拨②,在常州、昆山等地先后设立了许多维修、仿造外国军火的军工厂。"苏州城内有英国机械师参加军火工场,能制造炮弹、地雷和比较新式的大炮。"③1863 年冬,吟唎去上海路经嘉兴,把自己所知道的铸造炮弹、制造引信和炮位瞄准的全部知识教给荣王廖发寿的部下。史密斯等人在苏州为太平军制造武器弹药,生产弹药筒和爆破筒,以及设计制造能安装三十二磅炮的轮船。④

　　时人评论说:"贼无技勇……只重洋炮。夷人过昂其值,兵火后贼所掠之金银,半归夷人。"⑤贪图暴利的洋兵甚至还曾直接向太平军售卖军火。1861 年12 月太平军攻占宁波后,外国商人及英法海军争相售以军火,并供应食品。1863 年 1 月,进攻绍兴的"常捷军"有四名法国小军官"将枪械卖钱食用"⑥。"英法军争售以军火,至英陆军官亦有与太平军剧烈作战当中沟通太平军,而私人接济其军火者。"⑦1863 年 10 月,忠王李秀成、慕王谭绍光在回复常胜军统帅戈登的书信《慕王谭绍光复英国会带常胜军戈登请放出受伤诸人并欲往来买卖枪炮事书》中写道,"顷接来信,知欲放出受伤诸人,以便医治,并欲往来买卖枪炮,兼有回去之人道及我处待人情谊,故来候函,具见桂(贵)台义重情挚。日前马敦(惇)(此人于 1863 年 5 月 7 日在常胜军中不服从戈登节制而被撤职)在于荡口夺获炮船,正应赏功,不知其因何事,不辞而去,令人思念。……至各人军装炮械,彼此皆知底细,你处图利,我处置办,听从通商,原无禁令,此时,你处如有枪炮洋货,仍即照常来此交易"。⑧《慕王谭绍光复英国会带常胜军戈登述太平天国对外政策书》,称

---

① 　[英]吟唎:《太平天国革命亲历记》,上海古籍出版社 1985 年版,第 656 页。

② 　《太平天国文书汇编》,中华书局 1979 年版,第 309、445 页。

③ 　南京大学历史系太平天国研究室:《太平天国史新探》,江苏人民出版社 1982 年版,第226 页。

④ 　管仕福、唐林生:《太平军武器装备初探》,《衡阳师专学报》1992 年第 2 期。

⑤ 　《太平天国史料丛编简辑》第二册,中华书局 1962 年版,第 152 页。

⑥ 　《吴煦档案选编》第五辑,江苏人民出版社 1984 年版,第 393 页。

⑦ 　郭廷以:《太平天国史事日志》下册,商务印书馆 2008 年版,第 833 页。

⑧ 　太平天国历史博物馆:《太平天国文书汇编》,中华书局 1979 年版,第 324—325 页。

"赐马拜收,骑之甚良;枪炮等件,亦已领取,种种厚情,感谢不尽"。①12月,忠王令吟唎前往上海、宁波采办兵船,办就之后,即驾到嘉兴交听王陈炳文查收给价。②

由于太平军急于向各方购买军火,军火的质量便无法保证,"射击时可能因枪破损而使射手受伤"。③不过,清军进口的西洋武器也常常面临同样的问题,只是公开订购的军火质量要稍好一些而已。左宗棠在镇压浙江太平军主力后总结说,"数年以来,无一枝贼匪不有洋枪洋炮……上年(1864年8月)陈炳文赴鲍军门处投诚,禀缴洋枪七千余杆,而本部堂一军截剿湖州逆贼于皖、浙、江三省边境,所得洋枪亦不下万余"。④太平军经历了从洋枪洋炮的购买到西方军事、工程技术人员的引进与任用,再到设厂仿造先进的外国武器装备。太平天国起义前,韦昌辉带领可靠的拜上帝会骨干秘密制造武器,大部分为刀矛,还有少量的鸟枪、抬枪抬炮,以及专门备配将领的短火药手枪⑤,中后期则使用大量西洋武器形成对清军的优势。太平天国武器革新走过的历程,正是后来的洋务运动军事自强所必须跨越的最初阶段。

在太平天国运动爆发的同一时期,上海的小刀会不断发展壮大,对上海的中外势力构成了一定的威胁。小刀会存在时间不长,但在武器的更新上也深受外洋武器之影响。列强在直接的威胁面前试图保持中立,但也是非常有限度的。因为小刀会善于利用洋商的贪利心理,补充更多的新式装备。"各国安分夷商,恨逆匪踞扰,以致货物滞销,仅十之二;其希图漏税,接济火药粮食渔利者,竟十之八。"⑥

1853年小刀会占领上海后,明确表示对外国人无敌对之意。上海的外国人(主要是英、法、美三国)则自己组织万国义勇队维持治安,对清军和小刀会的作战双方保持中立,均不予以帮助。但是"一些图利的商人,仍然和城中的小刀会私下买卖军火"⑦,为了与清政府保持正常关系,英、法、美三国政府领袖再度声明严守中立的态度,并联合发布通告,限制外国商人为任何一方服役,并限制供应双方枪械火药。⑧1853年11月9日,两江总督怡良等在奏折中谈到,"上海城中存储洋

---

① 太平天国历史博物馆:《太平天国文书汇编》,中华书局1979年版,第325—326页。
② 郭廷以:《太平天国史事日志》下册,上海书店1986年版,第1037页。
③ Prescott Clarke and J'S Gregory, Western Reports on the Taiping, p.343.
④ 《中国近代史资料丛刊·洋务运动》(三),上海人民出版社1957年版,第602页。
⑤ 陆日辉:《太平天国起义前的武器制造》,《广西地方志》1995年第2期。
⑥ 《两江总督怡良、江苏巡抚许乃钊奏》,《上海小刀会起义史料汇编》,上海人民出版社1980年版,第238页。
⑦ 王尔敏:《清季军事史论集》,广西师范大学出版社2008年版,第270页。
⑧ North China Herald, No.196, p.154(April 29. 1854); No.206, p.194(July 8. 1854).

炮、洋枪、火药为数不少,系苏松太道吴建彰不惜重赏新向夷馆购备,拟解往金陵大营应用,该逆即据以为守城之具。粤匪谙习枪炮,每次官兵出队,城上枪炮猛烈,稠密如冰雹乱坠,我军难以近前。所有嘉、宝等处余匪均归并上海,分拒六门,并力死守"。①

洋商为了赚钱,不顾军火禁运的命令,对小刀会和清军同时高价出售军火。

表 5.1

时 间	小刀会所购军火
咸丰三年	小铳枪弹和葡萄弹②
咸丰三年	司奈号(Snipe)、格兰里昂(Glenlyon)两艘战船③
咸丰三年	美资旗昌洋行的大批美国枪械弹药④
咸丰三年	美国副领事金能亨、美国商人费隆等人售卖的军火⑤
咸丰三年十月	某英资洋行售卖军火⑥
咸丰三年十月	夹板夷船三只⑦
咸丰三年十月	夷船快艇十余只,有炮眼两层,较官军所用夷艇更为高大,并在船之两旁添设炮位⑧
咸丰三年十月	从宁波等处买来两支半桅夷船两只,一支半桅夷船一只⑨
咸丰三年十月	购买大炮,排列甚多⑩
咸丰三年十月十四	一洋行向小刀会运去三门大炮⑪
咸丰四年三月	李百里、礼查、福利等洋行暗中接济小刀会⑫

---

① 《福建·上海小刀会档案史料汇编》,福建人民出版社 1993 年版,第 331 页。(清)黄本铨:《枭林小史》,《近代中国史料丛刊》第二十四辑第 234 种,文海出版社 1989 年版,第 88 页。

② 上海社会科学院历史研究所编:《上海小刀会起义史料汇编》,上海人民出版社 1980 年版,第 88 页。

③ 同上书,第 78 页。

④ 《福建·上海小刀会档案史料汇编》,福建人民出版社 1993 年版,第 418 页。

⑤ 上海社会科学院历史研究所编:《上海小刀会起义史料汇编》,上海人民出版社 1980 年版,第 800 页。

⑥ 同上书,第 1214 页。

⑦ 《福建·上海小刀会档案史料汇编》,福建人民出版社 1993 年版,第 333 页。

⑧ 同上书,第 334 页。

⑨ 《筹办夷务始末(咸丰朝)》卷七,中华书局 1979 年版,第 233 页。

⑩ 《福建·上海小刀会档案史料汇编》,福建人民出版社 1993 年版,第 341 页。

⑪ 《上海小刀会起义史料汇编》,上海人民出版社 1980 年版,第 332 页。

⑫ 朱从兵:《上海小刀会起义与太平天国关系重考》,天津古籍出版社 2010 年版,第 102 页。

续表

时　　间	小刀会所购军火
咸丰四年八月二十七	一小划船行驶,内有夷人携带炮子火药各件向甘露寺去①
咸丰四年十月	雇备夷船三只②
咸丰四年十月	八桨船十余只、夷船两只、广艇四只、杉板船数只③
咸丰四年十月	向夷船购买白色火药④

　　小刀会起义后,租界洋商和城中小刀会交易频繁,"照常交易"成为当时洋商中间的一句流行格言。1853 年 11 月间某英资洋行售卖军火给小刀会,清军得到消息后想中途截获,结果被英舰斯巴达人(Spartan)号兵士及租界义勇队攻击,死三人、伤十四人而归。⑤11 月 9 日,清军舰队向上海城轰击,小刀会"从城外海关的炮台和小东门炮台以及司奈号(Snipe)、格兰里昂(Glenlyon)两艘叛军战船上还炮。他们的炮火非常准确,给道台的舰队以重大的损失"。⑥小刀会所拥有的两艘夷船,显然购自洋人。清军也从外洋雇用或购买了不少西海岸海盗船,至少有甘普敦号(Compton)、克隆号(Clown)、羊神号(Agnes)等。⑦后来在与小刀会对抗过程中,克隆号(Clown)号受到重创,另一只黄色战船沉入江中,还有一只受损而无法操纵。

　　早在 1853 年 7 月上海道台就曾向美国领事馆提出要求,禁止美国公民与太平军进行武器的弹药的贸易,美国驻上海副领事金能亨于 7 月 25 日发出通知,告诫美国公民不得和太平军进行贸易,供应军需品。⑧可笑的是,"旗昌洋行买办出售大批美国枪械弹药给叛军",而该洋行为吴健彰与人在上海合伙开办,"城内贼匪粮食药弹即由此行接济"。⑨包括美国领事金能亨、美国商人费隆等人在内都曾售卖军火给小刀会。⑩1853 年 9 月小刀会攻陷上海,立刻邀请英国军火买卖人温那治传书太平天国,太平军攻陷南京一个多月后,"初,粤逆踞金陵,温以火轮船二

---

　　①　上海社会科学院历史研究所编:《上海小刀会起义史料汇编》,上海人民出版社 1980 年版,第 153 页。

　　②　同上书,第 174 页。

　　③　同上书,第 178 页。

　　④　同上书,第 173 页。

　　⑤　同上书,第 1214 页。

　　⑥　同上书,第 78 页。

　　⑦　同上书,第 78—80 页。

　　⑧　茅家琦:《太平天国对外关系史》,人民出版社 1984 年版,第 62 页。

　　⑨　《福建·上海小刀会档案史料汇编》,福建人民出版社 1993 年版,第 418 页。

　　⑩　上海社会科学院历史研究所编:《上海小刀会起义史料汇编》,上海人民出版社 1980 年版,第 800 页。

携带洋枪、火药由海道驶入下关,遂与延逆联教通款,受重赂而归。语具四卷。至是,刘逆欲借温那治以通好于金陵,遂具折称臣,以宝刀为贽,且属温介绍焉。温乃遣火轮二,复以洋枪、火药通贸易于金陵,又寄逆书致殷勤(书中言:三月在南京,蒙相待优厚等语),并附刘逆伪折以闻。行至镇江,江面有官兵水师巡船逻获之,解送常州"。①10月14日美国领事金能亨帮助吴健彰运送枪械弹药,引发刘丽川的不满,刘丽川致函美英法葡普及汉堡等国领事,要求他们严守中立政策,"两不相帮"。"今与各国和好,既然不助于予,如何暗助清贼。"②"日前曾与贵国侨商议定,既不接济本军,亦不援助胡清。兹妖头咸丰所有土地,十丧其九,复亡之日,为期不远。……盖本军与太平军已属一体,今日之中华实已与外邦并驾齐驱矣。本帅进驻上邑之时,曾与各国预定照常通商",指责美国擅将起义军所获清军之枪械弹药移交清军,又代为训练人员设置炮台、制造炮车,强调兹者清室覆亡在即,外侨勿济助任何一方。③当然,私下里,列强仍向交战双方售卖武器。11月14日,天黑之后,一外国洋行向上海城内的小刀会运去三门大炮。④11月17日两江总督怡良奏称,"逆匪竟买夹板夷船三只,并新造快桨小船多只,希图抵拒分窜"。⑤小刀会使用夷船快艇十余只,"所买夷船有炮眼两层,较官军现用夷艇更为高大,贼匪正在船之两旁添设炮位"。⑥英国领事阿礼国向英国商人发出通告,"英国公民不论是参加中国的内战,或对决战者一方供给军火,与女王陛下政府所保持的政策和原文是相抵触的"。⑦英国驻华公使文翰也表示,"我将毫不犹豫地颁布一项法令,禁止任何英国侨民以军火卖给决战的任何一方,违者将从租界驱逐出境"。⑧11月19日英国领事馆发布第27号通告,禁止英侨将军火卖给小刀会。⑨1853年11月,两江总督怡良等奏称,"向来夷人火药每桶卖洋银三元者今增价至二十五六元不等,其为贼匪放价收买,奸夷贪利私卖无疑。现在逆匪买有两支半桅夷船两只,一支半桅夷船一只,闻系从宁波等处买来,驶入黄浦,阻截江面。……又据吴健彰禀称,盘获宁波钓船一只,内有夷人三名,洋剑一把,洋枪六十杆,洋刀四十把,洋硝一包,火药一罐,并在夷人身上搜出夷书一封,上有真命太

① 夏燮:《粤氛纪事》,中华书局 2008 年版,第 354 页。

② 《上海小刀会起义史料汇编》,上海人民出版社 1980 年版,第 16—18 页。

③ 上海社会科学院历史研究所编:《上海小刀会起义史料汇编》,上海人民出版社 1980 年版,第 17 页。

④ 《上海小刀会起义史料汇编》,上海人民出版社 1980 年版,第 332 页。

⑤ 《福建·上海小刀会档案史料汇编》,福建人民出版社 1993 年版,第 333 页。

⑥ 同上书,第 334 页。

⑦⑧ 《上海小刀会起义史料汇编》,上海人民出版社 1980 年版,第 333 页。

⑨ 《英国领事馆第二十七号通告》,《北华捷报》咸丰三年 11 月 19 日。同上书,第 346—351 页。

平天国等字样,当即拆阅,查系英吉利奸商勒内士致镇江逆酋罗大纲一书,又附带上海逆首刘丽川逆书一件。讯据船户王阿莫等供称,系夷人雇装兵器至镇江卖给贼匪者,在后尚有一船,装载洋枪一百四十杆,洋刀六十把及洋硝火药等物,已闻拿逃窜等语"。①11 月 29 日,怡良等再奏称,"该逆自初十日创败以后,复敢于小东门外囊土砌台七座,又潜向夷奸购买大炮,排列甚多,为负固抗拒之计"。②12 月 7 日的战斗中,小刀会使用"小铳的枪弹和葡萄弹同时并击"。③1854 年 4 月 21 日,王茂松等 36 名商人致函各国领事,谴责李百里、礼查、福利等洋行暗中接济小刀会。④5 月 7 日江苏巡抚许乃钊奏称,"逆匪踞扰沪城,屡攻不能得手,固因枪炮稠密,亦缘米粮、火药有所接济故也。自三月初七日以后,米(美)、英、佛(法)三国领事出示,禁止该国奸贩济匪,并将为贼所雇夷人均令招出"。⑤"3 月 25 日出示以后,凡前在城中为贼所用之夷匪,皆不准回洋泾浜居住,亦不准再有入场助逆者。盖贼匪之银钱闻已有限,而英夷之交际亦与渐疏,大约下等夷奸暗地潜通在所不免,而明目张胆之接济不致如前肆行矣。"⑥1854 年 3 月英国领事馆又发通告,"凡英国商行雇用往来于吴淞上海之间的船舶,均须办理登记手续,倘有任何人使用悬挂英国国旗的船舶,运载军需品及枪械弹药接济城内等情,大清国当即有权采取有效措施,予以制止"。⑦4 月英美法三国领事第一次联合张贴禁止"济贼告示"。⑧两天后三国领事还在英国报纸上发表内容相同的声明,"向交战的任何一方售卖军火或其他物品就是破坏三缔约国政府所要严格保持的中立"。⑨"如有参加战争情事,则外侨在五口应享的一切条约权利,该侨民即不得继续享受;且各该国政府对侨民给以保护的一切权利,亦将因其参加战争而消失。"⑩7 月英国领事发布通告,"任何船舶,如从事输送违禁军用品或运载参与或行将参与中国内乱的人员,英国国旗将不予保护;触犯是项刑事的船舶,将被中国政府没收充公"。⑪7 月 6 日由吴健彰任海关监督,英美法三方代表任税务司的关税管理委员会成

①　《筹办夷务始末(咸丰朝)》卷七,中华书局 1979 年版,第 233 页。
②　《福建·上海小刀会档案史料汇编》,福建人民出版社 1993 年版,第 341 页。
③　上海社会科学院历史研究所编:《上海小刀会起义史料汇编》,上海人民出版社 1980 年版,第 88 页。
④　朱从兵:《上海小刀会起义与太平天国关系重考》,天津古籍出版社 2010 年版,第 102 页。
⑤　《福建·上海小刀会档案史料汇编》,福建人民出版社 1993 年版,第 399 页。
⑥　同上书,第 403 页。
⑦　《上海小刀会起义史料汇编》,上海人民出版社 1980 年版,第 417 页。
⑧　同上书,第 244—245 页。
⑨　[法]梅朋(C. B. Maybon)、弗莱台(J. Fredet):《上海法租界史》,同上书,第 819—820 页。
⑩　上海社会科学院历史研究所编:《上海小刀会起义史料汇编》,上海人民出版社 1980 年版,综叙第 41 页。
⑪　同上书,综叙第 42 页。

立,列强的所谓中立政策开始由偏向小刀会和太平天国转为偏向清政府。吉尔杭阿在周泾浜添筑三座营盘,堵绝小刀会的接济,对接济小刀会军火的洋人予以"开枪击杀"。高丈余、厚三尺、六百五十四丈长的界墙修筑完毕后,"洋泾浜接济从此全行断绝"。①清军在三义桥挖取壕沟以隔绝小刀会与夷人联络之后,"该逆之由小东门、北门往来洋泾浜者仍出入自如,我兵竟无从截击;枪炮药弹米粮食物之接济,亦由此而进,屡经严词诘责,该夷总属依违从事"。②直到八月间清军在法国人支持下修筑高墙之后,"小东门一路之接济,从此断绝"。③至 11 月将三茅阁桥堵砌合龙,"北门之接济可断绝。尚有桥西数十丈,必须接筑墙垣,该处系英夷出入之所,现亦定期开工。一俟完竣,即乘此机会,刻日进攻"。④

　　列强的这种中立政策实际上仅仅是表面文章,私下售卖军火给小刀会的情况从未停止过。10 月 18 日,吴健彰发现"一小划船行驶,内装夷人三名(携带炮子火药各件),向甘露寺去"。⑤小刀会雇备洋船三只⑥,在黄浦试炮⑦,购买八桨船十余只、夷船两只、广艇四只、杉板船数只⑧。清官僚奏称,"贼之白色火药皆从夷船买得"。⑨小刀会雇请洋人为其制造新式武器,"系以铜铸,遇坚而裂者十之二三,其未炸者十有七八;盖因铜质坚凝,不若铁之松脆也。遣谍查探,系夷馆内革退夷兵被贼勾接,进城代为制造,因无铁片,搜括民间铜器为之"。⑩小刀会又曾于"小东门外襄土砌台七座,又潜向夷奸购买大炮,排列甚多,为负固抗拒之计"。⑪一些战术水平较高的,"北门城门口及附近城墙上的枪手似乎善于使用他们的武器,他们真是弹无虚发"。⑫1854 年 3 月 20 日怡良等奏称,"至用兵之道,本应于风雨晦明,攻其不备。而该逆所恃者,向奸夷所买之铜火帽自来机火枪,无需门药,虽倾盆大雨亦不畏。我兵之鸟枪、抬炮,一遇久雨,勾火不能迅速(朱批:铜帽枪实为利器之最,尤利于风雨。现在军营能否购买应用,着传知吴健彰酌量筹办,虽不甚多亦可。若无风雨时,用之固觉捷便,然出枪太多,内有药渣堵塞火门,尚不如火

①　《福建·上海小刀会档案史料汇编》,福建人民出版社 1993 年版,第 462 页。

②③　同上书,第 446 页。

④　同上书,第 449 页。

⑤　上海社会科学院历史研究所编:《上海小刀会起义史料汇编》,上海人民出版社 1980 年版,第 153 页。

⑥　同上书,第 174 页。

⑦⑨　同上书,第 173 页。

⑧　同上书,第 178 页。

⑩　《福建·上海小刀会档案史料汇编》,福建人民出版社 1993 年版,第 443 页。

⑪　咸丰三年十月二十九日两江总督怡良等奏折。

⑫　上海社会科学院历史研究所编:《上海小刀会起义史料汇编》,上海人民出版社 1980 年版,第 71 页。

绳枪可百发百出)"。①

与小刀会作战之清军在战场频频失利于西洋火器的情形下,被迫作出改变,"各兵勇惮于习火枪者,后亦渐知其利,乐于从事。……近时夷炮亦用铜帽,尤为便利,皆数年前所无者。吴健彰现在密雇花旗夷人制造炸弹、飞炮及一切火器、火药等物,并雇有英、法等国炮手专管开放夹板船及烂泥渡台上炮位。贼匪炮台亦复雇募夷人,且有用以与官兵接仗者"。②1854 年 4 月 4 日,列强与清军之间矛盾激化,以致发生"泥城之战"(The Battle of Muddy Flat)。小刀会与美英两军协同攻打清军,迫使清军受到重大损失。③清军营盘被英军焚烧之后,三月十二日江苏巡抚许乃钊奏称,"自北门以至小东门一带,凡夷房所到之处,贼匪皆出入自如毫无顾忌,而火药、火器、米粮以及应用各物皆从此进,招纳逆党亦从此入;有以代办接济为利者,有以受贼雇募打放枪炮探听军情为利者。贼以夷为奥援,夷即以贼为利薮","又水路济匪,自拖罾船到,日有拿获。该夷不无隐恨"。④泥城之战后英法等国开始与清廷相勾结,与小刀会为敌。"幸经西兵用落地开花连轰九炮,贼知法犯法鼠蹿而去。"⑤但军火销售之事仍未禁绝。"贼日窘,西人以其无多利也,前月初起与匪作难,十三日在洋泾立一栅,禁往来人过之者。携带掠去人即驱转或打伤并死。然火药枪炮油烛米物,西人仍办也。"⑥

深受军火禁运影响的清军,伴随洋务运动的兴起,开始大批量购进西洋武器。太平天国被镇压后,清廷较长时间内未经历战事,利用军火解禁的时机,加大了外购炮船的力度。1877 年 6 月福建巡抚丁日昌上奏清廷,认为应抓住非战时不受军火禁运限制的难得机遇,迅速购买舰船发展海军,"凡此国与彼国一构衅端,无论何国均不准接济兵器。目前俄土交讧于西,日本内乱于东,此真数十年来未易得之机会也。趁此彼族有事无暇觊觎中国之时,若不速筹巨款,选购得力铁甲船数号以备不虞"。⑦

---

① 上海社会科学院历史研究所编:《上海小刀会起义史料汇编》,上海人民出版社 1980 年版,第 381—382 页。

② 咸丰四年三月二十二日两江总督怡良等奏折。见上海社会科学院历史研究所编:《上海小刀会起义史料汇编》,上海人民出版社 1980 年版,第 397 页。

③ 上海社会科学院历史研究所编:《上海小刀会起义史料汇编》,上海人民出版社 1980 年版,第 1219 页。

④ 同上书,第 387—388 页。

⑤ (清)王萃元:《星周纪事》,《近代中国史料丛刊》第二十四辑第 234 种,文海出版社 1989 年版,第 169—170 页。

⑥ (清)曹晟:《红乱纪事草》,《近代中国史料丛刊》第二十四辑第 234 种,文海出版社 1989 年版,第 41 页。

⑦ 中国史学会编:《中国近代史资料丛刊·洋务运动》第 2 册,上海人民出版社 1961 年版,第 370 页。

二、中法战争时期

华洋军火贸易的初期,主要是英法等国向中国售卖武器。早在 1842 年 11 月德国日科隆商会在关于对华贸易立场方面,就强调中国市场的重要性,认为英国仅在一些传统商品上占有优势,但德国可在其他方面与英国竞争,军械就是其中之一,"这种商品,目前在中国市场上已有巨大成就"。①1879 年日本吞并琉球,英国政府对中国实施军火禁运,清政府不得不改变主要从英国进口军火的局面,转而改为从德国进口。在驻华德国公使的帮助下,很快清政府把巨额军火订单交给了德国。中法战争期间广东政府每年购买军火的费用达 1 200 万元,其中五分之四购自英德。②当然,列强对中国实施的军火禁运,由于法国的随时监督而得以部分实行,清政府购买外洋军械的活动大幅减少。清政府由于实力不济,只能在中国周边搜查接济法国的舰船,而不可能派军舰去封锁法国本土,督促各国对法国军火禁运的承诺。即便这种部分实施的军火禁运,也是单向的。

1884 年中法战争期间,清廷因担心列强实施军火禁运,已在购运途中的舰船落入敌手,而迟迟不敢对法国宣战。由于战前准备不足,战时前线各军纷纷请领军械。张之洞、李鸿章疲于应付,之前所购的不少外洋军械质量低劣,"既糜国帑,更误军需,一有争战,败征且见"。③大部分列强对中国实施军火禁运后,清政府也注意到香港方面有商人暗中接济法国军队,清廷准备利用国际公法禁止香港继续帮助法国。张之洞认为香港接济,我与港通融,不敢力诘,诘之必不能禁,禁之徒自困。清政府未听从张之洞建议,11 月曾国荃致电香港要求其保守中立。张之洞妄图拦阻而不得。曾国荃径行英外交部抗议,致使"港遂出示禁军械"。但实际情况是,港明不济法,其实法已租赁英、德数商船代运,且英、法兵船仍向港行,但不准多,并不曾禁。即被真禁,彼自西贡运付或日本来买,稍迟数日,于彼何损。在张之洞看来,香港实施军火禁运对中国的影响要大于法国,中国"购外洋军械枪弹甚多,为粤省及分济各军之用,若不能来,大局不堪设想。……今法告各国搜输华军械,如此则海防无从措手矣"。张之洞批评了曾国荃的行为,"曾意虽善,但见其一不见其二,未免自生荆棘",张之洞的补救措施是"伏望钧署通电北洋妥绰一策,责成曾纪泽并许景澄、李凤苞设法,言法未宣战,军械断不准搜。……(对

---

① ［德］施丢尔克:《十九世纪的德国与中国》,生活·读书·新知三联书店 1963 年版,第328 页。

② 聂宝璋:《1870 年至 1895 年在华洋行势力的扩张》,《历史研究》1987 年第 1 期。

③ 中国史学会编:《中国近代史资料丛刊·洋务运动》第 1 册,上海人民出版社 1961 年版,第 228 页。

法)至煤粮等亦不必查问,我尚较便。此乃中外战事第一关键,乞酌裁速行"。①清廷所能购到的军火价格大肆提高,德国军火商甚至要求,"现需炮位及造炮备料,需外买者均在伊厂购"。清廷被迫同意后,狡猾的德国军火商利用合同大做文章,居然删去合同中的"现"字,条款内容大变。张之洞对此非常不满,"然则将来虽他厂新出精炮,远胜克、格两厂者,我亦永不能购耶?似断无此理"②。

1892年5月8日,盛宣怀去电云南督宪,"夫子鉴洋枪闰六月可到沪,禀商傅相应请札饬江海关道发专照进口,即可验收转运,暂不报部,因在停办军械期内咨部必驳,俟期满补报,北洋均是如此办法。各省所购毛瑟枪目前均不咨部,先咨江苏巡抚,饬上海道发进口专照即可转运赴甘,俟限满再行咨部,现值停购期内,如请部示必不肯破例,万一被驳,德国已订合同已付定银三分之一断不能退,现在德国将已起运,乞速咨苏抚饬沪关进口,各省一律不报总署户部通融办理,此间已请示傅相批准"。5月11日去电,傅相回谕枪事金处请部示,"因在停办期内电驳缓办而德国枪已起运断不允退,只得请设法由外结项下垫付,俟来年夏间期满咨部,届时各省所购均咨必不再驳,目前可勿顶咨,现在只需照各省咨苏抚饬江海关准进口,毋庸另咨总署"。5月31日去电,"傅相亦以不预咨为是,新省添办自来子二百万,请一并咨苏抚饬知江海关进口各关向不呈报总署户部,此枪闰六月可到沪"。③

三、 甲午战争时期

甲午战争期间,外洋军火商公开表示不干涉中日两国交战行为,禁止向双方销售武器,私底下却善于抬高价格向两方下注,发战争横财。

1894年8月,中国驻英公使龚照瑗通知李鸿章,中国艰难购到的阿姆斯特朗造猎雷舰,因中日开战而被英国禁运来华。战争期间,各地外洋军火需求大增,列强并非严格遵守军火禁令,甚至刻意来华兜售,不仅借机抬价,往往还要求先付款再发货。9月1日,湖北张之洞致电盛宣怀,"尊处能设法与洋行商密购军火否",盛宣怀回电,"洋军火能购,而运费太巨",张之洞再次电询"运费需若干?军火系托何处?几月到?"盛宣怀回电答复,"此间密购小口径毛瑟枪、哈乞开斯枪、克鲁苏快炮。有托洋行者,有托使馆买而洋商包运者,有运沪水脚包在价内者,有枪照厂价专雇一船运津另加运保费三十分者。皆先汇先令,约四五十天可到,然亦冒险"。④

① 苑书义等编:《张之洞全集》,河北人民出版社1998年版,第4964页。
② 同上书,第7213页。
③ 《上游去电》,盛宣怀全宗档案027180,上海图书馆藏。
④ 《甲午中日战争·盛宣怀档案资料选辑之三》上,上海人民出版社1980年版,第124、129、131页。

10月2日，盛宣怀致电武昌，"英厂运枪到港，来津索售，此天助也。价昂，子少，难以分拨。拟拨魏六营千八百杆。前借岘帅林明敦中针枪千四百杆，魏可不用，暂拨铁营，究系后膛。稍迟并此无之。英厂有续到者，迟早难定"。①10月26日，礼和洋行马赤致函盛宣怀，"爱仁"船主来信："本船于西历十月九号（中历九月十一日）到香港，时已太晚，所以十号早往礼和行，承礼和行经理人关垂，并斟酌去见船政厅之言语。因前次在港报名赴上海，及后私赴广东洋面装货，又因本船管机房之洋人二名不愿受工，再三劝解，他亦不允。……谁料二人竟到港向船政官说本船在广东洋面所装之货，幸得礼和总理人善言婉致，弥缝周密，不然，此次定照违例扣留。"②10月28日，盛宣怀致电兰州，"毛瑟枪子昨北洋买，每千颗行平银二十两，比前不止加倍，且须两个月到沪，由清江陆运来津，运费亦巨。如要乞速汇银六万两。现办军火须先付价，居奇可恨"。③10月29日，盛宣怀致电营口，"有毛瑟枪五千杆，每杆行平银十两，两个月可到。尊处要买若干，即汇银来。运费可出公账。枪子北洋可拨，乞速示"。④原价六七两的毛瑟枪涨价到了十两，可见军火商是为了趁火打劫。11月28日，榆关致电天津，"局无存枪，已商杏翁，如有毛瑟，暂拨八百根，外洋购枪须月底方到"。30日，盛宣怀回电榆关，"毛瑟八百杆已为宋帅索去，无存"。⑤11月29日，固原致电盛宣怀，"去年在津所买毛瑟洋枪，每根价银七两五钱，内带子药五百颗。若确，乞尊处代买二千根，各带子药一千颗"。30日，盛宣怀回电固原，"毛瑟枪今年买已贵，现外洋亦无存货，哈乞开斯每杆二十两，子每千二十余两，须一百天到"。⑥12月10日，上海某报馆英国人斐礼思致函盛宣怀要求为中国代购军火，"平壤、九连城之败，良由中国军械不若倭人所致。今弟拟同香港友人合股，回国备办精利军火，接济中国，以抑倭人，庶免受奸商欺蒙，以窳为良，致误大局。此弟区区报效之苦心也。惟资本尚缺二三万金，伏念阁下利权在握，又属相知，恳借英洋八千元或五千元，俟军火到时，将货抵销，抑将洋如数归还，利息多寡，照银行贴算。款至，写字付据，断无贻误。想阁下必欣然乐从也"。⑦

甲午战争爆发后，德国不仅没有打算实施军火禁运，还公开向中日两国大肆推销军火。当时的德国外长罗敦干男爵，在外交晚宴上就赤裸裸地表示，"欧洲国

---

① 《甲午中日战争·盛宣怀档案资料选辑之三》下，上海人民出版社1982年版，第564页。
② 同上书，第303—304页。
③ 《甲午中日战争·盛宣怀档案资料选辑之三》上，上海人民出版社1980年版，第230页。
④ 《甲午中日战争·盛宣怀档案资料选辑之三》下，上海人民出版社1982年版，第576页。
⑤⑥ 《甲午中日战争·盛宣怀档案资料选辑之三》上，上海人民出版社1980年版，第300、302页。
⑦ 《甲午中日战争·盛宣怀档案资料选辑之三》下，上海人民出版社1982年版，第366页。

家能从东方人相互间的战争里获得的唯一利益,就是向他们出售军火"。战争期间,日本和中国的采购团,在柏林频繁出没,这与英国因宣布中立而公开向中日两国禁售武器形成鲜明的对比,令英国军火商们羡慕不已。1894 年 8 月 19 日,盛宣怀致电广东督抚李瀚章,"援韩需三万人,北洋枪械不足。英、德、美守局外例,购运为难,师相焦急。法越之役,香帅购枪炮甚多,乞饬局查明现在后膛枪某种有若干根,有若干子;快炮、连珠炮有若干架,详细电示"。①甲午战争结束后随着北洋海军的失利,清军的军械需求大幅增加,然而很快又面临一次列强对华的军火禁运。

真正的军火禁运应该有双方互相监督以及第三方监管,甲午战争时由于清政府过早失去制海权,军火进口贸易完全因日本封锁而取消。义和团运动之前,列强对清朝的军火禁运,主要是各国的单独行动,为清政府利用列强矛盾获得部分外洋武器提供了可能。而义和团运动之后,列强联合对中国实施军火禁运,并用条文的形式加以确认,使清政府面临全面禁运的困境。

1894 年 8 月 5 日,季邦桢致函盛宣怀,"洋商接济军火之议,如做得到,只好姑尽人事"。②8 月 7 日,英国对中日战争宣布中立,当英国商船巴山号不顾中立法的约束,继续为日本输送军械而被清军缉获时,英国政府立即为其出面,并以货物受损为由要求清政府进行赔偿。还批评清政府做法,称查两国相战之时,局外之国每有让权之说。而让权亦有限制,战国欲用此权须遵循公法。如捕获装运禁物之局外船只应预设战利法院,待捕船交院专审所捕是否合公法之例;若无战利法院,则局外之国不许战国捕其船只。该事件发生之后,总理衙门曾经函递南洋大臣张之洞,"近年各国会议查船之事,中国未曾与会。揆之西洋通例,乃照旧例查办,不依新例,于理无妨"。英国方面态度还是非常强硬,称"设或有战乱法院而番断未合,局外之国仍可向战国讨论索赔","无论何等局外之国均不能让战国似此相待巴山商轮光景"。③清政府无奈之下,只得赔偿船主英金四千英镑。12 月11 日,盛宣怀致电营口,"毛瑟一到沪,即由陆运来,必不能速。因新加坡扣留一批,故洋行更小心"。④

另外,外洋列强为了维持军火贸易,尽量与晚清政府保持良好关系,甚至在战时冒着违反军火禁运的风险帮助清军购运军火。甲午战争时,清政府雇用了很多外国船只和商人为其购买、转运军械。如德国泰来洋行满德就护送英旗"爱仁"号轮船,由天津满载士兵奔赴朝鲜,并在广东、上海多次帮助清军装运军械运赴威

---

①　《甲午中日战争·盛宣怀档案资料选辑之三》上,上海人民出版社 1980 年版,第 94 页。

②　《甲午中日战争·盛宣怀档案资料选辑之三》下,上海人民出版社 1982 年版,第 123 页。

③　《中国近代史资料丛刊续编·中日战争》(五),中华书局 1989 年版,第 2926 页。

④　《甲午中日战争·盛宣怀档案资料选辑之三》上,上海人民出版社 1980 年版,第 317 页。

海、天津等处。另一位德国商人信义洋行李德则与满德一起承办清政府方面订购的一万支洋枪，还免除巨额运脚和保险等费。1894 年 12 月 25 日，李鸿章为他们两位德国商人专事请奖，称他们急公好义，忠佣可勇，自应优予奖叙，以励将来。

　　1894 年 8 月，在清廷决定购买英国猎雷舰时，英国实施包括炮械弹药在内的全面军火禁运。而驻英公使龚照瑗原议英国扣留日本所订造舰只仍会放中国购买者出口，遂成泡影。清政府只得另找卖主。一直持续到农历八月底，五十多天的时间内，李鸿章"在欧洲和南美六国购买、洽购和拟购数组多寡不一的舰只，自非易事。筹款维艰，更是诸多掣肘"，"急谋外国的目标很简单，就是为了速添海军实力以抗日人犯境。尽管北洋海军久未增舰，添几艘理所当然"，但是"不应在国难当前，资源短缺的时候，用抢先插队的法子去推行本属常规性的建军行动。假如这些舰只不能及时来华投入战争，整个速购计划就没有意义了。事实确是如此，许景澄推荐的一艘起码需时五个月始能抵华，而福莱舍介绍的采购则需要整年时间。除非确信战事会拖延得那么久，这些德制舰都会变成以应急名义，用非正常步骤，在没有订定长期发展计划前便莽然行事的常规性添置舰只了"①。黄海海战后，日方十二艘舰船无一沉没，而中方先后投入战斗的有十三艘舰船，沉没四艘。加上丰岛海战，中方共损失六艘。经过近一年半的努力，清政府速购外洋军舰的努力终有成果，即在《马关条约》签订后的五个月后始抵华的英制"飞霆"号猎雷艇②和八个月才抵华的德制"飞鹰"号猎雷艇③，不仅花费了比平时购买军品更巨的费用，且对战事丝毫未发挥作用。

　　列强对清政府实施的军火禁运，首先是出于保护自身安全、扩展军贸利益的

---

　　①　马幼垣：《靖海澄疆——中国近代海军史新诠》，联经出版社 2009 年版，第 281 页。

　　②　该舰原为英国威特岛考斯市的伟德船厂为英国海军部所造的实验性鱼雷炮舰（或称猎雷舰），1887 年尚未完工被海军部拒绝购买。1894 年由阿姆斯特朗厂购入改造舰身并换配武器，卖与中国。1894 年 9 月 13 日，英国海关以中日发生战事为由扣留该舰，禁令于 1895 年 6 月 23 日解除，始驶往中国，9 月抵华。排水量 349 吨，长 197 尺 7 寸，宽 23 尺 7.5 寸，吃水 8 尺，马力 2 000 至 3 000 匹，时速 18 至 20 海里，备煤 50—90 吨，单装 3.75 寸 25 磅弹速射炮 2 门，单装 47 公厘 3 磅弹速射炮 4 门，单装固定 14 寸鱼雷发射管 1 个（舰首），单装可调射界 14 寸鱼雷发射管 4 个（两舷）。庚子事变时，为俄军所夺，1902 年收回时几乎成为空壳，民国后不久便除役。见 Peter Brook，"Armstong Torpedo Gunboat"，pp.141—144；马幼垣：《靖海澄疆——中国近代海军史新诠》，联经出版社 2009 年版，第 268—269 页。

　　③　该舰为德国伏尔铿厂建造，属鱼雷炮舰（后改称驱逐舰），1895 年 7 月 17 日下水，1895 年 12 月 5 日抵达香港，排水量 837 吨，长 246 尺，宽 28 尺 4 寸，吃水 13 尺，马力 5 430 匹，时速 22 海里，单装 12.5 公分速射炮 2 门，单装 57 公厘 6 磅弹速射炮 6 门，单装 37 公厘 1 磅弹速射炮 4 门，单装 14 寸鱼雷发射管 3 个，备鱼雷 6 枚。1917 年 6 月南下护法舰之一，1932 年 7 月 7 日在海口被炸沉。见 *Hong Kong Telegraph*，4 November，6 December 1895；Fred T. Jane，*All the World's Fighting Ships*（London：Sampson Low，Marston and Company，1898），p.30；马幼垣：《靖海澄疆——中国近代海军史新诠》，联经出版社 2009 年版，第 268—269 页。

需要。中日战争期间,德国对华军火贸易并未遭受显著损失,相反,其"制造厂商、商人和货船主以供给和输送战争品而找到赚钱的良好机会"①。不断加剧的内忧外患,使清政府对西洋军械依赖日趋严重,这为列强通过军火禁运控制清政府提供了可能。黄海海战之后,需要大修舰船,但是有的军舰大炮钢底钢圈在海战中破损,急需更换,却没有备用配件,国内又不能生产,只好由天津军械局临时向外洋订购,而何时能够买到连李鸿章也不知道。②1894 年 11 月,丁汝昌通过天津海关德籍税务司德璀琳(G. von Delring)从上海江海关请来两名英国技师维修"镇远""来远"两舰。"惟需料甚繁,电请购运,断来不及。"③

四、义和团运动时期

1899 年 10 月 6 日,盛宣怀奏与慈禧太后,"美与英最相好,虽无占我土地之心,他见英如此,亦断不帮我。所以此刻联交要想他们帮助,断做不到,只得讲究自强。请皇太后还在自强的自字上面打算"。④1900 年 7 月 14 日,八国联军攻陷天津,由于受到军火禁运影响,北洋军械无法购得,清廷命各省督抚设局自制。法国最先提出军火禁运(借此打击潜在对手德国的在华利益),但众列强并未达成一致。英国既担心中国人民的反抗影响英国在华利益,又担心禁运对英国造成重大损失。因为英国对华军事贸易主要是军工设备物料,占据着中国相当的份额,武器成品贸易规模较小。英国还认为中国有广阔的海岸线与陆地边界,完全对中国实施禁运是相当困难的事情。⑤在禁运期限上,法国主张五年,英美日则主张两年;个别列强认为禁运内容包括枪弹及设备材料,不利于清政府维持秩序。⑥张之洞致电清驻日公使,"限制中国兵械、炮台,骇极。永无自强之望,且不成自主之国矣",希望得到日本的帮助,"望公速探商伊藤及外部,务设法改去此条。闻各国有

---

① 吴景平:《从胶澳被占到科尔访华——中德关系(1861—1992)》,福建人民出版社 1993 年版,第 35 页。

② 李鸿章:《寄旅顺丁提督龚道》,光绪二十年九月初六日。

③ 《丁汝昌海军函稿·复德(璀琳)税司、致龚鲁卿、复江海关税司贺壁理》(光绪二十年十月二十三、二十四日),《北洋海军资料汇编》上册,中华全国图书馆文献缩微复制中心 1994 年版,第 558、559—562 页。

④ 北京大学历史系编:《盛宣怀未刊信稿》,中华书局 1960 年版,第 276 页。

⑤ Great Britain. Foreign Office. Correspondence Respecting the Affairs of China, London: HMSO, 1900. p.195.

⑥ Great Britain. Foreign Office. Further Correspondence Respecting the Disturbances in China(China, No.6. 1901), London: HMSO, 1901. pp.90—91.

公约有分约,日本想必亦有分约,系何款,尤望探示"。①强烈要求禁运的主要有俄、法、英、德,俄国因为对中国的敌视而强烈支持禁运,"俄国以深切的同情欢迎正在计划中的禁止武器、炮及军械输出到中国的法案"。②同一时期,俄以禁运为理由,将由俄国陆路过境,新疆伊犁早在德国购定之毛瑟枪、克虏伯炮位予以扣留,"届满之日,如无展限新约,即交还中国地方官"。③1903 年,清政府要求俄将此批外洋军火归还,俄却以日俄交战为借口拒绝交还,至日俄战争结束时,伊犁方面派人接收,枪炮弹药已多有损坏。直至 1910 年俄方才做了小部分赔偿,清廷也只能接受。④

　　对禁运有矛盾的主要有美、日等国,清政府对列强所提要求发出强烈的反对,提出必须限定禁运年限,而且只能是枪炮弹药,不能包括机器、铜钢等物料在内。⑤张之洞、奕劻、李鸿章等人也积极探讨对策,巡抚王之春认为,"禁购军械是外人迫我之言,求制造不禁器料则善事之源也","措词则就自防内匪,以保和局立论,婉转开陈,当能谅允"。⑥清政府幻想抓住各列强之间的矛盾,分化利用之。张之洞主张利用德、英、日三国阻之,"或议明可募外国人在华内地设厂制造,专售于中国则亦无妨"。⑦7 月 17 日,法国外长德尔卡赛在致法国驻外使节的电报中指出,欧洲某些港口仍在继续将枪支运往中国。对于中国不能再从他们国家那里得到武器这一问题,"我们所有西方国家都有共同的利益。中国已得到太多的武器,况且这些武器又是用来对付我们的。因此,我相信,没有一个政府会拒绝对北京采取必要的谨慎措施"。⑧9 月 30 日,法国外长把法国为列强拟订的与清政府进行谈判的议和大纲草案通知法国驻英、德、奥、意、日、美等国大使。10 月 4 日,法国将惩凶、赔款、禁运军火、使馆驻兵等六项谈判议和条件知照各国政府。张之洞继续致电驻日公使,做最后的努力,称"前一日英参赞所交译汉底本作为专为制造军械之器料,器自是制造军械机器,用意更深,万分焦灼。若全行照允,中国永无御侮之具,如何立国? 所有各省制造枪炮局厂均须停闭,不特永无自强之日,即会匪溃勇,官兵亦不能震慑,以致内乱四起,并不能保护洋商、教堂",希望驻日公使"切恳日廷婉商各国",删去"暨专为军械之材料"条款。⑨清廷也发动庆亲王奕劻、李

①　苑书义等编:《张之洞全集》,河北人民出版社 1998 年版,第 8363 页。
②　孙瑞芹译:《德国外交文件有关中国交涉史料选译》,商务印书馆 1960 年版,第 62 页。
③　《海防档·购买船炮》,艺文印书馆 1957 年版,第 1029 页。
④　同上书,第 1080 页。
⑤　苑书义等编:《张之洞全集》,河北人民出版社 1998 年版,第 8459 页。
⑥　同上书,第 8468 页。
⑦　同上书,第 8419—8420 页。
⑧　葛夫平:《论义和团运动时期的法国对华外交》,《近代史研究》2000 年第 2 期。
⑨　苑书义等编:《张之洞全集》,河北人民出版社 1998 年版,第 8470 页。

鸿章与各省督抚就此认真筹议。强调军械材料断绝,则天下束手待毙,并小朝廷亦不能久矣。各督抚却对修改条款持悲观态度,"禁售军械各国自有之权,此约因为限制中国,亦各国互相猜疑,恐有违约济中国者,故明立此条,恐磋磨不易",宜"先议展限,徐筹长策"。①

德国作为中国最大的军械来源国,其对军火禁运的态度变化较大。1900 年 6 月,德国驻华公使克林德为义和团所杀,德国方面非常气愤。不过,直到八国联军成立时,德国才表示支持法国的军火禁运提案。7 月 22 日,德国外交大臣布洛夫伯爵上威廉二世电报称,"我不断地努力执行陛下绝对重要的禁止运输军械到中国的命令。德国船主已得到警告,陛下的巡洋舰司令及驻华领事均奉令监视一切军械运送,德国正准备禁止军械出口。由于我们的压力,美国政府已经答应同样的措施。(英国)沙里斯百理勋爵,因我方屡次外交行动的结果,已保证一切合作"。②不过,到了条约签订之前,德国态度大有变化,德国首相布洛夫伯爵曾致电德国驻北京公使,强调"军械输入问题对德国贸易有特别利益"③。而列强并未理睬清廷的申诉,按照原来议定的方针签订了《辛丑条约》。就这样,在法国的努力下,列强对中国实行了第一次联合武器禁运。

1901 年,俄国、法国、德国等国对待清廷的军火禁运态度不一,盛宣怀档案中记载,"我若背城备一未始非策,但海无战舰,陆无劲旅,制造局厂多滨江海,开战即为敌获,则良兵无械,有械无弹,一战不胜,终致束手,矧彼己合谋,我无援助,此战之难也。俄德为一党,英日为一党,美最和平,德最狠鸷,议款则意见各殊言,战则互争利益,转不能合,忽分忽合,我均受害。……俄若全获东三省,则德获山东,英获长江,日获闽,德获粤,势所必至各国除美重商务外,俄德志在乘机略地不愿连合,英日志在干预政权,余国希冀路矿开埠尚愿连合……至于偿兵费,请改政及驻兵都城皆条款所必有,均不易允,此和之难也"。④晚清官僚认为美国在对华军火禁运的态度方面最为和平,并非美国照顾中国,而主要是基于美国自身利益所致。19 世纪末美国经济实现腾飞之后,迫切需要寻找世界市场。而军火禁运削弱清政府正规军的力量,将直接影响到美在华利益。美国国务卿海约翰表示,美国法律不允许总统禁止一种贸易,但联邦政府认为应该认真谨慎对待,并决定在合众国港口尽可能加以警惕。⑤日本在甲午之战胜利后,获得了清政府两亿多两白银的战争赔款,为其军队的发展提供了足够的资金。中日关系的和好,极大

---

① 苑书义等编:《张之洞全集》,河北人民出版社 1998 年版,第 8471、8515 页。

② 孙瑞芹译:《德国外交文件有关中国交涉史料选译》,商务印书馆 1960 年版,第 60 页。

③ 同上书,第 138 页。

④ 《? 致? 电》,盛宣怀全宗档案 045318,上海图书馆藏。

⑤ 葛夫平:《论义和团运动时期的法国对华外交》,《近代史研究》2000 年第 2 期。

有利于日本经济的复苏,特别是日本军火对华之输出。1898 年至 1907 年的十年间,"开创了前所未有的中日合作的新纪元,彼此共同利用的时代",被称为中日关系的"黄金十年"①。考虑到军械出口对日本经济发展的巨大作用,日本不赞同对华军火禁运,但面对其他列强在军火禁运上的一切要求,日本也不得不作出妥协。日本强调清廷要遵守条约保护在华外国人利益,还要维持社会秩序,拒绝了军火禁运的永久性条款。虽然日本最后同意了军火禁运两年的提议,但明显希望这个时间更短。②

　　1900 年夏,福建方面向上海信义洋行订购毛瑟枪弹,并交付订金 1.5 万两白银。结果由于洋行的延运,义和团爆发时尚未到华,列强实施禁运后,此批军械一直未能交付。1901 年 4 月 6 日,李盛铎自东京致电刘坤一、张之洞,称"公约内禁购军火一条各国多主五年,惟日本倡约,两三国力主两年,各国答须候政府酌定。钧处可否电商英德,务再减少,否则照两年定议"。③4 月 7 日,刘坤一致罗丰禄等电,称"中国伏莽未靖,保护责任更重,军火为巡缉要需,公约禁购,现各国多至五年,日本倡约,两三国力主两年。中需军火多向德购,料物多向英购,禁限过久缉匪无具,求英德密饬亦多窒碍,现效西法力行新政,此后中外必能融洽,务乞力商减少年限"。④禁运年限改为两年,清廷认为是自己外交胜利的结果,对日本等国报以感激,允诺向日本订购炮舰。张之洞等还进一步对日本提出了新的建议,"不知能只禁一年否? 至造军械之机器、物料,即使购机安设,造成亦须一两年。且亦非必专造军械,有关商务,万望转商各国勿禁"。⑤

　　1900 年 12 月 24 日,众列强经过利益的角逐,在军火禁运上达成"共识",《议和大纲》十二条中第五条规定"军火及军火制造器材,不准运入中国"。惠州起义时,日本也强调"禁止台湾总督协助中国革命党,又禁止武械出口"。⑥1901 年 1 月 31 日,盛宣怀得到电报知晓禁止中国购买外洋军火等项十二条内容,"盛大人鉴刻阅,和约已接西电允准……六,不准采买外洋军火。……三五日内便可画押"。⑦9 月 7 日,清廷与列强十一国签订《辛丑条约》,规定两年内所有外洋军火器料,一概不准贩运进口。众列强联合对中国实施武器禁运,不仅仅是为庚子事变

　　① ［美］任达:《新政革命与日本:中国 1898—1912》,江苏人民出版社 2006 年版,第 5 页。
　　② Great Britain. Foreign Office. Further Correspondence Respecting the Disturbances in China(China,No.6.1901),London:HMSO,1901. pp.34,94—95,144.
　　③ 《李盛铎致刘坤一、张之洞电》,盛宣怀全宗档案 045898,上海图书馆藏。
　　④ 《刘坤一致罗丰禄电》,盛宣怀全宗档案 045790,上海图书馆藏。
　　⑤ 苑书义等:《张之洞全集》,河北人民出版社 1998 年版,第 8548 页。
　　⑥ 冯自由:《孙总理庚子协助菲律宾独立及购械失败始末》,《革命逸史》第 4 集,中华书局 1981 年版,第 80 页。
　　⑦ 《致盛宣怀电》,盛宣怀全宗档案 045820,上海图书馆藏。

中伤亡的西方人复仇,也内含着对一个假想中的强大中国的恐惧。当然,列强对禁运条款也难以抱有百分百的信任,当某些国家觉得这桩有利可图的贸易的损失重于对叛变和混乱的防止的时候,就可以清楚地看出以后所有各国的合作只能是一个梦想,甚至认为有需要还可以延展两年,不过,基于各自的利益,应该"很少有希望提出展限的要求"。①还有洋人观察家认为这次禁运很可能演变为一场闹剧,"除非列强们能够制止各自的国民破坏禁运的行为——客气点说,这是不大可能的,否则,只能把钱装进冒险的军械贩子的腰包里。现在各地的叛乱者通过秘密途径得到大批枪支和弹药,由各武器库转运出去的毛瑟枪数以千计。这是否是有意解除清廷抵御侵略和叛乱的能力?果真如此,则无异于开门缉盗。军火禁运最终只不过是一场闹剧而已"。②

军火禁运期间,也有军火交付之纠纷,不管是内地各省府之间,还是华洋之间,清廷总是处处受到限制。1901 年 12 月 2 日,吉林机器局毁于战火,吉林省急需军械,清政府准予从南洋筹拨一批军械给吉林省。虽然该军械属于内地所产为缉捕之用,与军火禁运条款无关。但控制该区域的俄国却借此刁难清政府,强调运送枪械数目"与吉省所驻中国兵队之实数全然不符",以吉林省全为马步兵为借口,否决清廷欲运送之炮位,不让清军军械有任何盈余。③1902 年,福建方面清廷打算将 1900 年与上海信义洋行所订的军械交付福建地方。福建为征得列强的允许,强调了这批军械的重要,称闽省为通商口岸,洋商萃处,各郡教堂林立,地方民情素称强悍,弹压保护,刻刻须加意严防。自上年北方事起,防务戒严,又经浦城土匪之变,军械久已用罄,防护苦无其具。且此项军械,系在未经禁运之先,订立合同,付过定银。其中应有分别。福建要求快速交货,或者退回定银。④直到 1903 年 2 月 15 日,德国公使穆默重申军火禁运的规定,称德国不能擅自违背,进而完全拒绝了福建方面的要求。清政府退而求其次,要求归还定银。2 月 20 日穆默答复说,支持信义洋行的决定,将未能交货的责任归咎于清政府方面。"查数月前,即经信义洋行以此合同及他合同为凭,禀明本署。因贵国未照合同办理,索讨赔款。该洋行并陈明照例订立之合同,本可必望获利。乃因中国未照合同办理,不但未获照例之利,而且迳行受亏。缘军械等物,系在德国购买,运来东亚后,存在香港栈房,时日一多,必须多纳屯货之费。数月以来,决无望将该军械交收,借收彼此原定价,或售卖与他人,收一与原值稍符之价。"为显示公允,穆默主张将

---

① 马士:《中华帝国对外关系史》(第三卷),上海书店出版社 2000 年版,第 376 页。
② [澳]骆惠敏等:《清末民初政情内幕》上卷,知识出版社 1986 年版,第 204 页。
③ 《海防档·购买船炮》,艺文印书馆 1957 年版,第 1060 页。
④ 同上书,第 1019 页。

所交定银作为洋行损失的赔偿,"由本署缮齐凭据一张"作为了结①。福建方面则不愿意就此损失一笔费用,继续与信义洋行交涉。最初福建方面打算将损失由清廷认领,即将定银充作闽省应承担庚子赔款部分。②后来福建方面又考虑到,军火禁运期限将满,遂将该款项作为购买外洋军械的经费,并再与信义洋行签订购械合同。后来的购械合同中,清政府吃一堑长一智,在 1906 年的合同中,强调"如因战事禁阻,信义不认逾期之错,倘实系误期,信义亦不能藉有战事推脱,如果查出,务须认罚"。③

五、 辛亥革命时期

1907 年初,广东钦州发生民众抗捐运动,孙中山决定趁势发动起义,为此,他派人到日本购买武器。经办人通过宫崎寅藏的关系购买了一批日本军队淘汰的旧武器,有村田式快枪 2 000 支,每支枪配弹 600 发;短枪 30 支,配子弹若干;另购军刀若干。④当时日本陆军装备水平较高,村田式快枪等装备虽在日本属于落后枪械,对武器匮乏的革命军来说则如获至宝。武器装运上船后,驶往中国南方地区。章太炎在驻于日本的革命党报纸《民报》社上班时,两个日本友人来访。他们告与章太炎、宋教仁二人,孙中山所购武器属于明治十八式,都是日本军队的淘汰货,不堪使用。用这些武器上阵是白白送死。章太炎、宋教仁得知此事后,认为孙中山为日本人所欺骗。章太炎当时"乱吵乱嚷地说道:'孙某所购军火是村田式,这种式子在日本老早不用了,用到中国去不是使同志白白地丢了性命吗? 可见得孙某实在是没道理,我们要破坏他!'他说了这些话便使别的同志也附和了起来";"几批的军火都是这样被他们破坏,后来只有一批军火了"⑤。后来章太炎为破坏此事,用明码给香港的《中国日报》发电报称械劣难用,请停止另购。孙中山购买武器之事因此而公之于众,这批武器没有到达革命军手中。原本孙中山发动的钦廉防城起义连破数城,清政府派两广总督率兵围攻,在革命军最需要武器的关键时刻,即将到手的武器却因章太炎的破坏而泡汤。孙中山极为恼怒,认为章太炎、宋教仁是"泄漏机密,破坏戎机"。⑥孙中山在致宫崎寅藏的信中对两个使军火交

①②　《海防档·购买船炮》,艺文印书馆 1957 年版,第 1024 页。

③　《光绪三十二年十一月二十日绥远与天津德商信义洋行购械合同》,《兵部陆军部档案全宗》,第一历史档案馆藏。

④　华强:《章太炎大传》,上海交通大学出版社 2011 年版,第 124—125 页。

⑤　刘揆一:《黄兴传记》,中国近代史资料丛刊《辛亥革命》第四册,上海人民出版社 2000 年版,第 289 页。

⑥　冯自由:《吊章太炎先生》,《制言》第 25 期。

易流产的日本友人提出异议,要求他在日本再次筹资购械。1908 年 4 月 16 日,广东拱北海关在白石角哨卡至前山之间查获 90 支步枪的零部件和 3 000 发子弹,是革命党人发动起义所用。1910 年策划香山起义时,同盟会通过澳门将大量弹药枪械输送内地。①革命党人张奚若曾携款到上海购买制造子弹的器材,因清政府搜查严密,遂改买黄色炸药及革命书籍运回陕西。是年 10 月,上海商务总会沈缦云受命于同盟会,为长江流域一带组织武装起义筹集军火,"他利用信成银行接受欧美、日本及南洋群岛等地华侨接济同盟会的捐款,又通过各种渠道进行募捐,在较短时间内凑足款项,委托在德商瑞记洋行军装部当买办的兄弟张祥和向德国购得步枪 3 000 支、子弹 50 万。但从欧洲运经香港时,被香港当局查获,全部没收"。②

1911 年 2 月,陕西人高又明在洛阳订购来福枪 100 余支,以提倡武术为名,分批运回陕西三原县,为起义准备武器。③4 月 12 日,曾任招商局副总船主的洋人克礼门,专门在归国前通过盛宣怀向清政府请求颁授勋章,其中缘由就有帮助清政府转运军火功绩,"礼门曾在招商局任事三十三年,现将离中国返苏葛兰故里(苏格兰),当中日战时曾经出力,故特恳求保举请中国政府赏给勋章,招商局于中日战时将许多船换挂德国旗,礼门事委充当信义(洋行)及礼和行总船主,及总大车,以顾全招商局利益,当任此职时沈能虎大人日夜邀礼门共商载运由欧洲所来军火,礼门于是向蔚霞(船主)租拱北船前往新加坡,又由新加坡至安南巴岛以接引德国船名阿兵加者,该船载满大炮火药及药弹以交中政府者也,礼门又嘱咐两船船主若遇见日本兵舰追逐,当如何办理种种,又有两次亲乘爱仁船到吴淞督理德国船阿兵加,载来之五十吨大之炮及药弹及饬其开往长江之江阴,当战时苏州聂道台之飞鲸船亦由礼门出面注册作为该船之东主,后又由德国旗转中国旗,再后该船售与招商局亦由礼门名字转与局者也"。④5 月 14 日,孙中山曾"致函荷马李,商讨承购军火事宜"。⑤革命军从暹罗、安南、日本等地购来最新式枪械 800 余支,自制炸弹 300 枚。⑥"预计西贡、日本所购之枪械二十八日始到,复改发难日期为二十九日。……时香港方面尚储存荷花枪三百枝,声(赵声)主张由赴省同志随

① 邓开颂:《粤海关系史》,中国书店 1999 年版,第 338 页。

② 中国国民党革命委员会上海市委员会、政协上海市委员会文史资料委员会:《辛亥百年拾遗》,上海文史资料选辑编辑部 2011 年版,第 223 页。

③ 《高又明先生纪念集》,中国国民党革命委员会西安市委员会 2009 年编印,第 19 页。

④ 《克礼门致盛宣怀函》,盛宣怀全宗档案 074668,上海图书馆藏。

⑤ 李守孔:《中国近百余年大事述评》第二册,台湾学生书局 1997 年版,第 927 页。

⑥ 同上书,第 929 页。

身带往。"①6 月粤海关查获英轮"广东"号炸药案。10 月 18 日,东三省总督赵尔巽发电报称,"探得革党在武汉计创炮百四十尊,枪六千枝,现银数十万"。②10 月 22 日,西安响应武昌发动起义时,革命军缺少武器弹药,经于右任介绍,富人柏筱余以家产为抵押,"向外商购买步枪万枝,大炮四尊并子弹运抵陕西,民军枪械得以为济"。③陕西革命军起义时使用的主要是军装局的武器,最多的是来福枪,洋式武器有俄造水连珠、德造曼利夏、英造哈乞开斯、日造一响及五响毛瑟,还有七子复膛、利明顿、洋抬炮、小钢炮、马枪等十几种。汉阳兵工厂所造的五响枪有一万支,新军有三千支,满城骑兵有八千支。据估计,大概军中四成快枪、四成杂枪和二成铡刀④。12 月 21 日的《民立报》报道,"陕西民军最苦最难之问题在于弹械粮饷糈两皆支绌,……惟弹械既难购买,又无厂可制"。⑤

辛亥革命爆发后,列强在形势难于判断清楚的情况下,纷纷选择"中立",对交战双方进行军火禁运。但革命军在初期势力较弱,无法阻止清政府获得武器,所以列强虽宣布中立,却依然将大量军械输送给清政府。12 月 14 日,德国驻华公使致电德国国务总理,"德国贩卖军火(给清军)之事,诚然现在尚未归停止,但其中大部分系实行交付从前已定之货,且德国前此受托代交之奥国 Skoda 炮厂大炮,亦必挂在自己账下,盖因此种贸易系由一家德国商店代表 Skoda 炮厂介绍作成者也。但是此外却有一事不容疑惑者,即德国小商店小商人,曾经乘机发售军火,盖严令禁止之举"。⑥实际上,德国在"危机一开始就倾向相信政府与王朝可轻易战胜革命运动"⑦,辛亥革命前后的一年时间内德国就向清廷出售价值白银 1 432 143 两的军械。革命爆发后内田外务大臣致电日本驻华公使,"鉴于清政府为剿讨革命军而急需枪支、弹药等迫切情况,已决定由日本商人设法供应……但后来日本政策发生变化,日本方面人士就认为:根据日本对清政策,日本应当使革命军能够长期持续抵抗,实属至为必要",他们主张暗中支持革命军,并为其提供大量军械支援,为鼓励军火商,有些费用可由政府负担。⑧

日本借革命之机,扩展在华之权益,实行两面外交政策。公开地向清廷出售

---

① 李守孔:《中国近百余年大事述评》第二册,台湾学生书局 1997 年版,第 931 页。

② 《赵尔巽电稿》,古籍类 465257,上海图书馆藏。

③ 《高又明先生纪念集》,中国国民党革命委员会西安市委员会 2009 年编印,第 68 页。

④ 中共陕西省委党史资料征集委员会:《辛亥革命在陕西》,陕西人民出版社 1986 年版,第 121 页。

⑤ 《陕西光复之确情》第六篇,《民立报》1911 年 12 月 21 日。

⑥ 李守孔:《中国近百余年大事述评》第三册,台湾学生书局 1997 年版,第 1408 页。

⑦ 陈春华:《俄国外交文书选译:有关中国部分 1911.5—1912.5》,中华书局 1988 年版,第 220 页。

⑧ 中国社会科学院近代研究所中华民国史研究室:《日本外交文书选译:关于辛亥革命》,中国社会科学出版社 1980 年版,第 43 页。

110 382 两军械。而"南方的日本人同革命党人的意见颇为一致,积极鼓动政府向革命军提供军械"①。"由泰平组织之大仓洋行及三井物产公司,一面售军火给清军,一面售军火给革命军。其来源多系日本陆军部在日俄战争时所剩余不能使用之劣械废弹,泰平组织以低价自陆军部买下,然后以高价售给清军和革命军,从中所取得之利益相当惊人。因此,革命军与清军双方在作战时,常有枪炮失灵,炮弹不炸情事发生。"②据俄使称,"日本当时曾提供清廷价值一百八十万日元军火与战略物资。陆军大臣荫昌与日本清木少将磋商,购买炮弹三十万发,子弹六千四百万发,步枪一万六千枝,暗中透过泰平组织代理店北京大仓洋行,于10 月 23 日与清廷陆军部缔约,共价二百七十三万二千六百四十元,分三期付款。……日本政府将不顾一切困难支援清军作战,惟清廷应尊重日本在满洲之优越地位"。③

部分列强看不惯偏袒清军的军火禁运政策,从而同情革命党。1911 年 11 月 14 日,江汉关税务司苏古敦致函总税务司安格联,批评列强的片面中立政策,"所谓中立,只是千方百计掩护清军,任令他们侮辱我们,给我们不便,而不提出异议;革命党对我们非常好,但是还是向他们要求优待。……这种所谓中立,只能引起排外情绪,使革命党来反对我们。……在中国历史上的这个紧要关头,这些想夺取中国政权的人,行为很公正,而外国人竟然用这样不高明的阴谋诡计来对付,这件事令人感到可耻"。④他们强烈同情革命党,"要我防止事实上的军政府取得自用的军械那是很困难的,实际上是做不到的。在浦东或者公共租界下游起卸军械,军政府是完全可以控制的"。⑤不仅如此,税务司许多洋员同情革命党而反感清政府,当他们的上司置中立政策于不顾要求对清政府进口的军械放行时,他们发牢骚道,这种准单对于进口商毫无用处,反而引起革命党政府的敌意,这种行动立刻会被革命党情报机关知道。⑥不过,清政府虽然有列强在军械上的帮忙,却终究灭亡,清廷灭亡时尚未交货的大批军械则为民国政府所接收。

美国人福开森为邮传部的洋文秘书,曾在辛亥革命发生后立刻发布备忘录建议,"中国政府现时宜向外国政府通告以下情况:在中国国内有一支叛军,要求各外国政府警告他们的国民,不要把弹药和战争物资供应给叛军,因为这些东西将

---

① 陈春华:《俄国外交文书选译:有关中国部分 1911.5—1912.5》,中华书局 1988 年版,第 220 页。

② 李守孔:《中国近百余年大事述评》第三册,台湾学生书局 1997 年版,第 1411 页。

③ 同上书,第 1412 页。

④ 《中国海关与辛亥革命》,中华书局 1964 年版,第 28 页。

⑤ 同上书,第 165 页。

⑥ 同上书,第 166 页。

会被没收"①。禁运的执行程度往往与各国的利益直接相关,私人售卖,甚至组织走私从未停止过。革命党人为了提高购运军火的成功率,黄花岗起义前,专门设立储备课等相关机构负责军械的购买、转运及储备事务。课长由胡汉民的表弟胡毅生担任。由萱野长知、仓地玲吉、黎仲实、吴玉章、黄一欧等人负责从东京购运军火。除日本外,还向越南、泰国等国购运。军火采购到香港后,通过各种方式运进广州。如胡毅生设立头发公司掩护,于港在鹅颈桥设头发公司一,在省设公司二,用小包饰为头发运送子弹;或将枪支藏于铁床、妆台及盆花中运数;杜凤生则发明了伪装颜料罐头报关运送之法。杨光汉则装扮为巨商后又携带领事护照乘坐轮船护送。②民国元年八月前驻登沪军参谋长崔维堪上奏大总统指出,应及早解决蒙藏问题,"用兵于国内,民国主权所在据国际法相约,严禁其种种援助接济军火,乘其根未深,蒂未固之时,以宇内全力注重蒙藏,旬月之间,两隅平定,虽有狡心纵何思逞。……以民国之利械精兵迅然加之,一处倒戈全体风靡"。③

　　1911年年底至1912年年初,从入口船只上共查获炸弹400多颗、炸药700余磅。新军历次起义的枪支、弹药的购买费及起义士兵的伙食费,绝大部分是孙中山、黄兴等革命党人在世界各地的华侨中募捐而来。④

---

　　① 《辛亥革命前后·盛宣怀档案资料选辑之一》,上海人民出版社1979年版,第210—211页。

　　② 《中国近代史资料丛刊·辛亥革命》第4册,上海人民出版社1957年版,第203页。

　　③ 《陆军部各厅司处应办事宜》,《清陆军部档案资料汇编》第1册,全国图书馆文献缩微复制中心2004年版,第360—361页。

　　④ 陈崇桥、张田玉:《中国近代军事后勤史》,金盾出版社1993年版,第395—417页。

第六章　列强利用军品贸易干涉
中国主权

晚清政府由于主权不断沦丧于列强之手,在与列强之间的军品贸易中,总是受到洋人的"摆布播弄"①。"西方大国,尤其是法国和英国,在一种含糊的利他和私利混合的动机驱使下,在增强各自在中国军事影响力的竞争中,军事援助常常成为对外政策的工具。1860年代及其以后,北京外国公使在华供职,除要求给予他们各自国家荣誉、权威和其他特别的优惠外,还不断要求中国按照西方路线进行军事改革。在地方一级,外国文职和军事官员为了促进个人和国家的利益,不加掩饰地进行威胁。……不让外国政府正式参加,甚至让外国人入籍,都不能杜绝外国列强干预理应属于国内的事务。"②外籍税务司制度的实行,使中国海防要地完全暴露在侵略者面前,进一步加剧了干涉程度。以赫德为代表的洋人官僚,不管是为中国政府上奏海防条陈,还是主动拉拢各省督抚达成军火贸易,背后都有干涉中国主权的动机,特别是借中国对外洋武器痴迷的形势,进一步在军事上控制中国。

一、西洋列强对中国军火市场的争夺

在内忧外患的刺激下,清政府长期具有购买西洋枪炮的需求。为了垄断中国的军品市场,各列强竞争激烈,不仅各国洋行买办等人物积极向各省督抚推荐新式武器,甚至各国政府驻华人员也参与其中。许多驻华公使主动请缨,愿意为清政府代购军械。俄国政府为讨好清政府,决定赠送清政府1万支新式洋枪。一方

---

① 姜鸣:《龙旗飘扬的舰队:中国近代海军兴衰史》,上海交通大学出版社1991年版,第99页。

② [美]刘广京等编,陈绛译:《李鸿章评传》,上海古籍出版社1995年版,第154页。

面,售予清政府新式武器,尽可能维持清廷的统治,以巩固双方关系,继续取得巨大利益。另一方面,也是为了将自己的力量渗透到清政府军事建设中,更强地控制清政府。

英国公使卜鲁斯在1860年3月就行文正式照会天京,表示希望太平军不要进攻上海吴淞方圆百里内地区,以免侵害外国人利益。长江上的英国轮船和军舰既拒绝与太平军合作,又拒绝为清军水师及陆路部队提供援助。在苏浙地区统兵作战的太平军主将慕王谭绍光、戴王黄呈忠等并不希望再树强敌。他们与英法统军将佐们都保持外交接触,黄呈忠为太平军误伤英国水手和传教士一事曾公开道歉并给予适当赔偿,以求消弭可能的冲突。当然,"与西方列强进行军火贸易,变成太平军和清军竞相追求的目标。太平天国时期,西方军事科技和装备被太平军和清军陆续引进,并率先用于中国内部的征战"。①1862年1月2日太平军在虹口抓获英国水兵2名,立即释放并致函英国当局,要求英军不要帮助清军。②

1874年日本进犯台湾事件发生后,清政府就在谋求购买铁甲舰。1880年从德国传来消息,"土耳其所定之八角台铁甲船两只,制而未用,拟欲出售",李鸿章声言,"幼丹(沈葆桢)以死谏,雨生(丁日昌)以病争",自己亦"不敢不任其责"③。清驻德公使李凤苞查询相关情况时,英国抢先买走。在中俄因伊犁问题而全面对峙时,英国支持中国抗击俄国,表示可以转让铁甲船,但索价银二百余万两,分毫不能再让。李鸿章考虑自行定制要三年后方能下水,而从英国转手的两艘铁甲船,一艘即刻就能来华,另一艘一年后也可到华,"缓急悬殊,尚觉合算"。④他向朝廷进言,"若机会一失,中国永无购铁甲之日,即永无自强之日"。⑤英国还催促"当趁中国未开邻衅之前成议"。⑥然而当李鸿章等人筹款就绪时,中日关系出现恶化,英国认为中俄之间不发生战争对英国最为有利,放弃原有立场,不再售卖铁甲船。李鸿章等人大失所望,对英国的变卦"深为懊恼",进而刺激李鸿章急切外购铁甲船,"铁甲若非利器,英人何至忽允忽翻,咨勿肯售"。⑦在英国与中国关系闹僵之时,德国趁机向中国推销军工产品。1875年来华担任公使的巴兰德拉拢李鸿章,甚至主动提出愿将德国驻香港的兵舰调来大沽洋面请李鸿章观摩演习。德国军火巨头克虏伯也于1880年来华作推销工作,获得了北洋淮军只使用克虏伯大炮的承诺。德国伏尔铿造船厂(Stettiner Maschinenbau-Actien-Gesellschaft

---

① 王介南:《近代中外文化交流史》,山西出版集团书海出版社2009年版,第83页。

② 相守荣等:《上海军事编年》,上海社会科学院出版社1992年版,第36页。

③ 《李鸿章全集》函稿,卷10,第25页。

④⑥ 《中国近代史资料丛刊·洋务运动》第2册,上海人民出版社1961年版,第440页。

⑤ 同上书,第441页。

⑦ 同上书,第454页。

"Vulcan"，Stettin)也取得第一批铁甲舰的订货合同。

1880年春，在德国驻华公使巴兰德的帮助下，克虏伯同李鸿章建立了联系。一方面，李鸿章对克虏伯的优良性能非常满意，而且也"希望得到德国的政治支援"，明确表示准备采用克虏伯大炮武装他的军队。①是年冬，经赫德推动，北洋海军向英国阿姆斯特朗厂购买"超勇""扬威"两艘快船(即巡洋舰)，并派丁日昌前往接收。德国不满中国向英国购买军舰，为了缓和与英德两国的关系，1885年清政府向外洋订制舰船时，采取以相同数量分别向英德两国商洽的办法，既向英国订制"致远""靖远"两艘巡洋舰，同时又向德国订制"经远""来远"。德国不满于一半舰船采买自英国，认为清政府向英国订制是"为了博取英国在政治上同情"。②而英国也想方设法破坏清政府向德国订造船只的计划，英国怡和洋行和驻北京公使都曾指使时任海军衙门帮办的曾纪泽阻挠清政府"向伏尔铿造船厂和德国其他船厂继续为中国海军订制船只"。③1911年至1913年间，从德国购入的军火超过中国输入军火总值的60.8%。

军火贸易往往与政治和金融牵扯在一起，向外洋借款时，有时竟然也需要搭售高价枪炮。1894年10月13日，盛宣怀致电北京，谈及关于向德华银行借款事，"德华银行回电，一、需息八厘；二、欲一半买德国枪炮；三、欲伯灵立合同。挟制可恨，已罢议。另与红牌子商酌，因该行未打仗时只要四厘半，候外洋电到再禀"。④"国内早已生产的煤炭和木头都要随同外洋武器搭买，也说明军械物料的进口主动权一定程度上已为列强所掌控。"⑤1895年1月13日，克虏伯厂称若中国肯用巨款购买大炮，则可代中国借款。"怡和洋行在同中国政府接洽其他业务的六个月里了解到，由于他们企图获得开辟煤矿的控制权，使很多李鸿章的下属和北京的官员们对怡和洋行的各项建议感到极为怀疑。怡和洋行曾投标供应开平铁路延长路线的钢轨，但败给了德国辛迪加。"⑥辛亥革命爆发时，日本政府同时默许售与清军和革命军大批军火，但当民国政府无力为日本所售军火付出巨款时，日本引诱陆军总长黄兴倡议以汉冶萍公司归中日合办，双方各占一半股权，由公司转借五百万交政府解燃眉之急。

---

① ［德］施丢尔克：《十九世纪的德国与中国》，生活·读书·新知三联书店1963年版，第148页。

② 同上书，第270页。

③ 同上书，第268—269页。

④ 《甲午中日战争·盛宣怀档案资料选辑之三》上，上海人民出版社1980年版，第289、291页。

⑤ 费志杰：《华洋军品贸易的管理与实施》，解放军出版社2014年版，第108页。

⑥ ［英］勒费窝：《怡和洋行——1842～1895年在华活动概述》，上海社会科学院出版社1986年版，第74、75页。

1906 年 5 月 10 日，俄国公使转述丹麦外务部大臣电称，丹麦马驮多管轻机快炮，是丹麦爱司色尔得厂制造，其制造之精坚灵便，轻快异常，实冠人欧洲诸国各轻机快炮之上。天津逸信洋行为该炮在中国的独家代理。英国乐可西公司购买该厂制造技术，按合同要求只能售与英国、加拿大及英国属地。此时该英国公司直接售与中国，损害丹麦军工厂利益。俄公使代替逸信洋行请求清政府不要购买英国公司所造该产品。①英国公司则立即与中国沟通，让清政府不要听信俄国说法，"致该公司生意亏累"②。清政府则强调此事为丹麦与英国之间纠纷，与中国无关。不管何国军械，中国都可自由购买，各国公司不能进行干涉。③

外洋列强通过公开或私下向交战双方售卖军品，除了赚取巨额利益，同时还能"两边下注"，顺便实现干涉中国内政的目的。"在英中战争问题上，美英两国较大的商行都同军官和外交官们保持密切的接触。美国商人设想他们所处的中立国地位给他们带来承接有厚利可图的军需合同的大好机会。他们或是利用外交中的商业关系，或是利用商业中的外交关系，那要看何种情况可赚到较大利润而定。在英法联军留华期间，琼记洋行为外国陆海军提供军需给养。这家商行同英、法、俄、美等国海军签订合同，供应他们粮食和海军物资，并为他们运煤。该行还把因贸易萎缩而搁置不用的船舶包租给英法两国的海军。"④甲午战争期间，日本通过外交手段破坏了中国在欧洲的军火采购计划，成功为日本争取到了军火供应。1895 年 6 月 20 日，翁同龢日记载，"自营口至凤凰城各添倭兵二三万，炮二三百尊，英队三百在海城与倭验炮，器械俱改双筒气枪"。⑤辛亥革命时期，为了静观待变以取利，日本在向清政府出售军火的同时，也暗中向南方的军政府提供大批武器。1911 年 12 月，广东军政府与三井洋行签订价值 44 万日元的军火合同。⑥12 月 8 日，大仓洋行用"海云丸"秘密输送步枪一万支至上海，售与沪军都督府，驻上海日本总领事闻知此事，曾报告其外相内田，内田复电"关于此事，可以默认之"。⑦1912 年 1 月 8 日，大仓洋行再利用"巴丸"号，秘密运送步枪一万二千支，子弹二千万发，机关枪六挺，山炮六门，炮弹五千发，驶至南京下关，向中华民国政

---

①　《海防档·购买船炮》，艺文印书馆 1957 年版，第 1126 页。

②　同上书，第 1131 页。

③　同上书，第 1135 页。

④　[美]斯蒂芬·洛克伍德：《美商琼记洋行在华经商情况的剖析（1858—1862）》，上海社会科学院出版社 1992 年版，第 105 页。

⑤　翁万戈、谢俊美：《翁同龢〈随手记〉》，《近代史资料》第 97 号，中国社会科学出版社 1999 年版，第 56 页。

⑥　连心豪：《近代中国的走私与海关缉私》，厦门大学出版社 2011 年版，第 98 页。

⑦　邹念之译：《日本外交文书选译》，中国社会科学出版社 1980 年版，第 182、199、201 页。

府交货。①同时三井物产公司也向革命军售卖军火，"三井与军政府间于 12 月 3 日签订步枪及弹药买卖契约，其价格为四十三万九千日元，军政府已于一月八日向台湾银行交纳四十四万四千日元，三井方面至一月三十日为止，拟将以上所售卖之物品，向停泊于广东某地之军舰交货"。②上海在 1843 年至 1846 年间，洋行数目由 11 家增至 25 家。其中销售进口军火的洋行主要有地亚士洋行、麦登司洋行、新泰来洋行、拿能洋行、马德隆洋行、琼记洋行、太古洋行、泰来洋行、德生洋行、香港南利洋行、美国纽约"林明敦"制造厂，等等。天津当时拥有 500 余家大洋行和数百家小洋行，其中以从事军火贸易为主的有德国洋行，如礼和洋行、禅臣洋行、世昌洋行、增茂洋行、兴隆洋行。

二、 销售军品时以旧式和低质为原则

晚清 70 年，列强对中国的侵略从未停止。内忧外患之下，清廷急于改进武器装备，自制能力有限，唯有引进外洋枪炮并设厂自造。除了镇压国内民变之外，抵御外侮也是重要目标之一。为防止西洋各国担心中国武力强大而影响各国在华既得利益，在售华武器上有保留，清政府在外购军品时一再强调自卫用途，以尽可能打消列强售华武器的顾虑，不过，效果并不明显。如曾国藩创办江南机器局制造轮船，"为本省捕盗护运之用，初无耀兵瀛海之意"③，而上海机器局及福州船政局，"开办已阅数年，所购皆系洋器，所用多系洋人，彼中习见熟闻，知我本不意开衅"④。李鸿章也在 1872 年就上海、福建两局制造兵船的意图进一步表示，"我之造船本无驰骋域外之意，不过以守疆土，保和局而已"。⑤奕䜣也为购铁甲船而一直表明，"就使海防一律办齐……仍当遇事筹维，慎于操纵"。⑥虽然如此，列强向清政府售卖武器、传授技术、操练军队时，还是要严格控制范围和限度，最新式武器一般是不会售卖给中国的，以旧式翻新或低质淘汰品为主。

西洋列强为了各自的利益，并不打算真心帮助中国建立自己的军事工业。它们始终担心"一个强大武装起来的中国就不会听命于外国"，比如英国派琅威理来

① 李守孔：《中国近百余年大事述评》第三册，台湾学生书局 1997 年版，第 1412 页。
② 同上书，第 1413 页。
③ 曾国藩：《曾国藩全集》（卷 30），岳麓书社 2011 年版，第 441—442 页。
④ 曾国藩：《曾国藩全集》（卷 31），岳麓书社 2011 年版，第 188 页。
⑤ 《中国近代史料丛刊·洋务运动》第 5 册，上海人民出版社 1961 年版，第 122 页。
⑥ 《中国近代史料丛刊·洋务运动》第 2 册，上海人民出版社 1961 年版，第 338 页。

华时就十分担心,"中国如有一支强大的海军对我们是否有利尚成问题"。①众列强在赚取巨额军火利润的同时,也在一定范围内对中国进行技术封锁和原料禁运。中国各机器局所造枪炮、弹药"比之西洋新制,瞠乎其后"。②

左宗棠创办福州船政局时,英国的造船业已非常发达,为尽可能向中国推销船只而尽量阻碍福州船政局的开设,包括英国驻华公使威妥玛、福州英领事贾禄、海关总税务司赫德等人在内的多方进行阻挠和破坏。③后来福州船政局主要依靠法国的技术制造轮船。直到 1885 年,福州船政局和江南局所造船只仍"只可巡守各口,不能转战大洋"④。1863 年,阿思本舰队被遣返,其中被认为最好的一艘轮船"江苏"号,仅是木质轮船,而英国海军早在 1860 年即用铁壳轮船进行武装。到了 19 世纪 80 年代,外国兵轮铁甲计厚七八寸,内榇木板,厚尺八寸,机器锅炉巨炮皆在厚甲之中,船上炮位用电线燃发,一时同响。同时期,在外国工匠技师帮助下,中国自造铁甲船则"铁厚不及六分,木厚仅寸半"。⑤1874 年,沈葆桢抱怨到,"自通商以来,从未见外国以全美之船售之中国者"。⑥

19 世纪 60 年代,世界先进的军事技术基本被英德等国垄断。"大工业最发达的国家差不多掌握了建筑这种舰船的垄断权:土耳其的全部装甲舰、俄国的几乎全部装甲舰以及德国的大部分装甲舰,几乎全部是在英国建筑的;凡是可用的装甲几乎都是在设菲尔德制造的;在欧洲能够独自制造最重的火炮的三个钢铁厂,有两个(乌里治和埃尔斯维克)在英国,另一个(克虏伯)在德国。"⑦各西方列强为了掠夺售卖军火的巨额利润,力求把中国变成推销其军工产品的市场,而绝不轻易转让最新军事技术。

1872 年,容闳在同曾国藩商量派幼童出洋留学时,向曾国藩表露他的心计。他对洋人包括科尔、史蒂文生、傅兰雅等人始终抱有戒心。认为他们不会把最优秀的技术、最先进的器械介绍给中国人。"现在西方都在大量造黎意新枪和必利新枪,而他们一直封锁,瑞生洋行也不帮我们买。……我们的矿产开发了,我们的钢厂炼钢了,瑞生洋行同机器局的大笔生意就做不成了。"⑧1875 年,清政府向德国订制铁甲船,为确保所订战舰技术上的先进性,清政府向英国匠师征求意见,后

①　[英]季南:《1880—1885 年英国对华外交》,商务印书馆 1984 年版,第 213、218 页。
②　《李鸿章全集》(四),安徽教育出版社 2008 年版,第 205 页。
③　《中国近代史料丛刊·洋务运动》第 5 册,上海人民出版社 1961 年版,第 443、449 页。
④　《中国近代史料丛刊·洋务运动》第 2 册,上海人民出版社 1961 年版,第 565 页。
⑤　曾国荃:《曾忠襄公全集》奏议,卷 24,第 3 页。
⑥　《皇朝道咸同光奏议》卷 16,第 6 页。
⑦　[德]恩格斯:《反杜林论》,人民出版社 1999 年版,第 170 页。
⑧　唐浩明:《曾国藩:黑雨》,湖南文艺出版社 2004 年版,第 439—440 页。

来在英国海军部的干涉下,相关匠师不再与中国人接触。1896年,74岁的李鸿章出访欧洲期间,参观英国兵工厂,看到先进军火想要购买,但该兵工厂以英国政府不允为由予以拒绝。

1896年,汉阳铁厂欲制造钢轨,当时虽雇请洋匠,生产出的中西钢轨规格却并不相同。①

表 6.1

钢轨产地	每码磅数	每密达启罗数
汉阳轻轨	60.48	30
德国通行轨	67.33	33.4
汉阳重轨	70.56	35
德国重轨	82.65	41
德国加重轨	87.50	43.4

西洋火药的发展有三个阶段,即黑色火药、栗色火药和无烟火药,许景澄任职期间,火药正处于黑色火药向栗色火药的过渡期。许景澄主张中国尽快仿造栗色火药,专门向李鸿章提出建议。"栗色饼药一项,系本慢烧黑药,究得新理,为德国档屯好甫厂所创,因其炭不全枯,其色淡于常药,故以栗色泽称之。据德海部及克虏伯炮厂历年验,与黑药比较其益有数端。……德国于新制长炮及旧式二十二倍径以上之炮已改用栗药,奥、和(按:即荷兰)等国于所购克虏伯新炮亦均用之。……大炮之用栗药风气所趋,将为各国通行之具,非独克虏伯炮与之相需也。中国整治海军,本为捍御外患之备,海战鏖胜专恃炮法,炮之得力配药为先。今欧洲强大之邦,东瀛密迩之族,经营新制唯恐不及,而我犹扭无故辙,忽彼长技,输攻墨守便形不敌。……此在中国揆时度势,亦宜亟究新法,以资利器者也。惟岁购既非长技,秘制又难悬知,则舍购取其法更无他策。"②

三、 通过向中国销售武器来干涉主权

1862年11月,俄国赠送鸟枪一万支,炸炮六尊,由驻天津的英军负责教练清军。虽为赠送,但背后却代表着俄国觊觎中国东北的领土。福州船政局成立前

---

① 《致铁厂洋人函抄存》,《盛宣怀主办汉阳铁厂时期与外人往来有关函件》,古籍类542540,上海图书馆藏。

② [德]乔伟、李喜所、刘晓琴:《德国克虏伯与中国的近代化》,天津古籍出版社2001年版,第86页。

后，英国驻福州领事贾禄屡次对左宗棠声言，"造船费大难成，不如买现成船为便宜"。①赫德也与日意格之间发生过类似的争论。1862 年 1 月，在赫德的建议下，清朝中央政府答应以白银 65 万两购买 7 艘舰，并委托时在英国之中国海关总税务司李泰国在英国购买舰船并招募军官。购舰费用在各地海关税款中拨用。后来，李泰国按照英国政府控制中国海军的意图，购买 10 艘退役战舰组成的舰队，招募英国海军六百余人，未经清廷同意，聘请英国海军上校军官阿思本为舰队司令，并擅自订立授予阿思本全权统领舰队的合同十三条，阿思本只接受大清皇帝的谕令。为避免引致英国国内的压力，向外称舰队是为清政府缉捕海盗，更称之为英中联合舰队。充分暴露英国通过李泰国掌控这支舰队，进而控制中国海军的意图，引起清廷大小官僚的警惕。曾国藩写信给总理衙门，强硬地斥责，如果阿思本"意气凌厉，视轮船为奇货可居，视汉总统如堂下之厮役、倚门之贱客"，"则水陆将士皆将引为大耻"。②李泰国向李鸿章索要银两供舰队来华开支被李拒绝，后李鸿章提醒总理衙门奕䜣，此事涉及舰队专权，不能等闲视之。1863 年 9 月 12 日，该舰队抵达上海。总理衙门希望曾、李二人能设法进行控制，并从李泰国和阿思本手中收回原属自己的权利。10 月，文祥请美国公使蒲安臣设法调解，他宣称清廷宁愿"退到长城以外"，也不愿接受阿思本的条件。总理衙门考虑再三，决定由阿思本带领舰队回国变卖，价款归回中国。这样李泰国"控制关税作为财源，控制舰队作为权力工具"③的愿望就无法实现了。所雇请洋匠另结九个月薪工，计银 16.2 万两，回国经费计银 21.3 万两，阿思本赏银 1 万两。李泰国因此事被革去总税司职位，给公费及路费计银 1.4 万两。两项共计银 39.9 万两，合前购买轮船费用 107 万两，总共花费 146.9 万两。④清政府前后收回 102 万两，损失 44 万余两。⑤

1879 年，李泰国的继任者赫德向总理衙门条陈试办海防章程，并毛遂自荐，请清廷任命他为南北洋"总海防司"，并建议清廷续购快船、蚊子船，分驻大连湾、南关两处。李鸿章最初表示赞许，认为西人担任总海防司，为不得已之办法，"似不能不稍假以权"。⑥而薛福成等人则表示反对，"(赫德)既总司江海各关税务，利柄在其掌握，已有尾大不掉之势；若复授为总海防司，则中国兵权饷权皆入赫德一

①　左宗棠：《左文襄公全集》书牍卷 8，第 55 页。
②　阮芳纪等编：《洋务运动史论文选》，人民出版社 1985 年版，第 103 页。
③　[英]莱特：《中国关税沿革史》，商务印书馆 1963 年版，第 155 页。
④　孙正容：《咸同间购轮还轮事件始末记(1861—1863)》，《文澜学报》1936 年第 2 卷第 2 期。
⑤　洪子杰：《1875—1881 海关购舰之研究》，2008 年硕士论文，第 1 页。一说损失 70 余万两。
⑥　《李鸿章全集》函稿，卷 9，第 38 页。

人之手。……彼将朝建一议,暮陈一策,以眩总理衙门,既借总理衙门之权牵制南北洋,复借南北洋海防之权牵制总理衙门……数年之后,恐赫德不复如今日之可驭矣"。①南洋大臣沈葆桢也坚决反对赫德出任总海防司,强调"中外人员共事不易,且以赫德揽权为虑","赫德总海防司始作罢论"。②赫德总揽中国海军大权阴谋未能得逞,便设法推荐英国军官琅威理进入中国海军成为副提督。1890年,北洋海军提督丁汝昌暂时离职,琅氏坚持在丁离职期间,北洋舰队应由他以副提督资格负责,未获李鸿章允准,琅氏愤而辞职。1894年,中日黄海海战之后,赫德又动员琅威理回华执掌海军大权,因琅提出须由光绪帝颁给海军最高职衔等苛刻条件,此议遂作罢。

1894年10月13日,盛宣怀去电营口,"昨拟代购五千杆,想必嫌多,或少买,或不要,乞速示。因洋行不肯耽搁"。营口回电称,辽阳所存枪炮如承允拨,除求代购拨还此项外,再求订购毛瑟枪一千杆;后又更改定数,请代订购大毛瑟一千杆,小毛瑟一千杆,另马快枪三百杆,两月为期,能速愈妙。后再次致电盛宣怀,电示"仅定大毛瑟一千杆,想所恳之小毛瑟及马枪不易得。惟一千杆敝处尚不敷用,请将大毛瑟再多定五百杆"。盛宣怀致电南昌,"江西购存毛瑟五千枝,傅相命弟代求晓帅,可否暂借三千枝? 俟冬月外洋运到,即由沪还"③。11月21日,营口致电盛宣怀,"善星垣托购毛瑟三千,闻未到。希夷现临前敌,请公回中堂在津各营借拨,每营借五十枝,或一百枝,有二千解来,足可应敌。新枪到即还。(中堂批:何营能有余枪可借? 真下策)";22日,盛宣怀收电,"各营抽借毛瑟,帅云下策。难办。现只有前膛马枪五十杆,即询鼎翁要否? 闻奉天练兵,不能打仗,俱系好枪,能否讨取"。④1897年6月25日,媒体报道,"俄使臣觐见时,侍从随员共十人,俄使短视,当时高戴眼镜,左腰挂手枪一,右腰挂药弹袋一,为最恭敬之礼云"。⑤显然,以这种带有人身威胁的方式觐见有违国际通行的外交礼仪,除了对大清的藐视之外,也有推销军火的嫌疑。

辛亥革命爆发时,日本政府向对抗双方大量售卖军火,盛宣怀在合约签订时留有一手由股东大会决定,才未让日本得逞。⑥孙中山发动二次革命前后,德国公

① 薛福成:《上李伯相论赫德不宜总司海防书》,《庸庵内外编》文编,卷2,第31页。

② 陈霞飞:《中国海关密档》第一卷,(The I. G. In Peking:Letters of Robert Hart, Chinese Maritime Customs, 1868—1907),中华书局1990年版,第58页。

③ 《甲午中日战争·盛宣怀档案资料选辑之三》上,上海人民出版社1980年版,第183—185、189、186页。

④ 同上书,第289、291页。

⑤ 《交涉:贷款续闻:中朝贷款,偿日本赔费一事》,《集成报》1897年五月廿二日,上海图书馆藏电子文献。

⑥ 李守孔:《中国近百余年大事述评》第三册,台湾学生书局1997年版,第1413页。

使要求捷成洋行交给袁世凯一万支步枪、七点五生的大炮二十尊和自来得手枪等一批军火,帮助袁世凯镇压南方革命力量。这批军火由德国政府拨款,捷成洋行只赚取了少量运费。德国这次赠袁世凯军火,一方面是想进一步控制袁世凯政府;另一方面,想以此要求袁世凯政府单独向德国借款。因此,军火一到,马上开始商谈对德借款问题。只是后来国际形势变化,欧战爆发后,对德借款才不了了之。为垄断中国军火,控制中国政权。德国公使还向袁世凯政府建议,由德国帮助中国建立大型兵工厂,专门制造步枪、马枪、手枪、机关枪和各种大炮(包括军舰、炮台所用的大炮),还包括各种子弹炮弹和钢铁桥梁等材料。德国政府提出的条件是:"(1)所有以上这些军用品,由中国政府指定由这个兵工厂承造供应;(2)这个兵工厂,由德国艾哈德总厂设计投资,其一切成套机器设备,由德国提供,价格照当时进口价计算,作为投资的一部分;(3)二十年内中国政府不向其他国家购买军火,以统一中国武器的规格;(4)期满后,兵工厂全部资产无偿交中国政府接收使用。此外还规定中国政府答应聘请纳尔德为指导顾问,所有技术人员和专家由德国派来。雍剑秋任厂长,月薪暂定为一千元,所有交易,雍剑秋提取回佣二分。厂址选定在京汉铁路线的长辛店。正式合同由陆军总长段祺瑞、次长徐树铮代表中国政府签字。这时欧战尚未发生,及至合同签订,筹备建厂,而欧战爆发,遂停止进行。"①据当时的军火买办回忆,有时中国在德国军工厂的订货运到时,发现部分是克虏伯厂出品,部分是蔡司厂出品,两厂产品配套供应,这说明针对中国的军火生意在德国国内是经过统一策划和安排的,为了控制中国军备影响中国政局,可以说德国政府是挖空了心思。

---

① 该合同副本,一直被雍剑秋之子雍鼎臣保存收藏。天津市政协文史资料研究委员会编:《天津的洋行与买办》,天津人民出版社 1987 年版,第 243 页。

第七章　晚清华洋军品贸易经费的中央拨解

　　清代户部掌管全国财政，"制天下之经费"与"国用之出纳"①。每年收入大概四千万两银，来源于地丁钱粮，每年支出也大概四千万两银，主要是官俸兵饷。清前期的财政收入主要为地丁、钱漕、关税、盐课四项，其余杂税征收不多。沿海各省虽有海关税，但收入较少，如天津海关仅收 74 560 两，山海关仅收 32 200 两，江苏关税仅收 77 509 两，江西九江关税 354 234 两。②清后期的财政收入有所增加，然而，随着列强不断打开中国大门，原有财政体系完全被破坏。到 1853 年 9 月内务府存银仅四万一千两，已无法支付皇室以外任何开支。③后不得不紧缩开支，甚至命令官兵减少俸饷，而且大开捐例，买官卖官，还实施铸大钱、发银票等挽救措施。1858 年，马克思在《英中条约》一文中深刻指出，鸦片战争后"中国的财政和货币流通却因为鸦片输入总额约达七百万英镑而陷于严重的破坏状态"。④19 世纪 60 年代后，海关洋税和厘金成为财政收入的主要来源，如表 7.1 所示：

表 7.1　道光二十九年与光绪十七年清财政收入构成⑤　　　　单位:库平两

岁入税目 \ 岁入额	道光二十九年(1849)			光绪十七年(1891)		
	数目	占岁入比例	位次	数目	占岁入比例	位次
地丁	32 813 340	76.4%	第一	23 666 911	26.39%	第一
盐税	4 985 871	11.63%	第二	7 172 430	8%	第五

---

　　①　黄天华:《中国财政制度史》(卷四)，上海人民出版社 2017 年版，第 2443 页。
　　②　(清)高宗:《清朝通典》第 8 卷《赋税下》，杭州古籍出版社 1988 年版。
　　③　茅海建:《苦命天子:咸丰皇帝奕詝》，生活·读书·新知三联书店 2006 年版，第 106 页。
　　④　《马克思恩格斯全集》第 12 卷，人民出版社 1962 年版，第 605 页。
　　⑤　王庆云:《石渠余记》，北京古籍出版社 1985 年版，第 144 页;《清朝续文献通考》第 66 卷，浙江古籍出版社 2000 年版，第 8228 页。

岁入税目 ＼ 岁入额	道光二十九年(1849)			光绪十七年(1891)		
	数目	占岁入比例	位次	数目	占岁入比例	位次
关税	4 704 814	10.98％	第三	2 558 413	2.85％	第十
海关税				18 206 777	20.30％	第二
厘金				16 316 821	18.20％	第三
岁入总数	42 504 025			89 684 858		

1872 年 6 月,李鸿章在奏折中称,"西人专恃其枪炮、轮船之精利,故能横行于中土。中国向用之弓、矛、小枪、土炮,不敌彼后门进子来福枪炮。向用之帆篷舟楫、艇船、炮划不敌彼轮机兵船,是以受制于西人。……臣愚以为国家诸费可省,惟养兵设防练习枪炮制造轮船之费不可省,求省费则必屏除一切,国无与立,终不得强矣"。①一方面,军品贸易往往耗费巨资,如 1875 年丁日昌所上《海防条议》说到,"炮台、铁甲船,以及要口防兵新枪、新炮、水雷、水炮台等物,并制造一切经费,将来持久固非数万万不能,即此时开办亦恐非千余万不可"。②另一方面,清廷财政入不敷出。兼任户部尚书的军机大臣宝鋆说,"户部山穷水尽,罗掘俱空,指东补西,寅吃卯粮"。③鸦片战争后,军费、赔款、外债成为中国经常性的巨额财政支出,这三项支出约占中国近代财政岁出的三分之二以上。④1879 年 12 月 7 日,丁日昌向慈禧太后上奏,认为购器练兵以筹饷为先,"目前举办购器练兵事务,应以筹饷为先。无饷则灯之无膏,鱼之无水,木之无根,一切难以举办。夫筹饷之要不过开源与节流二者而已。开源之法既不能多取之于民,又不能再取之于官,惟有力尽地利扩充矿务而已,虽获利当在数年之后,要不能不次第固之也。其次则莫如节流,查各省水陆各营兵饷多者百余万,少者数十万,然自咸丰以来,戡定发匪捻匪皆借募勇之力,绿营兵何尝一着丝毫分寸之功哉。同治年间各省因额兵之不得力,改为裁兵加饷,然饷虽加,而翁之不练如昨也,一遇有警仍非募勇不为功,岂兵之力,远逊于勇哉。……遂使天下有必不可缓之饷,而无一可用之兵,夫竭有用之饷以养无用之兵,安得不皇然思所以变计哉。……练兵、制器、造船三再,行之,岂不化无用为有用哉。……自倭民之兴也,各省建筑炮台多者糜费数十万,购炮又十余万,少者亦数万,然求其台基之得势,台式之合新法则十不得一焉。

---

① 李鸿章:《筹议制造轮船未可裁撤折》,同治十一年五月十五日。

② 赵春晨:《晚清洋务活动家:丁日昌》,广东人民出版社 2007 年版,第 104 页。

③ 寒波:《盛宣怀别传》,上海人民出版社 1997 年版,第 169 页。

④ 汤象龙:《民国以前的赔款是如何偿付的?》,《中国近代经济史研究集刊》第 2 卷第 2 期,北京图书馆出版社 2008 年版。

盖但是派司职筑台之委员并未亲到欧洲各国阅历炮台式样,不过仅就西人图式以意为之,又不预先校准,炮台平线与船之平线是否吻合。……似可通饬各省凡非第一卫要之地炮台暂且停造,即可以其拟设炮台之费解至总理衙门,以备购器造船之用,且我也阮有大枝何处有急即可驶往何处。……练兵购器造船三款之饷先由外省筹办,不足则由户部拨款济之,之不足则由宫廷节用济之,庶各将帅咸晓然于朝廷之卧薪尝胆,锐意自强,皆将力图振作一奋发间"。①清政府在历次战争中支付大量军费,其中相当部分用来采购军火。《清史稿》记载达"一千数百万两"②,还不包括停战后各地追报的数字。到19世纪80年代之前,曾国藩之湘军奏销军费3 000余万两,淮军奏销军费1 700余万两,左宗棠军队奏销军费4 820余万两,光此三军所用军费已超过一亿两有余③,其中购办军装需费粗略估计至少60%,以光绪年间银两计算,1两约合350元,6 000万两白银相当于2 000多亿元人民币,显然构成一笔巨款。据不完全统计,中国净军火进口的总金额在清宣统三年时一度达到2 727 801海关银两。④总体来看,清政府并未给购买外洋军械专设经费,军品贸易所需经费大多属于临时筹集。晚清政府财政管理不善,外洋赔款为数甚巨,持续数十年的外洋军品进口贸易,在经费支销上仅有为数不多的中央拨解专项拨款,主要来自地方自筹、借款挪垫。

咸丰年以前,清朝购买外洋军械主要由户部拨款,但随着外洋赔款不断增多,特别是因为镇压太平天国的需要,汉族官僚建立的武装体系成为政府倚重的主力,清政府不得不将财政权下移至各省督抚。"就地筹饷"成为各地军饷的主要来源,各省利用厘金等形式所筹款项,虽然名义上仍属于中央所有,需要上缴国库后下拨使用,实际上则由各省直接报解留用。而户部通过对外购军品审批权限进行控制。

1860年,清政府在臣僚的奏议之下,掀起了购买船炮的第一次高潮,赫德建议首批购船经费由福建等海关承担。1873年,日本侵台引发第一次海防大讨论,

① 《购器练兵各务应以筹备饷片》,盛宣怀全宗档案026622-2,上海图书馆藏。

② 赵尔巽等:《清史稿·食货志》第125卷,中华书局1998年版,总第3709页。

③ 梁义群:《近代中国的财政与军事》,国防大学出版社2005年版,第69页。

④ 石学峰:《近代中国缘何成为全球最大军火进口国》,https://wenku.baidu.com/view/ac0840b47f1922791688e884.html。1840年第一次鸦片战争之后,"坚船利炮"成为时人畏惧洋夷的口头禅。"师夷长技以制夷"虽然尚未形成朝廷上下的普遍共识,但零星的军火进口已经开始。1860年第二次鸦片战争遭遇惨败,清王朝在督抚大臣们的强烈呼吁下,成规模的军事自强运动才真正开始。直至辛亥革命前夕,中国长期与土耳其并列为亚洲军火进口国之首,为西洋列强提供了巨大的军火市场,其间,中法战争、甲午战争虽然不断给中国用西式武器武装起来的军队以重创,但军品进口贸易并未因此而停止。1911年,新式武器不以清廷统治者意志为转移地成为埋葬封建专制的利器。

清廷进一步认识到，如兵船与陆军多而精，随时游击，可以防敌兵沿海登岸，外海水师铁甲船与守口大炮铁船，皆为断不可少之物。主张大办海防，筹建北、东、南三洋水师。由此掀起了第二次购买外洋船炮的高潮。李鸿章预计购船、练兵、简器三项，至少先需经费一千万两，非一二省力所能筹，自然由清廷负责筹划。为购买"定远"和"镇远"两艘铁甲船，需款339余万两，经多方筹措仍不够，户部划拨白银30万两。而在购买"致远""靖远""经远"和"来远"4艘巡洋舰时，北洋需银340余万两，户部指拨各省展限海防捐输银75万余两。①

以海关洋税为重要来源的军贸经费看似是笔现成的巨款，然而，却很少有足额到位的情况。1880年4月9日，李鸿章就在《请拨海防经费折》中曾说，"臣添购利器，添练劲旅之志，寝馈不忘，终因款不应手，多成画饼。论者独谓臣岁糜巨帑，不克振作有为。岂知户部所拨之额饷，并非臣处所得之实饷，虽欲振作而未由"。②中央拨款部分的关税常被各省督抚截留，各省大吏常常不按规定解交厘金，各省协饷常常拖欠不给。李鸿章称，"户部所拨海防额款，本为搪塞之计。各关四成，惟粤海、浙海可稍匀拨而为数无几，其余各有紧饷。各省厘金，惟江西、浙江可稍匀拨亦断不能如数，其余皆无指望。统计每年实解不过数十万"。③1876年8月清廷又决定将海防经费中关税部分的一半用来归还西征拨款饷银二百万两④，北洋海防经费顿时每年减少一百万两。李鸿章在奏折中称，"未几有另立招商局轮船货税名目，改解户部矣。又未几而议准广东厘金截留本省，福建税厘留抵台防矣。在部臣屡改已拨之款，若以北洋切近畿辅，防务尤要，则议改一款必须议增一款以符初议，乃止议抽拨未议添拨，至外省视海防为无足轻重，解款日少一日。……（北洋海防经费）分年匀计，每年不过三十余万两，视原拨每年二百万之数尚不及十成之二"。⑤

海军衙门成立后，其经费来源除了常年的海防协拨之外，还有开办时总计300余万两的专款生息，日拨日消，很快无以为继。而各省协拨依然解不足额，且东三省练饷每年近百万两也要海军衙门筹付。后来海军衙门无以应付，只得采取变通的办法，将海防协饷归南北洋收放，海军衙门只负责支付"定远""镇远""济

① 梁义群：《近代中国的财政与军事》，国防大学出版社2005年版，第156页。
② 《李鸿章全集》第9卷，安徽教育出版社2008年版，第33页。
③ 李鸿章：《复沈幼丹制军》，光绪元年十一月十九日。
④ 中国史学会编：《中国近代史资料丛刊·洋务运动》第2册，上海人民出版社1961年版，第360页。
⑤ 李鸿章：《请拨海防经费折》，光绪六年三月初一日。

表 7.2　北洋海防经费收入情况①　　　　　　　　单位:两银

时　　间	年均实际收入	实际总收入	定　　额	实收占定额比例
1875.8—1881.12	800 000	4 826 618	12 000 000	40%
1882—1892	1 252 151	13 773 659	22 000 000	63%
1892	1 276 000	1 276 000	2 000 000	64%
1893—1894	1 561 058	3 122 115	4 000 000	78%
合　　计		21 849 392	40 000 000	57%

远"和随后购到的巡洋舰的日常开支。②

洋务派中的许多人提出用洋税办洋防的想法,"以洋税办洋务,名实相符,总理衙门议提四成洋税,以备不虞之用";"夫欲筹御外之规,必先操裕财之本,欲勿累吾民而财足,莫若仍取诸外洋"。③江南制造局从 1865 年建厂到 1904 年,历年经费总收入为 28 827 665 两,其中 87.72% 为朝廷拨款,包括洋税、常税、直拨专款等,如 1892—1895 年间,建造炼钢厂、无烟火药厂和栗色火药厂时,清廷专拨 40 万两作为开办经费。此外,只有很小一部分为自身收入,主要是各省解还军火价款及折变旧机器费。④1899 年年底,盛宣怀上奏《筹饷渠清单》,较为清晰地揭示出晚清军费开支及来源的具体情况:"户部综览天下度支,或谓嘉庆道光以前岁入三千数百万绰有余裕,咸丰同治以后增益洋税厘金两大宗,岁入八千余万而财用不足,局外不知所以然。多滋疑议,大约厘金抵充防军饷项,洋税抵充洋务经费,新增入款所余无几而常税短征田荒赋减,旧例所入转有缺少。此皆出于臆度无能知其详者。近年骤增洋债,前有借款剩余及昭信股票敷衍过去,来年未知如何撑持,今议练兵更必艰于措置,若非及早绸缪,其涸可立而待,何以自强之基,可否请饬下户部将全年实在进出各款开缮清单呈进御览。约计练兵二十万,需银二千万两,应将各省本有饷项裁并一千万两,另筹新饷一千万两,枪炮厂加拨二百万两,练将学堂及出洋经费一百万两。臣酌拟筹饷条陈,如有一二可采者,应由户部破除成见逐条拟议。……旧例入款以地丁漕项折色耗羡为大宗,军兴以后各省额

①　李鸿章:《海防经费报销折》,光绪九年十二月十九日,光绪十二年十一月初四日,光绪十三年十一月二十六日,《海防收支清册》,光绪十五年正月二十一日,《海防报销折》,光绪十七年二月十六日,《海防经费报销折》,光绪十八年五月二十五日,《海防经费报销折》,光绪十九年五月二十八日,《海防经费报销折》,光绪二十年五月十七日;张侠等:《清末海军史料》,海洋出版社1982年版,第 658 页。

②　张侠等:《清末海军史料》,海洋出版社1982年版,第 626—627 页。

③　《中国近代史资料丛刊·洋务运动》第 1 册,上海人民出版社 1961 年版,第 37、79、158 页。

④　军事历史研究会编:《兵家史苑》第二辑,军事科学出版社 1990 年版,第 269 页。

征除益缓外,应征实征数目俱有不足,或系州县亏挪,或系书差隐匿,皆不可知。"①

淮军中苏沪诸军的军需款项属大宗,包括常胜军军需款项在内,其中的厘金占总入款的56%,为淮军饷需之最大来源。具体如下:

表7.3　1862年5月至1864年7月淮军军需款项来源②　　　单位:库平银两

类　　别	来　　源	款　　额	备　　注
苏沪厘金		6 439 000	
海关洋税	三成船钞	75 950	
海关洋税	代征太平、北新、赣州三关丝税	100 000	
海关洋税	代征汉九两关洋税	200 000	
海关洋税	江海关洋税	1 492 616	列为常胜军报销项下
海关洋税	捕盗局经费	198 741	列为常胜军报销项下
藩　　库	苏藩库	174 000	列为常胜军报销项下
军饷捐	租捐	800 000	
其　　他	沪关税、苏藩库、米捐、铜捐、豆饼捐、房捐、银钱捐、罚款等项	923 031	列为常胜军报销项下
		943 345	
合　　计		11 346 683	常胜军报销占25%

一、财政专款拨用

1866年,朝廷命刘长佑主持练兵,以洋法操练为手段,以西洋火器为装备,且有部定专饷协济,"有巨量的军械火器锅帐金鼓的专款(十七万两),以为开办之用"。③刘长佑一营练兵所配置的武器,左右前后哨相同,总计"抬枪48杆,马枪96杆,长矛72杆,把刀40把,藤牌16张,小枪32杆,弓箭32张",中哨配置最先进,总计"洋开花炮车2辆,洋开花炮4尊,洋劈山炮车8辆,洋劈山炮16尊,马枪16杆,长矛8杆"。④1869年,曾国藩接办练军,要求将抬枪和马枪改为洋枪⑤,需款不少。

1882年,金陵兵工厂洋火药局开办费用(包括建厂经费和购买机器费用)共

---

① 《筹饷清单》,盛宣怀全宗档案032226,上海图书馆藏。
② 王尔敏:《淮军志》,中华书局1987年版,第268页。
③ 王尔敏:《清季军事史论集》,广西师范大学出版社2008年版,第85页。
④ 同上书,第86页。
⑤ 同上书,第89页。

约十八万余两,常年经费为四万两,到1886年增为五万二千两。①1882年,张佩纶为清廷上奏折,称日本吞并琉球,又发动朝鲜壬午事变,请练水师,造战船;治精兵,分军巡海,绝关绝市,召使回国;责问琉球之案,驳正朝鲜之约,使日本增防耗帑,再一战定之。10月3日,李鸿章表示,跨海与角胜负,制其死命,未敢确有把握。应先练水师再图东征。对此,10月4日,慈禧回复称,"练水师必须购船炮,购船炮必须拨巨款,试问五年后果有成效否?日本蕞尔,包藏祸心,已吞琉球,复窥朝鲜,此不可不密防也,尔其慎之毋忽"。义和团运动后,袁世凯继续操练新军,清廷表示大力支持,北洋饷需向照岁支各款按年估拨,遇有添购船械及大批军械,均随时奏明请饷。

1885年,海疆股呈报总理各国事务衙门,"拟请光绪九年正月以后,各省军需善后各款无论何省何处,概令一律造册分晰声明,各归各部核销,再清单内开各省设立机器局,购买外洋枪炮电线等件,日新月异,名目不一,耗费尤多,既无定例可循,部中无凭稽核,虽各省均称实用实销,仍难免局员浮冒蒙混之弊,应请饬下南北洋大臣及各该督抚等,总计常年经费若干,所有添购机器若干,虽不能限以定数,亦当立有范围,事前报部立案,事竣方准核销等因。于光绪八年十月十五日具奏,奉旨依议钦此行文。各省遵照嗣于光绪八九等年,据北洋大臣将天津至上海设立电线,自光绪六年九月开办报至八年十二月止,用过各款先后开单奏报,奉旨允准行文遵照在案。惟查前案内有动支淮饷开除工料等项银两除商股缴还银六万两外,共请销湘平折合库平银十一万四千五百四十二两零,俟五年后分年下缴银二万两,其余不敷之项即以军机处各省头等官报信资抵缴,完款又总分各局经费项下开出天津至上海分立八局委员等人役薪粮工食,并添置器具公费等项,据称八年三月初一日以后不请津贴,又光绪七年十一月起天津至上海津贴巡兵马干口粮一项,请自八年三月起归官项夫给,俟五年后由商自行给发,又电报学堂经费项下开出委员教习司事书识匠夫洋教习辛工盘费,学生膏火置买物件及一切杂支各款内,学生三十二名嗣后陆续派出拟不招添随时裁酌教习,此天津至上海设立电线之原委也。今据该大臣将南北各省电线官督商办用款开单奏报,并据造册咨部核销,本部因此案卷不齐,移查总理各国通商事务衙门,去后今据总理各国事务衙门将大臣奏案二件,录送到部,本部按照该大臣奏咨册报查核,所有清单原册内开旧官库平银一万四千二百七十四两五钱九分九厘六毫七丝六忽,核与上届造报实存银数相符,应毋庸议。仅动拨淮军饷银一项归于何年何案内,报部详细声覆以凭查核。开出天津至上海又至大沽津贴马干口粮修费,天津至通州马干口粮苏闽浙粤马干口粮,以及委员教习司事公夫学生衣履膏火房租伙食油烛茶炭盘川公

---

① 《中国近代史资料丛刊·洋务运动》第4册,上海人民出版社1961年版,第205页。

属,购买一切什物等项,分别支给洋银湘平银两共合库平银三万一千七百十八两一钱六厘七毫二丝五忽八微,尽数开出造册请销等情。本部详核此案,既系九年分用款,本部自应查照新章办理,所有该委员司事人等起止月日,购买什物等项并未报部立案,本部无凭查核,令册报委员司事人等或无人名或无到局起止月日,购买什物局中一切公费皆系笼统列造,所支湘平洋银不一,且有约合银若干字样,殊属含混。所支银两究系如何折算,并未指实,原册亦未照章分别管,仅除在至增添裁改一切多未于本款下声注。所有天津至通州苏浙闽广等处各电线,虽据总理各国事务衙门录送该大臣原奏亦未分晰指明某处至某处,且近日京师设立电线亦应事前报部立案,相应行文北洋大臣,转饬承办局员按照本部指查各节查明一并另造详细妥册分别声明,始未缘由立案请销。再八年以前请销天津至上海动支工料等银,十一万四千余两原拟俟五年后,分年续缴银二万两,其余不敷以官报信资完款。计开局至今,究系已完若干未完若干,其已完银两归入何案内,造报均未声明,并令转饬一并造报以凭查核可也”。①该奏折披露了各省上报军需开支时出现的一些弊端,包括以“约合银若干”的方式含混所支银两,不分报销种类笼统列造,不分银两种类笼统奏报,还有购前不报、购后核销的情况,以及案卷不齐等蒙混之弊。要求此后,各省奏报,应根据常年经费数额,立有范围(究竟如何界定范围全凭各省掌握),规定事前报部立案,事后方准核。这种情况之所以存在,一定程度上是因为财权下移,军品费用看似由清廷核销,实际徒有其表。主要经费一般都是由各省自行筹措(只有外购舰船以清廷指定海关税收为主),奏销的更多作用是完成外购流程。

战争期间,军品费用由部队拨付还是向上级报领,往往并不明确,反映了晚清军需财务制度不够严谨。1894 年 11 月 25 日,天津军械局顾元爵致函盛宣怀,“代制清帅湘军需用毛瑟枪佩带皮盒 1 200 副,业经迭遵来示拨发,所有前项佩带皮盒工料价银,是否即由尊处拨还,抑归敝局祥报之处”。②12 月 8 日,天津军械局顾元爵致函盛宣怀,“前嘱代制毛瑟枪用皮佩带,子盒 1 200 副,业经制齐后遵示分别吴清帅、宋祝帅两处应用。前项应需料工价银,现据各铺户请领前来,此款是否应由遵处拨还,抑由敝局自行报领之处,务请卓核示知”。③1894 年 6 月 11 日,盛宣怀致电济南要求将地丁及时汇解户部用于军工物料价款,“户部订购洋铜,指拨山东地丁十三万六千七百余两,盐课十三万两,尚未解到。该铜不日运齐,即须付价,乞速解津,盼甚”。④7 月 20 日,盛宣

---

① 《海疆股呈总理衙门文》,盛宣怀全宗档案 069951,上海图书馆藏。
② 《顾元爵致盛宣怀函》,盛宣怀全宗档案 074322,上海图书馆藏。
③ 《顾元爵致盛宣怀函》,盛宣怀全宗档案 074203,上海图书馆藏。
④ 《甲午中日战争・盛宣怀档案资料选辑之三》下,上海人民出版社 1982 年版,第 504 页。

怀致函叶志超,"初因俄英两国出头调处,劝彼撤兵,故劝我不可添兵。迟回审顾,职此之由。现在倭使小村照会总署谓:'中国只说撤兵,不肯商议改革内政,是无意息事。以后如有变生不测,本政府不任其咎'等语。皇上因此盛怒,一意主战,谕户部拨饷三百万两,责成傅相迅速筹备"。①然而,户部筹款300万两并非易事,有大臣建议将慈禧太后庆典之款移作军费。7月21日盛宣怀接函,"诚以中华地方辽阔,若处处设防,筹饷非易。……余给谏请以庆典之款作用兵之费,可谓有胆有识,如蒙照准,将士知所激厉,中外传为美谈,可不战而捷,不犹胜于十七之师乎"。②

1902年1月,清廷《变通练兵章程》强调军火需用等项,由各省解往户部固本兵饷内支拨,该章程直接反映了自1888年北洋水师成军至1893年甲午战争前,共六年的军火费用支销数额。"总理各国事务衙门奏请变通练兵章程,所拟六军马步口分并文武员弁薪水等费,每月已需银五万二千余两,续派应支之款多寡尚未能预定,均应于原定饷内供支,若各省仍复报解参差或短欠划扣,必至临时贻误,关系匪轻,著照户部所请所有各该省应解固本饷项,仍照原定数目改解部库交纳,自奉文日起,或一月一解或两三月一解,总须按期赶到,不准稍有拖延,如该督抚等任意迟延三月不解,即由户部指名严参,照贻误京饷例议处,前欠解之款并著免其补解,以示体恤,其直隶藩库已收银两著直隶总督转解部库,由部支放并将已支各款,核实造报,此次练兵应需军火杂支等项及一切经始章程,该督即妥筹具奏。……光绪十四、十五、十六、十七、十八、十九等六年应解银三十七万两并旧欠银六万两,又二十年正月起至二十六年八月止,应解银四十一万两并旧欠钱二万五千两……"③

为了增加各省协济中央的积极性,甚至要采取奖叙之法。京畿地区的北洋各军为武卫军,军机大臣荣禄为统帅,其费用直接由户部供给,他曾专门上奏清廷,"恳请皇太后皇上饬下户部,将北洋各军饷项,预筹的款,严催各省迅即协解,不得借端延宕,并请户部咨送兵部,由荣禄亲自考核。以左宗棠在西北作战协饷办法,严令各省藩司关道,准时定额协拨,否则即指名严参。如能扫数解清,每届三年,分别奏请奖叙"④。户部为荣禄统帅的武卫中军每年直接拨款40万两,甚至清廷默许荣禄在经费不足时可暂行挪用福州造船厂协济款项。⑤

---

① 《甲午中日战争·盛宣怀档案资料选辑之三》下,上海人民出版社1982年版,第56页。

② 同上书,第58—59页。

③ 《李岷琛申行在户部文》,盛宣怀全宗档案108653-2,上海图书馆藏。

④ 《谕折汇存》,文海出版社1967年版,第52页。

⑤ 《清代起居注》(光绪朝),联合报文化基金会国学文献馆1987年版,第31582页。

表 7.4　光绪二十年武卫军各军武器配备情况一览表①

名称	刀	枪	炮	来源
右军	步官挂刀500柄,马兵挂刀500柄	奥制八厘米口径五响曼利夏马步枪,步枪6 400杆,马枪700杆,六响左轮手枪1 000支	五十七厘米格鲁森陆路快炮与山炮共42尊,七十五厘米克虏伯山炮18尊	部分为汉纳根所购,部分来自天津军械局、北洋机器局和金陵机器局
前军	步队军官与马队官兵皆配挂刀	德制十一厘米口径旧毛瑟步枪10 000杆,奥制曼利夏步枪10 000杆,马枪1 400杆,小口径毛瑟战备用枪200杆,官用左轮手枪	克虏伯七五炮16门,六零炮32门,马克沁炮2门,三七快炮、格鲁森五七陆路快炮与山炮不详	部分购自外洋,部分来自天津军械局、北洋机器局和金陵机器局
后军		国内及德国进口毛瑟步枪3 000支,奥制八厘米口径五响曼利夏步马枪6 000支以上,少量自造和进口来福枪	汉阳兵工厂造五七快炮12门	部分由陕甘总督拨补,部分由兵部拨配
左军		国内或进口毛瑟马步枪、曼利夏、来福等	国内或进口七十或五七炮12至16门	部分由兵部拨配,部分由盛京协拨,部分直接购自外洋
中军		国内造毛瑟步马枪		国内兵工厂

　　1902年2月,户部直接拨付100万两作为北洋军费。1904年9月4日,陶湘致盛宣怀函中提到,"慈圣于练兵一事非常着意,因筹款事几至寝食皆废。所以停止祝寿,所以廷谕京外各官竭力裁并,严提州县中饱。于是又派铁君(铁良)赴各省查库。于是又饬各省无论报效巨细各款,均归户部另存,归练兵经费。各言路揣摩上意,凡参劾搜括,莫不以练兵为宗旨,冀动圣听"。②1906年,清廷军费支出共3 500万两,除500万两用于海军外,所余3 000万两陆军军费中,用于北洋六镇及各学堂的约占四分之一。③

二、海关税收征用

　　晚清政府主要征收五大税种,分别为田赋、洋关税、盐税、厘金和鸦片税,其中的洋关税、厘金和鸦片税是在晚清专门设立的。鸦片战争中,林则徐经历直面英帝国之坚船利炮之后,上奏朝廷,认为以关税置办武器可改变棘手之局面。"以船

---

　　① 刘凤瀚:《武卫军》,台湾近代史研究所1978年版,第159—176页。
　　② 《辛亥革命前后·盛宣怀档案资料选辑之一》,上海人民出版社1979年版,第12页。
　　③ 李宗一:《袁世凯传》,中华书局1980年版,第118页。

炮而论,本为防海必需之物,虽一时难以猝办,而为长久计,亦不得不先事筹维。且广东利在通商,自道光元年至今,粤海关已征银三千余万两。收其利必须预防其害。若前此以关税十分之一制炮造船,则制夷已可裕如,何至尚形棘手? ……以通夷之银,量为防夷之用,从此制炮必求极利,造船必求极坚。"①1685 年,清政府在江苏云台山、浙江宁波、福建厦门、广东广州,设立苏、浙、闽、粤四大海关。1757 年年底,清政府下令禁止外商到苏、浙、闽三关贸易,限令外商只能在广州一口贸易。初期的海外贸易主要由粤海关和十三行负责管理。《南京条约》签订后,随着中国被迫开放的海关数量不断增多,列强对华商品大量倾销,大肆掠夺中国原料和农产品,结果使得清政府关税收入在绝对数量上趋于上升。1860 年海关税起征,当时厘金年收入 12 000 000 到 15 000 000 两左右。②上海江海关关银1860 年到 1861 年一年时间为 131.8 万两左右。1861 年后大约每年的海关税收为 700 000 到 8 000 000 两左右。③其将百分之六十的海关关税分拨给有关各省,部分用于中央所辖的活动,例如用作驻扎在各省的新军的军费,或者解往北京用于清帝的兴建事业。余下的百分之四十首先被指定用作战后向英法两国的赔款。赔款在 1866 年年中付清后,这百分之四十就归北京的户部掌管,不过动用这项资金须经皇帝批准。④1874 年,李鸿章提出每年应从这笔款项中拨出四百万两作为海防经费。这笔开支得到批准,但清帝不久又认为别的用途有优先使用这百分之四十款项的权利——特别是左宗棠在西北用兵的军费和清帝在北京周围的兴建。洋关税成为军需用款的重要来源。

中国各海关的税收是逐渐增加的,60 年代年收入从未超过一千万两;70 年代最高的年份也仅一千三百万两;即便到了 1895 年,关税的收入也不曾突破两千万两。即便如此,海关税收和厘金两项收入还是逐渐成为晚清政府的主要财源,几占以往清王朝财政收入的 40%。从 1865 年到 1895 年的三十年内,全部海关税收 460 073 763 海关两⑤,军工企业的投资超过 50 000 000 两,相当于海关总税收的九分之一,其规模还是比较大的,直接为清廷的军品贸易提供了较大的财力支持。比如,清廷购买大型舰船时,常直接动用洋税支付。湖北枪炮厂最初开办经费为三十六七万两,后增至八十余万两,均来自湖北江汉、宜昌等地的洋税和统

---

① 刘东编:《近代名人文库精萃》,太白文艺出版社 2012 年版,第 28 页。

② 贾德怀:《民国财政简史》,商务印书馆 1941 年版,第 8—9 页。

③ 姚贤镐:《中国近代对外贸易史资料》(二),中华书局 1962 年版,第 800—801 页。

④ 梁义群:《近代中国的财政与军事》,国防大学出版社 2005 年版,第 73 页。

⑤ 姚贤镐:《中国近代对外贸易史资料 1840—1895》,中华书局 1962 年版,第 800—801 页。数据系根据该书所提供的海关税收款项统计得来。

捐。①晚清海关总税收不断增加,从 1865 年的八百三十万两增加到 1875 年的一千二百万两,而 1885 年增加到一千四百五十万两。

1861 年 8 月 23 日,曾国藩奏陈《购买外洋船炮并进行试造折》,"据赫德称,若用小火轮船十余号,益以精利枪炮,不过数十万两(至驾驶之法,广东、上海等处,可雇内地人随时学习,亦可雇用外国人,令其司柁、司炮),其价值先领一半,俟购齐验收后再行全给。……洋药一项,如照所递之单征收华洋各税四十五两之外,于进口后无论贩至何处销售,再由各该地方官给予印票,仿照牙行纳帖之例,每帖输银若干,如办理得宜,除华洋各税外,岁可增银数十万两,此项留为购买船炮亦足裨益"。②1862 年 2 月,李鸿章率淮军到上海,很快发现署江苏布政使、苏松太道兼江海关监督吴煦和盐运使衔、苏松粮储道杨坊贪污牟利无所不做,操纵厘捐,以贱价收购外地捐票买官、卖官,转瞬间获利数倍。③而且区别对待常胜军与淮军,对常胜军四千多人的六万两军饷、会防局三万两经费及道署等项用银保证供应,却对淮军的军饷常常拖欠。④在李鸿章的坚持下,常胜军军饷由关税负担,淮军军饷则专由厘捐供应。同时,淮军外购军火时也常常奏请用洋税抵还,虽然李鸿章奏留关税,全部抵充军饷,而其本人直接所统水陆各军得到的实益,则只有军火一项,不过淮军是消费军火最多的一支部队。"臣部勇丁口粮,专指本省厘捐,近岁以来,每月仅放半关,饥溃可虑。遇有米药巨款,及采买外洋枪炮,尚须由关库通融筹发。"⑤经曾国藩、马新贻、丁日昌等先后奏请,江海关洋税二成截留为江南制造局经费,自 1867 年 6 月直至 1874 年 1 月底,共收江海关二成银 2 884 497 两,购料、制造、建厂、薪工等项共开支银 2 236 224 两,实存料物等项银 8 273 两。

1867 年,在奕䜣倡议下,由崇厚筹备开办天津机器局,购买机器,奏请"将天津东海两关应解户部二成之款改拨津局,专办军器"。⑥洋务派创办江南制造局、金陵机器局、福州船政局、天津机器局先后用费近九百万两,总共不及当时一年财政收入的六分之一。⑦户部强调新增洋税,应供机器海防之用。⑧是年 7 月 12 日,

①　阮芳纪等:《洋务运动史论文选》,人民出版社 1985 年版,第 511 页。

②　《曾国藩奏陈购买外洋船炮并进行试造折》,中国近代兵器工业档案史料编委会:《中国近代兵器工业档案史料》第一辑,兵器工业出版社 1993 年版,第 3 页。

③　李鸿章:《上曾相》,同治元年七月二十六日,《李鸿章全集》,《朋僚函稿》(卷一),时代文艺出版社 1998 年版,第 3061 页。

④　李鸿章:《上曾相》,同治元年六月十四日,《李鸿章全集》,《朋僚函稿》(卷一),时代文艺出版社 1998 年版,第 3050 页。

⑤　《李鸿章全集》,《奏稿》卷七,时代文艺出版社 1998 年版,第 336 页。

⑥　《中国近代史资料丛刊·洋务运动》第四册,上海人民出版社 1961 年版,第 234—235 页。

⑦　梁义群:《近代中国的财政与军事》,国防大学出版社 2005 年版,第 72 页。

⑧　吴廷燮:《清财政考略》,民国三年(1914 年)铅印本,第 15—16 页。

奕䜣计划,除津海关、东海关应提四成洋税及江海关四成洋税提取二成拨充机器局经费仍然不变外,镇江、九江、江汉关应提四成洋税仍解户部存储,其余粤海、潮州、闽海、浙海、山海关并台湾沪尾、打狗两口应提四成洋税及江海关所余二成洋税,共约二百数十万两,江苏、浙江厘金项下,每年提银四十万两,江西、福建、广东厘金项下每年各取银三十万两,共计二百万两。两项合计四百余万两,全部分解南北洋大臣李鸿章、沈葆桢兑收应用。①1867年,经曾国藩奏准,酌留江海关二成洋税,一成接济淮军,一成作为江南制造局经费制造轮船。1869年后,江督马新怡将此二成洋税全部改归江南制造局。而实际上原淮军所得之一成洋税也实为拨江南制造局造办军械火药。户部称,该局"每年虽无定数,约计不下五六十万两"。②1875年,总理衙门与户部协商,奏准由粤海、闽海、浙海、山海等关拨"四成洋税",与各省厘金共同筹拨每年400万两,作为海防用款。1875年,清廷同意总理衙门和户部奏请,由洋税和厘金项下拨解南北洋海防经费。③然而,不仅厘金总被挪用,指拨洋税也并未真正到位。盛宣怀十年海关道生涯均在直隶京畿重地,加上丰裕的北洋军饷,其所经手的军贸经费支销较他省更为宽裕,但盛宣怀离任海关道之后,则屡屡感到款不应手。1879年后,金陵制造局由南北洋各拨银五万两作为经费,1883年南洋加拨银一万两,共十一万两。1885年后由户部增拨江海、九江、江汉各关四六成洋税银十万两作为经费。自1887年开始实行洋药(鸦片)税厘并征,户部同意从此税厘项下,"每年筹拨库平银一百万两"④作为海防经费。不过,由于地方财政常常入不敷出,对中央频繁的征解无力承担,加上地方督抚常随意截留,海防经费很难足额到位。1896年甲午战争结束后,金陵制造局奏请从海关洋税项下拨支库平银一万一千三百余两作为更换锅炉之费。⑤清廷要求闽省将军督抚"将船政局造船、养船两款尽先拨解"⑥,即便如此,海关欠款却仍然严重,1874年到1884年十年期间,海关积欠达240余万两。⑦

　　1867年5月,曾国藩获准从上海海关关税岁入中拨留一成给江南制造局;两年之后这笔拨款增加到两成,每年总额在四十五万两以上。福州船政局沈葆桢和周开锡不得不和新任闽浙总督吴棠的反对意见作斗争。只是在吴棠被一个更能

① 张侠等:《清末海军史料》,海洋出版社1982年版,第615—617页。
② 魏允恭:《江南制造局记》卷4,第14—15页。
③ 吴廷燮:《清财政考略》,民国三年(1914年)铅印本,第15—16页。
④ 张侠等:《清末海军史料》,海洋出版社1982年版,第636页。
⑤ 刘坤一:《刘坤一集》(第2册),岳麓书社2018年版,第465页。
⑥ 中国史学会:《中国近代史资料丛刊·洋务运动》第5册,上海人民出版社1961年版,第196页。
⑦ 《船政奏议汇编》卷28,第6页。

合作的官员替换之后,才保证了每年度四十八万两的拨款额和支付在法国订购机器的款项。淮军所得之江海、江汉两关洋税,"大部分用于新式军械火药、炮队和洋教习,而并非作一般用途","此例开始于常胜军的报销案","对于江海江汉两关洋税,供应淮军械弹,自有不少方便"。①

表 7.5 1875 年至 1884 年淮军平均每年入款来源及比例②

项 目	具体类别	款额(银两)	百分比
部 拨	湖北军需局		
	苏藩库款	100 000	5.2%
	部拨专饷		
协 饷	各省(浙江、四川、湖北、山东)协饷	200 000	10.3%
洋 税	江海关、江汉关洋税	800 000	41.2%
厘 金	苏沪厘捐	40 000	
	江苏牙厘局	100 000	43.3%
	两淮盐厘	700 000	
杂 款	杂款		
合 计		1 940 000	

三、 各省军饷协济

晚清时期由于各省经济实力悬殊,富裕省份不得不接济贫困省份,这便是协饷制度的由来。根据时势之缓急,确定协拨之多寡。这是中央政府为调剂地区间贫富差别和应付急需而在省区之间进行的财政划拨方式,出现的特别例外是军品购买费用。清户部资金来源于各省呈缴,例由户部分配,由各省藩库道库或其他来源,按月协济。最初主要由九省接受协饷,其中有五省在接受协饷的同时也为他省提供协饷。除了省份之间的军饷协济之外,每遇筹款,中央都要依赖地方,甚至举借外债时,因担心列强有领土要求,而故意将借外债的权力下放给地方。替中央政府偿还外债成为地方督抚的首要责任。各地方筹款一般都本着先地方再中央的原则,应解京协各饷,虽有定额,然而京饷、朝廷工程用银、赔款等协饷不容拖延。各省财力本就支绌,还要应付本省新军编练,朝廷规定的需要协济他省的军饷,常被地方以急需名义挪用而一拖再拖,或因征收不足而加以搪塞,或减拨应

---

① 王尔敏:《淮军志》,中华书局 1987 年版,第 279 页。
② 同上书,第 282 页。

付,甚至一再上奏要求免解。这样一来,不仅中央户部银库短收渐成常态,地方省份间的协饷也很难落实。

临时协济不属于各地经费的常项,各地无从搜刮时常采取捐输的方式收集款项。1850 年和 1851 年户库放银九百四五十万两不等,其中各省例外拨款约占全国岁出的 63%,广西军需银 11 247 000 两,湖南军需银 4 187 000 两,广东军需银 1 900 000 两,这些例外支出中 90% 以上来自各省例款和捐输银两。①1853 年文瑞大学士奏称,"本年放正项之银约三千一百万两,而所入仅二千五百,所亏已至六百万之多,幸有捐输等项抵补,勉强支持一年"。②1853 年冬,湘军军需主要靠捐输来源,规模扩大以后马上被厘金取代,它是对存货、运输途中的货物或产地的茶叶等产品按价征取。1856 年,曾国藩与湖南巡抚骆秉章达成协议,湖南的大部分厘金被指定作湘军经费之用。1860 年,曾国藩就任两江总督后,他为整个江西厘金另外开辟了一个不受省布政使控制的特别官署,连湘军的下级统领都获准建立自己的厘金局。厘金收入的受益者不仅有湘军,还有乡绅控制的地方非正规军。后来军需用款逐渐改变,清廷倚重湘军镇压太平天国,不仅大开捐输,而且要求湖南、湖北、广东等省为湘军协拨饷银。清廷为加快镇压速度,"饬下四川、湖北、湖南、江西、安徽五省督抚,令合而为一,通筹本省防剿及东征兵饷。是否如臣所试拟者,足敷办理,务须破除畛域,合力同心,迅速筹定"。③

镇压太平天国起义之后,作为清廷支柱的八旗、绿营几乎瓦解,地方督抚和统兵大臣的军事指挥权不断增加,随之筹饷之权也由中央下移地方。咸同用兵之际,各地经费支绌,对解往他省的协饷,常常迁延不解,久催不应。1864 年,户部迭次催促山东省解拨欠饷,"据该抚咨称欠解前项银两实行万难拨解等语,查此款银两系久经奉拨之项,该粮台借此以清积欠,该省虽未能即日如数解清,亦应随时陆续筹解,不得以无款拨解希词延宕,应仍行文山东巡抚,即饬藩司迅将前项原拨未解银八万两赶紧设法筹拨,委员解往毋再稽延"。④1875 年开始的海军协饷最为庞大。1876 年户部又将海防经费的一半用来抵还西征借款。中法战争之后,每年 400 万两海防经费专款统一拨归海军衙门作为常年经费。1875 年到 1894 年北洋海防协饷总数达到 2 135 万两,实际用于海防事业的达到 1 875 万两,占总数的 36.1%,占实际应用总数的 41.1%。⑤此一时期,北洋总经费为 3 631 万余两⑥,其中

① 王庆云:《石渠余记》,北京古籍出版社 1985 年版,第 147—150 页。
② 中国第一历史档案馆藏:《录副奏折档》,农民运动类。
③ 《清代兵事典籍档册汇览》卷 51,学苑出版社 2005 年版,第 296—297 页。
④ 《请咨户部转催催山东欠饷详李鸿章万启琛文》,盛宣怀全宗档案 024588-14,上海图书馆藏。
⑤ 梁义群:《近代中国的财政与军事》,国防大学出版社 2005 年版,第 156 页。
⑥ 樊百川:《清季的洋务新政》,上海书店出版社 2003 年版,第 1228 页。

船舰支出 724 万两,占 20%,其他军械支出 488 万两,占 13.5%。

表 7.6　海军筹备 400 万经费组成情况①

性　　质	出　　　处	额　　　度
洋　税	粤海关、潮州关、闽海关、浙海关等七处海关	总税额的 40%
洋　税	江海关	税额的 20%
厘　金	江苏、浙江	各 40 万两
厘　金	江西、福建、湖北、广东	各 30 万两
总　计		400 万两

清廷所定 400 万两的专项海防经费,由于地方财政紧张,各省协饷往往不能按时足额提解。实际上到 1877 年,三年内南洋仅接收款项 120 万两。北洋三年也仅收将近 200 万两,南北洋海军收到经费总数仅为三年应得 1 200 万两经费的 26.67%。

表 7.7　1875—1894 年海防专款到位情况②

时　　间	实拨占应拨比例	时　　间	实拨占应拨比例
1875—1880 年	30%	1889 年	48%
1881—1884 年	51%—53%	1890 年	69%
1885—1886 年	71.5%	1891—1894 年	63%
1887—1888 年	56.7%	备　　注	20 年内平均 55.74%

直隶练军的武器主要购自英国③,包括军购经费在内,每月需协饷 8 万余两,其中来自户部拨银 4 万两、江海关 3 万两、长芦盐政 1.1 万两。甲午之后,户部又指定各省、关每年应协直隶练饷 90 万两,其中山东、河南、山西等八省每年各负责 6 万两,广东每年 12 万两,共 60 万两,其他由江海关负责。这些饷银中,购买外洋军械用款占据较大部分。1900 年 12 月 23 日,户部奏议直隶军务需款浩繁,请各省督抚协济一折。奏折中有关于川省协济直隶保定头批军饷银两情形,“自天津夷氛不靖,添募营勇及调集各路防剿之师,一切军需待用孔殷,而郡城失守司关道局各处库款荡然无存,不能不赖各省协拨以济急需。著照该部所议,山东、河南、山西、陕西、安徽、湖北、福建各筹银十万两,江西、浙江各筹银二十万两,四川

---

　　① 樊百川:《清季的洋务新政》,上海书店出版社 2003 年版,第 1228 页。
　　② 王家俭:《李鸿章与北洋舰队》,三联书店 2008 年版,序一第 2 页。
　　③ 中国史学会编:《中国近代史资料丛刊·洋务运动》第 3 册,上海人民出版社 1961 年版,第 447 页。

筹银二十五万两,湖南筹银五万两,江苏、广东各筹银三十万两,该督抚等接奉此旨,务当于本省司道关局各库无论何款,移缓就急,按照指拨银数赶紧分批解交直隶保定府布政使衙门兑收,不准稍涉迟延,致有贻误,将此由六百里加紧各谕令知之。……遵查川省历年奉拨京饷洋款甘饷均经按年解清,并无丝毫拖欠,早将司道关局搜括净尽,现奉部文饬于司道关局各库无论何款移缓就急,按照指拨银数赶紧分批解交,不得已在司道各库竭力搜凑,暂挪银八万两,应请饬委发交管解,二批京饷委员候补知州杨准试用知县余景喆赴京之便解赴保定。并请将前项银两由司体铸部砝一副一并发交委员,定期于光绪二十六年八月初八日自省起程解赴直隶保定府布政使衙门交收,以济急需"。①1901 年 1 月 3 日,李鸿章致电张之洞催要直省协饷,"饬转香帅(张之洞),直省营多饷竭,即裁遣费亦须一二十万,部拨江汉关协饷请速催解金陵"。②

　　随着内忧外患层出不穷,清政府要求各省拨付的协饷也不断增加。左宗棠西征时有甘肃协饷,1874 年前户部指令各省关每年凑拨 218 万两,1885 年达到 480 万两。1892 年 4 月 29 日,盛宣怀发电报,曾谈到洋枪款项从甘肃协饷拨付一事,"顷奉杨石帅电洋枪价库平一万五千五百十九两三钱,已电请鱼抚由甘饷内如数拨交上海电报局希即电知兑收"。③陕西镇压回民起义而产生的陕西协饷,则由粤海关、闽海关、江汉关每年协拨 36 万两。李鸿章镇压苗民起义产生的援黔协饷要求相关省份每年应解 24 万两。淮军初期军需用款主要来自苏沪厘金及部分关税。1877 年后,清廷批准四川、湖北、浙江等省为淮军提供协饷,并且户部要求三省海关每年为淮军提供协拨,其中江海关 74.4 万两,江汉关 60 万两,镇江关 6 000 两。

表 7.8　1908 年 6 月 20 日赵尔巽到任四川总督一年内川省向外省协拨军饷④

单位:库平银两

时间	应解款目	军饷款目	应解款项内容及数额		军饷协拨款额	其余协拨款额	备　注
六月	7	3	初十日解本年四五月分练兵经费	160 000	231 250	218 700.471 256 1	协拨军饷占该月协拨款项 51.4%。其余协拨内容主要有出使经费、新案赔款、铜本等
			初十日解本年春季分云南协饷抵捐练饷	51 250			
			初十日解本年二批协滇月饷	20 000			

────────────

① 《奎俊咨户部文》,盛宣怀全宗档案 108624-1,上海图书馆藏。

② 《李鸿章致张之洞电》,盛宣怀全宗档案 045632,上海图书馆藏。

③ 《上游去电》,盛宣怀全宗档案 027180,上海图书馆藏。

④ 叶景葵:《赵尚书奏议目录七卷附赵大臣奏议目录一卷》,上海图书馆藏电子文献 T03401,第 42—71 页。本表为从该文献中析出计算而得。

时间	应解款目	军饷款目	应解款项内容及数额		军饷协拨款额	其余协拨款额	备　注
七月	15	8	初四日解本年三批京饷	140 000	882 500	485 221	协拨军饷占该月协拨款项64.5%。其余协拨内容主要有工程经费、新定赔款、医局、内务府经费、汇丰银款等
			初四日解三十三年代征滇省团费银两	10 000			
			初四日解八九两月固本饷	10 000			
			初四日解三批东北边防经费	60 000			
			初六日解本年第三四次英德借款并截留边务经费	314 000			
			初六日解俄法借款扣存边务费	186 000			
			初八日解本年秋冬步军统领衙门经费	2 500			
			初八日解本年六七月练兵经费	160 000			
八月	9	4	初四日黔省协饷抵捐	86 500	277 750	219 288.203 989	协拨军饷占该月协拨款项55.9%。其余协拨内容主要有新定赔款、出使经费、铜本等
			初八日解本年四批协甘新饷	120 000			
			初八日解滇省协饷二批练饷抵捐并代征税厘	51 250			
			十八日解本年三批协滇饷	20 000			
九月	9	5	二十二日解本年尾批协甘新饷	118 000	1 638 000	286 345.5	协拨军饷占该月协拨款项85.1%。其余协拨内容主要有工程经费、出使经费、铝本、赔款等
			二十四日解八九两月练兵经费	160 000			
			二十六日截留京饷改解滇饷	100 000			
			二十六日解北洋军需银两	50 000			
			二十六日解五十五次防剿经费	1 210 000			

时间	应解款目	军饷款目	应解款项内容及数额		军饷协拨款额	其余协拨款额	备　注
十月	0	0		0	0	0	
十一月	3	2	十九日解秋季云南协饷练饷	71 250	157 750	186 345.5	协拨军饷占该月协拨款项 45.8%。其余协拨内容是新定赔款
			十九日解秋季贵州协饷抵捐	86 500			
十二月	14	6	初二日解尾批滇饷	15 000	562 750	720 835.367 672	协拨军饷占该月协拨款项 43.8%。其余协拨内容是赔款、铜本、出使经费等
			初二日解十冬两月练兵经费	160 000			
			二十七日解宣统元年初次英德借款截留边务经费	75 000			
			二十八日预解明年头批甘饷	200 000			
			二十九日解滇省协饷练饷	71 250			
			二十九日解贵州协饷抵捐	41 500			
宣统元年正月	6	4	二十七日解头批京饷	120 000	208 500	191 288.925 420 3	协拨军饷占该月协拨款项 52.2%。其余协拨内容是赔款、出使经费等
			二十七日解固本兵饷	20 000			
			二十八日解东北边防经费	66 000			
			二十八日解本年春夏两季步军统领衙门经费	2 500			
二月	5	2	二十二日解二批甘饷	150 000	165 000	150 858.34	协拨军饷占该月协拨款项 52.2%。其余协拨内容是铜本、俄法借款等
			二十六日解头批协滇月饷	15 000			
闰二月	2	1	初六日解本年第二批俸饷饷边费拨作新案赔款	17 279.31	17 279.31	186 345.5	协拨军饷占该月协拨款项 8.5%。其余协拨内容是新定赔款
三月	2	0			0	55 502.343 524 1	向外省协拨军饷无,其余协拨内容是克萨本息款、出使经费等

续表

时间	应解款目	军饷款目	应解款项内容及数额		军饷协拨款额	其余协拨款额	备　注
四月	14	4	初四日解二批京饷	140 000	270 000	500 685.3	协拨军饷占该月协拨款项 35.0%。其余协拨内容是赔款、内务府经费、英德借款、工程经费、专使经费等
			初四日解固本兵饷	20 000			
			初四日解第二批东北边防经费	60 000			
			二十八日解滇省春季协饷抵捐	50 000			
五月	8	6	二十八日解三批甘饷	150 000	1 191 500	213 624.81	协拨军饷占该月协拨款项 84.8%。其余协拨内容是赔款、铜本等
			二十九日解二三四月分练兵经费	240 000			
			二十九日解头批北洋军需	50 000			
			二十九日解第二批协滇月饷	20 000			
			二十九日解贵州协饷	41 500			
			二十九日解五十六次防剿经费	690 000			
合计	94	45			5 602 279.31	3 415 041.261 861 5	平均 62.1%

该表充分说明各省协济款项层出不穷,难以应付。赵尔巽在湘省任督时,于1903年7月奏称"奏拨北洋协饷委难照解","湘省偏在隅,素号贫瘠从前用项无多,出入尚可相派,近来加增之款不可胜数,如俄法英德洋款镑价岁共三十万两,新案偿款岁需七十万两,数巨期奥刻不容缓,其余筹解固本京饷甘肃协饷创办师范馆武备学堂资遣出洋学生等款,均须勉力筹挪,源源接济,更兼本年粤西军务未定,湘界毗连筹办西南两路边防调兵加饷,前队已扎桂林。兹复添募新勇购置枪械类皆挪东补西,库局搜罗殆尽事关重大会值艰难,实有应接不暇之势。……上年春间新案偿款无著时暂息借商号银十余万两以应急需,迄今未能偿还,其艰窘情形一至于此,北洋协饷一款实属力难兼顾,与其筹商辗转贻误要需,曷若据实陈明"。①1908年9月13日,赵尔巽上奏度支部"本年三批云南铜本",其中谈到了川省经费支绌,各项协饷难以解足的情况,"川省协甘新饷二十六年以后因拨款浩繁,不能筹解足额,自三十年起虽蒙减拨七万两仍难解足,若于减拨七万两(已提拨三批协滇月饷二万两)之内仍提解云南铜本银四万两,实属力有未逮,惟铜本关

_____

① 《赵尚书奏议》,上海图书馆藏古籍电子文献 T28072-142,第 386—388 页。

系鼓铸要需,不敢不竭力腾挪,兹复于司库核减二成项下动拨银一万两定于本年八月二十八日发交商号承领汇解滇省藩库交收(所需汇费仍照案由滇省支给)"。①"光绪三十四年各省关协甘新饷计四川指拨银九十一万两,饬令于三十三年十二月底赶解三成,三十四年四月底再解三成,下余四成统限九月底扫归数解清等语,当经转行遵办。兹据署布政和尔庚额详称川省奉拨甘饷向系按年解清,近因拨款浩繁,各库异常窘绌,未能筹解足额,先后详经奏咨展缓在案,倘能设法腾挪,必遵照部文移缓就急无异。现在川省库储空虚较前尤甚,实属力难周转。惟甘饷关系军食不得不力为其难,前已四次筹解过银六十二万两,现复极力筹拨,凑集三十四年盐茶道秋拨案内实存茶课税银五万二千两,盐课税银二万七千两,三十四年捐输银二万九千两,共银十一万八千两作为三十四年尾批甘肃新饷(距九十一万两应解数额,尚缺十七万二千两)。"②1910 年 1 月,四川总督赵尔巽上奏称"川省库储奇绌,请减免协饷以纾财力,又奏练兵期迫筹饷维艰,请截留练饷以修武备而固边围"。③该月末,赵尔巽再次上奏"川省练兵期迫请截留练兵经费折",指出"川省岁入千万有奇,每年供京饷赔款之用者七百余万,供本省新饷行政费用者不过三百余万,其支绌情形业经另折陈明,无须赘渎。……据藩司查称川省每年本有认解练兵经费银八十万两又改拨北洋军需银十万两,统共银九十万两,按年筹解无欠,当日认筹之初川省本无应练兵案,今则先编两镇限以三年,一省财力只有此数,给于彼即歉于此,理之自然无足异者,然论地势边情,则兵难缓练而量入为出,则求过所供合无仰恳二恩,俯念川省财政困难,练兵紧要除将部筹一协之饷仍即拨川外,并乞准将前项应解饷银九十万两自宣统元年起悉数暂免解拨,留充川省练兵之用,俟川省将来筹有的款再行陈明照解,一则为部臣所已筹,一则为川省所自有,以之练川省应练之兵庶几依限观成有备,无患大局幸甚"。④

从四川经济实际和民间赋税实情出发,赵尔巽上奏,要求清廷"减免协饷扣抵加拨各款",同时不应随意增加协饷,以维社会稳定。"川省号称天府,向系藏富于民,从前库款所入仅一百余万并不为多,尚赖邻省协济,因出入有经初未患贫,自军兴以后添办津贴捐输厘金等项,至光绪二十年入款竟至五百余万之多,迨近年两次奉拨赔款凡属可以生财者无不尽心计划,极力经营,数年之间岁入之款约计一千零三十余万两,较之十五年前数已倍蓰,宜其绰有余裕矣。乃入款愈多出款亦愈增,在公家则穷于指拨,相形见绌,在民间则病于悉索,困苦难支及不如从前少入之时。公私交益而不知者,则独以为富省可以予取予求也,现统核两次赔款、

---

①　《赵尚书奏议》,上海图书馆藏古籍电子文献 T28072-142,第 1149—1150 页。
②　同上书,第 1120—1121 页。
③　《廷寄赵尔巽》,古籍类 465284,上海图书馆藏。
④　《赵尚书奏议》,上海图书馆藏古籍电子文献 T28072-142,第 264—265、1579 页。

汇丰息款、克萨磅款、专使经费岁需银三百九十四万余两,奉拨京饷、东北边防、固本、内外府经费需银八十五万余两以外,则甘肃新饷、滇黔协饷与夫云南铜本、练兵经费、浦江经费、北洋军需,共银二百五十四万余两,总共赔款、京饷、协饷共银七百三十余万,所余不过三百万有奇。本省度支、防饷、藏饷以及俸工役食无不取给于此,并有边务不时之需,夷匪意外之扰,尚难预计,今年又添拨云南勇饷十万。……本省练兵及一切开办新政要需举无所出,查练兵本有部定年限,立宪预备期以九年转瞬均已将届。二者非有常年的款二三百万不能济事,而各库空虚如此,即常年额支之款已虑捉襟见肘,安能再筹如许巨款,况筹款之方不外开源节流。……数月以来,迭与司道悉心研究,乃知课赋税捐岁入千余万,取之于民者已不啻竭泽而渔,故今年部加盐价各省皆四文,独请减收一文,非不愿多收十余万之款,实不敢多取于民而已。至如本省各项开支概从撙节无可再减,源即无可开,流又无可节,踌躇仰屋应付俱穷,查京饷、赔款系顾本重地交涉要需,仰体时艰不敢轻言减免,惟协饷一项必以此省有余始能助彼省之不足。今甘肃每年部拨四百余万,滇黔入款亦岁有二三百万,实较川省留用之款有盈无绌,以川省幅员之广、人民之多、需要之烦,而仅凭区区三百余万金支持一切较之受协之甘滇黔各省反形见绌,毋乃偏枯太甚,况川省为西南财赋所出,外筹边藏内顾滇黔,若长此饷源不继储备毫无,设有缓急大局堪虞合无。仰恩恩准将甘肃新饷除原减二成外再行减缓二成,从前未解二成准予豁免,滇黔协饷并准酌减二成,统由部另筹,其光绪三十四年加拨滇饷银十万两准于宣统元年协滇饷内扣抵至浦江经费仍照原案每年解银三万两,从前欠解之款准其免解,以纾饷力,并请饬部以后不再加拨别款,实于西南全局所关匪细。"[1]

1910 年 5 月 12 日,四川总督赵尔巽上奏"头批海军经费",虽然经费无着,但本着负责的态度,川省勉强拨付海军经费。"海军经费川省自宣统二年起认解开办经费银八十万两,常年经费银十万两,前经分咨海军处度支部查核在案。现在川省拨款频增库储奇窘,实属无款筹解,只以海军关系紧要,不得不勉筹接济。"[2]

表 7.9　1910 年四川省筹解海军经费表

海军经费批次	项　目	金　额	来　源
头批海军经费	开办经费	50 000 两	抵补土药续加肉厘
	常年经费	25 000 两	腾挪他款
第二批海军经费	开办经费	50 000 两	税契项下挪凑
	常年经费	25 000 两	抵补土药续加肉厘

---

[1]　《赵尚书奏议》,上海图书馆藏古籍电子文献 T28072-142,第 1569—1574 页。

[2]　同上书,第 4373—4374、4763—4764 页。

1911 年 8 月 13 日,赵尔巽在东三省总督任上时,上奏"请催各省欠解奉省辛亥年的饷并历年欠饷以济要需",从需要为别省协济,到需要他省协济,各省军需之艰难可见一斑。"……现已半年之久,仅据两淮盐运使批解盐厘银四万两,其余各省关并未解到丝毫,亦无报告起程文件。……屡经前督臣锡良奏请饬催各省,竟无一处筹解者,奉省兵祸迭经,上年又遭大灾,八旗官兵生计艰难殊堪矜,悯所有俸饷一项为计,授所需岂可日久悬欠,且本省例定抵放制饷之款仅止旗租烧锅侵票各项帖税山关税中江税等数宗,向本入不敷出,近来农困商疲,租税更微,不足额而外省协饷又不如数清解,以致奉省内城本年春季俸饷延至五月间甫经发给一半,尚须煞费腾挪。……值此时艰款绌亦明知各省关同一为难,何忍过事催促,惟盛京为根本重地,实比各省所处尤艰,况此项俸饷系经度支部指定,无待各省另筹,尚不至无款动拨"。①

表 7.10　1911 年东三省军饷协济情况　　　　　　　　　　单位:万两银

时　间	来　源	协拨款项	应协数额	已解数额	尚欠数额
宣统三年	山东两淮江苏临清关等处地丁盐厘盐课厘金常税	辛亥俸饷银	26	4	22
		庚戌年部拨奉省俸饷银	26	14.88	11.12
宣统元年	各省	奉省饷银	10	0	10
合计			62	18.88	43.12

解协饷制度作为清王朝军费收支的重要途径,也是中央控制地方军事、经济、政治的主要手段。晚清时期,它的实行虽步履艰难,但在筹集军费的过程中,仍发挥过重要作用。解协饷制度在清末日渐衰落。主要是因为镇压太平天国运动促使清朝财政体制发生深刻变化,财政权逐渐下落到地方督抚的手上,地方财政日益发展,导致协饷趋于瓦解,这标志着高度中央集权的财政体制无可挽回地走向了没落。②对于李鸿章的淮军来说,"协饷本为奏明部拨底款,实际竟是极不可靠",由于"地方大吏把握筹饷大权……中朝政令难得充分施行","协饷之素无成效,并非自淮军始,其于湘军则更形显著"。③对于清末诸多朝廷大员来说,协济他省军饷与协济京饷,自然有轻重缓急之别。如 1875 年朝廷要求各省将厘金划拨作为"海防专款"时,"各省关省有更紧迫的应解之款,如惠陵工程(营造同治皇帝的陵墓),京饷(径解户部的要饷),以及西征协偿项目(提前供应左宗棠用兵新疆

① 《赵尚书奏议》,上海图书馆藏古籍电子文献 T28072-142,第 6000—6004 页。
② 周育民:《晚清财政与社会变迁》,上海人民出版社 2000 年版,第 36 页。
③ 王尔敏:《淮军志》,中华书局 1987 年版,第 279 页。

所需各省协饷,及各海关奉户部命分期偿还左宗棠所借洋债)"。协饷制度实行后,清军将帅们很少收到户部下拨实银,多是一纸他省协饷的公文,而各省限于财力常推诿不办。久而久之,指拨协饷的命令,便成一纸空文。至于户部拨下来的银票、宝钞、京钱票等,民间往往拒收。由此,地方筹饷就逐渐成为前方将帅的分内职责了。①

---

① 茅海建:《苦命天子:咸丰皇帝奕詝》,生活·读书·新知三联书店 2006 年版,第 111 页。

第八章　晚清华洋军品贸易经费的地方自筹

　　清末军需浩繁,各地编练军队,专项拨款没有着落,除了湖南、湖北等少数省份靠整顿财政的办法增加收入之外,大多数省份都是利用各种名目加捐增税。四川有按粮津贴和随粮捐输,江苏、安徽等省有亩捐,广东有沙田捐,安徽、江西、湖北、湖南、河南有漕粮折色等等。①赵尔巽任湖南巡抚及四川总督期间,一再上奏军需款项事宜,从中可以看出各地用款情形,特别是自筹经费的种类及途径。1903年,赵尔巽由山西巡抚调任湖南巡抚之后专门上奏湘省北洋协饷事,"湘省偏在一隅素号贫瘠,从前用项无多,出入尚可相抵,近来加增之款不可胜数,如俄法英德洋款镑价,岁共三十万两,新案偿款岁需七十万两,数巨期迫,刻不容缓,其余筹解固本京饷甘肃协饷创办师范馆武备学堂资遣出洋学生等款,均须勉力筹挪源源接济,更兼本年粤西军务未定,湘界毗连筹办西南两路边防调兵加饷,前队已扎桂林,兹复添募新勇购置枪械类皆挪东补西,库局搜罗殆尽,事关重大会值艰难,实有应接不暇之势。从来理财之道不外民与商二端,而天时人事各居其半。……北洋协饷一款实属力难兼顾,与其筹商辗转贻误要需,曷若据实陈明,免滋咎戾"。②1909年1月19日,四川总督赵尔巽上奏《川省光绪三十四年岁出入总数并宣统元年清理财政情形折》:"光绪三十四年岁入之款,分田赋、盐课税厘、茶课税厘、土税、关税、杂税、厘金、杂捐、官业、杂款为十类,岁出之款,分解款、协款、行政总费、交涉费、民政费、财政费、典礼费、教育费、司法费、军政费、实业费、交通费、工程费、边藏费为十四类,分别造册报部,总计岁入共银一千五百五十二万六百四十两零,岁出一千五百一十六万七千八百三十六两零,出入相抵,虽存银三十五万余两,然内有补收、预收、借收者,有应解、应发、应还、未支者,如逐加厘剔所

---

　　① 茅海建:《苦命天子:咸丰皇帝奕詝》,生活·读书·新知三联书店2006年版,第111页。
　　② 《赵尚书奏议》,上海图书馆藏古籍电子文献T28072-142,第5815—5817页。

短尚数倍于所存,若至宣统元年年底结算,则不敷更巨。盖岁入如土税之因禁减收,已失收入大宗,岁出如添拨之崇陵工费等款添支之各项新政等费又增百有余万,其宣统二年应解之海军费本省应筹之练兵费尚不在内,继长增高日益亏短取之本省则人民之负担,必增事未集而浮议已起,求诸部拨则内外之困难相等。款未至而征取频加,中央所需岁有添派报拨之款不容腾挪。于协饷之请减、请停则议以照旧筹解,于指定之西藏经费则奏令不准截留。收入者不但不能取盈,又复日见短少;支出者不但不能减免,又复逐渐增多。量入为出之至言,既迫于时势,而不能墨守量出为入之新法,又格于习惯而骤难实行。财力日艰,例支已穷于应付。"①

1862 年年初左宗棠督师入浙,与太平军作战,1864 年 7 月全浙肃清,用兵两年半,其中有大笔军饷用于"采办制造军火器械及转运各经费,购置并仿造洋枪炮、洋药、火帽各价值,而浙省襟带江湖,水师炮船,最关紧要。设厂赶造,费亦不资,皆以饷项支绌,核实急需,方准支发,仍力求撙节。而其中制造、采办两项亦多借挪挂欠"。②

表 8.1　1862 年 1 月至 1864 年 7 月楚军与太平军作战军需经费收支一览表③

单位:万两银

收款项目		收款数额	支款项目	支款数额
各省协饷	广东每月 5	实收 297.815 4 (应收 810)	运解军火、军米、军装水脚,各局护勇,长夫口粮,设立腰站等	24.455 1
	江西每月 3			
	湖南每月 3			
	湖北每月 3			
海关协拨	粤海关每月 10			
	闽海关每月 3			
特办捐输本外省合计(包括米捐)		166.265 6	招募各营勇夫安家、整装、沿途口食、川资等	15.145 7
特办厘金本外省合计		139.997 8	随营攻剿投诚勇丁盐粮及裁撤资遣各勇川资等	21.825 4
地丁屯饷漕项之正耗契税杂税及牙帖捐等		64.473 0	阵亡故伤员弁勇丁及各局护勇,长夫等恤费	53.865 4
布政司、盐军使、宁绍关库款		94.245 2	随营文武员弁薪水,书役薪工饭食,纸张等	5.619 4

---

① 《赵尚书奏议》,上海图书馆藏古籍电子文献 T28072-142,第 3903—3904 页。
② 秦翰才:《左宗棠全传》2010 年未刊本,复旦大学图书馆藏,第 51 页。
③ 同上书,第 51—52 页。

收款项目	收款数额	支款项目	支款数额
各营兵勇截旷及制造采办各款平余等	10.106 3	温州、处州与宁波各府属直接支发军事经费	259.550 1
温州、处州与宁波各府属直接支发军事经费	259.550 1	通省官员廉银,地方例规及各大员衙门书吏心红纸张等	18.554 3
合　　计	1 032.453 4		1 032.320 3
备　　注	支款中前五项为左宗棠直接负责筹集支发,其中军火经费为第二大宗,占20.23%。最后一项为行政支出		

由该表可以看出,左宗棠督师入浙后,两年半期间应从各省及海关所得协拨银两为八百一十万两,但实际所得不足三百万两,不足半数,其原因多属地方无力协拨,存意漠视者也不在少数。而左宗棠自筹之捐输与厘金却收银三百余万两,说明统兵大员,只能一面指挥作战,一面自行筹饷,在不少统兵大员看来,筹集军饷"求人不如求己"。①

山东机器局的开办费和常年经费主要来自本省自筹,开办经费来自藩库银九万四千两、粮道库银七万二千八百两、临清关税银二万两,共计耗银十八万六千八百两。②常年经费按月向藩库领银三千两,不足时随时奏明添拨,年需经费六万两。从下表可以看出,来自藩库银的仅占总经费一半左右,其余主要来自山东省自筹经费。

表 8.2　山东机器局历年收支表③(1876—1892 年)　　　　单位:万两银

年　　别	提拨藩库银	专案奏拨藩库银	共　　计	支　　出
1876—1877 年	4		4	3.7
1877—1878 年	3.2			4
1879 年	1.9			2.7
1880 年	2.7			4.6
1881 年	2.7			4.1
1882 年	1.2			1.4
1883 年	2.6		2.7	2.3
1884 年	4.2	1.1	5.6	5.5

---

① 秦翰才:《左宗棠全传》2010 年未刊本,复旦大学图书馆藏,第 52 页。
② 《丁文诚公遗集》奏稿卷 12,文海出版社 1967 年版,第 47 页。
③ 张国辉:《洋务运动与中国近代企业》,中国社会科学出版社 1979 年版,第 394—395 页。

续表

年　别	提拨藩库银	专案奏拨藩库银	共　计	支　出
1885 年	3.9	1	6.2	6.2
1886 年	3.5	1.9	5.6	5.5
1887 年	3.2	1	4.4	4.2
1888 年	3.4	0.38	5.1	4.1
1889 年	4	0.78	6	5
1890 年	4.3	0.99	6.6	5.4
1891 年	3.8	0.5	5.6	4.5
1892 年	3.9	1	6.2	5.1

辛亥革命前夕，云贵总督李经义电奏《滇省事机危迫请饬内外协助折》："部定前奏请拨之七十四万，合之土税无著之五十万关系新旧军饷，若仍饬滇分任则滇尚有认筹预算之四十余万，查预算案早达部饬停，何项经费应由政务处会商该管衙门明示办法，各担责任，经义节减力尽无可再为设法，恳饬部迅即筹拨滇边新军成镇，近年指拨协饷推延迟误应将滇省新军应拨额饷归部给领，一面防边备空虚，添练十营断难再少，尤必得一良主将指挥调度俾与新军相辅为用。……陆军成镇以来年需操练子弹百余万，原购无多瞬将用罄，查六米里八口径枪弹沪粤两厂尚能仿造，拟恳饬下陆军部江粤两省每厂各拨协尖圆子弹三百万颗，由滇派员分批领解，云南沿边各队皆用旧式枪支，现值川剿番众苗夷协助日亟，拟请饬下鄂督迅速协新造曼利夏枪三千枝各配子弹千粒并饬直督将北洋各镇换缴曼利夏枪拨协四千枝，配足子弹，均由滇派员领解等语。……此后该省行政理财各事宜惟赖该督筹画力任其难等语，钦奉谕旨允准在案，现该省本年预算已由前会议职务处列表咨行遵办。计滇省岁入应加岁出应减者各有数十万之多，该督即将不敷之数在应加应减各款内酌量匀挪，以济要需，毋再徒事呼愿，致滋贻误，其各省关协款亦由部屡电严催叠据电复，多已报解自可于滇饷无误。各省协饷皆未改解部库，滇省事同一律，应仍循旧办理所拟新军额饷归部给领之处，有碍通章应毋庸议，如请拨协子弹枪支一节，广东匪氛甫靖，防范宜严，该省制造军火暂应专供本省所需，自难拨济滇用，陆军部现与该督商明由江南制造厂代造六八子弹三百万颗，曼利夏弹一百万颗，由湖北认拨七米里九快枪三千杆随子弹三百万颗，由北洋认拨小口径毛瑟枪一千二百杆随子弹六百万颗，俾资挹注为镇慑内匪之用，并令该督密筹分批运赴办法，免滋口实。……总之滇省矿产丰饶贸易广达，与甘黔各省地处偏瘠者不同，如果认真疏浚利源，剔

除中饱,当不致无款可筹。"①除了下文所列之外,甚至各地军工厂需要依赖兵工厂地租房租弥补亏空,水运军品时也需要靠搭载乘客收取水脚银两作为经费,不难想见各省自筹军需款项之难度。

一、各省厘金

镇压太平天国时期,因军需浩繁,军饷极难筹划,为解决财政问题,咸丰皇帝要求各省督抚及各地统兵大臣"就地筹饷","以本省之钱粮,作为本省之军需"。②作为国税之外另行开征的一种地方商业税——厘金,由此登上历史舞台,因其初定税率为一厘,即货值的百分之一,故名厘金。厘金制度也成为督抚大员控制地方财政的肇端。"今四民之中,惟农最苦,获利最薄。而钱糟一切,均于农田取之。商贾挟资营运,懋迁有无,获利为饶。无力作之苦,而又免征收之税,当兹多事之秋,稍取其赢,以佐国计,其亦何辞。况厘金之为数至微,百货长落随时,本无一定之价,以至微之数,附诸无定之价,官取诸商,商支诸货,货取诸时。如果经理得宜,亦复何虞扰累。……臣惟厘金一事,本属创行,收支款目,既无定额之可循;赢绌情形,实难一概以相例。卡局既多,事目又杂,各执一成之法,严为稽覆,罅漏必多,更增一切之法,预为防维,虚伪特甚。古云'任法不如任人'洵为破的之论。但使所委官绅各以实心任事,上念国计之艰难,下体商情之畏累,将平常衙署、关务习气,概与删除,事必躬亲,数归核实,庶不以丝毫饱奸囊,亦不以苛细失人心,而商情自然帖服。所有卡局需用之费及在事官绅薪水之需,臣饬总办局务裕麟悉心斟酌,稍令宽余,俾得洁己奉公,无虞拮据,亦以养其廉耻,杜绝侵欺。仍不防访察商旅公评,时申今申儆惕。其客货经由之地,水次分泊师船,陆路派拨练勇,令其就近往来巡护。其商贾辐辏之区,专驻水、陆练勇,以资镇压。俾知出厘金以少佐军储,即可借厘金而保全资产。自设卡局以来,商贾安心贸易,廛肆如常,军饷得资接济。"③这种论调充分说明了中国重农抑商的传统,所谓田亩尽荒,钱漕难征,正项既不足以养兵,必须厘金济饷,与其病农,莫如病商,犹得古人重本抑末之义。厘金之所以能畅行全国,重要的原因不是其所收之巨,而是这笔钱均为地方督抚管辖,不入国库,可由地方官员变通使用。因此,厘金常常成为地方军用的最重要来源,也成了晚清地方实力派得以壮大,并迅速成长为可以与中央政权抗衡力量的重要原因。

---

① 《议复云贵总督李经义电奏滇省事机危迫请饬内外协助折》,盛宣怀全宗档案015045,上海图书馆藏。

② 《文显宗皇帝实录》第3册,北京中华书局1986年版,第109页。

③ 秦翰才:《左宗棠全传》2010年未刊本,复旦大学图书馆藏,第183—184页。

1853 年，户部奏称"自广西用兵以来，奏拨军饷及各省截留筹解已至二千九百六十三万余两。……银库正项待支银仅存二十二万七千余两"。①"(户部银库)正项待支银仅存二十二万七千余两。七月份应发兵饷，尚多不敷。……若军务再不速竣……大局涣散，不堪设想。"②咸丰帝为此作出重要决策，让各省督抚就本地情形，自行筹饷。但各省财政并不比中央好多少，是年 8 月湖广总督张亮基上奏，"查湖南库款空虚，现在正盼粤东已拨未解之款接济。……至于湖北，则公私荡尽，铢黍无存。……焦劳困迫，支绌万端。昨据藩司兵兴阿面禀，库存之银不过数千两。实属无款可挪"。③各省自行筹饷的办法主要有：捐输、抽厘、截留税饷、按粮津贴等。是年 10 月，正在围困太平军的清军江北大营军务帮办太常寺卿、副都御史刑部侍郎雷以諴，鉴于国帑空乏，军用不给，采纳幕僚钱江的建议，创设值百抽一，只对商贾征收的厘税，在仙女庙一带，设卡向大行铺户征收厘金，以供军用。雷以諴强调俟军务告竣，再行停止。实际上太平军第一次下武昌时，钱江曾给洪秀全以十二策，其中第二策即建议太平军"在商场略议加抽，任其保护，于商业每两征抽一厘，名曰厘金。取之甚微，商民又得其保护，何乐不从，而我积少成多，即成巨款"。④洪秀全不用，遂被清军试行。钦差大臣胜保奏请将厘金制度推行至各省，成为军饷大宗之来源。各地开始在其辖区水陆要道设厘局，遇有过境货物按值征一厘或数厘，亦有支之于店铺，按营业数量征取银两，实质为过路费和营业税，此种税款专充军饷，故称抽厘助饷。最初仅是商人自愿捐厘助饷，且为临时筹款之法。后来却一发不可收，由百货厘不断发展出盐厘、洋药厘、土药厘等税种。湘军兴起之后，渐渐改为地方督抚的一种税制。其征收环节分为：出产、出山等出产地厘金，以及活厘、行厘等通过税厘金，还有坐厘、门市厘、日捐等销售地厘金，种类繁多，无所不取。其税率起初为百分之一，以后逐渐提高，至光绪年间，许多省已高达百分之五。厘金收入甚巨，几占正税地丁的一半。左宗棠认为，"取民之制，舍征商别无善策，征商以厘税较为妥便。盖物价自有贵贱，无甚干涉。民生日用所需，厘税必须薄取，或竟与蠲除。至丝、茶大宗外，如铜、锡箔等类，亦可积微以成巨"。⑤湖南之厘金开办于 1855 年，一般货物，以每值钱一千文，抽收二三十文为率，即值百抽二三。其买卖另杂，不能指定之货物，酌量按月抽收。1856 年成立盐茶专局，盐每包抽钱七百文，茶每箱抽银四钱五分。张之洞担任湖

① 杨端六：《清代货币金融史稿》，生活·读书·新知三联书店 1962 年版，第 92 页。

② 中国人民银行总行参事室金融史料组：《中国近代货币史资料》，中华书局 1964 年版，第 175—177 页。

③ 张亮基：《张大司马奏稿》第 4 卷，清光绪十七年(1891)刻本，第 37—38 页。

④ 秦翰才：《左宗棠全传》2010 年未刊本，复旦大学图书馆藏，第 183 页。

⑤ 同上书，第 185 页。

南巡抚骆秉章幕府时,罢户部大钱与钞票,举办百货厘金,整顿漕粮浮折,深得骆秉章器重。张之洞遣援江西、湖北、贵州举办盐茶厘金。1856 年正月,曾国藩以接济军饷功奏保以兵部郎中用,并赏戴花翎。[1]湖南厘金收入步入正轨之后,每年可得厘金八九十万两至一百一二十万两不等,兵饷始觉稍纾。此后,曾国藩在江西、胡林翼在湖北都仿照办理。浙江厘金也为左宗棠所创始经营,1862 年在衢州设牙厘总局,征收盐、茶、厘税,值百抽一到九不等。在左宗棠浙江任内平均每年收厘 205.704 万两左右。[2]1866 年左宗棠对福建厘金进行整顿,值百抽十,整理后,每年约银 210 万两。1869 年左宗棠对甘肃省厘金进行整顿,值百抽四五,自 1869 年至 1881 年甘肃厘金收入拨济左宗棠军饷共银九十余万两。[3]1875 年闽海关欠解船政局经费达 60 万两[4],丁日昌继沈葆桢主持船政局后,奏请将养船经费归由福建地方税厘局筹措,总理衙门批准从茶税项下每月增拨 2 万两[5],制船经费仍归闽海关接济。1875 年总理衙门为海防筹款,与户部协商,奏准由江苏、浙江、江西、广东、福建等省划拨厘金,与粤、闽、浙、山等海关的四成洋税,共同筹拨每年 400 万两,作为海防专款。厘捐往往是在各地水陆关卡,对销货商人按销售额强行派捐,厘捐交纳者也可领到功名部照。几乎各种日用货物都要交纳厘金,包括肉捐[6]、茶捐、糖捐、油捐、纸捐等[7]。到后来扩展到各类粮食、家禽、牲畜、油、盐、茶、糖、碱、棉、丝、布、衣物、酒、漆、纸、药材、锅碗等各类杂货,对银号、钱庄等也按营业额抽厘。[8]为了给淮军配置西洋枪炮,以及支持湘军,李鸿章在增厘加捐方面甚至不顾他人的指责,"克复一处即酌添卡局以济军需",十里、五里即设一厘卡,十钱抽三,由浙、沪至苏,绸缎须捐八九次,木料须捐五六次,甚至"茶棚桌子、赌场桌子、点心、剃头担、粪担日捐数千文至数十文,并有妓女捐名色"[9],从同治元年四月至同治三年六月两年多中"共收厘捐银六百四十余万"。[10]

厘金的征收为清政府每年带来 1 000 万两的财政收入,颇解各省军械购买之

① 秦翰才:《左宗棠全传》2010 年未刊本,复旦大学图书馆藏,第 8 页。
② 同上书,第 184 页。
③ 同上书,第 185 页。
④ 中国史学会:《中国近代史资料丛刊·洋务运动》第 5 册,上海人民出版社 1961 年版,第 170 页。
⑤ 《船政奏议汇编》卷 11,1888 年刻本,第 1—2 页。
⑥ 《赵尚书奏议》,上海图书馆藏古籍电子文献 T28072-142,第 2895 页。
⑦ (清)叶景葵:《赵尚书奏议目录七卷附赵大臣奏议目录一卷》,上海图书馆藏古籍电子文献 T03401。
⑧ 茅海建:《苦命天子:咸丰皇帝奕詝》,生活·读书·新知三联书店 2006 年版,第 115 页。
⑨⑩ 李鸿章:《复奏殷兆镛等条陈江苏厘捐折》,同治四年六月初一日。

急需。1887 年张席珍致函盛宣怀,"就胶炮价以付定银,而指十五年两关下季药厘应付后价并外加各费,如此通融办理似两有益"。①1897 年就曾在江海关税厘项下加拨江南制造局新建的炼钢厂、无烟火药厂和栗色火药厂三厂常年经费银20 万两。当时的镇江"水师以厘金为大宗"②,上海地方的厘金"每月所得二十余万,各军赖以接济"③,两湖皖军更将厘金视为养命之源。这些厘金往往是各地督抚购买外洋军械的主要财源。时任浙江海关道台的薛福成在致盛宣怀的函中称,"宁郡药厘章程向称周密……每岁可共收五十余万两,系由省委员经理,而牙厘总局考其成,关道并不过问也。……至海关常洋两税……每岁可积五六万金"。④

李鸿章曾经向朝廷奏报上海的厘金情况,旺月在 20 万以外,衰月在 20 万以内,实际应为平均每月在 25 万两以上。⑤1862 年 5 月至 1864 年 7 月,淮军共收银1 142 万余两,其中包括苏、沪厘金 644 万两,平均每月 23 万两。1870 年至1871 年的淮军军费每年达七百万两,其中 38% 来自江苏省的厘金税收入,29% 来自上海和汉口的海关,15% 来自其他省份的"协饷",所余主要由江苏和湖北省库拨付。李鸿章的淮军由最初的 7 000 余人发展到 7 万余人,在外洋军火的购买上花费甚多。据不完全统计,1875 年至 1894 年间,淮军购买外洋军械价值约为189 万余两,其中有相当部分来自厘金收入,见下表:

表8.3　1875 年至 1894 年淮军购买外洋军械开支表⑥　　　　单位:银两

年　份	价　值	年　份	价　值
光绪元年	274 867	光绪八年	8 114
光绪二年	361 142	光绪九年	129 260
光绪三年	22 469	光绪十年	113 997
光绪四年	?	光绪十一年	35 626
光绪五年	18 784	光绪十二至十八年	?
光绪六年	722 145	光绪二十年	200 000
光绪七年	5 000		
总　计	1 891 404＋?（樊百川先生认为淮军外购军火用银应为 4 940 277 两,占军务支出的 6.65%）		

① 王尔敏等:《盛宣怀实业朋僚函稿》,台湾近代史研究所 1997 年版,第 9—11 页。
② 白敦仁:《白敦仁著作全集:水明楼文集(下)》,浙江古籍出版社 2015 年版,第 394 页。
③ 《穆宗毅皇帝实录》第 4 册,中华书局 1987 年版,第 1315 页。
④ 王尔敏等:《近代名人手札真迹:盛宣怀珍藏书牍初编》(三),香港中文大学出版社 1987 年版,第 1116—1117 页。
⑤ 樊百川:《淮军史》,四川人民出版社 1994 年版,第 257 页。
⑥ 同上书,第 905—906 页。

　　清政府对付太平军实际开支超过 2.5 亿两白银,其中相当一部分来自厘金的支持。厘金主要来自地方税收,因而,朝廷无法强迫各省巡抚把资金改拨给湘军使用,曾国藩便同骆秉章和胡林翼这些对他抱同情态度的地方当局私下商议,达成共识以后,才能向北京提出要求转拨资金归己使用。曾国藩一旦本人出任高级地方官,他就进一步推动由地方控制各种固定岁入的趋势。其做法如下:一、把岁入权集中到省巡抚衙门;二、向北京谎报收支。曾国藩鼓励他的追随者隐匿大部分地方固定岁入,因为只有这样才能把内战顺利进行下去。1862 年 4 月,清帝批准曾国藩的请求,把广东省的厘金系统扩大供湘军使用。于是在广东北部的韶关和广州设立新的厘金局,这两个机构的办事人员都从曾国藩的大本营中抽任。这种跨省的措施只是因为曾国藩得到朝廷的支持才得以实现。

表 8.4　1875 年至 1894 年清陆军采购新式武器支出厘金占比[①]

部　　队	经　　费	比　　　例
京外满营训练洋枪队	988.9 万余两	4.04%
新式武器存留勇营	18 411 万余两	75.32%
新式武器绿营练军	5 044 万余两	20.63%
总　　　计	24 444 万余两(新式武器小部分来自国内,大部分购自外洋)	

　　1860 年,清之江北和江南大营面临饷需骤增、饷绌日甚的危局。江北大营每月正饷及制造军械火药一切杂支,总需银十六七万两,江南大营四十万两有奇。[②]驻徽防军饷欠甚多,军心不稳,一经征调,纷纷藉观望,时有议溃之虞。1865 年,清廷命骆秉章为西征筹款,杨岳斌请求以东征局厘金,移作西征之用,得到清廷许可。[③]为防止日本侵略台湾,丁日昌拟购铁甲船及水雷、大炮、洋枪等器械,清廷下旨"移缓就急,俾资购买之用"[④],其中有江苏等省按期批解的厘金。咸、同之前,皇帝通过冬估、春秋奏拨、解、协款制度,严格控制着全国财政收支。[⑤]后期,随着实权的旁落,皇帝逐渐失去对全国财政的控制,尤其是遇到例外开支,特别是军饷开支时,中央无力筹集,便责成各省自行筹款办理。这样,地方财政逐渐取代了中央财政。19 世纪 60 年代沿海督抚出于守土之责购买船炮,加

---

① 樊百川:《淮军史》,四川人民出版社 1994 年版,第 905—906 页。
② 中国第一历史档案馆藏:《录副奏折档》,农民运动类。
③ 《穆宗毅皇帝实录》(第 4 册),中华书局 1987 年版,第 1315 页。
④ 《德宗景皇帝实录》(第 1 册),中华书局 1987 年版,第 649 页。
⑤ 彭雨新:《清末中央与各省财政关系》,《社会科学杂志》第 9 卷第 1 期,1947 年 6 月。

强海防,经费就地自筹。福州船政局从 1866 年 10 月开始由闽海关每月拨银 5 万两作为常年经费,七年后又增拨 2 万两茶税。1866 年起福州船政局购买机器等项,共享银十三万三千八百余万两,由左宗棠筹款支付。①1867 年曾国藩奏准江海关 20％洋税拨沪局使用。1867 年崇厚奏准以津海关东海关 40％洋税为天津机器局常年经费。

表 8.5　1902 年至 1907 年年底四川省糖烟加厘、盐货厘金收支表②

单位:库平银两

项　目	旧　管	新　收	拨解银	拨解主要项目	实存银
糖烟厘	25 159	160 749	119 000	新增边防经费	29 908
				新案赔款	
盐厘	24 894	3 301 079	3 323 701	京饷	2 272
				东北边防经费	
				各省协饷	
				新案赔款	
货厘	696	2 630 796	2 563 346	各省协饷	68 146
				铁路经费	
				云南铜本	
				京饷	
				箱包汇费靖远营新兵饷米	
				武职月课奖赏	
				机器局经费	
				赴藏委员薪水	
				西藏边费	
				本省防费	
				台费	
备注	盐厘货厘存银共 100 326 两零,并入三十四年收款陆续拨用				

由于中国的商业发展并不迅速,晚清厘金收入从高峰渐为减少,时任浙江海关道的薛福成曾在致盛宣怀的信中说,"常税益绌,较之法船滋扰之时不过八折,

---

① 《清穆宗实录》第 87 卷,中华书局 1986 年版,第 29—30 页。
② 《赵尚书奏议》,上海图书馆藏古籍电子文献 T28072-142,第 4030—4037 页。

缘刘爵帅创办厘捐与商民相持不下,厘糖竟无一船来甬也,如何手渺"。①薛福成任浙海关道时曾专函盛宣怀,言及于此,"关税因封船运漕短绌颇巨,且本年封口五月之久,而户部于额解之款丝毫不准短少,是以弥形竭蹶。近又接傅相来函以东三省购备利器,醇邸劝令各关道捐助阃,津沪两关已各认捐二万两,更多周折矣"。②1899年年底,盛宣怀上奏《筹饷清单》,称"抽厘助饷行之四十余年,每岁收数约在一千三四百万两,而局员中饱事巡丁贿纵者去其十之二三,商贩绕越偷漏者去其十之一二,华商影射洋商用三联单又去其十之二三。……拟请饬下各省将军督抚自光绪二十六年起,即提盐斤一二文加价,解交户部专充制造枪炮经费"。③福州船政局的常年经费原本来自闽海关税收,每年拨银5万两,不过,当关税不断锐减时,无法按照规定数额解济船政局。

不过,厘金向来为世人所诟病,左宗棠也承认,"办贼不能不用兵,用兵必筹饷,大抵厘税本权宜苟且之政,非可得已而不已者,谁实甘聚敛之。名,以其身为怨府。只求兵气速销,经收足敷所出,则区区者将一举而捐之"。④1902年1月,清廷与列强修约,因列强货物进出口时,受到厘金影响,而清廷臣僚也议及减厘换税,所以双方议约时对撤厘加税问题非常重视,也最难谈判,列强要求取消厘金,但不想加税;而清廷则认为大批土货在境内交易时原收厘金无处弥补,必须由增加洋税抵补。"英使第十款到后,又与辩论再四,彼谓厘金一千四五百万,彼只有值百抽十之数。告以厘金归部拨者近年得一千七百余万,又局卡经费约二三百万,共约二千万,各省留支外销尚不在内,故欲免厘,非得加税三千万不足相抵。现查抽五进口货八百万,连估价免厘货加征约千万,必须抽二十始得加三千万,方能将厘卡尽撤,十年后并不能按年递减。……抽厘与洋商无涉,若尽撤去,则所失内地土货之厘,亦将索诸洋货关税之内,岂非华人有益,洋人有损乎?……管见洋货拟抽十五,每年有三千万,抵过关税八百万,厘金一千万百万外,连估价可增一千万。……据各税司云:加税免厘之后,洋商必多办土货出洋,足国足民,莫善于此。论国计岁盈一二千万之的款,论民生利益尤无涯矣。"⑤经过八个月的反复磋磨,1902年7月18日,盛宣怀、吕海寰、刘坤一、张之洞等与英使商定裁厘加税之

① 王尔敏等:《近代名人手札真迹:盛宣怀珍藏书牍初编》(三),香港中文大学出版社1987年版,第1119页。
② 同上书,第1112—1113页。
③ 《筹饷清单》,盛宣怀全宗档案032226,上海图书馆藏。
④ 秦翰才:《左宗棠全传》2010年未刊本,复旦大学图书馆藏,第185页。
⑤ 王尔敏等:《清末议订中外商约交涉》上册,香港中文大学出版社1993年版,第47—48页。

议,"洋货估价后加至十二五……(出洋货)估价后抽七五"①,之后厘卡尽去。厘金名目虽然取消,不过,印花税、牙帖等税改换名目继续苛以重税是实。八月初四日,清廷与英国全部修约画押,规定加税所得之项拨交各省办法,"由户部与各省所商定派拨各省应收之项,即留存海关,听候各省抵解,所应解之项,由海关径解,其余听候各省拨用。至于一千八百九十八年所借洋款,有以厘金作抵押者,亦应照上办法如数拨还"。②

为了遏制厘金收入不断下降的趋势,清廷想办法增加抽厘比例,大大增加了百姓负担。1899年11月盛宣怀上奏《筹饷清单》,提到厘金之施行情形:"厘金注重出口落地两捐,酌量改归商办以杜中饱,抽厘助饷行之四十余年,每岁收数约在一千三四百万两,而局员中饱事巡丁贿纵者去其十之二三,商贩绕越偷漏者去其十之一二,华商影射洋商用三联单又去其十之二三,若令尽货尽捐,尽捐尽解,岁入之款至少可增一千万两。大学士刚现赴粤东闻有将厘金改官办为商包之意,近日上海亦有指定一行业公所按年包捐者,厘局渐知包捐为除弊之良法而未敢遂行全改,似可先从广东江苏两省试办,饬由两省厘局察度情形将一切货物改为出口落地两捐,扼重出产之处,名为出口捐则土货无一漏捐者,扼重售货之处,名为落地捐则洋货无一漏捐者,而行商执有出口捐单无论何处准其行运坐贾,执有落地捐单无论何家准其售卖,凡中途经过地方厘卡分局,概可裁撤,商民称便则商务自兴。……盐斤加价屡行之矣,各省莫不以加价则不能杜私为互拒之词,夫多加诚不免难以杜私若每斤止加一二文,其私盐断不致因一二文而畅销也,民间一口每月食盐不及一斤,则又何害故中国如欲仿行人丁,则莫善于盐斤加价也。闻近来盐斤加价皆取之于盐商而商人之售盐或加或不加,仍听其自然,现在钱价昂贵,民间买盐多不用钱,天下盐务如两淮则运商以钱买场盐而各岸售盐则定银价,此一二文似可取之于场商也,长卢则运商以银买坨盐而各岸售盐则定钱价,此一二文似可支之于运商也。总之,或加于盐价或加于场商或加于运商,皆当听各省盐运司自行察看情形,因地制宜但不得以已加不能再加为词。拟请饬下各省将军督抚自光绪二十六年起,即提盐斤一二文加价,解交户部专充制造枪炮经费。……举从前积弊一扫而清,在国家可省无穷之耗费而民间藉免到处之征求,实于上下两有裨益。"③

1858年,随着清政府与英国签订《通商章程善后条约》,规定"向来洋药(鸦

① 王尔敏等:《清末议订中外商约交涉》上册,香港中文大学出版社1993年版,第128页。
② 同上书,第213页。
③ 《筹饷清单》,盛宣怀全宗档案032226,上海图书馆藏。

片)……例皆不准通商,现定稍宽其禁,听商遵行纳税贸易"①。至此,鸦片贸易在华正式确定合法地位,鸦片在华输入量大幅增长。与此同时,因战事用款及对外赔款,清政府库储支绌,历年欠饷积近二百万两,普通货物厘金有限。既然洋药销售已解禁,则禁烟"几无可能",清廷从弥补财政亏空的角度出发,采纳群臣建议,实行"寓禁于征",认为"洋药流毒甚深,既难骤然禁止,只可先加厘税,借以稍济饷需,而烟价较增,吸者或渐减其瘾"。②"价贵瘾轻者必戒,瘾重者必减,由减以至断瘾尚可期。"③本来洋药于国于民,有害无利,朝廷却不坚决禁烟,而是采取抽厘之策,实属屈服列强势力之余,搜刮民脂民膏之策。

日俄战争结束后,广西候补知府李甸清在上两广总督张之洞的条陈中称:"窃思绥内靖外之道须思深而虑远,杜渐而防微,延揽人才保卫百姓,筹大局以为根本,扼险要以固屏藩。方今海防衅开库储竭蹙,兵少则分布不周,兵多而饷需支绌,若徒恃招募则聚易而散难,将来遣撤逃亡又恐闾阎遭害,似不如团练勇乡仍可以节省廉费也。试以卑府刍荛之见陈之:……洋药一款来源甚旺,除走漏外每年仍有六七万箱,洋税已定三十两不必加征,如一经入口即为中国货物,厘金关税任从内地抽取。卑府曾于庚辰年冬条陈此款,请都察院衙门代奏。因俄事和议已成,是以中止及后,左候相议办亦未果行,现在海防孔亟,拟请据情入告每箱洋药定抽厘金银一百五十两,除各省办公银五十两外仍有余银一百两作为海防经费,此物非布帛菽粟,无益民生,加厘不比加税,比至窒碍,况于加抽之中隐寓禁止之意,仍于政体无害。倘洋人坚持不便之说,试问其新嘉坡一埠每月只销洋药三十余箱抽膏厘银八万元,槟榔屿一埠只销洋药二十余箱,抽膏厘银四万元,即香港一撮之土每年亦抽膏厘银二十余万元,该国系产洋药之区,抽收厘税乃比中国更加十倍,且南洋噶罗巴各岛征税尤重习惯,自然亦不为虑。若谓加厘愈重走漏愈多,则请以洋药入口之后改归承充,现在招商局已经停止,即可承请总办抑或与英国商人议定,即在香港上海两处设立总局,令商人先领牙帖然后贸易,洋商认帖发货不得私相授受,总局发帖之时注明箱数,每箱随收厘金银一百五十两或请洋人帮为经理,只系海口抽厘一次,内地关卡不再抽收,是亦可行。如能认真办理,每年约可加抽厘金银七八百万两,以资海防不无小补。广东闱姓每年可筹数十万,店租每年可捐百十万,但以事属细微诚,恐有碍大体。然较之荷兰国抽收班叶之例,按照家具桌椅估值百两抽银五两,法兰西之在西贡并征车马牲畜者,其轻重奚啻霄壤哉,以上各条,洋药为巨臂大宗,无伤于国

---

① 《李鸿章全集·奏议九》,安徽教育出版社2008年版,第46页。

② 朱庆葆、蒋秋明、张士杰:《鸦片与近代中国》,江苏教育出版社1995年版,第394页。

③ 蓝以琼:《揭开帝国主义在旧中国投资的黑幕》,上海人民出版社1962年版,第397页。

无损于民且可立筹巨款,鼓铸不独无害,兼能补救漏银之弊,方今中外多事,若得一分之利权即有一分之作用,孰轻孰重,我大人必能裁度,不待卑府之哓舌也……"张之洞批文称:"洋药加税走漏愈多叠经议及,尚无良法,谓使英商听我指挥,认帖发货能否确有把握。除截缉闹姓捐款,业经商办外,仰藩司会同营务处善后局将该员所陈各条详加核议,有无可采迅即禀覆察夺。"①李甸清从洋药进口增多中发现生财之道,然而,洋商自然不会听从国人指挥,加厘越高偷漏愈多,实属两难之策。

  1861年7月7日奕䜣等在奏折中谈到关于购买西洋船炮之款如何筹备,"赫德因称洋药一项,如照所递之单征收华洋各税四十五两外,于进口后,无论贩至何处销售,再由各该地方官给与印票,仿照牙行纳帖之例,每帖输银若干。如办理得宜,除华洋各税外,岁可增银数十万两。此项留为购买船炮,亦足裨益。……所拟印票之法,果能于各口无碍,似属可行"。②1879年开征洋药厘金,规定每百斤征收关税30两,厘金80两,共计110两。③1840年至1914年,不足百年时间国内共输入鸦片约471万余担,总价值超过23.4亿两白银,收税不过220万两,平均每年流失白银3 124万余两。国内有识之士纷纷寄希望于"以土抵洋",即通过鼓励国内种植鸦片,达到抵制洋药倾销的目的。李鸿章也认为"土烟之毒,究比洋药为轻,而民财亦不外耗,倘将来洋商无利可图,洋药渐不来华,再增土烟厘税,亦加厉禁,尚未为晚"。清廷准许自种鸦片,并开始征收土药税。规定每百斤为洋药税银的70%左右。至19世纪60年代,中国土产鸦片已逐渐取代进口鸦片。同时"烟禁既开"后,鸦片吸食人数迅速增加到2 000万,同治年间就已达到4 000万人,占全国总人口的10%左右,消费了世界鸦片总产量的85%。天津机器局的经费主要来自天津和烟台两关的四成洋税,年约三十余万两。1880年后每年从户部西北边防饷内拨支一万两,1888年后,又另从海军衙门拨支洋药厘金作为常年经费的补助。1885年中法战争结束后,清廷命令各省督抚实力讲求船厂、炮台和枪械军备,以之作为久远之计。曾国荃乘机为金陵制造局提出扩充计划,要求在洋药加增税厘项下动拨十万两,作为添造房屋及增购五十余套制造枪炮子弹所必需的机器费用。④1889年2月,盛宣怀向山东巡抚张曜建议,"惟购办巨炮鱼雷以及坚筑台垒置造药库修路造桥工程等项,约需银百余万两,应援照威海大连湾分年筹拨,庶易集事。查现在只有洋药加厘或可酌拨,拟请岁拨十万两,山东每年截留协

①《李甸清上张之洞条陈》,盛宣怀全宗档案088342,上海图书馆藏。
②《咸丰朝筹办夷务始末》卷七十九,中华书局1979年版,第18—19页。
③ 王韬:《弢园尺牍》,中华书局1950年版,第64页。
④ 曾国荃:《曾忠襄公全集》卷25,第55页。

饷数万两……"①1899 年年底,盛宣怀上奏《筹饷清单》提到,"前办洋药加税亦系专责赫德办理,邵友濂不掣其肘乃能成功"。②

1874 年 6 月,经总理衙门会同户部奏定,每年由粤、潮州、闽海、浙海、山海五关并沪尾、打狗二口各提四成洋税,及江海关四成内二成洋税合计 200 余万两;苏浙厘金项下各提银 40 万两,闽、赣、鄂、粤厘金项下各提银 30 万两,共 200 万两,总计 400 万两,分解南北洋大臣李鸿章、沈葆桢兑收应用。③后沈葆桢主动将经费交与北洋使用,北洋海军每年 400 万两经费,但各省关不能按期如数拨解。李鸿章 1877 年谈到,南洋海防额款,号称岁二百万两,每年实解不过四十万两。解到北洋的海防专款,三年总计将及二百万两。这样可以看出,按规定南北洋海防款额三年应为 1 200 万两,实际上只解到 320 万两,占 27%。海防专款自1878 年 7 月开始分解南北洋后,有拨无解的情况更加严重。恭亲王奕䜣专折上奏:"闽粤两省尚可藉词截留有案,至苏省别无事故,岂容将户部奏准拨之款,数年以来,未解分毫,实属不成事体。……浙省应解海防经费每年三十二万两,江西、湖北应解海防经费每年各二十四万两,务必年清年款。"④虽然朝廷怪罪,但各省解款确有困难,1885 年 9 月,李鸿章再次称,从前户部拨定北洋经费号称二百万两,近年停解者多,岁仅收五六十万两,自去岁法事起报拨更稀,而待支甚急。

1910 年 4 月 3 日,四川总督赵尔巽奏报川省土税征收开支情况,"查光绪十七年六月十二日准总理各国事务衙门咨合同户部奏川省土药税厘酌议划一章程一折,抄单内开嗣后川省土药每百斤在内地征收落地税银四两八钱,到重庆出口征收出口税银二十两,俟通商别口再征复进口税银四十两,由各收税处所给以收过税银若干印花票据。此后无论行抵何处查验印花票与货物相符,即便放行,概不重征其复进口税,无论到宜昌入栈或运至江汉江海等关入栈销售,均应照章收纳以免两歧"。⑤张之洞就曾通过征收土药税,每年收银二十万两,充拨为湖北枪炮厂经费。⑥

---

① 《盛宣怀禀张曜文》,盛宣怀全宗档案 040471,上海图书馆藏。

② 《筹饷清单》,盛宣怀全宗档案 032226,上海图书馆藏,第 11—12 页。

③ 《奕䜣等奏请由洋税厘金项下拨南北洋海防经费折》,《清末海军史料》,海洋出版社1982 年版,第 615—617 页。梁义群:《近代中国的财政与军事》,国防大学出版社 2005 年版,第79 页。

④ 《光绪六年三月初十日总理各国事务衙门奕䜣等奏》,《中国近代史资料丛刊·洋务运动》(二),上海人民出版社 2000 年版,第 453 页。

⑤ 《赵尚书奏议》,上海图书馆藏古籍电子文献 T28072-142,第 4123—4126 页。

⑥ 阮芳纪等编:《洋务运动史论文选》,人民出版社 1985 年版,第 515 页。

表 8.6　1896 年 10 月 7 日至 1907 年年底共一百四十个月川省土药税收支表①

单位:库平银两

旧　　管	新　　收	支　　银	支拨项目	实　　存
365 591.375 833 6	5 795 384.558 215 4	5 927 326.953 037 5	公费(收银之一成)	233 648.981 259
			长胜三营勇丁月饷	
			备荒经费	
			内务府经费	
			汇丰银款	
			镑价不敷	
			息借商款本息	
			北洋军需	
			晋省协济	
			云南铁路经费	
			京师大学堂经费	
			粤西饷需	
			赈款	
			北洋练兵经费	
			英法美各国教案赔款	
			专使经费	
			黄浦江经费	
			赴日本看操川资	
			赛会旅费	
			赴上海会议川资	
			销场税	
			续购修筑商场地价	
备注	实存银两留备教案赔款及凑拨北洋练兵经费之用			

随着新增税种和近代工业的初步发展,甲午战前,清政府岁入达到八千万两②,比历史上年收入几乎增加一倍。1885 年至 1894 年清政府平均每年有四百万的盈余。甲午战后,由于借了大量外债,清政府入不敷出在一千三百万两左

---

① 《赵尚书奏议》,上海图书馆藏古籍电子文献 T28072-142,第 285—286 页。
② 赵尔巽:《清史稿》,中华书局 1998 年版,第 3704—3705 页。

右。①咸丰时期约 87.5％的巡抚和同治时期 60.4％的巡抚的任期不到三年。咸丰时期 73％的总督和同治时期 52％的总督任期也不到三年。清帝在决定撤换或调动督、抚时,解缴税收的能力是主要的考虑标准。1866 年命令开征"固本京饷"新专款的上谕严厉地警告说:"自奉文日起,或一月一解,或两三月一解,总须按期赶到,不得稍有拖延。若某督抚任意延迟三月不解,照贻误京饷例议处。"由于这些压力,厘金税收和关税——新商业税——收入都牢牢地置于清帝控制之下。各商埠关税的实际数字由赫德定期上报,该项收入的处理由清帝直接监管。当然,在实际征收的厘金税中,只有一部分落到各省高级官员之手。但这部分税收也处于清帝广泛的权力范围以内,因为毕竟只有北京才能任命有大量厘金收入的省的督抚。到 1869 年,上报清帝的全国厘金收入为一千四百六十万两,此数仍超过全部关税(包括通行税共一千万两)。

李甸清在上张之洞的条陈中希望开设银号铸钱生财,称"广筹经费以裕度支也。当务之急,筹饷为先,贵不扰民,尤贵因其自有之利,方今海防启衅,库款支绌之际,所有练兵募勇置炮造船非有大宗巨款何以裕度支,非有不竭饷源何以持久远,计自军兴以来虽经设局抽厘无如杯水车薪,仍不敷用,若不急为设法广开利源,民间脂膏日竭,元气日蹙,虽有善者亦无如何。以卑府愚见,今日之可以备军实而开财源者,莫如开设银号、广行钞票及鼓铸铜钱、加重洋药厘金各项,惟银号钞票弊窦丛生,非有良法不能持久,若铸铜铁则颁发现币无弊可作,小民买卖完粮官府给发兵饷,互相交易上下通流数年之后,用可足而民不至疲。查直隶山西云贵江西福建浙江河南湖北陕西四川广东广西伊犁等省向有鼓铸,自兵燹之后久经焚毁。又查钱法每铜五十二斤搭配黑白铅点锡四十八斤,约铸制钱十二千零,依现在铜铅锡价三项合算,每百斤约值银七八两之间,今拟稍轻钱质以免销毁之患,每钱一千铸重八十两,每铜铅百斤,除耗之外约可铸钱十五千零,以一千五百文合银一两约可值银十两零,拟请奏明通饬直隶四川云贵江宁江西苏州福建广东,凡有机器海防省分,每年每局鼓铸铜钱二三百万串给发各省防勇口粮,以及机器工匠役食,采买物料等用。所有鼓铸炉厂即在机器局侧添设一座,归并机器局开报以免另费。并请通饬各省督抚准予民间用钱完粮上税,如此一转移间化无用为有用,数百万巨款立即可筹,且能源源接济,取用不竭。扩而充之以钱完纳以钱发饷,民无存银之念,则财用自不虞匮乏矣"。②张之洞在该条陈的批文中说,鼓铸轻钱搜刮百姓贻害无穷,这是北宋宰相蔡京为朝廷铸钱之策(蔡贪婪自用至民怨沸腾,虽位极人臣却饿死而去),与民争利,决不可用。

---

① 梁义群:《近代中国的财政与军事》,国防大学出版社 2005 年版,第 187 页。
② 《李甸清上张之洞条陈》,盛宣怀全宗档案 088342,上海图书馆藏。

19世纪70年代末,清廷总税收包括中央和地方在内,计约六千万两。虽然最大部分的收入仍然来源于田赋,但厘金仍达到一千八百万两(占30％),关税仍达到一千二百万两(占20％)。收复新疆的军费加上为此而借的洋债共达68 300 000两。①1878年收复新疆到1884年中法战争爆发的相对和平时期,与1884年中法战争结束到1895年甲午战争爆发的相对和平时期,慈禧仅修造"三海",建筑颐和园和六十寿庆三项,耗资三千多万两,几等于当时一年财政收入的一半左右。②中日甲午战争时,缺乏军费,不得不先后向西方列强借四笔外债,共四千一百多万两。③1875—1895年共20年间,清末政府财力匮乏,除官僚挥霍之外,收复新疆之战、中法战争、甲午战争共耗军费近一亿六七千万两④,赔款二亿三千万两,借债三亿三千六百九十一万余两⑤,三项共计七亿三千七百多万两。每年支付与战争有关的费用三千六百多万两,占清政府年财政收入的一半左右。1881年左宗棠在总理衙门任职,他由反对鸦片输入而后同意开征洋药税厘,帮助清廷"以济要需"⑥。中法战争中中国军费开支的一半左右是借外债解决的。地方督抚掌握财政实权,主和还是主战的态度与对军火的态度密切相关。1854年以后中国出现了两种新税制,海关税上缴中央政府,厘金税(税率从货价的1％到10％不等)则至少80％归地方掌管。在1894年前,签订了总数为四千万两来自通商口岸的外国企业的九笔贷款,其中大部分用于军费。清政府推行"新政",编练"新军",需要巨额款项。为了筹饷,清政府不惜巧立名目,多方搜刮。同时,还乱提税率,有由户部决定在全国公开加收的,也有由各地任意增加税率的,并允许地方官自筹税收。如此"筹饷",使财税紊乱、贪污横行,给广大劳动人民造成了前所未有的灾难。曾国藩、李鸿章、左宗棠等汉族官僚能依次坐大、建军兴业,其主要依靠财源就在于自筹。直到1931年,南京国民政府宣布裁撤厘金。至此,沿袭七十余年的厘金制度方被废除。

二、各种捐款

捐输定例源自汉武帝之鬻爵,历朝都有实行之。百姓向政府捐纳一定款项,由政府奖给某级之官衔;或已为官吏者,再向政府捐纳一定款项后,由政府再奖给

---

① 梁义群:《近代中国的财政与军事》,国防大学出版社2005年版,第80页。

② 同上书,第90页。

③⑤ 徐义生编:《中国近代外债史统计资料1853—1927》,中华书局1962年版,第28—30页。

④ 梁义群:《近代中国的财政与军事》,国防大学出版社2005年版,第91页。

⑥ 罗玉东:《光绪朝补救财政之方策》,《中国近代经济史研究集刊》第1卷第2期。

某种之优惠,实质为买官卖官制度。由于极易导致吏治腐败,因此各朝对捐输较为谨慎,常"视为不得已之政"。①至清代则集大成汇编为《筹饷则例》,咸丰、同治与光绪三朝之军事经费有相当部分来源于此。清代官吏之来源:一为皇族,一为门荫,一为科举,一为捐纳。而以科举为正途,为数亦最多。晚清的官绅大户中有许多想做官之人,前三个途径走不通者,多选择捐输。捐纳则包括捐监、捐职衔、捐翎、捐封典、租捐等等。捐纳和捐输制度作为补救清廷财政绌乏的重要手段,也是教人们花钱买官的一个权宜之计,始于 1649 年,但范围不大,此后间或停办。收捐系用部监执照,向富户绅商派捐,以职衔、翎枝、功牌、封典招徕。至雍正朝成为常例捐纳,始为户部经常性收入,占全年收入的百分之三十,甚至七十、八十不等。②1770 年清廷曾发谕旨,强调捐输为权宜之计,斥责那些停捐后复请再开的官员,决定"开捐一事竟当永远停止"。康熙时规定,捐输官员到任三年考核称职者升,否则罢免。雍正时,道府以下才可捐输,文武官皆可。乾隆时,文官可捐至道府、郎中,武官可捐至游击。清中叶之后,为筹措军费、治理河道、赈灾等需要,大开捐纳事例,实施次数和范围不断增加。一般规定京中自郎中以下,外官自道台以下,均可出钱捐买。从 1841 年到 1849 年间捐纳银占户部收入银数均在 12% 以上。③1851 年咸丰帝为尽快收到银钱,将 1846 年的捐例核减一成按九折收捐。1852 年整整一年时间,"绅商士民捐输银数,则山西、陕西、四川三省为最多,山西计捐银 1 599 300 余两"。④到 1854 年时按七五折收捐,户部得银不多。主要是捐银大多被地方官截留,成为各地军饷的主要来源。由于捐官多为虚衔,自愿捐纳的人越来越少,官衔也越来越便宜,道光中期捐一监生需银一百余两,其后又因为筹饷急迫,多次减成收捐。到 1857 年时仅需银十七两,捐者仍少之又少。国库财力艰窘时,捐输之议便层出不穷,1861 年 11 月 30 日,湖广道监察御史魏睦严上奏提出,在购买西洋火器轮船时,"沿海绅商亦许捐购,从优奖励"。⑤捐输本来由户部主办,太平军兴起之后,清廷将捐输之权授予各省总督、巡抚或主兵大员,由其请发空白执照,自行劝募。为了吸引人们纳捐,捐纳银数一减再减。将规定费额,分别酌减若干成,实为贱价卖官。同时,捐纳所占财政收入比例也越来越小,"现办军务,各省均不专籍捐输,直东豫晋饷出于地丁,江皖湖广之饷出于地丁者半、出于厘税者半,粤闽之饷出于地丁、盐茶,陕甘之饷出于地丁、协济,川浙之

---

① 《皇朝续文献通考》(一),浙江古籍出版社 1988 年版,第 8527 页。
② 罗玉东:《中国厘金史》上,上海商务印书馆 1936 年版,第 6—7 页。
③ 同上书,第 7 页。
④ 张正明、薛慧林:《明清晋商资料选编》,山西人民出版社 1989 年版,第 45 页。
⑤ 蒋廷黻:《近代中国外交史资料辑要》上卷,湖南教育出版社 2008 年版,第 361 页。

饷出于地丁、厘税,惟云贵两省饷无所出,稍资于此,合岁而计所入无几,穷亦无益军资"。①镇压太平军时,捐输成为军饷的重要来源。除中央户部开设捐例之外,还允许各省设局办理捐输,报捐种类除虚衔和实官之外,还有提前任用、免除处分、优秀升级等花样。捐输与科举还能相通,目的是增加当地的学额。比如,1863 年常熟县境缴饷捐银 116 046.633 5 两请以银 10 万两广永远文武学额各 10 名;昭文县境缴饷捐银 85 846.181 两请以银 8 万两广永远文武学额各 8 名。②后来,户部又指定若干项,不准各省或主兵大员劝募,专归所谓京饷局者经理,指充京饷。左宗棠督师入浙后,规定"凡报捐实职虚衔,本减二成者,仍迎减一成;已减四成者,不再迎减。其应归京饷局收捐分发等项,并监生补交四成实银,亦仍令捐生赴京上兑,浙省概不收捐"。③胡林翼所订之捐米代捐输章程:"(一)凡捐实职、虚衔,照筹饷例,统减四成;升衔、加级各项,向减四成者,准再递减二成。于水陆通区,设局收米。捐米一石,加耗米一斗五升,运脚费银三钱五分,准作捐例银五两。(二)其有陆路遥远,运米维艰者,准交折色,每米一石,连折耗与运费,计银二两五钱。(三)饭银、照费仍照例缴纳。(四)以上应缴现款均以广平足纹上兑,概不准搭交钱钞或饷票。(五)应归京饷局收捐各条,并补交四成实银者,仍不准收,以裕京饷。"④

19 世纪七八十年代后,日本侵略台湾、吞并琉球,法国占据越南。清政府危机四伏,不得不勉力筹办海防军务。海防用款成为大宗之后,清政府认识到单靠各省协款已无法满足海防建设的需要,"海军创立,需款尤多,非宽筹饷款,不足以资周转而应要需",⑤只能另辟财源。以弥补海防亏空为目标的捐输成为军需用款的重要途径。1884 年 9 月 3 日,李鸿章奏称,"北洋防务专借各省关厘税,往年实解不及额拨之半,近因海防吃紧,厘税减色,各省皆有防务,拨款更难指望。现在局库极形支绌,每月应发各兵轮薪饷,及制造军需、子药等项经费不敷,断难抽拨巨款,虑及与洋人争衡,尤以购备西洋精利军器为第一要着。……设军械告匮……实不足以御强敌……亟宜通盘筹画,设法密速添购,多多益善。兼办大批军械,不得不另筹挹注,以济急需"。李鸿章顺势提出"伏查咸丰初年,军兴以后,饷源不足,叠开捐例以资协济,成效可观",饷源枯窘,筹措无方,请皇帝准予北洋暂开军器捐输。⑥17 日,户部议复同意,立新章五项,期限一年。关于南北洋水师经费事盛宣怀档案中记载,"近年浙江湖北直隶贵州相继请停分发,以清仕途,意

---

①　《清朝续文献通考》,浙江古籍出版社 1988 年版,第 8532 页。
②　《清代兵事典籍档册汇览》第 51 卷,学苑出版社 2005 年版,第 391 页。
③④　秦翰才:《左宗棠全传》2010 年未刊本,复旦大学图书馆藏,第 186 页。
⑤　《李鸿章全集》(卷十一),安徽教育出版社 2008 年版,第 455 页。
⑥　张侠等:《清末海军史料》(下),海洋出版社 1982 年版,第 622—623 页。

非不善,然此省停分则彼省愈行其挤,且吏部议复只能一年为率,亦不欲尽阻其图效之诚也,况收其捐于前,阻其来于后,政体亦不甚善,似不及定一章程,无论指省指部人员,或已捐分发,未捐分发,概令按照筹饷例指省分发实银数目,另行补缴,不论何省均准分发。又以前候补候选人员报捐银班尽先分缺,先分缺简小四成、大四成、大八成等项花样,捐银无多而得官指日,诚为捷径。拟请概归作旧班花样不得替班补选,另定新章无论候补候选何项班次,按照筹饷例捐纳本班实银,另行补缴十成银数作为新班尽先,准其无论何班尽先替补替选。以上两项不使天下捐增一官,并不使天下捐升一官,但就其已捐之官,而逐其求进之诚。苟不自量其才能而贸然纳十成之重赀以边分发,能无虑分边之后仍为上官甄别乎?……夫才能之士求之而不得,亦何必拒之甚耶。……南北洋既设大枝舟师,岁糜饷项似不可不另行筹济,取民之利惟患其不均,军兴以来,赖有厘金而民不为苛者,均而已矣。惟洋票畅行,奸商多假为护符,而愚者独受其亏,将来洋人必欲使我中途之厘金全归乌有而后快心。故欲为之绸缪,惟有先就出产落地首尾两处抽厘,则洋票无所施其技矣,且完出产之厘而出口货无一漏矣,完落地之厘而进口货无一漏矣,似或胜于中途之完厘也。……目前先以海防为名,各省城乡市井试行落地厘金,先宜定数轻少,使人不以为难,但使能养南北洋水师可矣"。[1]1885 年 3 月到 1886 年2 月,直隶收至一百五十余万两,他省亦收三四十万两至二三十万两不等。1886 年后,海防捐的收入不断下滑,又展限一年至 1887 年 3 月停捐。展捐期间"直隶仅收六十余万两,余惟台湾、广东较胜于前,此外概形减色,是捐务早成弩末"。据户部奏称,海防捐开办近三年内,京外捐输银约计千余万两。[2]捐例规定,捐银 1 000 两准给蓝翎,2 000 两可得四品之下官衔,3 000 两可得三品以上官衔。[3]李鸿章于 1887 年 6 月 8 日提出变通海防捐输的办法,海防捐输以道府银数为最多。"比照州县选法,凡系正途出身及曾任京外各项实缺人员捐纳道府,准予中简并选,可借资鼓舞。报捐翎枝,照晋豫赈捐章程办理。从前火器营章程,由盐运使衔道员捐银五千四百两,准加二品顶戴,目前海军衙门需款甚巨,较之昔年火器营尤为紧要。拟将道员有三品衔者仍照火器营售章捐纳,其无三品升衔紧应加倍报捐。"1889 年 11 月 7 日,李鸿章再次奏请变通海防捐实施办法,当年为购买"致远"号等四艘船舰的鱼雷、火炮等,一次提拨海防捐 75 万余两。重开海防捐之后,各省收入并不多。收海防捐最多的直隶省,从 1890 年至 1895 年仅收库平银117.967 万两,全部归北洋舰队使用。北洋海防捐的施行,确为北洋购买军品提供

---

① 《关于南北洋水师事》,盛宣怀全宗档案 085933,上海图书馆藏。
② 朱寿朋:《光绪朝东华录》第 85 卷,光绪十三年九月中部奏。
③ 《户部议定海防捐五项新章》,《清末海军史料》,海洋出版社 1982 年版,第 625 页。

了不少经费,但 1892 年后,海防捐的收入不断下滑,名为"暂开"一年,却一再延长。

1891 年,盛宣怀向山东巡抚张曜进言,"查烟台海防捐输截止二十七次止,除支付外实存银四十九万余两,以之备付胶烟两处应找炮价约计再集二三十万两即可敷用,昨奉傅相面谕胶防北岸仍应添筑炮台,并须购备水雷,需款尚巨"。① 1892 年,青岛购置炮台征收海防捐,"烟台胶州口门,为北洋海防居中扼要之地,既拟建筑炮台,自宜即时□材鸠工剋期集事方操胜算,现在已拟开海防捐输以充经费,第恐巨款难期骤集举办,自必需时揣度时势迟缓,实非至计,海疆事机难于逆料。……不如遴选妥员合捐输工程责其一人综理,令其预缴捐银二三十万两,以作定料开工之资,嗣后捐款源源接济,先其所急必将炮台工程办完再行归还垫款,但捐输一事不另派人归其一手经理,炮台工程物料先令,估计较他人便宜,工力求坚,料力求实,不准毫发浮冒,倘有不实不尽,查出立予严惩"。② 是年 4 月 10 日,盛宣怀去电,炮位子药已遵钧批,与信义德商李德订立合同,初二签印即日呈送,照例先付三分之一定银,在捐项内拨付。"毛瑟合同今日画押先付定银三分之一已切实载明挑选全新,如有用过以及锈损等病均退,据李德云,自来子每千九两五钱,中国自造不敷可酌买,想药性久搁恐坏,譬如自造铜壳每个不止规银九厘五毫,至用时药坏预备另装则可酌买数百万颗。乞饬查制造局造壳成本电示。"③ 4 月 11 日,盛宣怀致电兰州沈方伯,"奉办毛瑟新枪及子昨已签字定银,遵已垫付合同即日抄咨,自沪至甘省运费湘平所约可敷用,如有余仍当缴还,余俟禀商傅相再复,此间海防办一万杆,云南办三千杆,福州办三千杆,想可一律照行"。同日,李鸿章致电盛宣怀称,毛瑟枪如系全新未用过者,趸买较贱,拟在东捐内拨款购一万一千杆,备盛大烟胶陆军之用,极顾大局,但验收宜认真挑选,储存宜干燥,局厂希妥筹,4 月 12 日,来电,"查毛瑟自来子每千九两五钱,自造并未不敷即自造,铜壳每个亦不过九厘余,若买子过多药性久搁易变恐药坏,则子壳受伤不能悉数重装,似应少购或有未装药之子不妨多购"。④ 是年 4 月 13 日,盛宣怀去电,"海防捐已收 322 581 两,开除购炮枪子药定银 124 185 两,工程 20 000 两,实存 178 396 两,已专差禀报一切"(阿拉伯数字由苏州码子转换得来)⑤。是年 6 月 18 日,盛宣怀去电,海防捐已收六十四万两,已付烟台定炮九万四千余两,孙镇五万两买泰安炮二万二千余两。8 月 12 日,盛宣怀商讨用海防捐付炮价,"兹有海防捐内应付信义洋行炮位定银三分之一,合计七十三万八千二百六十八马克

---

① 《盛宣怀上张曜禀》,盛宣怀全宗档案 033319,上海图书馆藏。

② 《?呈盛宣怀文》,盛宣怀全宗档案 107852,上海图书馆藏。

③⑤ 《上游去电》,盛宣怀全宗档案 027180,上海图书馆藏。

④ 《上游来电》,盛宣怀全宗档案 027178,上海图书馆藏。

十三分,望即按照阁下接到成函之日,上海电汇马克行市,合作规银若干数目。即日电示,弟当即电复尊处,就近拨付,查此项定银,信义洋行已在烟台付过规银五万两,俟将马克合成规银数目,应除去已付规银五万,再行如数付给,即时并须向信义洋行李德索取收到七十三万八千二百六十八马克十三分照何行市合银规银若干洋文收条一纸,迅速寄津,以凭申报"。①

按照捐例规定,各省应将捐银交到户部,再转于吏部,最后经皇帝批准下发标明捐得何种官爵的凭照。这种程序常常耗时过久,且要花钱打点办事官吏。为提高效率,咸丰帝命吏部下发空白凭照,由地方官自填,定期上报。此后地方官以军需为由将捐银截留成为常态。1892 年 2 月盛宣怀致函李鸿章,"户部、工部咨原奏内称所需经费拟请将山东海防捐截留,作为建筑炮台之费"②。1895 年,山东巡抚李秉衡上奏要求截留山东新海防捐,"自海疆多事以来征兵购械耗费已数千万金,部臣职总度支自应统筹全局,臣岂敢专顾一省致令部臣为难,惟山东地处海滨当防务正紧之时,月饷近二十万京协各饷准截留一半止敷三月之需,近虽战事已停而强邻压境仍须思患预防,臣以筹饷惟艰拟将防营次第归并而地方吃紧之处,仍未能轻率议裁,兼以嵩武军饷向取之豫省,今年亦系由东省垫解,加之内地防营总须每月仍需饷十五六万,明知库款支绌,故自军兴以来未尝请拨部帑,而悉索敝赋,实已搜刮无遗。查东省所出新海防捐自第十二次起至第六十次止,共收银九万四千余两,上年十月遵筹海防军饷的款已解部八万九千余两,只存四千余两,烟台新海防捐第一次起至第四十六次止共收银二百九十六万余两,除前拨河工经费五十六万两,此次办理海防提用银六十万两外其烟胶炮台等项用款应由北洋大臣报销,现在东省并无存款,至筹饷新捐仅奖虚衔封典与山东赈捐略同,收数断难踊跃,若再将海防捐提解归部,实难为无米之炊。查户部原奏谓东省海防需款甚巨,自是实在情形,如有紧要用款令臣奏明由部指拨,是部臣于东省拮据情状思虑不可谓不至体谅,不可谓不周,而现在饷源已竭与其由部指拨辗转需时,何如就近留支挹注较便",要求仍照其前所请将省城海防捐第六十一次起、烟台海防捐第四十七次起均暂免提解户部,待沿海防营尽撤再行解部。③

甲午战时,海防捐应付军需发挥了一定作用。1894 年 7 月 29 日,盛宣怀致函刘道台,"海防捐已付烟、胶炮价四十万,及原存银行十万,存津亦属无多,并须预备军饷拨用"。④11 月 7 日盛宣怀致电烟台,"海防捐三十九次止共结一百十四

① 《盛宣怀致杨廷杲函》,盛宣怀全宗档案 068284-52,上海图书馆藏。
② 《盛宣怀、孙金彪禀李鸿章文》,盛宣怀全宗档案 040549,上海图书馆藏。
③ 《请将山东省新海防捐输银两暂缓解部折》,盛宣怀全宗档案 035428-1,上海图书馆藏。
④ 《甲午中日战争·盛宣怀档案资料选辑之三》下,上海人民出版社 1982 年版,第 89 页。

万。除付克虏伯烟台炮价十二万五千；胶州炮价五十余万；青岛、成山、长山、电线，胶防铁码头，烟防炮药等项八九万；尚有各省未解银五万余两，只存银二十一万余两，当即总解银二十万两，或解省或解烟？乞示遵。余俟收齐续解，近日因台捐减价，我局只减规平，月收一二万两。以后诸事难办"。①1895 年 1 月 28 日，盛宣怀致电烟台，"毛瑟相已允拨，每枝银八两五钱，即由捐付。请电子梅径行分运，免得运津延误"。②2 月 16 日，南京致电盛宣怀，张之洞对盛宣怀想到南洋事提出拒绝之意，"前拟奏调阁下南来，专为筹饷劝捐。兹来电云，不必提粮台，且仍须回津，似与鄙意不合。此举应作罢论，洞"；盛宣怀之侄同时致电盛宣怀，"帅意，'令叔长于理财，极望即来襄助，如筹饷粮台等事。若只云练兵，仍要回津，颇非所愿'。侄即拟旋鄂，望速电遵"。③20 日盛宣怀回电南京，"江南多才，指明筹饷，恐招忌，故如此云。侄此行谅有他事，何日回鄂？"；22 日武昌致电盛宣怀，"侄昨旋鄂，相（李鸿章）出使，叔能不偕行否？帅意重在得人，以资久远之助。倘叔准定南来，乞电谕，以便转禀。规避一层，帅意似可勿虑"。④这说明，在甲午战败之局已定，大势已去的情况下，盛宣怀还醉心于通过募德将练新兵以救大清，然而张之洞等人却已看透局势，不再关心练兵，而只强调筹饷及开办铁厂之事了。6 月 21 日，盛宣怀致电莱州抚宪，"部议，各省海防捐，下月起，均须解部，不准留用。烟台分局拟于闰月停止，归并省局。所有经手收放各款，均可结束报销。惟上年买补胶州快炮十八尊，存备炮价十余万两一款，现因胶防，似须暂缓。五月二十三专禀请示，连日与该洋行议退，不允。可否尽此款改办行军轻快炮数十尊，德厂均有定价，可请许大臣查核。倭军有此快炮，故战胜，我军有枪无炮，故不利。以后须讲武备，陆路快炮必不可少。乞于禀到日迅赐核批"。6 月 24 日再次致电莱州，"暂缓者克虏伯大炮十二尊，不能退者系格鲁森无烟快炮十八尊，该厂造炮不造枪，似只能以大易小，不能以炮易枪。宪台欲保山东海疆，快枪快炮均不可少。海捐外省陆续找解，除备炮价外尚有数万，原备胶防之用。闻允拨奉直赈银五万。如欲移缓就急，候钧示亦可照拨"。7 月 4 日盛宣怀致电莱州，"轧来司枪子系军械局经手，已移查。格鲁森原定快炮十八尊，已电商德厂缓办。该厂疑我另购英炮，求允将来胶州如买此项快炮，仍须照合同购办。宣答以：届时炮价如贱，须按时价议减。该厂亦允照办。此即不销自销之办法。至行军轻快炮，如买十尊，连炮车零件带无烟开花子一万颗，连运费共十五万二千九百五十马克，可收回九五扣，约合湘平五万两左右。该厂并不强我买，但真是利器。烟台开捐，奏明专为防海购炮，

①　《甲午中日战争·盛宣怀档案资料选辑之三》下，上海人民出版社 1982 年版，第 589 页。
②　《甲午中日战争·盛宣怀档案资料选辑之三》上，上海人民出版社 1980 年版，第 345 页。
③　《甲午中日战争·盛宣怀档案资料选辑之三》下，上海人民出版社 1982 年版，第 613 页。
④　同上书，第 614—616 页。

功垂久远,胜于招勇".①

除了抵充海防经费之外,捐输也用于陆军军品的购买。"安徽抚宪英札委劝办皖南一带捐输,饬将捐输银项拨发洋枪价款等因,业经敝道(军械三品衔分发补用道边)检同执照实收等件移请贵道办理在案,兹查敝道经办洋枪已据洋商陆续运沪,急须给发价款,业由敝道分立汇票三张,向上海大有豫银号汇兑规银一万两,并息款若干,拟请□□捐有成数,径将捐银照票给付该银号,并请将□□所立汇票三张移覆备销届期贵道捐项未能足数,应仍由敝道如数兑还足认舟谊,望切施行。"②1873 年 12 月 29 日,边本钧移送时任会办皖南捐输布政使衔直隶候补道盛宣怀公牍中记载,"安徽抚宪英札开皖省征防各军需用洋枪等件,前经饬台筹款发交该道,前赴上海采办运回应□□敷银两,现在粮台无可筹发,应即发给执照实□□,前赴皖南一带照章劝捐拨发归款等因,奉此惟查敝道经办上海样枪等事,尚未完竣,未便分赴皖南一带劝办捐输,而洋枪价款急待捐输拨发势难迁延,素仰贵道于皖南一带地方颇形熟悉,应即移请办理藉资要款而广招徕,除禀报安徽抚宪查照外,相应检同奉发执照实收关防章程一并移请贵道查收劝办。并请将收到照收数目移覆备案,所有银两同捐生履历有岁下根查,仍请分批移交敝道。……执照七百七十张,实收三十张,关防一颗"。③

表 8.7　1873 年 12 月 29 日安徽省捐输银两移交执照实收清单④

官　衔	数　量	执照号码
监生	200 套	谷字 4701—4900 号,安字 78551—78750 号
贡生	30 套	斯字 1—30 号,安字 8185—81880 号
封典照	30 张	历字 201—230 号
正五品衔	10 张	幸字 776 号 1 张,洛字 815 号 1 张,珍字 1371—1377 号 7 张,洛字 800—801 号 2 张
从五品衔	10 张	摩字 933 号 1 张,摩字 960 号 1 张,洛字 979 号 1 张,悦字 1766—772 号 7 张
正六品衔	3 张	悦字 1823—1825 号
从六品衔	3 张	幸字 1891—1893 号
正七品衔	3 张	珍字 2302—2304 号

---

① 《甲午中日战争·盛宣怀档案资料选辑之三》下,上海人民出版社 1982 年版,第 640、642 页。

② 《边本钧移盛宣怀文》,盛宣怀全宗档案 043624,上海图书馆藏。"□"为原档残缺之字。

③ 《边本钧移盛宣怀文》,盛宣怀全宗档案 043654,上海图书馆藏。"□"为原档残缺之字。

④ 《移交执照实收清单》,盛宣怀全宗档案 043654-1,上海图书馆藏。"□"为原档残缺之字。

续表

官　衔	数　量	执照号码
从七品衔	3 张	珍字 2451—2452 号,珍字 2552 号
正八品衔	3 张	乃字 2527—2529 号
从八品衔	3 张	乃字 2703—2705 号
从九品衔	15 张	服字 1951—1965 号
未入流衔	210 张	部笃字 501—710 号
都司衔	3 张	珍字 3605—3607 号
守备衔	3 张	悦字 4701—4703 号
守千衔	2 张	乃字 3834—3835 号
□□千衔	1 张	悦字 5374 号
□□衔	1 张	悦字 5811 号
□□衔	2 张	珍字 4906—4907 号
□翎	5 张	拱字 3501—3505 号
实收	10 张	箴字 1—10 号
备注	以上各项空白执照实收 800 张	

1874 年 12 月 23 日,边本钧移送时任会办皖南捐输布政使衔直隶候补道盛宣怀公牍中记载,捐输银过少,连采运军火需费都不敷用,"兹因捐款寥寥,而采运需费孔殷无从筹措,幸蒙贵道顾全大局,先行垫解银七千两以资抟济,□□道如数收用,嗣后捐有成数应请贵道照数扣除,一面仍请捐生履历随时造送,统由□道汇案咨奖,为此备文移复请烦贵道备案施行"。①1875 年为购买"定远""镇远"两艘铁甲舰,清廷动员两淮商绅共计捐银 100 万两。张之洞还主张将捐输扩大到海外华侨,"若劝令各埠捐赀购造护商兵船,必所乐从"。②不过,实际效果非常有限。后来,捐输得银愈少,弊端愈多,朝野上下停捐奏议不止,1879 年,谕令停捐。

1881 年 11 月 28 日,宁波府咨呈布政使衔前赎天津道直隶题补道盛宣怀,称"宁波郡绅厉学潮等人闻天津大营新式后膛毛瑟枪为驻德李星使(李凤苞)购来,最为御敌利器,公议由筹备公捐项下置办一千杆,筹洋二万元,由府解津购办等情……即于驻德李大臣现在运到伯明恩厂五千杆内匀拨一千杆,此项枪价每杆二十五喜林,合英洋一千七百五十镑,按三九约核银六千八百二十五两,请再由机器局匀拨

---

① 《边本钧移盛宣怀文》,盛宣怀全宗档案 034834,上海图书馆藏。"□"为原档残缺之字。

② 中国史学会:《中国近代史资料丛刊·洋务运动》(二),上海人民出版社 2000 年版,第 577—578 页。

枪子三十万粒,每千粒价库平银二十两,共库平银六千两,拟请行知盛道将上年宁波宗守汇到洋二万元内核成枪价英银一千七百五十镑交存沪关汇寄柏林,交李大臣查收,其子价库平银六千两应由盛道径交机器局兑收,前项枪械自外洋运至上海转运天津水脚保险装箱栈租等费,职一时尚未接准李大臣开送细账,未能悬拟,拟请饬知盛道存留银一千两交支应局兑收,俟李大臣细账送到再行结算,彼此找付以清款目,三款合计上海规平银 14 446.8 两,不包括招商局自津运宁水脚、解员薪水等费。此批枪械到宁后,札饬开明桥军装局腾屋一间专储此枪,与局存军装示有区别,该局非奉有府札不得擅动","毛瑟枪一千杆共装五十箱,枪头刀一千件共装四箱,备用物件共装一箱,枪弹三十万粒共装三百箱,业经眼同军装局员监收并无遗误"[①]。1883 年,各地以赈灾和兴办洋务为名,要求再办捐输。如广东就举办了军械捐。战事开启之后,捐输更是成为临时救急之必要。1893 年 1 月 1 日,盛宣怀档案中记载,"武昌恽松翁,有人枪捐,幸已发,后耕为讬借洋款十六万,汉关印票何日寄津"。[②]1894 年,盛宣怀收到函件,"衙门旧有存留尚堪修补凑用惟枪械无可请拨,只可由绅董捐置刀矛抬枪等件,以备操防,将来开办应设立会防局遴选干员会同府县妥慎经理"。[③]1894 年 11 月,烟台致电盛宣怀,"现海防急须添募大枝营队,拟购外洋军械。请将山东海防捐速提拨三十万"[④]。盛宣怀致电烟台,"海防捐三十九次止,共结一百十四万。除付克虏伯烟台炮价十二万五千,胶州炮价五十余万,青岛成山长山电线、胶防铁码头、烟防炮药等项八九万,又补购胶防快炮十八尊,已付一成,后付二成,共约十六万。尚有各省未解银五万余两,只存银二十一万余两,当即提解二十万两,或解省或解烟,乞示遵。余俟收齐续解。近日因台捐减价,我局只减规平,月收一二万两,以后诸事难办";烟台复电,"抚帅请公将捐拨十四万交东省藩司,拨六万解烟台,敝处无款可兑,或解或另商谦号,祈酌办"[⑤]。

　　捐输有时并非自愿,为了保住军费开支,"劝捐"甚至"勒捐""逼捐"层出不穷。1869 年 3 月 12 日,清廷谕令李鸿章查核湖南布政使李榕被参各款,李榕在湘军募兵筹饷,"令巨室捐输助饷,由是得罪。……被劾罢官归装无所有,几不能就道"。[⑥]"内江等属种蔗制糖出产既多销场尤广,每岁仅抽厘金为数甚微,颇多偷漏,遇卡征取又甚纷繁,现经拟订章程就产糖之地,每糖清一斤抽捐制钱四文,无

---

①　《宁波府咨呈盛宣怀文》,盛宣怀全宗档案 033378,上海图书馆藏。

②　《盛宣怀来电存稿(第三十册)》,盛宣怀全宗档案 003630,上海图书馆藏,第 233 页。

③　《致盛宣怀函》,盛宣怀全宗档案 033372,上海图书馆藏。

④　《甲午中日战争·盛宣怀档案资料选辑之三》上,上海人民出版社 1980 年版,第 258 页。

⑤　同上书,第 260 页。

⑥　朱孔彰:《中兴将帅别传》,岳麓书社 1989 年版,第 293 页。

论制成何项糖类行销本省地方概不重征。……准其于卖价内照数加入捐钱出自买主责成专制糖清之漏棚代收，倘有隐匿偷漏分别轻重议罚，已分饬员司前往产糖各属开办，所收之款除照厘金局原有糖厘如数拨还外，其余悉数拨归边藏用项。"①"候补知府唐吉森为抽收纸捐误毙人命。"②薛福成任浙海关道时曾专函盛宣怀，言及于此，"关税因封船运漕短绌颇巨，且本年封口五月之久，而户部于额解之款丝毫不准短少，是以弥形竭蹶。近又接傅相来函以东三省购备利器，醇邸劝令各关道捐助阖，津沪两关已各认捐二万两，更多周折矣"。③1895 年，盛康署理浙江按察使办理军需捐输，"当此军需紧要之时自不能免，我号系属办公极多，只能捐三百两为率。……若能愈少则愈妙也"。④1899 年 7 月 16 日，吉林三省矿务总局上报 1898 年收支账略，"付军火号衣吉平银二千九百五十七两四钱一分六厘七毫……付东沟剿匪犒赏边练两军及局营出力官弁勇丁吉平银三千五百二十四两三钱六分一厘，付弁勇阵亡病故受伤恤费吉平银七百三十五两五钱六分一厘，付东沟各局厂局费吉平银七千六百四十一两二钱九分七厘二毫"。⑤这说明除了个人，各地方的厂矿企业有时也要为当地兵工厂购买物料进行捐款。

　　盛宣怀档案中清晰地记载着 1892 年、1893 年份部分捐输收入情况，从中可以解读出捐输标准、入照步骤、捐输种类等信息。1892 年 10 月，"此闻凡奏请特旨，皆须捐款万两事，拟千两已奉商傅相，碍难入奏云"。⑥11 月，"下关郭月为道府捐实银一万两，准专奏或请军机处存记或请发交原省系奉特旨统一历各班，均有案可援"。⑦"吉林恩露捐款二百七十一两又五十八钱……义州郑国钧捐款湘平八十一两，库平三十一两……上海吴昧、熊德捐找款并陈芝浩捐款速交收支所……南昌陈顕杨朱其昌胡日升杨焜张其溚等捐款……奉天张体元捐俯经双月选已照办，所欠德海尾款八百余金速补。"⑧12 月，"上海招商局沈子眉兄，郭绍杨奉傅相委赴潮州劝捐，银解沪局汇解，请勿先发，实收银到再行填给免致落空"，"汉口刘国柱捐郎中，准冬月初十咨部……烟玉斋李调元李经翊实收……南京星翁东赈五月前实收……画州佐翁、郭春华捐银不敷未咨部已另札行知范焜熊部照

---

①　《赵尚书奏议》，上海图书馆藏古籍电子文献 T28072-142，第 1297—1298 页。

②　同上书，第 1170 页。

③　王尔敏等编：《近代名人手札真迹：盛宣怀珍藏书牍初编》（三），香港中文大学出版社 1987 年版，第 1112—1113 页。

④　《方文燊致盛康函》，盛宣怀全宗档案 117568，上海图书馆藏。

⑤　《吉林三姓矿务总局光绪二十四年账略》，盛宣怀全宗档案 040891，上海图书馆藏。

⑥　《盛宣怀来电存稿（第三十册）》，盛宣怀全宗档案 003630，上海图书馆藏，第 69 页。

⑦　同上书，第 127 页。

⑧　同上书，第 162 页。

名字错误已详请更正保举可核"。①同日,"重庆叶山道兄,杜东赈案保县丞,部索详细履历连将捐案次数及部照年月电示。……京仲翁陈懋嘉五十二岁,武进人,东赈第九十二次捐县丞衔,因监生无案扰复,在烟台推广赈捐第六次补捐监生均于十七年十二月初五,奉颁执照,请转达饬八人已分查到部"。②"李贵献,五十岁,四川中红县人,由廪贡于光绪五年晋省赈捐议叙双月同知并知府衔,十二年广东海防捐局捐道员不论单双月选用,旋在部库补廪贡四成实银并免保举,复在台湾报捐分发,十四年二月在京捐局捐指江苏试用,十五年江苏赈捐案奖叙花翎奉执照在案。……董林年三十五岁浙山县人,光绪五年四月在陕西藩库报捐监生并盐经历衔,十三年六月在户部加捐布经历。又陆尔昭五十一岁,阳湖县人,由廪贡生应壬午科顺天乡试中式举人,十四年十一月两广电线某保知县,不论双单月选用,十七年报捐分指浙江八月引见,十一月到省。"③12月,盛宣怀档案中有,"南昌,赈捐非万金不能专奏,知县归特旨亦非万金不办"。④同月,盛宣怀档案中有,"刘国核照已代领应交何人海防捐二万零三千四百八十二两,部改换照,库平一千二百二十五两,钱不能久欠,望速电汇"。⑤张绍华曾致函盛宣怀,"杨艺芳乃弟藕舫捐海防,先即选道员"。⑥1893年11月,在刘瀚、袁鉴致盛宣怀函中,"十月份京收海捐杨光裕等八十三名正项实银四万七千九百七两,连部饭局费共新收实银四万八千九百六两三钱四分,又赈捐至本月十二日止共收衔封贡监等五十八名,共收库平实银五千三百四十二两六钱二分,除留支部饭等项外,海赈两案实存申合规银五万三千八百六十二两二钱,悉数汇沪寄上汇票五纸,海赈收支款目清单二纸敬祈查核,所有海赈存查等件已寄交戟翁处汇呈"。⑦由于捐官多为虚衔,自愿捐纳的人越来越少,况且官衔也越来越便宜,道光中期捐一监生需银一百余两,到1857年时仅需银十七两,捐者仍少之又少。福建省自开办海防捐以来,到1895年年初,仅收银38万余两,多留本省使用。江西省自开办以来至1895年年底,仅收银13.46万两⑧。

鉴于捐输之款日益下降,清廷想方设法调动官僚积极性,劝捐有功。1892年12月,盛宣怀档案中有,"宁宗载翁,已呈相关盐捐是兄劝,请兄具一奉,免为人攘

---

① 《盛宣怀来电存稿(第三十册)》,盛宣怀全宗档案 003630,上海图书馆藏,第 165、170 页。
② 同上书,第 172 页。
③ 同上书,第 173 页。
④ 同上书,第 266 页。
⑤ 同上书,第 292 页。
⑥ 王尔敏等编:《盛宣怀实业朋僚函稿》,台湾近代史研究所 1997 年版,第 25 页。
⑦ 《刘瀚、袁鉴致盛宣怀函》,盛宣怀全宗档案 009556,上海图书馆藏。
⑧ 梁义群:《近代中国的财政与军事》,国防大学出版社 2005 年版,第 150 页。

功"。①赵尔巽于 1908 年年底上奏,为捐生请奖,"光绪三十二年分内江德阳等县共收捐银三万四千六百六十两,又光绪三十三年分新都德阳江北乐至等厅县共收捐输银三万二千九百二十两,均已随时拨充军饷另案报销"。②"光绪三十三年遂宁彭山仁寿富顺德阳南溪等县共收捐输银五万五千五百一十六两,又光绪三十三年分巴县永川富顺合江等县共收捐输银七万一千九百五十三两,均已拨充军饷,另案报销,所捐银两因科举已停,并未加广中额,自应照案请奖,据布政史王人文按照十成例银请奖各捐生各项虚衔。"③还有革职的官员通过捐输要把官职索要回来。1902 年 11 月 5 日,赵尔巽档案中记载,已革花翎候选道张庆麟捐助赈灾款实银两万两,"近年被议人员凡捐巨款至二万两者无不奏蒙俞允开复在案,该革员前捐赈银二万两,救活灾黎无算,实未便没其好善之忱。……如果呈诉属实则该革员被议情有可原,其报效巨款应如何施恩之处伏候圣鉴"。④已革职的浙江按察使段光清募得银二十万余两,左宗棠为奏准赏还头品顶戴。已革浙江补用道温州府知府王景澄募得银七万余两,亦为奏准开复知府原官,补缺后仍以道员用。⑤左宗棠声称两人本属良吏被革为冤,究竟是否捐输银解左宗棠之军饷困境导致归复原职,还是本有冤情,不得而知。

当然,为了尽可能将捐输银两收缴,各级强调欠捐要罚。1861 年 11 月 30 日湖广道监察御史魏睦严上奏提出,在购买西洋火器轮船时,"沿海绅商亦许捐购,从优奖励"。⑥1899 年年底盛宣怀上奏《筹饷清单》,提到捐输情形"……衔封贡监翎支新例应收三成实银,而现在各省赈捐所收不及一成五,贡监为入官之始阶仅收银十余两,花翎为奖功之异赏,仅收银一二百两,名器之滥颇失政体,在各省无非因赈济乏款急何能择,然亦有收捐不尽归赈济而以工代赈,移东补西,皆所难免,中允黄思永曾疏陈其弊,工仍不能不暗减捐数愈减捐捐生愈少,亦自然之理。可否请饬下各省将先至封贡监翎支悉照实官改归部库司库收纳,以充练将经费。如果练将经费另有可筹,遇有沈灾仍准由各省督抚奏请户部酌拨,但期可免暗减腾挪之弊,至赈济必须另筹专款"。⑦1900 年 11 月 2 日,李鸿章致电苏州张振棨道催问海防捐,"据电海防捐应解银三十三万七千余两票折,现存直饷已断,汝岂不知,肯吞巨款坐视哗溃,试问能当此重咎否,银行及汇庄号在沪尚有法通挪,速催

①　《盛宣怀来电存稿(第三十册)》,盛宣怀全宗档案 003630,上海图书馆藏,第 191 页。
②　《赵尚书奏议》,上海图书馆藏古籍电子文献 T28072-142,第 1278—1279 页。
③　同上书,第 1492—1493 页。
④　同上书,第 170—171 页。
⑤　秦翰才:《左宗棠全传》2010 年未刊本,复旦大学图书馆藏,第 186 页。
⑥　蒋廷黻:《近代中国外交史资料辑要》上卷,湖南教育出版社 2008 年版,第 361 页。
⑦　《筹饷清单》,盛宣怀全宗档案 032226,上海图书馆藏。

归款转解,否则参办"。①11月6日,张振荣致电督办铁路电报大臣大理寺大堂盛宣怀,"傅相复电严催海防捐款,接阅之下不胜骇惧,若不先催天干解济,恐干严谴,兹将原电赐览。想天津行内各账早到上海,必已查对清楚,今将北京汇津期票九件,先摘开一单寄呈,请饬发沪行先将此项汇票银六万一千两兑付,以便解济北饷,其余存津行十七万余两,俟秉再催再请拨付清款。……再海防款存银行银数,昨接黄花农观察查来电荣拟复两电,敬求赐览改政代发,荣来尚复傅相处尚未去禀,兹必须先去一电,一面再详细去禀,荣恐北饷支绌,傅相径电商托函文,现查此款银行欠捐局二十三万余两,内有北京开出由天津五月底期汇票六万余两,似与往来折存银数稍有区别,可否将此项汇款先行兑付,以应傅相之托。……再振荣呈傅相电内叙及广筹收捐办法,拟求函丈加词保举,如蒙傅相派及振荣经办,则感恩无极将来与银行往来该行不无裨益也,恳请慈安"。②

表8.8　历朝户部银库捐纳收入表③　　　　　　　　　　银:两　钱:串

年　次	捐纳银数	户部全年收入		捐纳银占户部收入比重
		银	钱	
1840 年	2 492 011	10 349 975	1 137 631	24.08%
1841 年	2 069 284	6 796 037	1 233 614	30.45%
1842 年	8 945 393	10 914 110	1 144 432	81.96%
1843 年	3 815 342	7 919 692	1 222 831	48.18%
1844 年				
1845 年	1 493 922	9 069 653	1 160 832	16.47%
1846 年	1 738 571	9 044 024	1 209 094	19.22%
1847 年				
1848 年				
1849 年	1 072 944	8 781 377	1 238 527	12.22%
1850 年				
1851 年	1 110 385	8 508 528	1 245 930	13.05%
1852 年	3 135 861	8 361 836	835 109	37.50%
1853 年	672 611	4 516 837	1 153 206	14.89%

从表8.8可以看出,第一次鸦片战争前后清政府的捐输收银达到高峰,

① 《李鸿章致张振荣电》,盛宣怀全宗档案 023137-2,上海图书馆藏。
② 《张振荣致盛宣怀电》,盛宣怀全宗档案 023137-1,上海图书馆藏。
③ 罗玉东:《中国厘金史》上册,商务印书馆 1936 年版,第 6—7 页。

1842 年居然占户部总收入的 81.96％，之后捐输有所减少。为了增加捐输，1853 年甚至实行八成收捐。其后又因为筹饷急迫，多次减成收捐。1852 年 3 月至 1853 年 2 月，"绅商士民捐输银数，则山西、陕西、四川三省为最多，山西计捐银 1 599 300 余两"。①由于捐官多为虚衔，自愿捐纳的人越来越少，官衔也越来越便宜。后来的捐纳银数一减再减，所占财政收入比例越来越小，"现办军务，各省均不专籍捐输，直东豫晋饷出于地丁，江皖湖广之饷出于地丁者半、出于厘税者半，粤闽之饷出于地丁、盐茶，陕甘之饷出于地丁、协济，川浙之饷出于地丁、厘税，惟云贵两省饷无所出，稍资于此，合岁而计所入无几，穷亦无益军资"。②1875 年为购买"定远""镇远"两艘铁甲舰，清廷动员两淮商绅共计捐银 100 万两。张之洞主张将捐输扩大到海外华侨，"若劝令各埠捐赀购造护商兵船，必所乐从"③，然而实际效果非常有限。后来，捐输得银愈少，弊端愈多，朝野上下停捐奏议不止，1879 年，谕令停捐，1883 年以后，各地以赈灾和兴办洋务为名，要求再办捐输。如广东举办了军械捐，北洋则举办了海防捐，当然收效甚微。

即便捐输收银不多，但对于晚清各处腾挪借款的督抚来说，还是有较大诱惑的。因此，停捐再开便成为惯例。1907 年 10 月，四川总督赵尔巽上奏"请办光绪三十四年捐输"④，1908 年 9 月赵尔巽上奏"援案预办三十五年新捐"⑤。1909 年 11 月，四川总督赵尔巽上奏要求援案再办宣统二年捐输，"川省额征条粮课税以及各项厘金收数向来不敷供支，惟有按粮捐输一项历年均案奏奉谕旨饬办在案，乃旋收旋支，仍属入不敷出，所岁支台藏各饷防边夷各军月饷奉拨京饷新疆甘肃滇黔各协饷北洋练饷共需银七八百万两，加以近来派拨之款有增无已。库藏奇绌万分为难。……值此帑项拮据不得不借资民力，应请援案再办宣统二年按粮捐输一次，仍照历届章程于年内先解一半，余归明春全完，所捐之银仍准照章给与议叙"。⑥到了 1909 年 10 月赵尔巽上奏"请办宣统三年捐输一次"⑦。捐输的奖励虽然只是"虚衔""遇缺"而非实授，但一方面打击了靠传统饱读诗书、科举入仕途径从官的学人，另一方面更加剧了吏治的腐败，也导致整个官僚阶层治理能力的下降。

---

① 张正明、薛慧林：《明清晋商资料选编》，山西人民出版社 1989 年版，第 45 页。
② 《清朝续文献通考》，浙江古籍出版社 1988 年版，第 8532 页。
③ 中国史学会：《中国近代史资料丛刊·洋务运动》（二），上海人民出版社 2000 年版，第 577—578 页。
④ 《赵尚书奏议》，上海图书馆藏古籍电子文献 T28072-142，第 520—521 页。
⑤ 同上书，第 1135 页。
⑥ 同上书，第 285—286 页。
⑦ 同上书，第 349—350 页。

辛亥革命前后,岌岌可危的清廷,发动大臣们自动捐银报效,"提督姜桂题等电秉,请饬各亲贵大臣将所存款项提回接济军用,已有旨谕,令宗人府传知各王公等将私有财产尽力购置国债票,兹又据该督抚等秉请,情词尤为恳切,著将十五日谕旨电寄各该督抚阅看,并将该督抚等电秉抄给宗人府传知各王公等一体阅看,该王公等休戚相关深明利害,务宜仰念时艰,竭诚图报"。①东三省也强调"奉省各王公本年应征地租尽数留充军饷"。②左宗棠办理甘捐时,于西安设局,从 1869 年至 1875 年共出捐输银 872.875 4 两。③1880 年 12 月,左宗棠以六十九岁高龄交卸陕甘总督,捐购水雷二百枚、鱼雷二十枚,助固浙江福建海防。④

表 8.9　左宗棠于浙江甘肃任内办理捐输所请执照情况一览表⑤

地　域	次　序	官　衔	执照数量
浙江	第一	职官花翎蓝翎及春典虚衔从九品	1 000 张
	第二	各项职衔贡监生	5 000 张
	第三	各项官衔	10 000 张
	第四	各项虚衔春典	3 000 张
	第五	贡监生	2 000 张
	第六	贡监生	分别为 3 400 张及 2 234 张,前巡抚王有龄所请
		国子监	
甘肃	第一	各项官衔	5 000 张
	第二	五六七八品衔	5 000 张
	第三	贡监生	5 000 张
	第四	贡监生	10 000 张
	第五	从九品	5 000 张
	第六	贡监生	2 000 张
	第七	从九品	10 000 张
	第八	贡监生	10 000 张
合计			60 634 张

时人戏称"朔方贱如狗,都督满街走"。捐官者往往在得到官职后贪赃枉法,大肆盘剥,大量冗员的出现,大大加剧了官场的竞争和风气败坏。诸多有识之士一再要求清廷停止捐输卖官。原本捐输不分文武,武职所捐属福建为最,左宗棠

①② 　《廷寄赵尔巽》,古籍类 465284,上海图书馆藏。
③⑤ 　秦翰才:《左宗棠全传》2010 年未刊本,复旦大学图书馆藏,第 187 页。
④ 　同上书,第 31 页。

发现其弊,奏请停止:"闽省营务,积弊甚于他省。推其原故,由武营捐班太多,流品混杂,势豪策名右残,借为护符,劣弁巧猎升阶,专为弁利,一旦夤缘得缺,竟敢靡恶不为。现在稍示区别,报捐者渐少于前,即此可知从前报捐之多,实为军政之蠹。……至捐例原为筹饷起见,武职官阶捐纳,例银本属无多,除福建一省外,各直省报捐武职者甚属寥寥,实亦得不偿失。应请旨敕部将报捐武职一条,永远停止,以杜贪竞,而肃军政。"①海防捐输虽一定程度上对北洋海军的建设起到作用,但其弊端甚多,遭到不少大臣的反对。山西道御史屠仁守在"奏请停止海军报效疏"中指出"其弊有五而大患有三","若不急行停止,上则妨贤病国,下则播恶殃民……以坏天下之事有余矣"②,议"停止报效以存政体"③。有大臣指出海军衙门成立,"虽参革废员,予以特旨;虽永不叙用者,予以开复,不惜荡弃一切名器,以为鼓励。乃两载以来凑集捐数不过数十万金,则生计之疲,物力之艰,已可概见。若不及时停止,其后果实不堪设想"④。林绍年说,"查海防开捐以来,初虽收数较旺,然以济其两军海防经费者亦不过十分之一。改归郑工以后,收款益复无多。近数月间,各省奏报,数月一卯,所收均不过数十万,部库之报捐者亦甚寥寥。臣愚窃意国家岁计至八九千万,此项捐款,即属旺亦不宜留此敝政,况已成弩末;其有济于库款者几何? 更不值徒存捐输之名,以有伤国家治体"⑤。1885 年 4 月20 日,盛宣怀等人收函,"筹议开办海防军饷捐输所有直隶赈捐及各省赈捐广东军火捐、云南米捐,统请一并停止,其未奉到此次谕旨之先,所收银两限两个月赶造捐册送部,逾限不准请奖行令。……前于光绪四年十二月十一日在浙江省晋豫捐局加二级请三代及本身妻室从一品封典,今请将光绪九年在浙江宁绍台道任内捐助顺直赈济银三千两棉衣五千件,作银五千两共银八千两,请给奖三代及本身妻室正一品封典"⑥。河南军械采办委员严信厚专门致函盛宣怀谈及不愿承办捐助军饷事,"浙江抚宪又委办浙防绅富捐并转运饷械等事,自愧庸材辞未准"⑦。1892 年 10 月 10 日,盛宣怀致电济南督抚,"海防捐近因江浙盐捐移奖,只收三成,人多趋之,此间仍收四成湘平化宝,竭力搜罗,先后共约九十万,均系六月二十八以前单衔详请咨部,海防各省俱归藩司,京城则归户部只能托人暗劝。断难各

---

①　秦翰才:《左宗棠全传》2010 年未刊本,复旦大学图书馆藏,第 187 页。

②　张侠等编:《清末海军史料》,海洋出版社 1982 年版,第 638—640 页。

③　故宫博物馆藏清代档案,光绪十四年十一月月折上。

④　故宫博物馆藏清代档案,光绪十四年十一月月折上,同折具名者尚有徐汇丰、王文锦、王仁堪等人。

⑤　《请停捐输折》,光绪十四年十二月,林绍年,《林文直公奏稿》卷 1,成文出版社 1968 年版,第 12 页。

⑥　《瑞璋移督办直隶筹赈总局文》,盛宣怀全宗档案 063972,上海图书馆藏。

⑦　《严信厚致盛宣怀函》,盛宣怀全宗档案 088988,上海图书馆藏。

省派员设局，与赈捐不同，李道所禀各节，似多误会，查胶烟海防尚少数十万金，封河后津烟隔阂，拟即禀请改归李道一手办理又如免越俎之嫌，昨禀傅相未以为然，乞宪台电商傅相批准销差感甚"。①1909年3月10日，在赵尔巽廷寄中有记载，御史李浚上奏要求禁止苛捐苛罚，"奏为州县因案苛罚请旨申明定例责成该管官认真揭报，以清吏治而苏民困"，"不谓地方官假公济私遂致不可究诘，始则铺户捐富户捐地亩捐牲畜捐甚至零星什物亦莫不有捐，捐之忧可言也，乃捐之不已继以苛罚，罚之不已，至于枉法莫须有虚拟罪名、瓜蔓抄株连案外，吏治如此民何以堪，民力已疲，政于何举。……东三省州县不但不革除门丁并将门丁报捐官职作为委员照常任用，似此罔上行私伊于胡底，且恐尤而效之者不独该三省为然。可否饬下各职直省将军督抚查有此等委员革其所捐官职，驱逐出境并将任用之员予以议处"。②"奏为请豁免州县摊款明立办公经费章程以苏债困而重民生。"③朝廷虽一再应大臣奏请停止捐输，却又由于财政亏空、军需浩繁等原因，一再实行。

---

① 《上游去电》，盛宣怀全宗档案027180，上海图书馆藏。
② 《赵尚书奏议》，上海图书馆藏古籍电子文献 T28072-142，第6978页。
③ 同上书，第6981页。

第九章　晚清华洋军品贸易经费的借款垫支

由于财政支绌,晚清政府外购军品的相当部分款项来自华洋借款或他款垫支。从 1840 年到 1900 年一个甲子的时间里,清王朝国势衰败,防务废弛,帝国主义列强或者结伙或者单独出兵,对中国发动一次又一次侵略战争:第一次鸦片战争、第二次鸦片战争、中法战争、中日甲午战争、八国联军侵华战争……战争爆发,借钱打仗,最终战败,战后赔款,成了晚清财政史上的恶性循环,其中战前的借款大部分与外购军品有关。高额军费开支和巨额对外赔款,逼得清政府只能向列强借外债,所借洋款以"寅吃卯粮"的方式逐步从海关税收中扣款赔付。西方各列强为争夺贷款甚至以战争相威胁,因为这些贷款有高额利息、有折扣、有物资担保、有特权可占。

表 9.1　1894 年至 1904 年帝国主义各国对华主要政治借款统计表①

借款年份	借款名称	数　额	年息	折扣率	折扣后实收	出借者
1894 年	汇丰银款	1 635 000 镑	7 厘	98%	1 602 300 镑	汇丰银行
1895 年	汇丰金款	3 000 000 镑	6 厘	92%	2 760 000 镑	同上
1895 年	克萨镑款	1 000 000 镑	6 厘	95.5%	955 000 镑	怡和银行
1895 年	俄法借款	400 000 000 法郎	4 厘	94.1%	376 500 000 法郎	道胜银行
1896 年	瑞记借款	1 000 000 镑	6 厘	96%	960 000 镑	瑞记银行
1896 年	英德借款	16 000 000 镑	5 厘	94%	15 040 000 镑	汇丰银行 德华银行
1898 年	英德续款	16 000 000 镑	4.5 厘	83%	13 280 000 镑	同上

① 马平、黄裕冲编:《中国昨天与今天:1840—1987 国情手册》,解放军出版社 1989 年版,第 34 页。

借款年份	借款名称	数　　额	年息	折扣率	折扣后实收	出借者
1904 年	汇丰借款	1 000 000 镑	5 厘	97％	970 000 镑	汇丰银行
合计并折为美元		274 212 500 美元			249 579 770 美元	
备注	汇率每镑折合 4.9 美元,每法郎折合 0.2 美元					

通过政治性的贷款,列强在获取高额利润的同时,尽可能多地榨取到了贷款"保证",以债权人的地位对中国施加各种影响。在清政府进行的第二、第三次大借款中,英、俄、法、德等国之间展开的争夺更加激烈。"列强们使出了战争恫吓、金钱贿赂、外交讹诈等种种手段,最后,英、德取胜,增强了英德特别是英国对中国政治、经济的控制。铁路贷款中的外国企业不仅收取利息,更多的是依附着一系列的特权——管理权、用人权、购料权、存款权、稽核账目权、线路展筑权、矿山开采权、续借款优先权等等,不一而足。"[1]

清廷采纳群臣建议,编练新军,"着各省将军督抚将原有各营严行裁汰,精选若干营,分为常备、巡警等军,一律操习新式枪炮,认真训练,以成劲旅"。[2]新军所需军费则主要来自各种借款。1903 年湖南巡抚赵尔巽上奏,称 1902 年 8 月"派委知府李常度前往金陵制造局购办毛瑟子五十万颗,每千颗库平银二十二两,共需价库平银一万一千两,又于十月派委知县沈保宜赴江南沪局购办毛瑟子弹五十万颗,每千颗库平银二十四两,共需库平银一万二千两,复经该局于本年正月在日本三井洋行订购积存德国老毛瑟枪弹五百万颗,每千颗价银十七两,共需银八万五千两。……总计价值需银十万八千两,俱由局分别息借挪款汇解在案"。[3]自 1903 年开始的编练新军,每设陆军一镇各项新式武器设备及雇用洋员等所需经费约一百余万两,常年经费为二百万两左右。到清王朝覆灭时,共编成新式陆军二十六镇,耗资八千万两。1907 年设海军处,重建海军。1911 年陕西光复之后,清廷迅速调兵遣将镇压革命,要求陕甘总督长庚派队赴援,长庚报告清廷"甘省以协饷为命脉,现值陕西城陷,东道不通,协款无着,甘库如洗,募兵购械,需款浩繁,请饬度支部迅拨银一百万两"。清廷谕令:"所请饬部拨银一百万两之处,著度支部速议具奏,寻议应俟息借洋款交到后,由臣部酌量匀拨,以资接济。"[4]

---

① 刘诗平:《洋行之王——怡和与它的商业帝国》,中信出版社 2010 年版,第 178—180 页。
② 刘锦藻:《清朝续文献通考》第 219 卷,965 考,第 7 页。
③ 《赵尚书奏议》,上海图书馆藏古籍电子文献 T28072-142,第 5716 页。
④ 《宣统政纪》卷六十三,《清实录》第 60 册,中华书局 1987 年版,第 1161—1162 页。

一、外借洋款

毛泽东回顾中国百年的近代史时,曾经指出:"帝国主义列强经过借款给中国政府,并在中国开设银行,垄断了中国的金融和财政。因此,它们就不但在商品竞争上压倒了中国的民族资本主义,而且在金融上、财政上扼住了中国的咽喉。"①

早在太平天国时期,清廷就开始举借外债。1855 年至 1856 年吴健彰从江海关关税中支取 12.77 万两②,用于偿还其所借洋商税银。甲午之前所借外债总数在五千万两上下,1861 年到 1865 年间,江苏、福建、广东等省的地方为了镇压太平天国运动,先后举借外债 12 次,折合库平银 187 万余两。其中有相当一部分用来购买外洋军械。③轮船招商局所借历年官款,有 100 万两分三年解往北洋作购买铁甲舰之用。④1878 年,清政府为创设海军向德商银行借款 250 万两。1884 年4 月中法在安南边界交战之后,福建巡抚因加强海防工事急需 200 万两借款。怡和洋行坚持任何贷款必须由皇上批准后在伦敦市场上以英镑发售,最终按怡和洋行的要求,由汇丰银行承担了此笔贷款。⑤张之洞积极备战,强调"中法战事若有洋款可借,则洋军械可买,虽相持一年亦无虑,台、越各省口岸俱可维持,若无洋军械实难制胜,枪无弹皆弃物矣"。⑥"法事已成骑虎,洋商罕借兵债,拟借此款以百万汇粤,为规越、援台之用;以九十余万汇美,为催买气炮之用,无此炮则难以制敌。……若稍迟疑,恐法人宣战,借款、购械俱断。"⑦身为督办福建军务大臣的左宗棠为台湾防务借款 100 万英镑。是年 11 月,清政府军费激增,神机营赴近畿一带设防,"新增用款颇巨",向怡和洋行等借款 524 万两,其中 100 万两用在了战争上,战争结束左宗棠本想将剩余借款用于福建船政局,但清廷反对。提取 150 万两购买三艘法国铁甲船后,剩余款项交神机营存储。1884 年中法战争,左宗棠督办福建军务,借外债英金 100 万镑,合规平银 393.442 6 万两,利率为常年 9 厘,十年内还清,半年一期,分摊于闽、江、浙三关,闽海关承担 200 万两,江海关 120 万

---

① 《毛泽东选集》第 2 卷,人民出版社 1991 年版,第 629 页。

② 许毅等:《清代外债史论》,中国财政经济出版社 1996 年版,第 183 页。

③ 徐义生:《中国近代外债史统计资料(1853—1927)》,中华书局 1962 年版,第 4—5 页。

④ 中国史学会:《中国近代史资料丛刊·洋务运动》第 6 册,上海人民出版社 1961 年版,第47—48 页。

⑤ [英]勒费窝:《怡和洋行——1842～1895 年在华活动概述》,上海社会科学院出版社1986 年版,第 66 页。

⑥ 苑书义等编:《张之洞全集》,河北人民出版社 1998 年版,第 4964 页。

⑦ 张振鹍编:《中国近代史资料丛刊·中法战争》第二册,中华书局 1995 年版,第 494—495 页。

两,浙海关 73 万两。①1885 年正月,清廷借得洋款英金 100 万镑。②是年 8 月,慈禧批准从神机营所存中拨付洋款 248 万两,购买"致远""靖远""经远""来远"四舰,总计两艘铁甲舰、五艘巡洋舰和左队一号鱼雷艇,共耗资 760 万两白银。1883 年至 1885 年间,清廷向汇丰银行、怡和洋行、宝源洋行等借外债达到库平银 1 841 万余两。其中仅向汇丰银行所借款项即达到 1 073 万余两,占总借款的 58.3%,该笔借款虽利息较低,但还款期限为十年。这些款项主要为中法战争所需,列强借此要挟清政府,必须将该款用来购买债权国的军需品和船炮。③1886 年 5 月,刘铭传与怡和洋行订立合约,借款 60 万两,购买 12 尊防卫用的"要塞大炮"。④该时期的借款大多经总税务司赫德之手,英国在华银行为主要借款大户。1887 年,为筹措海军经费再次向德商银行借款 500 万两。购买英国"致远""靖远",德国"经远""来远"共四艘巡洋舰时,清政府借英商怡和洋行洋款 248 万两。

由于晚清没有独立的金融体系,国内资源分散,举凡国家层面的战事或外债,不能集全国之力办之,而只能举借外债。1885 年 1 月 14 日的《北华捷报》评论认为中国缺乏金融体系,只能举借外债,中国的国债"相当于 116 万英镑,借款本息都能如期偿还。原先借入的金额是如此之小,考虑到这个国家的幅员广阔、资源丰富,如果在国内有一个比较合理的金融体系,根本就没有必要向外国人借款。但由于各省处于半独立状态,轻率地将资金浪费于兵工厂和无用的兵船,以及传统的贪污和弊政,使许多地方的总督在财政上一筹莫展"。⑤1894 年 6 月 18 日,赫德在《北华捷报》为了增加清廷举借外债的自信,故意夸大中国的自主能力,"由于中国很富,只要有钱人稍微多信任一点自己的政府,毫无疑问,中国就会很快处于能借钱给其他国家的地位。外国人经常对中国抱有这样的错觉,认为它需要外来的资金援助……换句话说,就是它正处于破产的边缘。没有什么比这更荒谬无稽的了"。⑥

甲午战争期间,户部通过海关总税务司赫德向外国银行借款 600 万镑,供海军衙门购买新式舰船。⑦1894 年 7 月 15 日,总税务司赫德密电伦敦金登干,拜托他去向英格兰银行(Bank of England)问能否借中国六千万镑贷款(用于向英国

---

① 秦翰才:《左宗棠全传》2010 年未刊本,复旦大学图书馆藏,第 202 页。

② 同上书,第 36 页。

③ 徐义生编:《中国近代外债史统计资料(1853—1927)》,中华书局 1962 年版,第 8—9 页。

④ 刘诗平:《洋行之王——怡和与它的商业帝国》,中信出版社 2010 年版,第 196 页。

⑤ [英]勒费窝:《怡和洋行——1842~1895 年在华活动概述》,上海社会科学院出版社 1986 年版,第 68 页。

⑥ 同上书,第 121 页。

⑦ 周立人编:《二十世纪翁同龢研究》,苏州大学出版社 2004 年版,第 205 页。

购买军火),岂料该行对此事并无兴趣,声明除非外交部提出特别要求,赫德因此而大发雷霆。①当然,外国洋行在借款问题上也非常谨慎,在同地方政府达成的借款中,往往存在一种随时可能被来自北京的上谕撤销的风险,皇上的印信被认为是最可靠的保证。②拿到伦敦市场上的任何贷款必须经过上谕批准,并在《京报》上公布,由英国公使馆证明,假使海关对某项借款承担特殊担保,还必须得到总税务司的承认。两广总督黄宗汉便以粤海关印票作抵,经由怡和行商伍崇曜向美商旗昌洋行借银 32 万两,月息 6 厘。③清廷官员个人由于信用难以保证,向外洋借款时常常会遇到较大困难。1890 年山东巡抚张曜④向泰来银行借款 20 万两,作为山东嵩武军用款。⑤后又要求借款 50 万两,年息 7 厘,以私章作保,则遭到婉言谢绝。⑥一般来说由总理衙门与英国公使换文,再使用户部的关防,就会有充分的保证。⑦

清代平定太平军之过程中,主兵大员须自负筹饷之责。长江流域与沿海各省财力充裕,筹饷尚易。陕西、甘肃、新疆等省则不然,平时尚赖他省协款,兵事一来自顾不暇。左宗棠西征十余年,虽清廷严令某省应解若干,某关应解若干,否则予以严参处分,然仍属短缺不敷应用,唯有靠借洋款才能维持赴新疆之军队必要的军需,原计划每年借三百万,十年借款三千万。西征期间共计借款六次,由所派上海转运局委员福建补用道胡光墉经理,其中大笔钱款用来购买西洋枪械。一般由各海关认还,洋商要求各该海关监督出具印票,税务司签署,各该省督抚加盖关防,交债权人收执。至规定时期,凭此向海关取还本息。此项本息,若为协拨甘肃军饷之海关,即在该项协饷内扣拨。其余则由该省布政使即就应行协拨甘肃军饷内划解海关,其来源多为厘金。所有利息及以库平折合关平不足之数应补平,统在协饷内扣算。⑧1867 年 4 月胡光墉为第一笔款向上海外商展借,总数 120 万两,月息一分三厘,其中怡和洋行承担了 60 万两,其他商号承担 60 万两。债券由相

① 马幼垣:《靖海澄疆——中国近代海军史新诠》,联经出版社 2009 年版,第 260 页。
② [英]勒费窝:《怡和洋行——1842~1895 年在华活动概述》,上海社会科学院出版社 1986 年版,第 71 页。
③ 同上书,第 56 页。
④ 张曜,字亮臣,号朗齐。浙江钱塘人。监生出身。任官河南时创建嵩武军以对捻军,张曜由文官改武职,官至总兵。与宋庆之毅军齐名,均以镇压捻军为目标。随左宗棠入陕甘新疆立下战功,改入文逸,升至广西巡抚,继任山东巡抚(1886—1891)。
⑤ 吴景平:《从胶澳被占到科尔访华——中德关系(1861—1992)》,福建人民出版社 1993 年版,第 29 页。
⑥ [英]勒费窝:《怡和洋行——1842~1895 年在华活动概述》,上海社会科学院出版社 1986 年版,第 95 页。
⑦ 同上书,第 96 页。
⑧ 秦翰才:《左宗棠全传》2010 年未刊本,复旦大学图书馆藏,第 197 页。

关省督抚签署，向海关登记并由各海关税务司签证。其中闽海关代借 24 万两，粤海关代借 42 万两，浙海关代借 42 万两，江海关代借 18 万两，江汉关 12 万两。如各省不能及时偿还，则由海关收入保证抵付。[1]这次以海关收入作为担保向外洋借款的方式成为此后洋行同中国政府进行交易的样板。1868 年 1 月，左宗棠的第二次借款 100 万两也正式签订，主要用来购买外洋军械。[2]1874 年 4 月，由于琉球事件和西北方面的军事行动再度需要资金，胡光墉通过怡和洋行的前任买办阿李提出借款 300 万两的要求，作为第三次借款，怡和洋行承担了 100 万两，为保险起见，怡和洋行还要求由上海、广州和镇江的海关各出具一百万两印票作为保证，经各有关督抚加盖关防。[3]英国丽如银行承担 200 万两，年息一分五毫。

1875 年，左宗棠准备第四次西征借款，奏请两江总督沈葆桢照台防办法筹借洋款 1 000 万两。沈葆桢自请将江防应购之协洋炮械缓办，湖北、湖南两省协济江防未解共计 18 万两移解左宗棠，酿成一大纠纷。沈葆桢原奏称："窃虑此举有病于国，关系綦大。即西陲军事，稍纾目前之急，更贻日后之忧……夫开矿、造路、挖河，巨费也，而西洋各国不惜称贷以应之者。盖刻期集事，课税出焉，本息之外，尚有奇赢，所谓以轻利博重利，故英美等国有国债而不失为富强。若以国用难之，姑为腾挪之计，后此息无所出，且将借本银以还息，岁额所入，尽付漏卮。……英美举债于本国之商，国虽病而富藏于民，有急尚可同患。若西班牙等国输息于邻封，一去不能复返。此所举债之不同也。昔岁台湾之役，本省罗据一空，外省无丝毫可以协济，急何能择，出此下策。……洋人取之海关，海关仍待济于各省。向日各省仅筹协饷，已催解不齐；今令兼筹协饷之息，能如期以应乎？协饷愆期而海关病；海关无可弥补，不得不亏解部之款，而部库病。虽日取各督、抚、藩司而劾之，饷项祇有此数，此盈则彼绌，朝取则暮涸，坐待严谴而无可奈何。……今以一千万照台湾成案八厘起息，十年清还计之，耗息约近六百万，不几虚掷一年之饷乎！若照数乘除，则西征仅得四百余万实饷耳。前届之三百万，至光绪四年始清；而续借之一千万，今年即须起息，明年即须还本，海关应接不暇，而西陲之士饱马腾，不及两年，涸可立待。……此臣等所以反复再四，而不敢为孤注之一掷也。……各省未必有留存巨款，以待添拨。各省原拨陕甘之款，有解不及半者，虽添拨徒拥虚

---

① 刘诗平：《洋行之王——怡和与它的商业帝国》，中信出版社 2010 年版，第 187 页；还有资料认为第一笔贷款"年息 1 分 5 厘"，见［英］勒费窝：《怡和洋行——1842～1895 年在华活动概述》，上海社会科学院出版社 1986 年版，第 58 页。

② 徐义生编：《中国近代外债史统计资料(1853—1927)》，中华书局 1962 年版，第 6—7 页。

③ ［英］勒费窝：《怡和洋行——1842～1895 年在华活动概述》，上海社会科学院出版社 1986 年版，第 59 页。

名。应恳敕下部臣熟权缓急,将有著之款,移稍缓者于最急之臣,庶几各省关可以勉强从事。……江西派云贵之兵饷、勇饷为数颇巨,夫云贵未尝不急,然较之西征,则缓矣。凡类此者,似宜由部臣通盘比较,酌量匀拨。……如果部拨之款,能解至八成以上,以左宗棠之恩义附循之,大局必不至决裂。"①而左宗棠为此针锋相对进行抗辩,"臣之奏借洋款,原因各省应协款项积欠成巨,陈陈相因。驯至洋防议起,照常年又减至一半以外,频催罔应,计无复之,万不得已而有此请,非不知借用洋款非正办也。……若谓借本国之债者,必富且强;借邻封之债者,自贻困蹙,而引之为借用各国洋款之戒,非定论也。……夫西征用兵以复旧疆为义,非有争夺之心。借千万巨款,济目前急需,可免悬军待饷。十年计息,所耗虽多,而借本于前,得以迅赴事机,事之应办者可以速办,如减撤防军以省糜费,筹设新制以浚利源,随时随处,加意收束。计十年中所耗之息,可取偿十年之中,非日本之寻衅举兵,与洋人共利可比。……平心而言,借用洋款,实在于中国有益无损。泰西各国兴废存亡,并非因借债与不借债之故,其理易明。即以现在局势言之,臣非先后借用洋款,则此军不能延至今日。……如各省关自本年正月起,协款能解足八成以上,臣军有的饷源源而来,苟不设法腾挪,何肯以催饷频频,自取憎厌。倘各省关未能如数报解,微臣计无复之。洋款既不能借,则非息借华商巨款不可,而息借华商巨款,若不谋之两江,则又无从着想,此臣之苦衷,不得不预为陈明者也"。②最后清廷折中处理,户部借拨 200 万两,各省关将应协西征款提前拨解300 万两,左宗棠自行筹借外债 500 万两,合成 1 000 万两之数。李鸿章等认为外洋必然会重息,"左相西饷,仍准借洋款五百万,无须尊处代筹。若由胡雪岩等经手,利息必重。且恐洋人因规复新疆,居奇勒掯"。③1877 年 8 月,总理衙门议准第四次西征借款,借银 500 万两,汇丰银行承担全部贷款。

至 1878 年第五次借款时本来清廷已不允许再行外借,只允向华商筹措。左宗棠令胡光墉在上海商劝富商自组公司承借,然华商能力有限,且华商对清廷信任不够,洋商强烈要求加入。左宗棠对此次借款专上奏疏,"臣前因山东、山西库款未能应手,即函商上海采运局道员胡光墉,嘱其向华商义借巨款,并准照泰西章程,设立公司洋行,纠集众商,措资待借。意楚弓楚得,利益归之中华,而取携又较便也。旋胡光墉覆称:即日赴沪,创设乾泰公司,招集华商,议以五千两为一股,听华商各自拼凑,合成巨款以待,事本一律,别无可疑。各华商虽允以一百七十五万两出借,而心尚犹豫,未能释然。维时,汇丰洋行商人见创设乾泰公司已有成议,自请以洋款一百七十五万两附入华款出借,合成三百五十万两,不居洋款之

---

① 秦翰才:《左宗棠全传》2010 年未刊本,复旦大学图书馆藏,第 200 页。

②③ 同上书,第 201 页。

名。胡光墉比以来札设立公司,系专指华款,如羼入洋款,未免歧互,与札意不符,婉词回覆。而洋商又称:此次如允洋商附股,并可不由总理衙门暨税务司行文印押,以免周折。胡光墉察其情词真切,并可使华商释然无疑,遂飞禀请示。一面援照向章,各备信银交存公司……以六年十二期合计,每年需银五十万两,五关匀摊,每期不过增银数万两,并清还前次借用洋款本息。仍由各省应协西征饷项内划抵。请示前来,臣维此次议借华商巨款,本拟停借洋款,以息群疑。洋商之闻风坚请附入华款出借,实出意外。然既由洋商自愿拼凑附股,实非华商招致而来。且据汇丰洋行自请,不必总理衙门暨税务司行文印押,可省周折,与华款无所区分。似其倾诚许与,出自本怀,非图分华商息银起见,而华商以洋商附股,益坚其信,可期迅速集事",朝廷专下谕旨称,"嗣后无论何项急需,不得动辄息借商款,致贻后累"。①1878 年胡光墉着手第五次西征借款,共计 350 万两,汇丰银行承担 175 万两,其他部分向华商议借。此次借款时,清廷专门下谕旨,"惟此次照准该督(左宗棠)所奏,本系万不得已之计,嗣后不得动辄息借洋款,贻累将来"。②然而,三年后的 1881 年,左宗棠再次向汇丰银行借款 400 万两,是为第六次西征借款。第六次借款起因是德商泰来洋行之福克欲揽借款之权,"胡光墉偕同德国泰来洋行伙福克及英国汇丰行伙勘密偏先后来见,据称,业经向汇丰银行议定,听其招股借库平足色宝银四百万两,作六年还清,周年九厘七毫五丝行息。……如期由上海采运局交还,如上海无银,应准其向户部如期先取。臣窃以此次借用洋款,不须海关出票,各省督抚经手,可免周折。……已饬胡光墉、福克、勘密偏即依照定议。应仰恳天恩敕下总理衙门札饬道员胡光墉及照会英国使臣转行汇丰银行一体遵照,以便陕甘出票提银,伯俾资接济"。③左宗棠在军事上之能够取胜,正是靠着这几笔洋款,它们由关税作担保,并且最后由关税来偿还,该笔借款在上海发售并上了香港的股票市场。

表 9.2　左宗棠西征借款一览表④　　　　　　　　　　　单位:关平银两

	总　　　额	每月率利	还　　　期	还款办法
1867 年 4 月第一次	120 万(怡和承担 60 万(其他商号承担 60 万)	1.3 分	次月开始六个月内归还。	闽海关认 24 万,粤海关认 24 万,浙海关认 42 万,江汉关认 12 万,江海关认 18 万。

---

①　秦翰才:《左宗棠全传》2010 年未刊本,复旦大学图书馆藏,第 198 页。
②　刘诗平:《洋行之王——怡和与它的商业帝国》,中信出版社 2010 年版,第 190 页。
③　秦翰才:《左宗棠全传》2010 年未刊本,复旦大学图书馆藏,第 199 页。
④　同上书,第 19—32、197—199 页。第六次借款也有 440 万两之说,见[英]勒费窝:《怡和洋行——1842~1895 年在华活动概述》,上海社会科学院出版社 1986 年版,第 60—61 页。

	总　　额	每月率利	还　　期	还款办法
1867 年 11 月第二次	100 万		次年二月至十一月,计十个月内归还。	江海关认 30 万,浙海关认 70 万。
1874 年 4 月第三次	300 万(怡和洋行 100 万;丽如洋行 200 万)	1.05 分	三年,每半年偿付本息一次。如至期印票不到,罚银 15 万。	浙海关、粤海关、江海关认保。
1877 年 6 月第四次	500 万(汇丰银行出借,泰来洋行兑换)	1.25 分	七年,每半年偿付本息一次。三个月印票或借款不到位各罚 30 万。	浙海关、粤海关、江海关、江汉关认保。
1878 年 10 月第五次	175 万(汇丰银行)(同期商借华债 175 万两)	1.25 分	六年,每半年偿付本息一次。三个月印票或借款不到位各罚 30 万。	浙海关、粤海关、江海关、江汉关、闽海关均摊。
1881 年 5 月第六次	400 万(汇丰银行)	0.8 分	六年,每半年偿付息银一次。本银第三至第六年还清。	各省督抚经手。
合　计	1 770 万			

　　晚清财政支绌,明知借款贻害深远,屡次要求停借,然而一旦面临战事,仍不得不举借外债。中日甲午一战,清廷曾明确要求"不准借洋债"①。1894 年 6 月 10 日,由于中日关系紧张,李鸿章寻求武器,向怡和洋行借款 60 万两。②8 月 18 日,盛宣怀和罗丰禄接受了怡和洋行供应克虏伯和阿姆斯特朗两厂武器的条件(怡和提出年息六厘)。同一时期,天津的德国人也提出了一笔以提供武器为条件的英镑借款。③郑观应致函盛宣怀,"倭国电致伊公使,拟向外国借款五千万元,定兰加沙郡厂(英国军工基地)大铁舰四只,水雷船二十只。又闻伊大臣赴美拟借银二千万元。虽然成否未必,亦不可不虑也。我国似宜借款五千万,多购铁舰、快船、水雷船、枪炮及借材异域。约期合同南北洋水师,直据倭国矣"。④9 月,盛宣怀致电清廷,"军饷非得巨款难以办事。朝廷不惜借洋债,若专为借镑吃亏起见,

---

　　① 陈义杰整理:《翁同龢日记》第五册,中华书局 1989 年版,第 2708 页。

　　② [英]勒费窝:《怡和洋行——1842～1895 年在华活动概述》,上海社会科学院出版社 1986 年版,第 112、121 页。

　　③ 同上书,第 113 页。

　　④ 《甲午中日战争·盛宣怀档案资料选辑之三》下,上海人民出版社 1982 年版,第 156—157 页。

或由盛宣怀督办之招商局、电报局、纺织局三局华商公同经手,代国家向银行借一百万镑"。①11 月,盛宣怀致电榆关,"奉户部电,吴军枪价十万,由津关向汇丰借款内照取。转电云,汇丰尚未知何日能付"。②是月,信义洋行满德致函盛宣怀,"满德承借中国,英金五十万镑或德金一千万马克,购买克虏伯炮件之用,按长年五厘算息,三厘费用,所有还本付息等事,均照昨日满德所呈合同草底办理。一俟大人接奉谕旨允准后,满德当即按照已经议定条款办理,并无反悔及别有更动条款等事。若大人急于先定所议之一百八十尊螺丝过山炮件,满德只需面谕,即当电致克厂订定。至于应行先付之一百万马克定银,亦可少缓数日,庶几上抒廑注也"。③从中日开战到 10 月间清政府购买价值 232 万两的外洋军械,支付完 148 万两之后,余下 74 万两必须在年底前支付,却没有着落。湖广总督张之洞主张举借外债,"有洋款则船械可购,兵可多练,再迟则人不肯借矣"。④11 月,德国瑞生洋行补海师岱致函盛宣怀,"前日奉钧谕代问阿姆斯特朗厂,购办该厂军火之款,不尽付现。以英金五十万镑为砠,分五期五年归还,付息五厘,第一年付息不付本等因。补奉此当即电询该厂,刻已接得回电,云:略为改动,当可应允。以定合同时将第一期付现,余银可以遵照办理,惟须银行作保"。⑤1895 年 1 月,双台致电盛宣怀,"章饷已发,枪价现请玉宪咨由云宪在运局借款内扣拨"。⑥黄海之战后,户部尚书翁同龢与盛宣怀筹议,向外洋借款,以便向"不通商国"转买铁甲快船。盛宣怀先行向德华银行借款,议定年息六厘,却被德华银行"允而后悔",年息涨至八厘,此笔借款作罢。后来盛宣怀转向汇丰银行借款,除年息六厘之外,又追加要求,未能达成借款协议。3 月,翁同龢日记载"炽大可再借二百万,购枪尤急,又洋行垫办枪炮不必现银,或二年或六年,六厘行息"。⑦

表 9.3　1894 年 12 月 12 日盛宣怀致电户部提出三百万借款分配方案⑧

单　　位	名　　目	数额(万两库平银)
宋　军	恩赏	1
宋　军	月饷	60

---

① 《甲午中日战争·盛宣怀档案资料选辑之三》上,上海人民出版社 1980 年版,第 170 页。
② 同上书,第 284 页。
③ 《甲午中日战争·盛宣怀档案资料选辑之三》下,上海人民出版社 1982 年版,第 320 页。
④ 苑书义等:《张之洞全集》,河北人民出版社 1998 年版,第 5824—5825 页。
⑤ 《甲午中日战争·盛宣怀档案资料选辑之三》下,上海人民出版社 1982 年版,第 322—323 页。
⑥ 《甲午中日战争·盛宣怀档案资料选辑之三》上,上海人民出版社 1980 年版,第 341 页。
⑦ 翁万戈、谢俊美:《翁同龢〈随手记〉》,《近代史资料》第 97 号,中国社会科学出版社 1999 年版,第 5 页。
⑧ 《甲午中日战争·盛宣怀档案资料选辑之三》下,上海人民出版社 1982 年版,第 598 页。

续表

单　位	名　目	数额（万两库平银）
宋　军	悬赏	10
北　洋	备倭经费	106
吴　军	枪价	10
吴　军	月饷	20
唐　军	枪价	20
唐　军	月饷	20
胡粮台	后勤供应	100
魏光焘	军饷	6
陈　湜	军饷	6
合　计		359（合 391.31 万规平银）

　　甲午战争两年间借外债达四千多万两,相当于战前 41 年所借总数,大大超过左宗棠西征借款。1894 年至 1913 年间,帝国主义对中国的借贷资本输出总额达十亿九千多万两。①1894 年清政府借得"汇丰银款"一千万两,1895 年借得"汇丰金款"折银一千八百六十五万三千九百六十一两。以各通商口岸关税作抵押,海关债票作担保。这两项借款直到 1914 年才陆续还清。②1895 年 7 月,"俄法借款"计折银九千八百九十六万八千三百七十两;1896 年 3 月,"英德借款"折银九千七百六十二万二千四百两;1898 年 2 月,"英德续借款"折银一亿一千二百七十七万六千七百八十两。③1896 年至 1908 年清政府用于军火船炮及财政的外债共4 015.599 7 万两。④1895 年至 1912 年的十八年间,清政府共借外债 114 笔,总额达 123 270.231 6 万两,为甲午战前 1853 年至 1894 年共四十二年的二十七倍,其中的军事借款为 5 024.762 4 万两,占外债总额的 4％。⑤宣统年间"军火船炮及财政"项下共借外债 2 650.555 2 万两。⑥外债的担保品不再限于关税,而包括一切税收,如常关税、盐课、厘金、茶税、酒税、糖税、漕粮、工厂产品、铁路财产、股票、公

---

　　① 梁义群:《近代中国的财政与军事》,国防大学出版社 2005 年版,第 258 页。
　　② A.G.Coons：The Foreign Public Debt of China，p.80.
　　③ 徐义生编:《中国近代外债史统计资料（1853—1927）》,中华书局 1962 年版,第 28—30 页。
　　④ 同上书,第 90 页。
　　⑤ 同上书,第 4—13、28—53 页。
　　⑥ 梁义群:《近代中国的财政与军事》,国防大学出版社 2005 年版,第 179 页。

债、土地、矿产等等,西洋列强逐步控制中国的财政。

表 9.4　甲午战争期间清政府举借外债情况　　　　单位:万英镑

出借者	借款名称	数　额	用　途
汇丰银行	汇丰银款	163.5	防务与购械
汇丰银行	汇丰金款	300	6.8%用于饷械
克虏伯与伏尔坚厂		100	国防
阿姆斯特朗厂		100	国防
合　计		663.5 万英镑,合 4 124.76 万两银。	

　　列强在向中国提供贷款方面,出于经济和政治考量,不仅利息高昂,而且常常附加各种条件。1894 年 10 月,盛宣怀致电户部,转达驻英使臣龚照瑗之意,“借款利在六厘谱,汇丰行东云,如由该行办,当可减,二十年还,即十年还清亦可。向借款皆吃暗亏。有便易办法,如借,该东电津行来细面告”,盛宣怀建议,“借一百万镑,第一二年付利不还本,第三年起分摊十年还本带利。户部已核准。尊电六厘可减,即请公与定议。候电便可请旨,由总署电尊处与该行东画押,毋庸津行经手,转吃暗亏”。①11 月,盛宣怀致电户部,“伦道所议息四厘半,现扣十三万余镑,必须三十年分还,通止息仍长年六厘方不吃亏。宣怀年逾五旬,招商、电报、纺织各局华商包认镑价,以后恐无人可责成,故前议只敢十年为限也。无如汇丰先议七厘,外加费,以致许、龚来电各行六厘皆不允。现想部筹巨款买船械为大宗,借银仍须买镑,不久借镑专付船械之价,以汇丰及华商所借之银两专付军饷”。②12 月,盛宣怀致电伦敦龚照瑗,“伦敦交镑指购船械,有‘津沪交银’语”。③盛宣怀致电李鸿章,奏明借款条约详情,“安银商借一百万镑,常年四厘半行息,中国给一百一十三万零六十三镑债票,安收到即付款,或在沪在津按镑时价交银,中国以海关税项作抵,除中国已借二百余万镑外,此款尽先还清,自付款日起前二年付利,按半年一付,二年后分还本利,统以三十年还清,每年给安经手费二百五十镑,此外杂费由安自给”。④1897 年 4 月,“与各洋商磋磨数月只有恭佩珥条款无甚挟制,诚如电谕,此好机会,英款定后比款必来,坚请姑借作沈吉之用也。……要借美债乃华士实早窥及此,磋磨三月坚执包办分余利,夫事至分余利,虽曰借款已属东家

①　《甲午中日战争·盛宣怀档案资料选辑之三》下,上海人民出版社 1982 年版,第 579 页。
②　同上书,第 585 页。
③　同上书,第 596 页。
④　同上书,第 597 页。

不得已剔开停议,其余英法德各行皆多挟制恭佩珥后来条款略较平允"。①借洋款的目的常常是为了还前批洋款,1897年4月,"十一抵鄂与香帅面商官款洋债招股三端,去年所领三百万仅敷卢保淞沪两段之用,并代津榆还洋债一批已无剩,非领出千万徒旷岁月琴川曾密谕,早领以免分散。……户部只存英德借款二千余万,恐须俟续借百兆方能照拨"。②对于借款的危害,1883年盛宣怀在《筹办台湾海防刍议》中曾指出,"借款以用兵赔费,则本归乌有,利更加蚀,是挖肉补疮之策也"。③借外债被很多人认为是饮鸩止渴之举,《申报》批评左宗棠频频外借洋款,就等同于"饥食漏脯,渴饮鸩酒,饥渴未疗,身将先殒矣。……但纾目下自己燃眉之急,不顾将来君父切骨之灾"。④清廷也深表担忧,"动辄向洋人筹借,致令中外各事,诸多掣肘"。⑤1912年,日本山本条太郎(三井物产公司上海行副经理)为民国政府提供贷款的同时,挟制民国政府将汉冶萍公司与日本合办,为迅速得到借款,民国政府全权授予。三井洋行威胁盛宣怀立即签字画押迅速开办,否则不能借款。⑥"南京政府来电,须将该公司(汉冶萍公司)改为华日合办,用等巨款以接济军费,兹请贵公司即日照行,所有后事新政府能一力保护,断勿迟疑。"⑦孙中山专门至函何天炯,"汉冶萍华日合办新政府已许可,因刻下军需紧急,须向各关系者咨商一切勿延"。⑧为此目的,黄兴、孙中山专门发文强调"盛宣怀所有盛氏动产不动产业一并由民国政府承认保全"。⑨此事后来也由于大总统位子的让出而落空。袁世凯上台后,希望借盛宣怀向日本等国借款,同意发还其家产。不过,盛宣怀也知趣地以赈灾为名,向袁捐款100万银元以示忠诚。但返回上海的盛宣怀发现,江苏都督程德全要其交巨款充抵军饷方可发还家产,盛宣怀无奈筹措现银十五万元,期票五万元交给程,历时一年的发还家产事才得以解决。⑩

外借洋款之所以延续不断,与中外双方的机构和官商各取所需有很大关系。不少人就是靠联络外借洋款而收益颇丰。为左宗棠借款成功后,胡光墉从中获利

---

①　《盛宣怀亲笔函稿不分卷》,古籍类430853-60,上海图书馆藏,第5、7页。

②　同上书,第4页。

③　《筹办台湾海防刍议》,盛宣怀全宗档案040407,上海图书馆藏。

④　《论左帅饷绌拟借西债事》,《申报》1876年5月20日1版。

⑤　中国人民银行总行参事室编:《中国清代外债史资料(1853—1911)》,中国金融出版社1991年版,第50页。

⑥　《山本条太郎致盛宣怀函》,盛宣怀全宗档案015822-3,上海图书馆藏。

⑦　《何天炯致汉冶萍公司函》,盛宣怀全宗档案015822-17,上海图书馆藏。

⑧　《孙中山致何天炯函》,盛宣怀全宗档案015822-19,上海图书馆藏。

⑨　《中华民国政府保全盛宣怀财产声明》,盛宣怀全宗档案015822-22,上海图书馆藏。

⑩　汤黎:《钦商盛宣怀》,崇文书局2009年版,第209页。

二百万两银子。①买办和官僚的勾结主要发生在借洋款和作军火交易上。英国汇丰银行的买办吴调卿利用与李鸿章的同乡关系,屡次经办清政府与汇丰银行的借款之事,吴在英镑同白银的汇率、利息和回扣上层层取利,所得极多。②1879 年 6 月曾纪泽与人论及,"英法两国借贷子息常例三厘有半,重者不过四厘。中国借洋款子息一分,银行经手者得用费二厘,债主得八厘,盖子息之最重者"。③盛宣怀于 1897 年 7 月曾专门就比利时人于借款合同之外另索用费事致函李鸿章,"现今在欧罗由中国借款,国家保借五厘之款,因此尤难在比国借四厘之款,是以请与德福尼通融办理合同内按照最合式之样作成将紧要修改妥当等语,德福尼当即送来续订章程六款第一条索费三十万五千镑,允拨十万镑归中国公司使用,净索二十余万镑,昨又有函来声明非属欺蒙,意在必得,现已商允删除买料用费五厘,改给小票勘路各案,英商恭凭珥尚愿筹借,惟已成之局未便翻腾耳。……比款反复另索用费三十万镑,内以十万镑作华局公费,实须二十万镑,昨已许给十五万镑而除去买料五厘酬劳,则不过十万镑矣,又止允分三十年匀给,则不过给十万镑之利矣。德福尼口气甚紧,今日已电比外部,比国铁厂劝其勿贻各国笑柄,德云六月二十七为尽正约期限。如不允彼意,彼即回国甘让他人。且看比国回电以备操纵,若至无可如何只可相机而行"。④为劝说清廷借款,外国金融机构通过常驻代理人于京津要地了解清廷的具体财政情况。怡和洋行的门德尔在 1887 年中国发生水灾时,向怡和洋行报告说,北京和各省的银库都无法满足赈灾需要,把朝廷内对是否借款赈灾的情况随时通报给怡和洋行。所有的迹象都表明支出大大超过收入,因而可以预期必然会提出另一轮大借款,以应付赤字和各项由洋务派提出的工程。⑤通过向内务府等部门和私人放款,拉近与宫廷的亲密关系,怡和洋行几乎成为"太后的私人银行"。⑥怡和洋行的代理建议"在即将到来的节日中,应该送一些礼物"给铭和蔡御史,因两人都自称能左右借款事宜,蔡御史声称有权做这笔借款的官员需要 10% 的佣金,怡和洋行认为足足 300 万两佣金"简直是故意敲诈勒索",只同意付 3% 的"赏金",即 90 万两,最好能再少一点。⑦

---

① 方言:《胡雪岩全传:从钱庄跑堂到红顶商圣》,华中科技大学出版社 2010 年版,第 123 页。

② 天津市政协文史资料研究委员会编:《天津的洋行与买办》,天津人民出版社 1987 年版,第 20 页。

③ 秦翰才:《左宗棠全传》2010 年未刊本,复旦大学图书馆藏,第 202 页。

④ 《盛宣怀亲笔函稿不分卷》,古籍类 430853-60,上海图书馆藏,第 39—41 页。

⑤ [英]勒费窝:《怡和洋行——1842~1895 年在华活动概述》,上海社会科学院出版社 1986 年版,第 82、95 页。

⑥ 同上书,第 90—91 页。

⑦ 同上书,第 111 页。

表 9.5　1904 年至 1911 年中国外洋军械借款、欠债情况表①

名　　　称	时间	贷　　方	数　　额	用　　途
湖北川崎船厂欠款	1904.10	日本川崎船厂	393 万日元	订购川崎船厂六艘炮舰、四艘鱼雷艇
湖北川崎船厂欠款	1906.5	日本川崎船厂	96 万日元	订购川崎船厂六艘浅水快舰
海军部川崎船厂欠款	1910.8	日本川崎船厂	34 万日元	
海军部三菱船厂欠款	1910.8	三菱洋行	34 万日元	
海军部土地卑路免图厂欠款	1910.8	奥土地卑路免图厂	4.94 万英镑	
海军部安些度厂欠款	1910.12	意安些度厂	7.95 万英镑	
海军部阿姆斯特朗条款	1910.12	阿姆斯特朗厂	13.5 万英镑	
海军部费克斯厂欠款	1910	英费克斯厂	11.77 万英镑	
海军部硕效厂欠款	1910	德硕效厂	17.01 万英镑	
陆军部军械借款	1911.10	日本泰平公司	18.22 万日元	购买 1898 年式野山炮、榴弹、榴霰弹及 1897 年式机关枪和机关炮
陆军部瑞记借款	1911.10	瑞记洋行	120 万两	
陆军部购弹欠款	1911.11	德逸信洋行	12.82 万两	
海军部西门子欠款	1911	德西门子厂	11.75 万马克	
合　　　计			约合库平银 1 171.01 万两	

二、息借商款

为购买大批新式外洋武器,清廷无奈举借外债,但外债需要支付高额利息,还常带有附加政治条件,而且由于国际金融市场的金本位与中国的银本位相抵冲,无端蒙受巨大损失。清政府吸收现代金融制度的特点,以发行公债等方式息借华商之款,认为"思中华之大,富商巨贾,岂无急公慕义之人,若以息借洋款之法,施诸中国商人,但使诚信尤乎,自亦乐于从事"。②1879 年 4 月,曾纪泽曾论及借款事,谈到借华商与借洋商之不同。"一则八厘之洋息,西洋无此比例。以中华之

---

① 许毅等:《清代外债史论》,中国财政经济出版社 1996 年版,第 640 页。

② 千家驹:《旧中国公债史资料(1894—1949)》,中华书局 1984 年版,第 1 页。

脂,暗填重息,以饱他人。一则中国借民债往往脱空欺骗,使嗤之氓闻风畏惧,遇有缓急,不得不贷诸洋商。夫洋商岂真运海外之银,以济吾华之窭哉? 仍募股分,取诸华民耳。一转移间,而使中国之巨款,公私皆不获其利,顾以子母之息,归诸居间之洋商,谓之得计可乎。"①严信厚曾专门致函盛宣怀说及借商款事宜,"江苏抚宪委办息借商款事宜,即就上海官银号设局劝办两月以来,约筹集银七十余万两"。②

1894年9月,清廷规定发行公债的六条章程,对公债的期限、利息、凭证、银两平色、拨款款项和防弊等方面专门作出安排。共筹银1 102万两,包括广东500万两,江苏181万余两,山西110万两,直隶100万两,陕西38万余两,江西23万余两,湖北14万两,四川13.5万两,会诸京城100万两。③9月8日,清政府发布上谕,"息借华商"以充战费,偿还财源为内务府经费,全年共借款11 020 000两。④其中盛宣怀在津海关"邀集轮船保障各局华商及天津钱当洋货各商,多方劝谕,共借银五十万两",⑤占到直隶全省息借商款额的二分之一。11月,盛宣怀复李兴锐函,"奉中堂面谕,津海关代借银三十万两,兹有蔚泰厚一号初五先期交银三万两,蔚丰厚、百川通、新泰原、升昌、三晋原、蔚盛长、蔚长厚、协同庆、协盛乾等九号,初五先期各交银一万两,初十日各交银两万两"。⑥天津海防支应局李兴锐、刘启彤致盛宣怀函,"前接惠函以蔚泰厚等十号商应交公砝化宝银三十万两作为招商局借与军需应用之款,由局列收等因。旋据各号商交到公砝化宝银二十八万两,以上划拨唐军门米价公砝化宝银二万两,共银三十万两,折库平化宝银二十八万八千五百六十四两二钱三分五厘,均已收齐,惟查此项银两系属部拨商借之款,按照原定章程应按库平足色核算,计短平库平银一万一千二百三十五两七钱六分五厘,短色库平化宝银二千四百两,应请贵道如数补齐并迅备公文,咨局以凭详办,现本局备倭经费一款日内拨即清结,移交东征粮台接办,务求从速解局为祷"。⑦为甲午战争而"息借华商"的款项并不为多,其中广东1894年8月至1895年3月募集忠义公司和七十二行共500万两,利息为八厘四毫。⑧筹款仅占甲午战争费用的五分之一左右,其余只能靠借外债。⑨1905年,为扩建北洋陆军,

① 秦翰才:《左宗棠全传》2010年未刊本,复旦大学图书馆藏,第202页。
② 《严信厚致盛宣怀函》,盛宣怀全宗档案088988,上海图书馆藏。
③ 《光绪朝东华录》(四),中华书局1958年版,第3528页。
④⑧ 贾士毅:《民国财政史》下册,商务印书馆1934年版,第4页。
⑤ 《中国近代史资料丛刊续编·中日战争》第2册,中华书局1989年版,第196页。
⑥ 《盛宣怀复李兴锐、刘启彤函》,盛宣怀全宗档案040258,上海图书馆藏。
⑦ 《李兴锐、刘启彤致盛宣怀函》,盛宣怀全宗档案110582,上海图书馆藏。
⑨ 梁义群:《近代中国的财政与军事》,国防大学出版社2005年版,第124页。

直隶发行公债 480 万两,由于条件十分优厚,发行非常顺利。到 1895 年 5 月,清政府屡次筹款,实际所得只有一千二三百万两,相当于实际军费开支的五分之一。1898 年湖南巡抚赵尔巽在奏折中称:"湘省奉拨克萨镑价银十万两业经依限筹解附片陈明在案,兹据布政使合同善后局道详称,此项解款本系奉准部拨铁路经费银五万两,两船厂经费银五万两,共银十万两。行令汇解赴沪,嗣又如铁路经费久经奏准拨为俄法英德还款,船厂经费亦于光绪二十四年奏咨陈明,请予改拨,迫不得已惟有向商号息借指定土药税厘裁兵节饷等项,亦经奏明在案,本年仍循办理,由各商号凑汇应解。……近来市面银根紧迫,商业维艰,一切税厘因之减色,入款愈绌出款愈增,实属力难。……寅支卯粮,终非长计且别无的期的款可以抵支。近复据该商号等以银绌利微嗣后难于筹垫,禀免予饷借。……户部电以云南军务需饷甚急,令即将应协滇饷先行筹拨十万陆续汇解又如顾边陲等因……现值军务要需无论如何为难,总须设法筹挪,顾全大局,业已严饬司局赶即不问何款,先行解银三万两以应急需,其余七万两仍须竭力挪借陆续汇往。……每年如防练各军月饷为数甚巨,且频年灾歉捐赈仍实同竭泽,此外如协甘新饷以及四国洋款又皆刻不容缓,司局巨细罗掘一空,而厘金收数亦复日形短绌难,资挹注二十七年冬间奉派新案偿款每年银万十万两,数巨期迫。又经前抚臣俞廉三奏明开办盐斤加价,口捐整顿,田房契加抽土药各项虽有的款可措而收数未畅,不敷尚巨,每次凑解仍须息借商款。……兹已自商号借垫银三万两,指明在司库裁兵节饷项下拨还银一万两,边防经费项下拨还银二万两。"[1]

三、 他款垫支

清政府没有为军品外购设定专款,所以常常临时凑集,甚至用他款垫支。对于财源枯竭的清政府来说,"移缓就急""挪东垫西"是最常见的经费支销途径。1877 年 9 月,盛宣怀致李鸿章文就充分显示出清末因财政竭蹶而东挪西垫的情形,"山西各府州县连年抗旱赈恤饥民需款甚巨,前经曾国藩奉准截留京饷二十万两,诚恐不敷分拨。除本省劝捐助赈外,不得不预筹协济,查江浙厘金现拨南北洋海防经费,请将此项借拨银一二十万两,以应急需俟晋省捐款集有成效,再行拨还等语。……自系为移缓就急起见,即著李(鸿章)酌量借拨,咨照曾国荃派员领解回晋,核实散放,俟山西库款稍裕即行拨还等因。伏查江浙厘金项下奉拨海防经费两年以来,江苏分厘未解,浙江亦未按额解足,统计库存无多,且此系海防专饷,总理衙门与户部原奉,未可挪作他用。是以上年直境旱荒赈款不敷,仅就司道各

---

① 《赵尚书奏议》,上海图书馆藏古籍电子文献 T28072-142,第 5803—5804、5812—5813 页。

库竭力罗据未敢丝毫借动,现须订购外洋船炮子弹水雷等项,约计购价颇巨,若一借拨深恐有误急需,势难兼顾,惟晋省旱灾较重,赈抚用繁,截留京饷,即虑不敷捐款尚未能速集。谕旨饬臣酌量借拨,敢不设法另筹以顾大局,当与曾国荃往复咨商议定借拨银十万两,即由晋委员来领,查天津有解存练饷制钱一款,前经秉明发交江浙典商分领生息,原议如有需用随时檄提,正可移缓就急。臣已饬领江浙两四典商各提原领制钱七万五千串,共合十五万串,克期解津,即照时价核实易银十万两,以为借拨晋省赈款,如易银尚不足数,即于练钱项下提补,惟该典商备钱解津有需时日,先饬司道设法暂行挪垫以便委员迅速领回应用,仍俟晋省库款稍裕照数拨还练饷原款。如此一转移间邻疆赈需藉资接济,而海防购办各项亦不至停待,似属两有裨益,除俟易银竣事,即将动用钱数咨部存案外,所有酌量借拨晋省赈款缘由理合恭折"。①奏折中反映,南北洋海防专饷从未足解,却又面临借拨。总理衙门明确不得挪为他用,且借拨必有误急需,然,皇命难违,只得借拨十万两。仅能保证"海防不至停待",何况借拨之事经常发生,归还又遥遥无期,长此以往,海防建设必然时断时续、隐患丛生。

出使经费是被挪用购买外洋军品最多的款项。1879 年,总理衙门决定,由于购船置械刻不容缓,各省需用之船统由李鸿章代订,而李则主张购买外洋之最新式利器。外洋武器越新者则越贵,巨额经费无着,"暂由出使经费项下,勉于两年内陆续共拨银四十万两接济南洋购船之用"。为购造"定远""镇远"两艘铁甲舰,李鸿章到处筹款,除福建 60 万两,户部 30 万两外,挪用出使经费 60 万两。"移缓就急""暂应要需"是当时往来函牍中最常见的用词。1882 年,南洋大臣左宗棠向德国船厂定造快船、碰船、鱼雷船、快炮、子弹等军械,共需价银 70 余万两,尚有 30 余万两没有着落,"如或失信后期,最易肇端口实"。②后此笔贸易挪用出使经费 60 万两。1883 年,为应对法国的威胁,清廷再次挪用出使经费支付外洋军火价款。1884 年 9 月,李鸿章奏请开捐购器,并请求借用江海关所余出使经费,外购大批军火,事关紧急,所需价银拟请照案仍由出使经费项下先行借拨。分期付价,一俟捐有成数,陆续归还。当然,用出使经费垫支不仅有较大限制,而且并非长久之计。出使经费直接关系到驻外使臣,挪用之后必须能及时归还,"凡属有指项而又力能归还原款者,应可俯准借用"。③为防止被其他部门挪借,明确规定,"非筹购海防船支至急之需,不能凑拨"。④1888 年 1 月,北洋大臣李鸿章札(江海

---

① 《李鸿章札盛宣怀文》,盛宣怀全宗档案 035248,上海图书馆藏。

② 张侠等编:《清末海军史料》(下),海洋出版社 1982 年版,第 620 页。

③ 中国史学会编:《中国近代史资料丛刊·洋务运动》(二),上海人民出版社 2000 年版,第 621 页。

④ 同上书,第 426 页。

关道)文,《总署咨议奏不准挪用出使经费案》:"查天津机器局制造各项军火,实为北洋水陆各军取给之源,东三省热河察哈尔等处又时须协拨皆关紧要,若因经费短绌停造则各军利器皆归无用。前以海军衙门奏奉懿旨,准由户部岁拨洋药税厘十万两尚未拨到,该局年内外需用银十余万两无从罗掘,不得已将此项出使经费银七万九千余两暂行借用应急,仍俟洋药税厘拨到陆续归还。……再光绪十三年十一月十四日,准军机处抄出北洋大臣附奏天津机器局用款不敷,请将各省解还出使经费暂行挪用一片……原奏内称天津机器局制造军火为海防取给之源,现应定购物料等用,尚不敷银十余万两,查有购买西洋火药案内,各省解还出使经费现存支应局七万九千五百五十一两四钱九分九八厘九毫,暂可移缓就急等因。臣等查出使经费一项经臣衙门于本年八月十四日奏奉上谕,此项出使经费本系专款存储,嗣后无论京外何项要款非有特旨拨放不准动用等因,况从前借用出使经费解还者寥寥,既经奉旨饬催归款,今北洋大臣又将各省解还出使经费之款率请挪用,实与前奉谕旨不符,应请旨饬下该大臣,将各省之已解还之七万九千余两迅即扫数解交江海关道收存,不得擅行动用以重专款。"①

除挪用出使经费外,许多地方督抚还常挪用京饷、藩库银两、铁路经费或赈济余款。1868 年 10 月,曾国藩"派员前往上海,代购新式枪炮,并奏称已命人前往领取。……应需银价由江宁藩库筹款垫付,将来仍归滇省报还"。②赵尔巽奏称,"湖南由广西匪氛未靖,筹办边防陆续添购枪弹附片具奏在案,嗣查调防边界各营旗均应一律改用快枪,局存无多,仍属不敷分给。……(总价若干两)由局分别息借挪垫汇交清楚在案,拟请在光绪六年十年裁减各局薪粮项下积有成数,并俟另行筹有款项陆续清还挪垫"。③1893 年 11 月,在潘民表上盛宣怀禀中有,"前练军营官骆瑞芝游戎系金陵同乡……讵讬购云者士得响枪等件乞即饬人代购,即交王音亭带下,该价若干请即暂垫(须银若干请于来款项下扣除以便归账)"。④

表 9.6　一笔军购款项垫付情况⑤

种　　类	数　　量
云者士得十三响枪	6 杆
子模	1 付
枪子	1 000 粒

---

① 《李鸿章致盛宣怀函》,《北洋大臣李鸿章札文》,盛宣怀全宗档案 072333,上海图书馆藏。
② 李守孔:《中国近百余年大事述评》第一册,台湾学生书局 1997 年版,第 228 页。
③ 《赵尚书奏议》,上海图书馆藏古籍电子文献 T28072-142,第 5722—5723 页。
④⑤ 《潘民表上盛宣怀禀》,盛宣怀全宗档案 024991,上海图书馆藏。

种　　类	数　　量
云者士得十三响枪用铜帽	5 000 个
一响手枪	4 杆
备注	该价若干请由津垫付回丰时即行照付不误

1880 年 7 月,李鸿章奏请利用招商局按年拨还之款,作为购买铁甲舰之需:"本年三月间,经臣奏定各省拨借轮船招商局官款,拟于该局运漕水脚项下分年扣还,计每年应拨还银三十五万余两,在各省多属闲款,缴还之多少有无无关紧要,应请酌提招商局三届还款约一百万零,抵作订造铁甲之需,分年拨兑,于军国大计神益非浅。"①赵尔巽到东三省就任总督之后,发现经费十分困难,上奏指明"陆军第三镇驻防东省,照案截至宣统三年六月止应由本省自筹饷项。现查本省饷力支绌异常,固有之军饷因防疫移用,尚须另筹抵补。倘再增此出款,实属为难。若仍由部拨给,而部库又同一艰窘,臣与度支部等再四筹商已允各省应解部饷。果如期为至必当照常接济,或俟臣抵东以后竭力筹拨,倘能筹有的款,断不敢稍事推诿,设二者均不可恃,届时再由臣秉明或令该镇督时入关就饷,以稍纾三省之力。一部拨三省兵饷二四盐厘及北洋粮饷协拨饷粮各款,仍请饬下照旧拨解。……拟办理盐斤加价以资弥补"。②1894 年的盛宣怀信函表明,各地购办军火无款时,可用户部拨款垫支。"营口无银可汇,只好在户部拨尊处枪价二十万两,报出五万两交轮船即日运往营口,亦甚便捷,饷银三十万两,弟发电户部请示候存汇拨……尊处议购满德之枪,系由傅相代定,阁下可以自行妥商。"③8 月,刘含芳在致盛宣怀函中称,"承示所解京饷三万划作海防捐款,昨已属霞,如将原文寄还盖津门,正当需用浩繁未可以有用之款置诸闲搁,业已禀明帅鉴,此间以后需用仍可划对,盖意当以为然"。④1895 年 2 月,盛宣怀致电烟台,"将织局收回十万速解,除拨军械所及泰来枪价约二万两,其余八万两即解济南司库"。⑤1898 年,清政府挪用部分款项用于购买军火,"卢汉铁路经费银一十万两,前奉大部咨拨当经汇解银六万两,尚短银四万两,因收存股款奉督宪奏准,扭为购办枪炮之用,拟以江西省欠解光绪四年分协饷银四万两……"⑥1900 年 8 月,奎俊咨户部文中谈到了将原本用

---

① 李守孔:《中国近百余年大事述评》第一册,台湾学生书局 1997 年版,第 312 页。

② 《廷寄赵尔巽》,古籍类 465284,上海图书馆藏。

③ 《盛宣怀致唐沅圃函》,盛宣怀全宗档案 074217-2,上海图书馆藏。

④ 《刘含芳致盛宣怀函》,盛宣怀全宗档案 074141,上海图书馆藏。

⑤ 《甲午中日战争·盛宣怀档案资料选辑之三》下,上海人民出版社 1982 年版,第 608 页。

⑥ 《? 咨[邮传部]文》,盛宣怀全宗档案 079388,上海图书馆藏。

来拨还洋款的项目用来抵充军饷的情形,"奉上谕统筹战备谕令各省认还洋款着即暂行停解,听候部拨移充军饷等因。……湖北、江西二省由暂停洋款内按月备提银二万两,湖南由暂停洋款内按月提银一万两,共每月银五万两,均解交北洋帮办军务宋转交提督程允和应用。四川由暂停洋款内按月提银三万两解赴大学士荣转交道员聂时隽应用在案。兹于六月二十三日复奉上谕李鸿章等奏洋款若停,牵动内地厘金,亦碍华民生计转于饷需,有害京饷及北上诸军饷项无从接济等语。即着照所请仍照案按期解还归款。……所有前奏各军月饷未便无着,各省款项又同一支绌,难以全数改拨,自应令湖北、江西、湖南各省各提银一万两,安徽提银一万两,河南提银一万两,共银五万两均解交北洋帮办军务宋转交提督程允和应用,又四川省提银二万两,陕西提银一万两,共银三万两均解交北洋练兵公所大学士荣转交道员聂时隽应用,所拨各款即由各督抚在于本省司道关局无论何款项下移缓就急,按月如数筹解勿误军饷要需。……四川省历年奉拨京协各饷筹还洋款,早将司监各库搜罗殆尽,曾将支绌情形详请奏咨在案,现经饬解聂军月饷无论何款移缓就急,按月如数筹解勿误军饷。查川省现无余款,拟将扣存湘平款内挪凑银二万两发交管解三批京饷委员试用通判刘廷桢,候补知县毛文彬"。①10月,四川总督赵尔巽廷寄称,"川兵入藏固宜稳慎,边防尤不可忽,仍著该大臣等审度机宜妥为因应,倘或事出意外所需饷项即由四川无论何款先尽筹拨"。②11月,李鸿章致电叶元琦谈到不准练饷挪用事,"速电叶道元琦,严饬将练饷四十万全数解大名存库候拨,今江廷秀带炮船十二支在道口接运,如迟干咎,沪道二万速汇京"。③1902年,北洋水师向日本购置军械,需银120余万两,挪用顺直善后赈捐银64万两。④1903年,山西常备军订购外洋枪械,其中七密里口径毛瑟步枪2 500支,马枪500支以及子弹等物品,共需银21万余两,主要来源于赈济余款。⑤

为了筹措外洋武器的购置经费,除挪用固定经费外,各地督抚还经常设法开辟新的财源,甚至采用置换的方法。1905年,乌里雅苏台奎焕等变卖营中的1 000只骆驼,得银15 000两用于支付所购德国军械的款项。⑥1906年5月,湖广

①　《奎俊咨户部文》,盛宣怀全宗档案108708,上海图书馆藏。

②　《廷寄赵尔巽》,古籍类465284,上海图书馆藏。

③　《李鸿章致叶元琦电》,盛宣怀全专档案045748,上海图书馆藏。

④　《光绪二十九年十二月北洋与日商洋行订购军械合同及抄件》,《兵部陆军部档案全宗》第167卷,第一历史档案馆藏。

⑤　《光绪二十九年九月十四日晋省常备军与天津德国泰平洋行订购军械》,《兵部陆军部档案全宗》第168卷,第一历史档案馆藏。

⑥　《光绪三十一年十二月二十一日奎焕等购运枪炮》,《兵部陆军部档案全宗》第1258卷,第一历史档案馆藏。

总督赵尔巽上奏,"练饷及各项新政不敷款项,请由垦务清赋蒙荒地价内拨补"。①
1910年6月12日,四川总督赵尔巽奏"四五月练兵经费","查川省奉拨练兵经费
银八十万两,向分十批筹解,前因川省练兵期迫,筹款维艰,奏请暂免解拨,未经议
准又拨充禁卫军饷,款关要需,不得不力任其难,免筹分解。前已将宣统二年三月
底以前应拨银两照数筹解在案,兹又于司库酒捐土税项下凑集银一十六万两,作
为宣统二年四五月应解之款,于五月初三日发交大清银行等承领汇解度支部交纳
备用"。②7月4日,四川总督赵尔巽上奏,"宣统二年协甘新饷四川应解银九十一
万两,令于宣统元年十二月底赶解三成,本年岁月底再解三成,余银九月底解清等
语。当经转行遵办,兹据布政使王人文详称川省奉拨甘饷历经照数解清,近年因
拨款日增,实难筹解足额,先后奏咨展缓在案。现在库款益绌,所有奉拨银两本属
无从筹措,只以甘饷为计授要需,不敢不先其所急,以顾边陲,曾经两次筹解过银
三十五万两,兹又极力腾挪"。③

表9.7　1910年第三批协甘新饷组成表④ 单位:库平银两

性　　质	项目来源	数　　额
正税截留	滇黔官运局戊申纲税羡截厘	60 000
正税截留	盐茶道宣统二年春拨实存盐课税银	22 900
捐输银	宣统元年捐输银	15 000
捐输银	宣统二年捐输银	50 000
	添扣六分平银	2 100
挪借他用	截留西藏边备经费	−50 000
合　　计		100 000

表9.8　1910年川省西藏边备经费构成⑤ 单位:库平银两

性　　质	项目来源	数　　额
旧有成案	洋款	250 000
他款垫支	甘肃新饷内截留	150 000
他款垫支	北洋军需截留	100 000
合　　计		500 000

1894年10月下旬,天津吴宏洛致函盛宣怀,"拟即定购快炮一尊,马枪百杆,

---

① 叶景葵:《赵尚书奏议目录七卷附赵大臣奏议目录一卷》,上海图书馆藏电子文献 T03401。
② 《赵尚书奏议》,上海图书馆藏古籍电子文献 T28072-142,第 4603—4604 页。
③④⑤ 同上书,第 4737—4739 页。

子弹数万粒,以补不足。祇商之洋行,须先给半价,方允承办,而所购骡马亦非现款不行。敝处现在无款可垫,欲由银钱所暂假银五千两,以济急需"。①1895 年2 月,盛宣怀致电上海道刘、宁波道吴大人鉴,"奉相谕,威防虽失,前付炮款,挪用海防局款甚多,亟应归还报销。本年尊处应解炮款,仍恳如期汇寄海防支应局收下"。②4 月盛宣怀致电上海,"系将正二月还本四万,抵炮价息六千八百四十两,望向席找回"。盛宣怀致电汉口恽松翁,"信义洋行满德禀,正二月贵关应还银四万两,尚未收到。欲请德国钦差催还。查前电未蒙示复,此四万香帅去年满允如期归还。票系贵关所出,想阁下素守忠信,谅必不致逾期,致令外人借口。乞速电示,以便函复满德"。③1910 年 8 月 4 日,四川总督赵尔巽上奏"北洋军需","前准部咨以武卫中军裁撤令将川省应解饷银十万两,按年改解直隶备用等因。历经筹解至宣统元年止在案,前因省练兵期迫,筹款维艰,奏请暂免解拨未经议准,不得不勉筹接解以维大局"。④

表 9.9　北洋军需构成表⑤

性　质	时　间	项目来源	数额(两银)
北洋军需	宣统二年五月	土税项下凑银	50 000
北洋军需	宣统二年九月	土税项下凑银	50 000

---

① 《甲午中日战争·盛宣怀档案资料选辑之三》下,上海人民出版社 1982 年版,第 308 页。
② 同上书,第 612 页。
③ 同上书,第 625 页。
④⑤ 《赵尚书奏议》,上海图书馆藏古籍电子文献 T28072-142,第 4926、5394 页。

第十章 晚清华洋军品贸易经费的 具体流向

道光二十年之前,户部收入大概在四千万两左右,每年节余两百余万两。①
1881年岁入总数,除去未收之数,已达八千二百多万两,但支银也达七千八百多
万两,节余四百余万两。到1884年户部的开源节流奏章中已谈到,"发捻平后,西
路海防两次用尤浩繁,一岁所入已不能抵一岁之出,又十五六年矣"。②可知从同
治六七年以后,一岁所入已不能抵一岁之出。"军兴以来凡有可设法生财之处,历
经搜刮无疑。商困民穷,势已岌岌。"③鸦片贸易造成大量白银外流,战败之后又
要赔偿巨款。

表10.1　19世纪90年代初期中央政府年总支出的估算数④　　　单位:库平银

项　　目	预　　算
中央政府行政费用、皇室津贴和满洲戍军军饷	19 478 000
海关行政费用	2 478 000
公共工程	155 000
现代化军队、沿海防务	8 000 000
满洲防务	1 848 000
甘肃和中亚的民政和军务开支	4 800 000
北洋水师	5 000 000

---

① 陈锋:《清代财政政策与货币政策研究》,武汉大学出版社2008年版,第413—414页。
② 《皇朝经世文编》卷二十六,文海出版社1966年版,第1页。
③ 李鸿章:《论海防筹饷》,《李鸿章全集》函稿卷3,安徽教育出版社2008年版,第18页。
④ [美]费正清编:《剑桥中国晚清史(1800—1911)》,中国社会科学出版社1985年版,第
78页。中央政府年总支出中军费支出为80 346 000,占90.30%,其中南北洋水师和现代化军队与
沿海防务费用为18 000 000,占军费的22.40%。

续表

项　　目	预　　算
南洋水师	5 000 000
铁路建设	500 000
广西、贵州和云南三省拨款	1 655 000
各省行政费用、各省军队	36 220 000
偿还外国贷款的本利	2 500 000
合　　计	87 634 000

由于外忧内患层出不穷,即便在财政收入日益减少的情况下,清廷也不敢轻易放松军队改革发展的脚步,军品进口从未停止。中法战争期间,仅广东当局每年购买军火的费用即达 1 200 万元。晚清政府进口军械的总体情况,可以从海关贸易报告中得出大概数据。上海与天津是晚清军品进口时最重要的两个港口,1909 年两地占全国进口军火价值的 20%,1910 年占全国进口军火价值的 69%,1911 年占全国进口军火价值的 95%。当然海关贸易报告不能准确反映情况,如 1904 年清政府进口军火总值达 500 万两白银,而海关统计数据中却不足 200 万两。其中 1901 年和 1902 年列强对中国实施军火禁运,其余年份都有军品进口。总体来看,军品贸易经费的具体流向包括陆军、海军部分,也涉及军贸经费的奏销与积欠、贪挪与虚耗等情况。

1875 年,清政府决定拨专款建设海防,重点保证了北洋海军的建设,但 1885 年后,海防经费大量被挪用于三海与颐和园工程。1894 年甲午战争爆发后,盐斤加价中"海防筹饷"始为中日战争筹款,战后改为偿还英、德、俄、法借款。军饷开支不断增加,到 1900 年止估计每年新增军费 1 000 万两,绿营、旗兵则每年耗用军费 4 000 万两。[1]后来在列强的压力下,不得不把对外赔款放到最先位置,甚至军费也被挪用为赔款,"自光绪二十四年(1898 年)起加征边防经费一款,向来有漕省份循案解部漕折一款,以上约共银三百余万两,全数提出,均留作赔款"。[2]

一、 陆军军贸经费的流向

早在崇祯和康熙年间,中国政府就曾经利用西洋武器镇压农民起义。在清政府与列强联合镇压太平军的过程中,晚清的一些督抚对西洋枪炮有着极为深刻的

---

① 梁义群:《近代中国的财政与军事》,国防大学出版社 2005 年版,第 131 页。

② 《光绪朝补救财政之方策》,《中国近代经济史研究集刊》第 1 卷第 2 期。

表10.2　1895年至1911年晚清政府各主要港口军火进口价值一览表①

单位:万两银

年份	1895年	1896年	1897年	1898年	1899年	1900年	1901年	1902年	1903年	1904年	1905年	1906年	1907年	1908年	1909年	1910年	1911年
上海	339.48	99.43	19.14	7.76	67.25	5.62		0.08	14.88	163.03	194.76	169.18	100.63	56.45	20.46	171.05	150.99
天津															9.08	2.30	3.05
宜昌					2.85	1.29											0.39
汉口	5.17	17.75	7.01	10.76	13.83	22.46						40.77	6.19	1.60	45.15	3.08	1.84
九江	3.51		0.15	0.20	0.14	0.09			0.07	0.70					2.61	2.07	
芜湖	0.50																1.58
镇江	18.44									25.02					1.66	0.02	0.34
福州	21.51	6.62	0.43	4.96	6.44	3.81									0.11	0.20	0.24
淡水	63.26																
厦门	0.21					0.16									0.15	0.04	0.05
广州	19.43	1.38	0.25	4.67	1.24	12.88			21.33	12.50	0.44	0.53	6.93	10.60	75.17	74.27	5.30
九龙	1.92			2.96	12.43	3.00	0.35			33.87							
南京	0.01									29.24	3.25	25.31	8.09	53.30	2.37	0.47	1.32
拱北																	
烟台					2.00	0.33											
北海					0.07	0.07	0.01										
沙市						0.04	0.02										
蒙自								0.05	0.60		7.70						
秦皇岛										0.48							
合计	473.44	125.18	26.98	31.31	106.25	49.75	0.38	0.13	36.88	264.84	206.15	235.79	121.84	121.95	156.76	253.50	165.10

① 茅家琦:《中国旧海关史料:1859—1948》,京华出版社2001年版。各港口进口军火总值在计算时,包括直接从国外进口的部分,由中国港口进口的部分,减去转运其他港口部分。

印象,一些洋务派官僚,如曾国藩、李鸿章、左宗棠等人热衷于向西洋购置洋枪洋炮并着手进行仿造,以加强清军实力。不过,中国真正大规模装备外洋枪炮是在甲午战争之后,清末新政期间达到顶峰。

（一）各类武器的进口

1858 年 6 月,清廷在被迫接受俄罗斯领土要求的情况下,接受了俄罗斯赠送的武器,并且还同意接纳少数俄军事教官来教授使用武器和重新设计沿海的炮台。直到 1862 年夏,这批武器中的两千支步枪和六门大炮才终于运到。俄国政府推迟运送它所答应提供的武器的剩余部分,直到它对中俄陆路贸易的新税率感到满意时为止。最后,由英国人训练的神机营在 1865 年使用这些武器来保卫北京和镇压满洲的盗匪。

镇压太平天国运动的后期,李鸿章通过联络洋人（包括美国人华尔等）代购,委托同僚采办,派人奔走于纽约、香港、广州、上海等国内外军火市场购置等途径,获得了大量的洋枪洋炮,并成立千余人组成的洋枪队。最初购买的大多是各国军队的淘汰品,小部分为当时比较先进的前装滑膛枪,包括英国的博克萨、布仑司威克、洛威尔、卡德特、斯涅德、格林纳,法国的米涅、德尔文,以及德意志、瑞士等国的前装滑膛枪等。①一个满编的淮军洋枪队,共有战斗官兵 500 人,编成 28 个洋枪队、10 个劈山炮队,共 38 个队,另编长夫 180 人,全营共 680 人,装备洋枪 308 支、劈山炮 40 门。太平天国运动后期,淮军主要使用洋枪洋炮,以及部分旧式枪炮镇压太平军。到太平天国运动被镇压时,淮军已扩充至 6 万余人,基本上达到全部使用新式前装滑膛枪炮的程度。1863 年 1 月,李鸿章复彭玉麟,"迟日有轮船上驶,当解送炮位,其一切未尽事宜,乞费心照拂"。洋枪洋炮被清军视为神器,趋之若鹜,甚至成为李鸿章报恩之物。是年 5 月,李鸿章复彭信,"百炮戈戈之敬,乃蒙称道勿衰……公之情深意厚,不独昌歧感戴,鸿章尤奋激思报,他日当再以洋枪酬谢也"。②"属购真洋炮,适有洋行新到之货,似尚坚致合用,代办一百尊交徐委员文达附轮舟过裕。分洋枪溪解呈。"③同年秋,李鸿章复吴棠称,"薄口洋庄炮位六百近四百近者,沪市业经卖尽。敝处添造水师,昨饬洋商赴香港采办,俟办到,如有赢余,即为留存转解"。④李鸿章称其淮军配备西洋的"枪炮最多而精",屡屡战胜太平军得益于"参用西洋火器",曾向奕䜣称,西洋炸炮"击厚攻坚,殆同摧枯"⑤,强调制造武器上"坚意要学洋人"。

---

① 王兆春:《中国火器史》,军事科学出版社 1991 年版,第 327—328 页。

② 《李鸿章全集》第 29 卷,安徽教育出版社 2008 年版,第 225 页。

③ 《李鸿章全集》,《函稿》卷 3,安徽教育出版社 2008 年版,第 15 页。

④ 《李鸿章全集》,《函稿》卷 4,安徽教育出版社 2008 年版,第 13 页。

⑤ 《筹办夷务始末（同治朝）》卷 25,中华书局 2008 年版,第 6 页。

　　太平天国运动前期,湘军主要使用冷兵器、旧式枪炮及部分洋枪洋炮镇压太平军。1860—1862年,上海英法联军的火力轻易击退了太平军。1861年秋,华尔洋枪队所有的大炮都是亨利与老华尔从美国购置的。①"常胜军"②在极盛时期,拥有作战兵员三四千人,加上辅助人员后不下万人,编制包括:1个来福枪(击针后装线膛枪)团、5个步兵团、4个攻城炮队、2个阵地炮队、1支内河舰队、1支大型运输船队、1支工兵队、2个兵工厂等。装备的步枪有前装滑膛枪、普鲁士制击针后装线膛枪、英制李恩飞击针后装线膛枪还有其他定制枪等。装备的火炮有24磅和30磅榴弹炮、12磅过山炮、8英寸大口径臼炮等。③这给曾国藩留下了深刻的印象。在1860年12月,他虽然反对俄国提供海军援助以镇压太平军的建议,但仍提倡"师夷智",并且试图制造西方枪炮和建造汽轮船。1861年8月,当曾国藩支持向英国购买一支舰队时,他强调必须学会在中国生产新军事装备的必要的技术。因此,必须访募覃思之士、智巧之匠,始而演习,继而试造。1861年收复安庆后,曾国藩派了几个具有一定科技知识的中国数学家到安庆的兵工厂,其中有华蘅芳、徐寿和李善兰。是年8月《曾国藩奏陈购买外洋船炮并进行试造折》,"至恭亲王奕䜣等奏请购买外洋船炮,则为今日救时之第一要务。凡恃己之所有,夸人以所无者,世之常情也;忽其所习见,震于所罕见者,亦世之常情也。轮船之速,洋炮之远,在英、法则夸其所独有,在中华则震于所罕见,若能陆续购买,据为己物。在中华则见惯而不惊,在英、法亦渐失其所恃"。④1862年4月,初到上海的李鸿章致书曾国藩,谈到对洋枪队的感受,"其队伍既整,炸炮又准,攻营最为利器,贼甚胆寒"。⑤淮军洋枪队使用的洋枪数量是湘军陆营同等装备的2到3倍。1863年4月,李鸿章在《复鼓雪琴侍郎》的信中说,已为彭在上海购置了质量较好的洋炮100门。此后李鸿章又致书曾国藩称,淮军可以通过英国人戈登购买洋枪洋炮,且"价值尚不算贵",同时托英、法提督在其本国购买洋炮数

---

　　① 简又文:《太平天国典制通考》,猛进书屋1958年版,第1026页。
　　② 1860年由上海道台吴煦、巨商杨坊出面,雇用美国在沪流氓华尔,英、美退伍军人30余名,并招募吕宋人200余人,其中有水手、游民等,共计340多人组建而成,初为华尔洋枪队,最多达到过5000余人。所用之枪由华尔之父兄在美国纽约购置。1861年改募中国人为士兵,以外国人为军官,扩充至千人左右。1862年清廷将其改名为"常胜军",由吴煦、杨坊、华尔为管带。1863年任命英军工兵队指挥戈登为统带。1864年常胜军在昆山解散后,留洋枪队300人、炮兵600人编入淮军。与其相类似的中外混编军队还有中英混编的"常安军""定胜军",中法混编的"常捷军"等。
　　③ 王兆春:《中国火器史》,军事科学出版社1991年版,第328—329页。
　　④《曾国藩奏陈购买外洋船炮并进行试造折》,中国近代兵器工业档案史料编委会:《中国近代兵器工业档案史料》第一辑,兵器工业出版社1993年版,第4页。
　　⑤ 李守孔:《中国近百余年大事述评》第一册,台湾学生书局1997年版,第79页。

百门。

李鸿章的淮军购置和作战中缴获太平军的洋枪洋炮,虽然相当一部分是19世纪初的陈品,以及各国军队淘汰退役和兵工厂粗制滥造的制品,但也不乏当时较为先进的前装滑膛枪炮,如英国的博克萨、布仑威克、洛威尔、卡德特、斯涅德、格林纳,法国的米涅、德尔文,以及德国、瑞士等国的前装滑膛枪,还有8磅、12磅、24磅、32磅、68磅、108磅等轻型、中型和重型火炮。①截至1863年9月,李鸿章在准备部署攻打苏州时,淮军各营总计已拥有洋枪1.5—1.6万支,平均每营超过1000支。李鸿章还建了5个洋炮营。与太平军作战时,装备大量洋枪洋炮的淮军往往先以劈山炮队的火炮猛轰太平军阵地,而后洋枪队发起冲击,使太平军屡屡受挫。1872年1月,李鸿章派人在上海向洋商订购后膛来福大钢炮10尊并弹药若干。②1874年前,清军的主要外购武器为老式李明敦和士乃得步枪。19世纪70年代中后期,清军开始购买后膛枪。通过江南制造局、天津机器局购置的后膛枪主要有:法国夏利普,英国马梯尼、士乃得,德国毛瑟,美国林明敦等马步枪。中法战争前后,又是一次购买西洋枪炮高峰,包括单发的黎意快枪、温彻斯特(又名云者士得)、哈乞开斯、斯宾塞、曼利夏、日本明治三十年式、日本明治三十八年式步枪等,还包括大量的后装连发枪炮。性能上有五响、七响、九响、十三响、十七响不等,还有格林、诺登发等多管枪。③关于军火买卖和转运的内容曾国藩与李鸿章的咨札中有记载,"飞札上海应道、采办军火刘道酌拨细洋药、大小铜帽、铅丸、皮纸及法国十二磅铜炮合膛开花弹子、木心火门若干,派员雇船由沪运津,交转运分局张道铭坚、津守其钤等收存转解济用。即札。咨丁抚,行各统领"。④有人曾致函盛宣怀,谈到洋枪价钱。致梅函中称有来福新枪一千杆,每杆价银四两,后进子枪一千杆,每杆价银八两,带去样枪两杆,拟售与方伯(盛宣怀)。⑤

1882年7月24日,左宗棠饬胡光墉及德国商人福克向上海洋行和德国购买"温者斯德"洋枪2300支。1884年7至12月,张之洞购买洋枪64408支,各种大炮555尊,水雷、鱼雷等1268支,鱼雷艇9艘。是年10月盛宣怀致函吴大澂,"奉宪台面谕,议购德商泰来洋行克虏伯厂所造八个生的密达后膛陆路钢炮三十尊连炮架并开花炮子各件等因,奉此职道遵于九月十六日与该行订立合同签字,共价规银三万六千万百五十两,商明立合同之日先付规银一万六千七百五十两,其余

① 王兆春:《中国火器史》,军事科学出版社1991年版,第327—328页。
② 相守荣等:《上海军事编年》,上海社会科学院出版社1992年版,第53页。
③ 《续修四库全书》第969卷,上海古籍出版社2002年版,第275页。
④ 《李鸿章全集》第37卷,安徽教育出版社2007年版,第348页。
⑤ 《典当、枪枝、钱庄事宜便条》,盛宣怀全宗档案067565,上海图书馆藏。

一切均按合同办理"。①10 月 15 日,刘含芳等人致函盛宣怀,"敝处代黑龙江所购枪支子弹应付价值保险规平银七千四百三十四两有奇,函请贵道径发新载生洋商具领清款项,据新载生禀请称此项价银即须汇寄外洋"。②张席琛致函盛宣怀,问及购炮事,"阁下续订满德八生的炮六十尊,除北洋留三十尊外,其余广东、江阴分购各若干尊,未得其详,仰求赐示。……此批炮位只给四十八尊,进口单亦不明示"。③1886 年 2 月,泰来洋行与清政府完成了一笔军火交易,"前年泰来洋行经手订购九个生的密达后膛炮八十尊,业经到沪应将价值找付等因,查来电内称洋炮八十尊,计价规银 47 200 两,炮弹 24 000 颗,计价规银 33 600 两,又行用规银 4 040 两,以上总共应需规银 84 840 两,除给过定银 20 000 两外,应找规银 64 840 两,乞即汇付等情,谕令到职蒙此卑局遵即于正月初九日,由源丰润电汇规银 30 000 两,以向章 105 申算计,核湘平银 28 571.43 两,并由汇丰银行电汇规银 34 840 两,按现行 104.5 申算计,核湘平银 33 339.712 两,共计用湘平银 61 911.14 两,除登账并另报明查核外,合将电汇找付炮价银数缘由备文呈报"。④1891 年,山东购置炮位,"东防承购洋炮颇属利器……现统各旗枪炮必须多存,弟拟捐制刀、来福步枪六百杆、来福马枪四百杆,请费心向各统领电询"。⑤1892 年 10 月,盛宣怀电文中称,"昌守具领解洋枪赴唐川资湘平银三百两,请代付取具"。⑥

表 10.3　1893 年盛宣怀上奏应购备用各项军火清折⑦

军火名称	型　号	数　量	备　注
来福炮开花子	炮膛口合式	1 000 个	英国十二磅青铜前门炮用
来福炮药引	弹口合式	1 000 个	
两磅后膛铜炮开花子		500 个	
铜五件		500 副	
铜帽		40 万粒	每箱 10 万粒共 4 箱
小粒枪药		4 000 磅	每桶 100 磅共 40 桶
小粒炮药		2 000 磅	每桶 100 磅共 20 桶
铅丸		2 000 斤	附样丸 1 粒

① 《盛宣怀详吴大澂文》,盛宣怀全宗档案 033518,上海图书馆藏。
② 《刘含芳、张席珍、张佩绪、顾元爵致盛宣怀函》,盛宣怀全宗档案 040418,上海图书馆藏。
③ 《张席琛致盛宣怀函》,盛宣怀全宗档案 033555,上海图书馆藏。
④ 《? 呈李鸿章、吴大澂文》,盛宣怀全宗档案 040408,上海图书馆藏。
⑤ 《? 绡启致盛宣怀电》,盛宣怀全宗档案 074084,上海图书馆藏。
⑥ 《盛宣怀来电存稿(第三十册)》,盛宣怀全宗档案 003630,上海图书馆藏,第 77 页。
⑦ 《谨将应购备用各项军火开呈宪核》,盛宣怀全宗档案 033207、033306,上海图书馆藏。

军火名称	型 号	数 量	备 注
洋布		2 匹	做药袋用
生菜油		1 箱	擦枪炮用
洋纸		5 万张	
德国黄铜一道弯洋号		三对	
德国洋鼓		二对	

1894 年,巢光翰致盛宣怀函谈到了购买枪支问题,"虽不才,于采办一层,尤自夸可胜人一筹耳,今乘刘季眉兄之便特又布告种种一切。……单响马枪高者每支银五两九钱,真洋先,略次者四两,弟今已代办一百支并铜帽、火药、十三响中针后膛亦二十四支,价每支十两,六响后膛马枪火药每千颗价银十两,全底铜帽上高每百万价实银六百两,略次者在五百五十两之谱,克司巴后膛枪□□,火药(枪药、炮药,均为英国货),德国货价加二,限六个月到,若火轮舟装来限七十天,加须每百两加二十两,又及马枪单响每支高者银□,有一千支现货,刀头马枪单响每支高者银□,六响后膛马枪每支高者银□,有一百支现货,六响后膛马枪铁杆每支□,有一百支现货,林明敦七响后膛每支□,有九百支现货,刀头后膛来福□,刀头来福新高者□,刀头来福旧充新者高□,中□,有一千支现货,广东有存货四千支,枪刺来福灵捷者上□中□高□次不一,至两七。十三响后膛双筒上高马枪每支中针□,子药每千银□,有一千八百支现货"。①1894 年 12 月,清政府向外国订购的对日作战用枪械由德商运至上海,后转运至镇江。②同月,盛宣怀在条议中述及练新军所需饷费,"查汉纳根所开各单,外洋应买军火银两需八百十三万两,中国应买物件及洋员来华经费需二百十七万两,棚帐各样家具之费尚在外。是创练三万人,各项军火物件价银零费现在已需银一千零三十万两,而月饷尚不在此数"。③1895 年 1 月 18 日,广西臬司胡燏棻等与礼和洋行订购格鲁森厂后膛钢炮 144 尊,备用子弹车 72 架,各种炮弹 51 840 颗。总计厂价 365 万余马克,按九五扣实际价值为 346 万余马克。甲午战败之后,清军又引进了勃朗宁、帕拉勃龙、保宁等品牌手枪,并大量进口马克沁、哈乞开斯机关枪等。

---

① 《巢光翰致盛宣怀函》,盛宣怀全宗档案 040581,上海图书馆藏。
② 相守荣等:《上海军事编年》,上海社会科学院出版社 1992 年版,第 67 页。
③ 《甲午中日战争·盛宣怀档案资料选辑之三》下,上海人民出版社 1982 年版,第 376—377 页。

表 10.4 刘坤一、徐建寅、卢鸿昶呈(1892 年至 1895 年)《购买军火收支账册》①

单位:行化银两

收支情况	时 间	用 途	支 银	收 银
甘肃藩台沈,收支两抵	壬辰十月初八	运铜帽至陕西轿车银	109.79	代购大铜帽 500 万颗小铜帽 200 万颗费用 4 133.6
		车价	27	
	壬辰十一月初一	瑞生洋行铜帽(朱子文经手大铜帽价银 3 000)	1 840	
	癸巳二月初七	瑞生洋行铜帽(朱子文经手小铜帽价银 640)	1 800	
		兰军门解运甘肃铜帽三十箱运费	176.9	
	癸巳四月十三日	托蔚丰厚汇还余款行化银 103.34,并交甘肃藩台沈公文 1 角	179.91	
南洋大臣刘委员、徐道台运洋枪车价,收支两抵	壬辰十一月初一	天津县李、官车局陶代领车价湘平化银 250 两,996 扣	249	天津县、官车局缴回余存湘平化银 84.804,996 扣,行化银 84.465
	癸巳六月初五			还行化银 164.535
卢鸿昶东洋买办枪头皮带等款俱由上海收支局所刘付,合计净支银 13 425.952,英洋 4 646.46 元	癸巳正月十九	一、二、三次枪头皮带等款价银	英洋 4 200 元	
	癸巳二月二十六	四、五、六、七次枪头皮带等款价银	3 433.508	
	癸巳四月初七	运甘军火宗载之改箱费	英洋 300 元	
		第八次枪头皮带等款	849.38	
		申付宗载之二次改箱费	英洋 200 元	
		申付卢鸿昶第八次枪头皮带等款	英洋 446.46 元	
		申付宗载之洋枪改箱费	1 000.477	
		宗载之还两次改箱费		英洋 500 元
	癸巳五月二十二	宗载之由申领改箱费	英洋 400 元	
	癸巳六月初一	宗载之由申划用第二批二次改箱费	英洋 600 元	

---

① 《光绪十八年至二十一年购买军火收支账册》,盛宣怀全宗档案 040242,上海图书馆藏。

续表

收支情况	时　间	用　途	支　银	收　银
卢鸿昶东洋买办枪头皮带等款俱由上海收支局所刘付，合计净支银13 425.952，英洋4 646.46元	癸巳七月二十	宗载之第二批第三次洋枪改箱费（子宣第三十号信内）	英洋 300 元	
		宗载之还第二批一二三次领款		英洋 1 300 元
		卢鸿昶第十次枪头皮带等款	1 045.996	
		宗载之领第二批改箱费	1 090.714	
	甲午二月初二	卢鸿昶第二批第二、三、四、五、六、七、八次购买枪头皮带等款	6 076.877	
洋枪运费，合计净收2 747.702	癸巳三月初三	张绮村运甘肃兰州洋枪川资	2 012.717	
	癸巳四月初一	张文林运西安洋枪川资	4 021.29	
	癸巳五月二十三	天津运毛瑟枪 200 箱赴沪津商局水脚	101.25	
	癸巳六月二十一	收支所代付瑞生洋行枪价	4 766.444	
	癸巳七月二十	张文林剑家之薪水	29.88	
	甲午二月初二	收支所拨信义洋行毛瑟枪价银	3 813.156	
		收支所拨商局运洋枪水脚	1 538.013	
	甲午七月二十八	收台湾邵中丞购毛瑟枪 3 000 杆价银		14 299.333
	甲午八月初四	找给张文林解甘肃军火经费	401.912	
	甲午九月十四	收张文林解枪运费		271.258
		收台湾邵中丞枪价银		4 861.773

　　庚子事变后，清廷进口军火并未停止或减少。1909 年 1 月 6 日，陆洪翰致函盛宣怀，"矿购格林炮三尊连费共计洋例银八千九百七十三两三钱"。[1]6 月，赵尔巽收到嘉定转运委员熊县丞均需解交子弹："礼和九响子弹，一千零一十四匣每匣二千，共计二百零二万八千颗。"[2]吉林等地开采金矿时，也需要招募官弁进行护卫，盛宣怀档案记载，"局现招卫矿营马步炮队将及十哨，仅敷巡护该山各厂及沿途卡伦之用，将来吉珲等处分设局厂，尚须添勇购械，在在需款需人前集股银十万两，似觉不敷周转，且现用枪炮军火皆借自边防，终须归还，不如将各项军器自行

①　《陆洪翰致盛宣怀函》，盛宣怀全宗档案 109888，上海图书馆藏。
②　赵尔巽全宗档案 543-75-5，中国第一历史档案馆藏。

购置取用较便也"。①1910 年 5 月 12 日,四川总督赵尔巽奏"动拨购备枪械价值银两"折,"四川新旧各军枪械已经不敷应用,亟须陆续添购,曾经电商陆军部核准,计需银二十七万两之谱。现于司库防剿经费项下动支银七万两,滇黔官运局矿务项下,动支银二十万两以资购备,而充军实"。②辛亥革命的爆发急剧增加了清陆军武器的需求,据不完全统计,仅 1911 年 9 月 30 日到 10 月 31 日,清政府即订购德国军械价值德金 311 万马克,还有以白银结算的军械价值 48 万两,日本军械价值 182 万余日元。③

表 10.5　1903 年 10 月至 1904 年 2 月湖南省订购外洋武器情况④

时　间	军品商	军品	数　量	单　价	总　价
九月	德国瑞生洋行	九响毛瑟枪	5 000 杆	每杆连子弹 100 颗价银六两五钱	32 500 两银
		子弹	50 万颗		
十一月	日本三井洋行	明治三十年式最新快枪	2 000 杆		
		无烟子弹	200 万颗	每杆连子弹 1 000 颗价日金七十一元	日金 142 000 元,折银 117 576 两
光绪三十年正月	日本三井洋行	无烟子弹	200 万颗	每十颗价日金四十三元	日金 86 000 元,折银 71 208 两
合　计			221 284 两		

（二）军工厂器料引进

近代中国由于缺乏工业基础,开设军工厂仿造西洋武器时,大到冶炼设备、机床,小到铜铁、木材,甚至于小铆钉,都只能向海外采购,耗费了大量资金。据不完全统计,到 19 世纪 80 年代上半期,江南制造总局先后用银 200 余万两,已拥有各种工厂 10 座,干船坞 1 座,还设有翻译馆、操炮学堂等。金陵机器局则投入 50 多万两,拥有工厂 10 余座。福州船政局投入达 135 万余两,建有工厂16 座,船台 3 座,船槽 1 座,并附设艺局。天津机器局先后建成东西两局,到80 年代初,投入 110 万余两。到 1881 年,晚清所建兵工厂达 20 余所,先后投入达1 300 万余两。⑤

---

① 《宋春鳌致盛宣怀函》,盛宣怀全宗档案 075843-12,上海图书馆藏。
② 《赵尚书奏议》,上海图书馆藏古籍电子文献 T28072-142,第 4387—4388 页。
③ 滕德永:《清政府的军械外购与辛亥革命》,《明清论丛》(第十一辑)2011 年,第 93 页。
④ 《清朝续文献通考》卷 239,兵 38,商务印书馆 1955 年版,第 9842 页。
⑤ 中国史学会编:《中国近代史资料丛刊·洋务运动》(四),上海人民出版社 2000 年版,第324 页。

曾国藩聘请容闳入幕，容闳提出"中国今日欲建设机器厂，必以先立普通基础为主，不宜专以供特别之应用。所谓立普通基础者无他，即由此厂可造出种种分厂，更由分厂以专造各种特别之机械。简言之，即此厂当有制造机器之机器，以立一切制造厂之基础也"。①左宗棠也在创办船政的奏折中提出自造机器的倡议，"如虑机器购雇之难，则先购机器一具，巨细毕备，觅雇西洋师匠与之俱来。以机器制造机器，积微成巨，化一为百"。②在奕䜣、曾国藩等人的建议下，清廷于1861 年命曾国藩、薛焕等人"酌量办理"向法国人学习制造枪炮舰船之事。是年12 月，曾国藩即在安庆设立内军械所，开了制造机器设备和兴办近代军工厂局的先端。1864 年 5 月，《李鸿章就学制外国火器事覆总理各国事务衙门函》称："鸿章以为中国欲自强，则莫如学习外国利器。欲学习外国利器，则莫如觅制器之器，师其法而不必尽用其人，欲觅制器之器与制器之人，则或专设一科取士；士终身悬以为富贵功名之鹄，则业可成，艺可精，而才亦可集。京城火器营尤宜先行学习炸炮，精益求精，以备威天下、御外侮之用。"③最初创办的大型机器制造局如江南制造局、金陵机器局、天津机器局均位于海关附近，便于在局厂所在的海关税中提拨经费，除了关税还有厘金和军需拨款，中小型制造局的资金则主要靠本地自筹，依赖本省藩库提供，来源于茶税、厘金、地丁以及洋药税等。截至 1884 年清政府共开设军事工业厂局 20 所，分布 12 省区，经费共用银 1 100 余万两。④

1862 年李鸿章抵达上海之后，便立刻感受到了西洋枪炮的威力，决心"虚心忍辱，学得西人一二秘法"。⑤曾国藩创办安庆内军械所，由数学家徐寿和华蘅芳主持，他们制造土炮和火绳枪一类的旧式火器，除此之外，还试图制造榴霰弹和雷管。徐寿制造了一个汽轮使用的小蒸汽机，可惜运转不佳。李善兰在 1862 年12 月试制成功开花炮二门。1863 年，曾国藩从上海道和广东藩司处筹银 68 万两，决定委派广东人留美生容闳去美国选购能够用来生产制造军械、轮船所需要设备的通用机器，即"制器之器"。1863 年 4 月 30 日，李鸿章派人自香港购办造炮机器，雇募洋匠来上海，并派参将韩殿甲督率工匠学习制造⑥，设立韩殿甲制造局、丁日昌制造局，还雇用英国人马格里建立松江枪炮局。此三局被称作"炸弹三局"，以进口的西方火药与枪炮弹药为样品，仿照西洋之法大量仿造炸炮、炸弹等。

①　容闳：《西学东渐记》，湖南人民出版社 1981 年版，第 75 页。
②　《中国近代史资料丛刊·洋务运动》第 5 册，上海人民出版社 1961 年版，第 9 页。
③　《李鸿章就学制外国火器事覆总理各国事务衙门函》，中国近代兵器工业档案史料编委会：《中国近代兵器工业档案史料》第一辑，兵器工业出版社 1993 年版，第 6 页。
④　梁义群：《近代中国的财政与军事》，国防大学出版社 2005 年版，第 83—84 页。
⑤　李鸿章：《李鸿章全集》（二十九），信函（一），安徽教育出版社 2008 年版，第 187 页。
⑥　相守荣等：《上海军事编年》，上海社会科学院出版社 1992 年版，第 47 页。

李鸿章迁任苏州时将上海洋炮局移至苏州,更名为"苏州洋炮局",又名苏州炮局,俗称苏州西洋炮局,是中国近代最早引进西方先进技术,使用机械设备,制造洋枪洋炮的机械化兵工厂。1864 年李鸿章授意英国人马格里花费 4 944 两白银买下英国阿思本舰队修造枪弹的机械设备,其中包括蒸汽锅炉、化铁炉、铁水包、车床、铣床、磨床等,用来装备苏州洋炮局。李鸿章奏称,从洋人手中买到"汽炉、镟木、打眼、铰螺旋、铸弹诸机器",雇用外国匠人四五名,制造"大小炸炮,每月约四千余个"。①同年 5 月 27 日,《北华捷报》记载,该兵工厂除造成枪弹、炮弹、药引和自来火之外,还造成了几种迫击炮弹,不久后有望制造步枪和雷管。②容闳携银 6.8 万两在美国纽约马萨诸塞州的菲希堡(Fitchburg)朴得南公司(Putnam Machine Co.)订购了一批多达一百几十种的成套设备,于 1865 年春运抵上海,为江南制造总局提供了一批基本设备。李鸿章采纳丁日昌的建议,花六万余两白银,购买上海虹口的美商旗记铁厂,连同该厂全部机器设备和八名洋匠成为江南机器制造局的基础。其强调该厂"能修造大小轮船及开花炮、洋枪各件,实为洋泾浜外国厂中机器之最大者"。③不过,其原有设备修船之器居多,造炮之器甚少,能修造大小轮船及开花炮、洋枪各件。原厂主科尔有一定的技术水平,所有轮船、枪炮、机器俱能如法制造。该铁厂一经买下,李鸿章就要求科尔和两三个外国技师及五十余名中国工人,用一个小型蒸汽机带动机器,从事枪炮的制造④,很快发现唯制器之器,中国所作者一时不能如法。当然,生产的炸弹和短炮不及外人之精,略可使用而已。该局以容闳所购机器为基础,制成多种适用机器 30 多台,分别安装在炮厂等各种分厂中。⑤1865 年年底,丁日昌和韩殿甲主持的两个车间迁到上海,并入江南制造局,马格里的车间连同阿思本舰队上的机器搬到了江宁雨花台,并入金陵枪炮局。该局一年耗银 288 570 两。⑥1867 年,因美国人反对在租界内生产军火,江南制造局被迫迁往上海城南高昌庙。到 1891 年时,江南制造局已从当初的一个中型铁厂发展到拥有枪、炮、弹药、水雷和轮船等 13 个分厂和 1 个工程处的大型军工厂。厂址所占面积由最初的 70 余亩扩展到 667 亩,员工达到 3 592 人,房屋 2 579 间,拥有车、刨、钻床等各种工作母机 662 台,各种动力机器 392 台,总马力达到 10 657 匹。另外,该局还附设广方言馆、工艺学堂、翻译馆、炮队营和巡警营等附属机构,成为近代中国第一个综合性的新式军工企业。《北华捷报》

---

① 《同治朝筹办夷务始末》,卷 25,第 7 页。
② 黄光壁:《中国近现代科学技术史》,湖南教育出版社 1997 年版,第 215 页。
③ 李鸿章:《置办外国铁厂机器折》,同治四年八月初一日。
④ 张军:《曾国藩传》第四卷,湖南文艺出版社 2019 年版,第 400 页。
⑤ 王兆春:《空教战马嘶北风》,兰州大学出版社 2005 年版,第 82 页。
⑥ 王尔敏:《淮军志》,中华书局 1987 年版,第 296—297 页。

1883 年 6 月 9 日载文惊呼,"真没料到它后来在历任两江总督的培植下,竟会发展成为今天这样一座庞大的机器制造局"。①

1869 年,该局已能制造多种口径的火炮,包括各种炮车、炮弹、枪子以及各种军用品。1870 年,江南制造局向美国订买制造林明敦枪弹的全套机器,并雇请制造此类枪弹的外国工人四人到华制造林明敦枪弹。②1872 年,李鸿章派马格里到欧洲增购设备,1874 年才回到中国,这次设备极大扩充了金陵制造局的规模。1873 年,李鸿章派遣盛宣怀到福州船政局考察,盛宣怀建议购买西洋设备,比自造省费,并雇请洋匠来华,指授华徒,至"能自造为止"。1875 年,金陵制造局所造火炮在演放时频频炸裂,马格里被迫离开金陵制造局,成为郭嵩焘的顾问。1879 年,金陵机器局建有机器厂三个,翻砂、熟铁、木作各两个厂,还有火箭局、火箭分局、洋药局、水雷局及乌龙山暂设炮台机器等。③能制造炮位门火、车轮盘架、子药箱具、开花炸弹、洋枪、抬枪、铜帽、大炮、水雷等。经费主要由三部分构成,一为江南制造局按年拨济五万两(来自江海江汉两关洋税),一为淮军粮台年拨二万两,一为江南筹防局年拨三万两,共计十万两,延续到清末。④1881 年金陵兵工厂开始兴建洋火药局,由刘坤一向德国瑞生洋行采购机器,瑞生洋行转托英国军火商黑鲁洋行采购日产 1 000 磅火药的全套机器。并聘该洋行的技师波列士哥德来设计和监督厨房的建造,该局 1882 年动工,1884 年建成投产,拥有"10—25 匹马力的机器 4 台、锅炉 6 个、抽水机 6 台"。⑤1885 年 6 月,张之洞强调仿制克虏伯炮并非易事,应一面购办一面学制,上海购进制 18 吨炮机器,使用克虏伯来复线、后开门各法仿制大炮,如能制成,中国各海口炮台均能足用。⑥1886 年 3 月,上海机器局仿制克虏伯炮,尚未得其灌钢之秘法,决定先从英法订购钢料,造克虏伯十生的以内后膛小炮,再推及十二生、十五生、二十一生以上大炮。⑦12 月,署理船政大臣裴荫森奏二月间派工程处学生魏瀚赴外洋采买钢甲船料。⑧1888 年,江南制造局总办聂缉椝禀购栗色火药并雇洋匠仿造。1890 年李鸿章向英国购买一座 15 吨炼钢炉,为制造枪炮、轮船和各种机器而炼钢。1892 年 11 月,盛宣怀致电沪

---

① 军事历史研究会:《兵家史苑》第二辑,军事科学出版社 1990 年版,第 269 页。
② 《海防档》(丙)机器局第 1 册,台湾艺文印书馆 1957 年版,第 101 页。
③ 曾国荃:《曾忠襄公全集》奏议,卷 25,文海出版社 1973 年版,第 35 页。
④ 王尔敏:《淮军志》,中华书局 1987 年版,第 298 页。
⑤ 王培:《晚清企业纪事》,中国文史出版社 1997 年版,第 82 页。
⑥ [德]乔伟、李喜所、刘晓琴:《德国克虏伯与中国的近代化》,天津古籍出版社 2001 年版,第 334 页。
⑦ 同上书,第 336 页。
⑧ 同上书,第 337 页。

道商及天津军械局所购物料事,"瑞生信义料价即付"。①1893 年 8 月《北华捷报》
报道,江南制造局兴建的专制栗色火药的工厂,其制药机器系从克虏伯厂购来。
后该局所制栗色火药由武备学堂学生孔庆塘等人试验,以克虏伯二十一生的三十
五倍身长后膛钢炮装放沪局栗药二出,颇为合法,只是水气稍多,应着意水气减少
速力提高。②是年江南制造局与德国瑞生洋行签订协议,向德国购买无烟火药制
造机器并代雇一名洋匠为教习。③1894 年 6 月 22 日《北华捷报》报道江南制造局
情况,该局在龙华火药厂内建立一座无烟火药厂,机器系购自德国格鲁森厂
(Gruson Werk Magdeburg Buckau),后者已与克虏伯厂合并,此乃中国第一座无
烟火药厂。④《江南制造局记·制造表》记载,1867—1904 年间,以引进的工作母
机制造了各种机床 249 台、起重机 84 台、抽水机 77 台、汽炉机器 32 台、汽炉
15 座、滚炮弹机 3 台、造炮子泥心机 3 台、磨枪头炮子机 4 台、压枪子铜壳机 5 台、
光枪子铜壳机 5 台、枪子机 15 台、造枪准机 5 台、拌药机 10 台、碾药机 12 台、剪
药机 8 台、装铜帽机 4 台、压铅条机 1 台、发电机 4 台。江南制造局在发展过程
中,多次通过瑞生洋行、地亚士洋行、信义洋行和礼和洋行,购买大量的枪机、火
药、子弹以及铡床、车床、汽炉、打铁、熔铜等机器设备。1910 年 9 月江南制造局
为扩充炮厂加造新炮,向礼和洋行订造克虏伯七生五管退山炮用各式机床。⑤

表 10.6　江南制造总局历年收入支出表(1867—1894 年)⑥　单位:万两规平银

年　别	收　入				支　出			
	江海关二成洋税并筹拨专款	各省解还奏调军火价	折变废机器及物料价	总额	购置机器	订购物料及预付洋行定银	译书购买军火	总额
1867—1873 年	288.5			292.7	11.1	153.3	8.7	292
1874 年	49.2			53.7	4.7	30.4	3	56.8
1875 年	52			55	2.7	29	1.4	52.8
1876 年	47.3			53.1	5.3	28	1.4	55

---

① 《盛宣怀来电存稿(第三十册)》,盛宣怀全宗档案 003630,上海图书馆藏第 110 页。

② [德]乔伟、李喜所、刘晓琴:《德国克虏伯与中国的近代化》,天津古籍出版社 2001 年版,第 345 页。

③ 中国近代兵器工业档案史料编委会:《中国近代兵器工业档案史料》第一辑,兵器工业出版社 1993 年版,第 57—59 页。

④ [德]乔伟、李喜所、刘晓琴:《德国克虏伯与中国的近代化》,天津古籍出版社 2001 年版,第 346 页。

⑤ 同上书,第 358 页。

⑥ 张国辉:《洋务运动与中国近代企业》,中国社会科学出版社 1979 年版,第 388—389 页。

续表

年　别	收　入				支　出			
	江海关二成洋税并筹拨专款	各省解还奏调军火价	折变废机器及物料价	总额	购置机器	订购物料及预付洋行定银	译书购买军火	总额
1877 年	33.4			35.3	2.6	19.1	2.7	41.2
1878 年	43.5			44.4	0.6	6.7	8.1	34.9
1879 年	46.9			48.7	0.4	19.3	0.03	40
1880 年	56.1		0.5	59.4	6.1	3.1	1.6	58.8
1881 年	65.7		0.2	74.6	2.4	5.3	2	85.3
1882 年	52.9		0.2	61.6	7.1	6.6	19	61.4
1883 年	43.8			57.4	2.9	24.1	2.4	54.7
1884 年	50.5	4.1		90.7	3.3	49.4	13.4	98.3
1885 年	52.7			60.5	1	23.8		50.5
1886 年	52.5	0.8		55.3	1.6	24	0.08	49.2
1887 年	53.1	5.2		61	1.9	38	0.06	66.2
1888 年	55.7			56.9	2.5	23.3	0.2	48.8
1889 年	52.2			63.1	2.4	41.1	2.1	68.9
1890 年	79.3	0.6		89.6	2.9	44.1	1.9	75.6
1891 年	68	1		78.7	5.5	33.3	1	64.5
1892 年	64.8	0.6		67.3	2.8	42.6	0.9	76.3
1893 年	56.4	0.6		62.9	13.3	41.7	0.02	84.3
1894 年	62.2	6.9		81.8	22.3	30.9	2.2	89
备注	总额尚包括其他款项,收款中包括各省解还军火修造轮船款,支出中包括华洋工匠工食、办舆图经费。江南制造局开办经费共计 543 000 两,到 1899 年增至 120 万两,来源是户部拨款、江海关关税、商债和钱庄挪垫等							

表 10.7　金陵制造局历年收入支出表(1879—1891 年)[①]　单位:万两规平银

年　份	收　入		支　出	
	江海关二成洋税、江南筹防局、金陵防营支应局、扬州淮军收支局拨款	总额	购买各项料物	总额
1879—1880 年	20.2	20.2	9.9	19.9
1881—1882 年	15.6	16		

---

①　张国辉:《洋务运动与中国近代企业》,中国社会科学出版社 1979 年版,第 390—391 页。

年 份	收 入			支 出	
	江海关二成洋税、江南筹防局、金陵防营支应局、扬州淮军收支局拨款	总额		购买各项料物	总额
1883 年	10.8	10.9		5.3	10.9
1884 年	15.3	15.3		8.2	15.3
1885 年	11.8	11.8		5.1	11.8
1886 年	11.0	11.0		4.4	11.0
1887 年	11.4	11.4		4.6	11.4
1888 年	11.4	11.4		5.1	11.4
1889 年	11.4	11.4		4.9	11.4
1890 年	12.5	12.5		5.5	12.5
1891 年	11.4	11.4		5.0	11.4
备注	总额尚包括其他款项,收款中包括上年结存,支出中包括华洋工匠工食、薪粮公费、修理厂屋银、装运料物水脚薪粮				

1867 年三口通商大臣崇厚在恭亲王奕䜣的授意下筹办天津机器局"专制外洋各种军火机器"[1],指定津海关和东海关的四成关税作为常年经费。此前 1862 年崇厚在雇用英国军官训练洋枪队时曾试铸英国得力炸炮,加工精造炸炮子,制成两尊并装子试放"甚为猛烈",先后造成十尊。[2]1868 年,天津机器局通过江苏的丁日昌向上海的旗记、旗昌两洋行购买了铁板机器等八种设备[3],包括车床、刨床、直锯及卷锅、炉铁板机器等。随后又向外洋订购了制造火药和铜帽为主的各项机器,向香港购买修造枪炮和仿制炸弹、开花炮等机器,并开始制造炸炮、炮车和炮架等。1869 年夏天,崇厚建立天津火药局,安装了大量外洋机器设备。后来由沈保靖主持局务,扩建为东西两局,增设铸铁、熟铁、锯木、枪子、炼钢等厂,开始以制造枪炮、子弹、火药、水雷为主,辅以修造船舰。天津机器局自 1867 年创办到 1872 年已用银七十三万九千九百七十四两。[4]1881 年,天津机器局发展迅速,被李鸿章称为"洋军火之总汇"。[5]1885 年天津机器局在李鸿章的主持下,"添购物料,趱造军火,加做夜工"[6],从外洋购买数十部机器,"平时日造枪

---

① 《同治朝筹办夷务始末》,卷 44,中华书局 1979 年版,第 17 页。
② 《中国近代史资料丛刊·洋务运动》第三册,上海人民出版社 1961 年版,第 449 页。
③ 《海防档机器局》(一),台湾艺文印书馆 1957 年版,第 45 页。
④ 《中国近代史资料丛刊·洋务运动》第四卷,上海人民出版社 1961 年版,第 242 页。
⑤ 同上书,第 261 页。
⑥ 同上书,第 273 页。

子 13 000 颗,现因醇邸莅津阅操,需用孔亟,每日赶造 26 000 颗"。①1887 年,天津局新建栗色火药厂,采用"最新式机器制造最新式的炸药",以供应"各海口炮台内新式后膛大炮及铁舰、快船之巨炮"。②1893 年,增建炼钢厂,从英国进口全套机器设备,可铸造六寸口径的小钢炮。

表 10.8　天津机器局历年收入支出表(1867—1892 年)③　　　单位:银两

年　份	收　入					支　出
	津东两关四成洋税	户拨边防饷银	北洋海防经费协款	各省划还军火价银	共计	
1867—1869 年					485 333	483 974
1870—1871 年	256 080				256 080	244 988
1872—1873 年	395 269				395 269	394 700
1874—1875 年	584 287			330	584 617	575 494
1876—1877 年	445 608		34 000	4 511	484 119	488 364
1878—1879 年	338 910		122 632		461 542	482 539
1880—1881 年	453 999		217 668		671 667	643 757
1882 年	266 000			31 768	297 768	266 969
1883 年	281 697			31 739	313 436	277 078
1884 年	369 000			29 067	398 067	454 468
1885 年					356 679	294 066
1886 年					320 332	296 212
1887 年					300 201	345 966
1888 年					367 321	296 800
1889 年					358 706	383 074
1890 年					317 713	328 679
1891 年					421 572	316 419
1892 年					456 472	509 911

从表 10.8 可以看出,天津机器局的经费,主要靠津海关、东海关的四成洋税,轮船招商局征收的四成税款,北洋经费的一部分,1880 年至 1887 年每年协拨银一万

---

① 《详述药局失慎事》,《申报》1886 年 5 月 30 日第 1 版。
② 《中国近代史资料丛刊·洋务运动》第四卷,上海人民出版社 1961 年版,第 284 页。
③ 张国辉:《洋务运动与中国近代企业》,中国社会科学出版社 1979 年版,第 393 页。

两,还挪用过出使经费,1889 年增加了江海关洋药厘金,各省拨还军火价银若干。①

表 10.9　金陵机器局、天津机器局购买西洋军火物料经费概况②　　　单位:银两

时间段	项　　目	金　　额
1870.5—1872.1	淮军陆勇西征各营洋枪、炮队教习、通事、工匠人等辛工及制造西洋炮火各局工料、购买外洋军火价值等项	209 964.45
1873.7—1875.11	金陵机器制造局委员薪粮、工料用款等银	116 376.5
1878.2—1879.1	金陵机器局、天津机器局工料用款、薪粮工食、采办洋火价值等项	84 500.5

表 10.10　天津行营制造局购买机器物料价值③　　　单位:库平银两

时间段	项　　目	金　　额
1884.2—1885.1	更换器机锅炉及修理师船	4 431.3
1887.2—1888.1	添建锅炉厂房及修理师船	20 555.0
1890.2—1891.1	添购工料及修理师船	5 724.0

江南机器制造局当年进口了很多西洋物料,其原始档案第 13 号文卷箱(原抄单第 9 号)中有录存订购机器物料合同簿两本,新编第 3 号文卷箱中有瑞生洋行(包括无烟枪药)合同 2 封、老顺记洋行合同 1 封、三井洋行硫磺合同 2 封。④

表 10.11　1896 年 7 月洋人开具"各铁价值项下"⑤

物料名称	单　　位	价值(银两)
一号钉条	每百斤	2.5
二号钉条	每百斤	2.5
三号钉条	每百斤	2.4
一号圆扁方铁		
二号圆扁方铁	每百斤	2.7
三号圆扁方铁	每百斤	2.5
正号生铁		局家所定无市
副号生铁	每吨	22.0

---

① 谢世诚:《李鸿章评传》,南京大学出版社 2006 年版,第 302 页。

② 李鸿章:《外洋军火教练用款片》,同治十一年四月十一日,《军需交涉洋务报销片》,光绪三年六月十九日,《淮军军需报销折》,光绪六年七月十四日,《军需交涉洋务片》,光绪六年七月十四日。

③ 王尔敏:《淮军志》,中华书局 1987 年版,第 309 页。

④ 《上海兵工厂文卷清册》,上海兵工厂全宗 S446-2-2,上海市档案馆藏。

⑤ 《致铁厂洋人函抄存》,《盛宣怀主办汉阳铁厂时期与外人往来有关函件》,古籍类 542540,上海图书馆藏。

表 10.12 金陵火药局历年收入支出表(1885—1892 年)① 单位:库平银两

年 份	收 入		支 出
	金陵防营支应局拨款	总额	
1885 年	38 598	38 614	38 450
1886 年			
1887 年	54 424	54 506	54 349
1888 年	50 178	50 335	50 163
1889 年	50 178	50 351	50 158
1890 年	53 986	54 178	53 966
1891 年	49 599	49 811	49 592
1892 年	53 748	53 967	53 726
备注	收入款项中还包括上年结存没有列入		

1873 年,两广总督瑞麟在广州设广东机器局,用银 17 万两。1888 年 8 月 31 日,张之洞就订购枪炮机器事致电驻德公使洪钧,"枪机仍用日成五十杆者,即订定。净价若干,交期再速更妙。款即汇。沪制小炮未精,仍拟粤自设厂,购克钢,仿克式为便。祈先就七生半、九生两号机器向博洪厂询订。气机马力宜加大,俾枪、炮兼铸,并为一厂,费可较省"。②8 月张之洞致电洪钧,拟由粤自设厂购买克房伯钢仿克房伯炮,先造七生半、九生两号炮,机器由博洪厂询订。11 月再次致电洪钧,称博洪钢佳,能仿造克炮,请与之详订建厂办法。1889 年 5 月,张之洞致电李鸿章,称广东拟设枪炮厂,托洪钧在德厂议购枪炮兼铸炮机器,每日成新式毛瑟枪,兼造克房伯七生半至十二生过山炮,现需款项请海军衙门核实。李鸿章致电海军衙门,就张之洞拟设枪炮厂事请核覆。③8 月,张之洞奏广东筹建枪炮厂经过,克房伯厂以泥罐炼钢,后腔横门坚固,无出其右,为自强持久之计,炮仿克房伯十二生以内过山炮,每年成七生半至十二生过山炮五十尊,商与德国力佛厂订购造炮机器。④1890 年 4 月张之洞电请洪钧迅速在德力佛厂购造克房伯小炮机器。⑤1892 年春夏间,张之洞通过驻德公使许景澄向德国的力拂厂订购制造各种炮架机器全副,每年能生产六至十二厘米口径大炮的各种炮弹一百颗;订购制造

---

① 张国辉:《洋务运动与中国近代企业》,中国社会科学出版社 1979 年版,第 391 页。

② 吴剑杰:《张之洞年谱长编》上,上海交通大学出版社 2009 年版,第 138 页。

③ [德]乔伟、李喜所、刘晓琴:《德国克房伯与中国的近代化》,天津古籍出版社 2001 年版,第 340 页。

④ 同上书,第 341 页。

⑤ 同上书,第 342 页。

小口径枪弹机器一副,每日能生产枪弹二万五千枚。1905 年 3 月,两广总督岑春煊奏广东扩充制造移建新厂折,奏向德商信义礼和洋行订购克虏伯、格鲁森厂每日出三百磅制造棉花药、专造无烟药各种机件及汽机、造药应用之硝强水机器,以扩充广东机器局。①

1875 年,山东巡抚丁宝桢创办山东机器局用银 20 余万两,派遣徐建寅去上海通过英国蒲恩公司购买制造洋火药和马梯尼枪的机器,同时修建火药厂、机器房、生铁厂、熟铁厂、画图房、物料库等,以济南附近的章丘、长山等地的煤矿作为燃料基地。1877 年,正式投入生产。山东巡抚福润、姚济勋在致山海关道盛宣怀函中,提到委托洋行为山东军械局购买物料之事,"敝局制造料物辱承饬人代购,具见关怀,时间畛域无分,为感曷极。铜皮青铅已于二十一日如数解到,长途解运煞费经营,刻已缮具回文藉呈,冰案原拨万金亦已商请方伯即日发交来员解回,以便依期发价,此项价值照原开折内所载各物,不知共须实银若干,因无确数尚未详请奏咨。刻下货物已来,碍难再缓,祈饬该洋商先开一单见示,至此次所解铜皮误黄为紫。于敝局所制枪子未能适用,惟洋枪铜帽则需紫铜顷已禀商抚宪,准其留用或须另请代购黄铜皮之处,容后布闻,至其余青铅钢铁及一切杂物均属必不可少,近来皆隔岁筹款采购,本年直至正月间方克定议,迄今又逾半载,库中旧存者罗掘已空,急盼速为接济,如果沪上运到,可否援照去年办法仍由水运至铁门关,相度情形,或迳沂流入黄或仍存关盘运,似较陆路运脚略为省便。……再紫铜皮用处无多,局中待用黄铜皮甚亟,为造哈乞克斯暨毛瑟等项枪子壳已停工待料数月,于兹现铜皮运到而又错误,焦躁莫名。顷奉抚宪面谕,请再酌购黄铜皮万余斤,赶为运到应用,务须查照单开字样,到此倘有错误须先与议定包管回换,运脚等费均需彼认,即其余各色料物亦需先与议明免得误事,从前购买各物本有合同,此次阁下不知如何定议,至由烟陆路迳运到局,运脚未免太费,亦奉帅谕饬由津运至德州,虽现在禹城齐河一带,有水不久即可涸出,如到德州道路已干,起岸一迳到局,如中间尚有水隔或将各物暂存德州,俟道通后陆续往运似较便易也"。②该函件中透露诸多细节,非战时期,山东机器局却因物料无存而停工数月,且数年来军购皆为隔岁筹款,说明军费连年亏空不能及时采购。而且军品订购过程杂乱,即将运到,需银多少尚未可知;误黄为紫,影响生产,浪费资金。

---

① [德]乔伟、李喜所、刘晓琴:《德国克虏伯与中国的近代化》,天津古籍出版社 2001 年版,第 353 页。

② 《福润、姚济勋致盛宣怀函》,盛宣怀全宗档案 015527,上海图书馆藏。

表 10.13　山东机器局历年收入支出表(1877—1892 年)①

单位:1877—1884 年万两库平银;1885—1892 年万两湘平银

年　份	收　入					支　出
	户部驳减湘平银	陆续提拨藩库银	专案奏拨藩库银	续拨库银	总额	
1877 年		4			4	3.6
1878 年		3.2				4
1879 年		1.9				2.7
1880 年		2.7				4.6
1881 年		2.7				4.1
1882 年		1.2			2.7	1.4
1883 年		2.6			5.6	2.3
1884 年		4.2	1.1		6.2	5.5
1885 年		3.9	1	1	5.6	6.2
1886 年	0.000 5	3.5	1.9		5.6	5.5
1887 年		3.2	1		4.4	4.2
1888 年		3.4	0.4		5.1	4.1
1889 年	0.000 4	4	0.8		6	5
1890 年	0.000 2	4.3	1		6.6	5.4
1891 年		3.8	0.5		5.6	4.5
1892 年		3.9	1		6.2	5.1
备注	收入款项中还包括上年结存、购买枪炮报销结存湘平银、库平银一两扣平四分按湘平支发,节省平余银没有列入					

　　1894 年 9 月,张之洞致电许景澄,将湖北枪炮厂订购的力佛厂炮机一律改作新式快炮(格鲁森式)。11 月湖北枪炮厂添置炮架、炮弹、枪弹三厂,由许景澄在德国力佛厂订购制造水陆行营各种炮架机器全副,造克虏伯炮弹机器一副,每日能成六生到十二生炮弹一百颗,实心弹、开花弹、群子弹、子母弹均能制造,同时改换快炮机器。②1895 年 10 月,湖北枪炮厂拟造五生三克虏伯快炮,每年出二百尊,致电许景澄请商力佛厂购买机器。③湖北枪炮厂至 1900 年

---

　　①　张国辉:《洋务运动与中国近代企业》,中国社会科学出版社 1997 年版,第 394—395 页。
　　②　[德]乔伟、李喜所、刘晓琴:《德国克虏伯与中国的近代化》,天津古籍出版社 2001 年版,第 346 页。
　　③　同上书,第 348 页。

常年经费约 83 万两,来源为江汉、宜昌两关关税、土药税、川淮盐税、江防加价、捐输银等。

1908 年 10 月,四川总督赵尔巽上奏,"(川省机器)局中制造火药应用牙硝将次用罄,援案委员采办牙硝八万六千斤以资配,造遵照部定价值,计需库平银一万二百七十七两,仍请于常年经费外在成绵龙茂道库土货厘金项下另行提拨"。①"新厂造无烟药,岁需德国知利硝五十余万启罗以造滔水,购价在六万金以上。因思川硝甚广,亟思试用洋匠,奢福谓川硝质劣,必须炼净乃肯一试,而炼硝之各种洋药,多方购求半年无成。……考验在八十八度以上与德硝无异造无烟药甚合用……每岁可省数万金。"②1909 年 1 月上奏"机器局采买洋钢铁锉"折,"川省机器局前因枪筒洋钢铁锉及一切应用物料将次用罄,委员赴上海购买,于光绪三十二年十月经前督臣锡良付片奏明在案,兹据委员将各件购办齐全,运解回川业已由局验收存储备用,所有价值、运费、薪水、川资、口食等项,总共支用库平银二万五千六百六十四两七钱零三厘二毫五丝零四微四尘"。③"机器局采买铜铅钢铁"折称,"制造毛瑟枪药弹、铜钉、小火、铅子、机件等项,需用铜铅钢铁,必须陆续采购。照案在于成绵道库土货厘金项下提拨银两派员就近采买上色精铜八万斤,净铅十万斤,苏土钢四千斤,毛条铁一十六万斤,以资制造"。④赵尔巽档案显示"四川兵工厂应行整理各条……厂中打造枪件钢模现均打坏,间又购买一副将来到厂,如此等拙工恐终不知用法,亟应严饬监工委员令其小心保护,倘再毁坏必须认赔方足示儆。制造枪弹样板最为紧要,查该厂系购自外洋,价既昂贵并不完全,嗣后所需大小样板亟应自造多份备用"。⑤1909 年 4 月 12 日,赵尔巽上奏"机器局购买洋钢物料"折,"总办布政史王人文试用道丁昌燕等详称,局中制造军火前在上海购回枪筒洋钢铁锉等件及一切应用物料,将次用罄,必须速为采办,方免停工,待料之虞拟请仍赴上海采办洋钢及一切应用物料等件,查照前案,估计约需银二万余两,运回川再将价值运费及委员薪水等项归并核实汇案报销"。⑥1911 年 1 月四川总督赵尔巽奏报,"查各标镇协营采买火药铅弹用过工料银两例应按年造册报销,前已报至光绪三十二年在案,兹经四川提督马维骐、裁缺军标中军副将张世昌、署督标中军副将赵国士,分别造选,计川省制兵各营药弹银两"。⑦

---

① 《赵尚书奏议》,上海图书馆藏古籍电子文献 T28072-142,第 1543 页。
②⑤ 赵尔巽全宗档案 543-75-4,中国第一历史档案馆藏。
③ 《赵尚书奏议》,上海图书馆藏古籍电子文献 T28072-142,第 259、1696 页。
④ 同上书,第 1149—1150 页。
⑥ 同上书,第 2011 页。
⑦ 同上书,第 4078—4082 页。

表 10.14　1907—1908 年四川省制造营药弹银两

年　　份	制造火药	制造铅弹	用　　　铅	工料银
光绪三十三年	75 619.31 斤	643 200 颗	四分用铅 21 115.68 斤	3 858.371 9 两
光绪三十四年	64 265.41 斤	536 450 颗	六分用铅 17 967.492 斤	3 366.858 两

表 10.15　1907—1908 年四川省机器局经费报销折①

项　目	种　类	1907 年数量	1908 年数量
续成	机器	58 起	25 起
修理	机器	38 部	1 052 部
	旧洋枪	920 支	351 支
	水龙	29 架	24 架
	铜水枪		82 支
新造	各种机件	22 766 起	12 553 起
	七生本寸开花炮	1 尊	
	法蓝单响毛瑟	1 230 支	1 220 支
	火针簧	1 230 尺	1 220 尺
	铜起子	123 把	122 把
	洗把	123 个	122 个
	单响毛瑟枪药弹	965 200 颗	1 001 600 颗
	毛瑟枪药壳	283 040 颗	341 620 颗
	马梯尼枪药弹	46 000 颗	41 600 颗
	马梯尼枪药壳	119 000 颗	20 000 颗
	红铜小火	900 000 粒	360 000 粒
	黄铜钉子	520 000 粒	240 000 粒
	洋鼓	113 个	190 个
	洋火药	20 790 斤	21 140 斤
	水龙	2 架	
所有经费	物料价、薪资、杂费等	库平银 128 708.369 187 5 两	库平银 101 501 两
备注	试放合用解交筹饷局验收存储,四川省机器局自 1904 年 11 月起开办		

1881 年 6 月 18 日,三品卿钦差大臣,边务邦办吴大澂为供应吉林、黑龙江两

① 《赵尚书奏议》,上海图书馆藏古籍电子文献 T28072-142,第 326—327、783—784、3988—3984 页。

省的武器弹药,加强边防,对付沙俄入侵而奏准设立吉林机器局。清廷先后拨款三十五万两白银作为创办经费,安排曾在天津机器局当过"提调"的江苏人宋春鳌担任总办,又从沪、津、宁等地调来司事、工匠多人。1883 年 9 月,土木工程和机器设备安装完成,同年 10 月 2 日正式投产。机器局为长方形院落,中部为厂房,西部是公务房,东部为表正书院,设测量、算法、机械制造等科目。另设汽炉房、烘铜炉房 6 间,烘壳炉房 4 间,木铁工制造所 20 间,机器翻砂铜所 20 间。厂内大多数设备来自欧美国家,由上海新载生洋行、慎裕洋行、顺记洋行和天津机械局代购。据 1884 年统计,吉林机器局修建共用白银 248 430 两,其中敷地费和房屋修建费共 9 443 两,机器物件购置费 31 393 两,水陆运输费 41 057 两,其他费用约 36 150 两。吉林机器局先后生产的枪炮弹药有抬枪、骑铳、来福枪、毛瑟枪、葛尔萨格林炮、开斯毛瑟等枪支子弹,二、四、六、十二磅炮弹,还有水雷等。1885 年制造出 25 吨汽艇,1886 年又在松花江南岸建成火药厂两座。1886 年 11 月 14 日,吴大澂奏称,该厂自行创造新式枪炮,机栝极灵,施放亦准,足为临战之利器。还派人将吉林机器局生产的枪炮送京师神机营试用。1890 年,吉林地方练军每年要求机器局供应火药两万斤,铜帽 200 万个,铅丸 50 万个。该厂生产的军火在支援甲午抗日战争和吉、黑两省抗御沙俄入侵东北的战争中发挥了积极作用。1900 年 9 月,沙俄入侵吉林后捣毁机器局,将库存枪械子弹投入江中。1905 年在机器局旧址的基础上改建"吉林造币局"。

1874 年,浙江巡抚杨昌浚设浙江机器局,费银 6—7 万两。1877 年四川总督丁宝桢在成都设四川机器局用银 16 万两。①1884 年浙江巡抚刘秉璋聘请德国人孔恩(W. M. Kuln)为洋监督,并赴沪等地购办机器,开办杭州机器局,生产各式子弹。1881 年,李鸿章建议醇亲王奕譞,于京城内的神机营酌设一局以开风气之先,1883 年李鸿章耗费 100 万两以上巨资从欧洲购买大批新型机器,运京安设,局址在京西五十里浑河边的三家店,其规模类似天津机器局。1884 年,吴大澂在直隶乐亭设绥巩军行营制造局,用银 13 000 余两;张之洞在太原设山西新火药局用银 5 000 两;是年云南从外洋购新机器两具,设立云南机器局,生产七生五口径克虏伯炮,只是铁质较差;刘铭传在台湾设台南机器药局用银 12 000 余两。1886 年台湾机器局建成,聘请德国人布特勒(Butler)为洋监督,专门制造子弹,规模不大。②湖南巡抚王文韶设湖南机器局用银 1 万余两。

1894 年 9 月,天津德国瑞生洋行补海师岱、朱锡康呈盛宣怀铜铁铅物料清折,称"申地(瑞生上海分行)铜铅现货只有此数,且二十五吨价每担八两四钱者已

---

① 梁义群:《近代中国的财政与军事》,国防大学出版社 2005 年版,第 76—77 页。

② 廖和永:《晚清自强运动军备问题之研究》,文史哲出版社 1987 年版,第 74—75 页。

经售出,现存该牌号一百五十吨,故价不肯从廉,但既蒙宪委敢不效劳迁就以图后来栽培,刻将合同缮就一百五十吨送呈画押,倘然嫌多可于合同后批除若干可也,敢请迅赐发还,以便补(海师岱)今晚带回申江……至于紫铜如尊处嫌贵不购,亦已别有受主也,兹将紫铜砖样两块及白铅样一块送呈察核,其铜比向来办者成色更高,如此票售去,申地别无现货"。①

表 10.16　德国军火教习魏贝尔为国内机器局制造及试验子弹器具开单呈报②

种　　　类	数　量
镟二十一生的与三十零半生的口径开花炮子机器床	25 架
镟十二生的与十五生的口径开花炮子机器床	20 架
镟十零半生的及以下小口径者开花炮子机器床	20 架
考验六生的口径三十倍径身长陆路快放炮炮子及火引规矩	各 1 套
考验七生的半口径十三倍口径身长水师与陆路炮炮子及火引规矩	各 1 套
考验八生的七口径二十倍口径身长水师炮炮子及火引规矩	各 1 套
考验十零半生口径三十五倍口径身长水师炮炮子及火引规矩	各 1 套
考验十二生的口径三十五倍口径身长水师快放炮炮子及火引规矩	各 1 套
考验十五生的口径三十五倍口径身长水师炮炮子及火引规矩	各 1 套
考验二十一生的口径三十五倍口径身长水师炮炮子及火引规矩	各 1 套
考验二十六生的口径三十五倍口径身长水师快放炮炮子及火引规矩	各 1 套
考验三十零半生的口径二十五倍口径身长水师炮炮子及火引规矩	各 1 套
考验十二生的口径三十五倍口径身长沿海炮炮子及火引规矩	各 1 套
考验二十四生的口径三十五倍口径身长沿海炮炮子及火引规矩	各 1 套
考验二十八生的口径十二倍口径身长短身炮(1888 年)炮子及火引规矩	各 1 套
考验二十八生的口径三十五倍口径身长沿海炮炮子及火引规矩	各 1 套
考验六生的口径三十四倍口径身长阿姆斯特朗后膛炮炮子及火引规矩	各 1 套
考验十生的口径二十五倍口径身长阿姆斯特朗后膛炮炮子及火引规矩	各 1 套
考验六磅哈乞开斯快放炮炮子及火引规矩	各 1 套
考验三磅哈乞开斯快放炮炮子及火引规矩	各 1 套
考验一磅哈乞开斯快放炮炮子及火引规矩	各 1 套
量口径规矩尺二十五生的密达长千分之二十五米立密达	1 付

① 《补海师岱、朱锡康致盛宣怀函》,盛宣怀全宗档案 041601,上海图书馆藏。
② 《机器局制造及试验子弹器具数目清折》,盛宣怀全宗档案 033351,上海图书馆藏。

续表

种　　　　类	数　量
量口径规矩尺五十生的密达长百分之五米立密达	1付
量口径规矩尺一密达长百分之五米立密达	1付
量口径规矩尺一密达半长百分之五米立密达	1付
上等绘图圆规	2匣
考验各种拉火螺丝规矩每样	各1套

（三）新军装备的概算

清末新军组建之后,陆军部为新军设置的预算经费最多,达 58 760 236 两,占陆军部预算的 46%,资政院复核为 28 692 680 两,占 37%,远远高于其他单位经费预算,主要是外购西式武器耗费占比较大。旧军军费预算,包括旗营、绿营、防营、武卫左军四项合计为 32 352 882 两,占陆军部预算的 26%,资政院复核为 18 606 143 两,占 24%。绿营经费被全部裁撤,防营与武卫左军削减半数。

表 10.17　宣统三年全国新军军费占军费总预算的比例情况[①]　　　　单位:银两

	军费预算	新军军费预算	新军军费占比
京旗各营署	3 630 149		
步军统领衙门	660 022		
陆军部及近畿三镇各学堂	7 792 663	4 127 592	53%
奉　天	6 696 346	4 742 211	71%
吉　林	1 638 677	495 520	30%
黑龙江	1 470 584	487 480	33%
直　隶	7 919 583	2 564 675	32%
江　苏	7 130 374	2 205 174	31%
江　北	1 228 693	859 659	70%
安　徽	5 639 328	3 821 828	68%
山　东	1 978 982		
山　西	2 328 950	1 695 273	73%
河　南	2 453 441	745 712	30%
陕　西	1 789 654	2 728 451	152%

---

① 《呈预算宣统三年京外旗绿新旧军费总数清单》《呈预算宣统三年各省新军发出总数清单》,《军机处录副奏折》,卷号 03-7496,档号 080、081,第一历史档案馆藏。

续表

	军费预算	新军军费预算	新军军费占比
甘　肃	4 355 267	2 728 451	63％
新　疆	1 620 481	507 495	31％
福　建	1 891 999	936 078	49％
浙　江	3 469 917	2 103 694	61％
江　西	2 961 387	2 344 101	79％
湖　北	3 916 701	1 811 632	46％
湖　南	2 913 740	1 090 659	37％
四　川	9 824 147	6 074 280	62％
川滇边务	404 159		
广　东	4 996 923	1 621 307	32％
广　西	2 808 808	965 976	34％
云　南	4 189 432	1 842 273	44％
贵　州	1 248 338	565 932	45％
蒙古西藏等边务	3 634 998	1 323 277	36％
总　计	100 592 644	46 292 574	46％

从上表可以看出,在 24 个记录数据完整的呈报军事预算单位中,有 13 个单位的新军军费比重接近或超过一半。标志着新军在短时间内迅速兴起,其预算中有相当一部分是新式装备所需费用。就陆军部的具体经费来说,清廷有详细的规定。

表 10.18　陆军部所管经费表①

单位:银两

经费用项	度支部预算	资政院复核	削减数额
陆军部	1 107 272	89 431 007	216 841
军谘处	1 117 660	950 000	167 660
禁卫军	2 166 060	2 166 060	0
旗营	8 863 629	8 792 619	71 011
绿营	3 862 203	0	3 862 203
防营	18 621 144	9 310 572	931 572
绿营防营裁遣费	6 586 387	6 586 387	0

---

① 《议决试办宣统三年总预算案请旨裁夺由》,《宣统—财政》胶片编号 2,第一历史档案馆。

221

经费用项	度支部预算	资政院复核	削减数额
武卫左军	1 005 906	502 953	502 953
新军	58 760 236	28 692 680	30 067 555
筹备军装	4 000 000	4 000 000	0
军事教育	5 456 864	3 212 087	2 244 778
扩充军事教育	2 215 900	2 215 900	0
制造局所	4 786 814	4 786 814	0
扩充兵工厂	4 904 600	4 904 600	0
牧场	7 309 540	654 078	76 876
炮台	250 709	250 709	0
军塘驿站兵差	2 406 995	0	24 066 995
统计	126 843 333	77 915 890	48 917 443

1907年陆军部制定《全国陆军三十六镇按省分配现年编练章程》,是年8月29日陆军部正式提出36镇的新军编练计划,根据各省的人力、物力、财力及重要程度进行分配,准备在1912年全部完成。规定常备陆军"平时编制以两镇为一军。每镇步队二协,每协二标,每标三营,每营四队;马、炮队各一标,每标均三营,每营马四队、炮三队;工程队一营,每营四队;辎重队一营,每营四队。步、炮、工每队皆三排,每排三棚;马队二排,每排二棚;辎重队二排,每排三棚。各种队伍每棚目兵十四名。计全镇官长及司书人等共七百四十八员名,弁目兵丁一万零四百三十六名,夫役一千三百二十八名,共一万二千五百十二名"。①其中明显可以看出,新军编练中的新式装备直接决定着部队编制,装备也是耗费军费比重较大的部分。

表10.19　1907年8月陆军三十六镇按省分配年限编练表②

地区	镇数	年限	编成数	地区	镇数	年限	编成数
近畿	4	已成	4	广西	1	5	
直隶	2	已成	2	云南	2	5	

---

① 《东方杂志》,1907年第2期。

② 《奏定陆军三十六镇按省分配限年编练章程》,《大清新法令》,《中国全鉴1900年—1949年》第一卷,团结出版社1998年版,第627页。

地区	镇数	年限	编成数	地区	镇数	年限	编成数
山东	1	3		贵州	1	5	
江苏	2	3	1	四川	3	3	
江北	1	4		山西	1	3	
安徽	1	4		陕西	1	3	
江西	1	4		甘肃	2	5	
河南	1	4		新疆	1	3	
湖南	1	4		热河	1	4	
湖北	2	3	1	奉天	1	3	
浙江	1	2		吉林	1	2	
福建	1	2		黑龙江	1	2	
广东	2	5		总计	36，截至 1911 年编成 14 镇		

由于清廷财政困难，各省大多无法按规定完成新军编练任务。袁世凯计划增募士兵 3 万名，并添购必需的军火，需银 600 万两。组织一镇的常备陆军，至少需银 200 万两，全国组建 36 镇，需银 7 200 万两。维持一镇一年的开支至少需银 130 万两，按 36 镇计需银 4 680 万两。加起来，36 镇的编练完成需银 11 880 万两。①这对于早已入不敷出的清廷来说，根本无法承担。1908 年，两广总督张人骏就曾说，"陆军部咨期以五年编练成二镇，则断非广东财力所及"。②到 1911 年辛亥革命爆发，全国总共只编成常备新军 14 镇、18 协、4 标和 1 支禁卫军，约 26.9 万人，不足原计划 36 镇的一半。袁世凯提出，器械为士卒之卫，固贵精利，尤忌参差，要求新军所用枪炮"考定一式，俾免歧异"。③袁世凯在新建陆军中使用形制统一的新式枪炮，步、马队统一使用 8 毫米口径的曼利夏步枪、马枪和六响左轮手枪，炮兵营三个分队分别使用克虏伯 75 毫米口径过山炮、格鲁森 57 毫米口径过山炮和陆路快炮。后来编练北洋六镇时，既购买日本产新型步枪、马克沁机关枪、管退快炮等新式枪炮，又注意"枪炮式样，全镇一律"。④

---

① 施渡桥：《晚清陆军向近代化嬗变述评》，《军事历史研究》2001 年第 4 期。
② 《清朝续文献通考》卷 220，浙江古籍出版社 2000 年版，第 9673 页。
③ 《袁世凯奏议》，天津古籍出版社 1987 年版，第 176 页。
④ 同上书，第 1278 页。

表 10.20　1911 年陆军部预算经费表① 　　　　　　　　　　单位:银两

用款单位	预算原数银	资政院核定银	实需银
第一镇	1 413 682.25	1 282 812.25	
第二、四镇	3 057 662.64	2 087 245.79	
第五镇	1 093 945.79	1 069 145.79	
第六镇	1 188 586.27	1 161 266.46	
陆军第一、二、三、四中学堂	958 485.73	516 792.41	535 415.39
中学毕业入伍生			102 614.53
军需、军医、马医、警察、电信学堂	184 382.88	91 228.03	175 914.79
京师陆军小学堂、陆军步队预备专科学堂、军士学堂、京畿陆军警察队、陆军速成学堂、宿卫营	289 446.80	169 896.98	191 491.81
留日、法、美陆军学生	253 489.13	213 471.13	161 472.48
留英、德陆军学生			追加 2 993.82
近畿参谋、兵备、教练等处及粮饷、军械、军医、财政等局	431 384.82	全裁	
两翼牧场	87 264.38	69 811.51	87 264.38
合　　计	8 751 620.61	6 660 939.64	

二、 海军军贸经费的流向

　　鸦片战争爆发,太平天国运动兴起,外患内忧之下,清军逐渐意识到必须建立一支现代海军应对紧张局势,19 世纪 60 年代开始,花费巨资打造了一支"亚洲第一舰队"。第二次鸦片战争之后,洋务自强以"船坚炮利"为追求目标,兴建了中国第一批军事工业。1867 年曾国藩主张制造轮船,奏请拨留江海关二成洋税,其中一成作为江南制造局制造轮船之用②,约 487 904 海关两③。1874 年,日本侵略台湾事件发生,引起朝野震动,清政府认为"海防一事为今日切不可缓之计"④。通过长期的自造与广泛购买,晚清拥有了一批式样不同、大小不一的舰船,组建了新式海军。到中法战争前夕,海军规模初具,按照舰船所属不同,可分为北洋、南洋、福建、广东四支海军。晚清海军舰船的来源有二,一是自造,一是购买。自造

---

①　张亚斌:《晚清陆军部研究》,北京师范大学 2009 年硕士论文,第 37—38 页。
②　《中国近代兵器工业档案史料》(一),兵器工业出版社 1993 年版,第 575 页。
③　姚贤镐:《中国近代对外贸易史资料》,中华书局 1962 年版,第 800—801 页。
④　《中国近代史资料丛刊·洋务运动》第 1 册,上海人民出版社 1961 年版,第 118 页。

舰船主要集中在江南制造局、福州船政局和广东机器局。1884年,福建海军在马江海战中覆没,清政府认识到"上年法人寻衅,叠次开仗,陆路各军屡获大胜,尚能张我军威,如果水师得力,互相应援,何至处处牵制"①,于是决定"大治水师",在北京设立海军衙门,并优先扩充北洋海军。江南制造局至1885年造成"保民"号为止制成兵轮八艘,而后单纯制造枪炮弹药;福州船政局专业修造轮船。晚清外购轮船集中于英国阿姆斯特朗厂和德国伏尔铿厂。先是通过赫德向英国购买四艘炮艇,续购六艘炮艇,向德国购买两艘铁甲舰。陆续向英法等国购进了一批巡洋舰和鱼雷艇。1888年李鸿章向英国百济公司订购的左队一号鱼雷艇到华后,又向德国订购了左二、左三、右一、右二、右三鱼雷艇料件,回国组装。②从1861年到1888年北洋舰队成军的二十七年时间内,据不完全统计,清廷为建设海军仅购造舰船费就超过3000万两,再加舰船上各种装备器材的购置费、舰队基地营造费及维持费等,对海军的总投资约在1亿两上下,等于每年拿出300余万两白银用于海军建设,平均占其年财政收入的4%,个别年份超过10%。③

1856年春,上海税务司英国人李泰国游说上海道蓝蔚雯,新制小火轮炮船对于剿灭太平军用处甚大,清廷请李泰国经手购买铁皮火轮船一艘。1859年8月,曾国藩上奏兴办淮扬水师,"臣已派都司成名标赴广东购买洋炮,约冬间可以回营,明春可以绕道出淮,应即遴选委大员,先行驰往淮扬一带察度办理"。④1861年4月,英国驻上海领事巴夏礼向总理衙门称,曾国藩、胡林翼等水陆各军"饷项不足,船炮不甚坚利,恐难灭贼"。⑤清廷决定购买外洋先进船炮对付太平军,英法等国公使立即表示愿意提供帮助,英国公司法卜鲁斯和参赞威妥玛怂恿清政府委托他们购买,而法国公使哥士耆(奇)曾请求"总理衙门给札,令其购买船炮"⑥。1874年,李鸿章通过总税务司赫德在英国订造4艘炮船,开始清朝海军向国外购军舰的历史。江苏藩司丁日昌鉴于中国旧式师船根本无法抵御西方轮船的实际状况,提出创建北洋、东洋、南洋三路轮船水师,各设大兵船六只,根驳轮船十只。初则购买,继则由厂自制,沿海择要修筑西式炮台,设置西式大炮。三洋各设三个制造厂,分别制造轮船、枪炮等武器,系"水师与制造相为表里,偏废则不能精"⑦。1875年清廷同意总

---

① 朱寿朋:《光绪朝东华录》,中华书局1958年版,第1943页。

② 谢世诚:《李鸿章评传》,南京大学出版社2006年版,第257页。

③ 金一南:《北洋海军甲午惨败实属必然》,《参考消息》2014年3月3日。

④ 李守孔:《中国近百余年大事述评》第一册,台湾学生书局1997年版,第65页。

⑤ 《筹办夷务始末(咸丰朝)》第八册,中华书局1979年版,第2914页。

⑥ 《海防档》(购买船炮)第一卷,台湾艺文出版社1957年版,第51页。

⑦ 中国史学会编:《中国近代史资料丛刊·洋务运动》第1册,上海人民出版社1961年版,第31—33页。

理各国事务衙门之议,"先设北洋水师一军,就一化三,择要分布"。①

李鸿章 1880 年设大沽船坞用银 14 万余两,1883 年设威海水师机器厂用银
14 000 余两。1884 年 11 月,曾国荃以新购西洋 14 口径 800 磅子大炮及开花弹,
置吴淞等炮台。又购马梯尼快枪 2 000 支,分给各营。②1876 年到 1894 年间清廷
共订购舰艇 30 艘,其中有旧式巡洋舰 2 艘,新式巡洋舰 9 艘,新式鱼雷艇 18 艘。
在这批舰艇中,从德国订购的是 24 艘,从英国订购的是 4 艘。1884 年 8 月 31 日,
清政府向德国订购的"南琛""南瑞"两艘快船抵沪。③大部分外购精锐战舰都在李
鸿章的协调下配给了北洋海军,1888 年 12 月 17 日,北洋水师正式宣告成立并于
同日颁布施行《北洋水师章程》,标志着晚清海军已成为亚洲引人注目的一支舰队。
1889 年户部转拨各省海防捐 75.11 万两,用于添补"致远"号等四舰的鱼雷、火炮等。
1891 年 1 月,李鸿章指出"日本近在肘腋,永为中土之患,闻该国自与西人定约,广购
机器兵船,仿制枪炮铁路,又派人往西国学习各色技艺"。④但清廷不为所动,没有
增购船炮,直到 1894 年甲午战败。到 1911 年,清廷又陆续购买舰船 40 艘。

(一)北洋海防

19 世纪 70 年代中期,日本对中国威胁日益增大的情况下,购买战舰的奏议
逐渐增多,李鸿章也一再强调,造船之银数倍于购舰之价,急速成军,只能在外国
定造,并将定造之地选为英国。1875 年后李鸿章主持北洋海防,通过赫德等人向
英德等国购买了大量海军装备。1875 年到 1894 年清廷财政收入2 300 余万两,
主要用于购置船炮军火,例支薪粮公费、军港及防务设施建设等项开支。除了协
饷支出尚包括海军衙门直供和其他渠道征集,约 2 673 万两,加上清廷专项开支
用于购买北洋海军主力舰艇的费用约 761 万两,实际总支出约为 3 434 万两。

表 10.21　光绪元年(1875)至二十年(1894)北洋海防经费历年收支表⑤

单位:万两银

年份(光绪)	收　　入	协饷支出
元年至六年	482.661 8	296.423 3
七、八	227.326 3	163.017 7
九、十	252.534 8	329.508 3

① 中国史学会编:《中国近代史资料丛刊·洋务运动》第 1 册,上海人民出版社 1961 年版,
第 146 页。

②③ 相守荣等:《上海军事编年》,上海社会科学院出版社 1992 年版,第 63 页。

④ 李守孔:《中国近百余年大事述评》第一册,台湾学生书局 1997 年版,第 309 页。

⑤ 《李文忠公全书·奏稿》卷 48,第 41—45 页;卷 58,第 15—27 页;卷 61,第 11—42 页;卷
64,第 14—40 页;卷 74,第 34—35 页;卷 76,第 50—52 页;卷 78,第 24—25 页;《清末海军史料》,海
洋出版社 1982 年版,第 658—659 页。十八年为估计数据。

年份（光绪）	收　　入	协饷支出
十一、十二	286.214 3	294.774 6
十三、十四	228.441 1	259.483 0
十五	102.993 9	99.718 3
十六	146.424 6	142.603 8
十七	133.433 9	127.804 7
十八	约 130.000 0	约 130.000 0
十九、二十	312.211 5	292.464 0
总　　计	2 302.242 2	2 135.797 7

1875 年 4 月,李鸿章与总理衙门商定拨各关洋税银四十五万两,向英国阿姆斯特朗厂购买 320 吨和 440 吨的炮艇各二只。①由赫德经手与该厂签订合同。两种炮艇分别于 1876 年 11 月和 1877 年 6 月抵华,被命名为龙骧、虎威、飞霆、策电。英国媒体认为这些蚊子船"为中国政府带来了前所未有的海洋国家的地位"。②南洋沈葆桢函商分两船到南洋,李鸿章和总理衙门以船少为由全留北洋,决定由赫德和英国税务司金登干再购此种三十八吨炮艇四只,总价四十五万两,1879 年 11 月四船到华,沈葆桢命名为镇东、镇南、镇西、镇北。③李鸿章留此四艘新舰在北洋而将先前所购四艘炮艇划归南洋。李鸿章代为广东购买一艘、为山东购买两艘蚊子船(镇中、镇边),与山东巡抚任道镕商定,将山东两艘蚊子船与北洋四艘蚊子船一起操练,计划驶往旅顺,与所购两艘快船合并组成一支小舰队。④八艘舰船及辅助船只设施等共用 240 万两;枪炮、鱼雷、弹药及制造机器等 531 万两;

----

①　此批蚊子船是 1867 年由英国设计师乔治·伦道尔(George Rendel)设计的新型军舰,在小舰体上加装当时只有主力舰才装备的大口径火炮,被称为伦道尔炮艇。这种船的实际用途并不是出海打仗,而是当作海上机动的炮台,即水炮台。一旦某港口局势吃紧,需要加强防御,就可以临时抽调一批这种浮动炮台去设防。相比起修建在陆地上的炮台来,水炮台船成本低,更加实用。蚊子船的命名并不是表示这种船体小质弱,实际正是其威慑力的象征。北洋海军购买蚊子船时,正值这种船在全世界被热捧,很多欧洲国家对中国拥有这种最新式军舰感到羡慕,甚至英俄矛盾时,英国还曾商议要高价购回出口给中国的蚊子船。北洋海军成军后,拥有铁甲舰、巡洋舰等一大批先进作战军舰,蚊子船逐渐退居二线。为了节省经费,减少军舰机器损耗,延长使用寿命,北洋海军的 6 艘蚊子船只维持 2 艘常年在海上服役,其余 4 艘封存在天津大沽仓库,后于 1894 年中日海战启用(感谢陈悦先生对蚊子船的研究)。

②　Robert Ronald Campbell, James Duncan Campbell: A Memoir by His Son. Harvard University Asia Center, 1970:43.

③　李鸿章:《验收续购船炮折》,光绪五年十月十六日,安徽教育出版社 2008 年版,第 502 页。

④　李鸿章:《验收新购蚊船折》,光绪七年八月二十日,安徽教育出版社 2008 年版,第 477 页。

"定远"等8艘主力舰艇761万两。共计1532万两,约占45%;建筑军港及防务设施380万两,约占11%;薪粮及养船公费1262万两,约占37%。①1887年,自英国购进108吨的鱼雷艇"左一"号,自德国购进108吨的鱼雷艇"左二""左三""右一""右二""右三"号。另外,订购的"致远""靖远""经远""来远"竣工,李鸿章下令邓世昌、叶祖珪、林永升、邱宝仁出洋接带,并于1887年秋驶回国。1888年,北洋海军自英国购进2300吨的巡洋舰"致远""靖远"号,自德国购进2900吨的巡洋舰"经远""来远"号。

　　1879年4月4日,日本利用中国为伊犁问题而与沙俄陈兵边界之机,出兵强行将琉球纳入日本版图。②6月14日,丁日昌上奏十六条迫在眉睫的海防应办事项,"日本倾国之力,购造数号铁甲船,技痒欲试,即使目前能受羁縻,而二三年内,不南犯台湾,必将北图高丽。我若不急谋自强,将一波未平,而一波又起。殊属应接不暇,虽兵衅不可轻开,而横逆殊难哑受。惟有设法筹借款项,速购铁舰水雷以及一切有用军火,并豫筹驶船之将,用器之人"。③9月3日,李鸿章致函总理衙门,"日本有铁甲船而中国独无,所以屡启戒心;西洋虽小国亦有铁甲数只而中国尚缺,所以动生胁制。若欲自强,似不得不设法定购两只,逐渐造就将才,以为建威销萌之计"。④清政府深感实力不济,琉球之事不了了之,但也加快了海军建设的步伐,请出使德国大臣李凤苞和驻德参赞徐建寅访求铁甲舰最新图式作购买的前期准备。同时,李鸿章逐渐发现炮艇的局限之处,曾纪泽就曾经指出蚊子船有两大弊端,一是船小炮大,炮口前向,不能环顾,左右则不甚灵,必须船头转运便捷,方可中的;二是"船舱窄狭,不能载兵勇多名,船中虽列洋枪,当有事之时直虚设耳,盖炮兵专顾大炮,无暇兼顾洋枪,有时敌人小划逼近,恐有坐困之势,必须稍展舱间,略添兵勇"。⑤后来,李凤苞告知李鸿章英国打算出售为土耳其定制的八角台铁甲舰柏而来号、奥利恩号共需银二百万两,李鸿章为此专门致函奕䜣称,购铁甲舰,中外倡议忽忽已阅七年,迄无成局。幼丹以死谏,雨生以病争,鸿章亦不敢不任其责。"倘仍议而未成,历年空言竟成画饼,不特为外人所窃笑,且机会一失,中国永无购铁甲之日,即永无自强之日。"⑥李鸿章建议将闽省欲购蚊子船四只、

---

　　① 梁义群:《近代中国的财政与军事》,国防大学出版社2005年版,第153—158页;郝一生:《日出日落:解密中日百年较量背后的资本逻辑》,东方出版社2014年版,第3页。

　　② 《日本军舰史》,《世界的舰船》增刊,昭和32年10月22日,第16—17页。

　　③ 丁日昌:《沥陈病状并海防事宜十六条疏》,《中国近代史资料丛刊·洋务运动》(二),上海人民出版社1961年版,第394—395页。

　　④ 李鸿章:《议赫德海防条陈》,光绪五年七月十七日。

　　⑤ 刘志惠点校:《曾纪泽日记》,岳麓书社1998年版,第886—887页。

　　⑥ 李鸿章:《议请定购铁甲》,光绪六年二月十一日,安徽教育出版社2008年版,第519页。

快船两只之款约 130 万两银用来购买一艘铁甲,再筹其他经费另购一艘。1880 年清廷批准李鸿章的奏议筹款 110 万两银购铁甲舰。但因中俄关系紧张,英国拒绝向中国售出此舰。中法海战之后,李鸿章呼吁大臣们应该破除成见,大力支持订购铁甲,增强海军实力。李鸿章强调"今欲整备海防,力图自强,非有铁甲船数只,认真练习,不足以控制重洋,建威销萌,断无惜费中止之理",进而,李鸿章"缄属李凤苞如所议无成,即查照新式,在英厂订造铁甲二只",并提出,北洋还应再订铁甲船二只。①

徐建寅、李凤苞 1880 年经过对英德各大军工厂的广泛比较之后,决定由伏尔铿厂订造集合英国英弗来息白(Inflexible)之长的萨克森级铁甲舰,使用克虏伯公司(Krupp)的火炮。设计和技术都可称远东第一舰。购造"定远""镇远"两舰费用,李凤苞曾事先约估价目,两舰船身、火炮、鱼雷艇、电灯、机关炮等一切费用在内,每艘约需 870 万马克,即 43 万英镑,以每英镑折算银 3 两 8 钱,计 163 万余两,两舰合计 326 万两以上。建造完成时的实际花费明细如下:定远船体造价 1 112 098.313 4 两,镇远船体造价 1 127 972.619 93 两;两舰舰载鱼雷艇及配套吊架、胎架造价 48 878.514 53 两;两舰大小炮位 20 门,连同炮架、配件、1 200 枚炮弹、1 500 枚引信等,共价 348 257.949 1 两;两舰单管机关炮 12 门,配炮弹 2 000 枚,定装发射药 1 000 枚,引信 2 500 枚,共价 3 820.595 8 两;定造大小多管机关炮 24 门,连带各种附件以及炮弹 32 192 枚,共价 69 776.274 5 两;定造大小火炮炮药,共价 36 231.868 两;订购鱼雷发射管 14 具,并压缩空气柜等各种配件,共价 46 345.818 24 两;订购探照灯 4 座,发电机 6 台、电灯 480 盏,壁灯 458 盏,以及各种配件,共价 26 047.764 45 两;订购连发步枪 500 枝、普通步枪 500 枝,子弹 25 000 枚,引火 25 000 枚,佩刀 600 把、手枪 50 把、火箭 500 枚、龙旗 2 面以及刀鞘等配件,共价 14 491.695 7 两;支付德国海军部代为检验钢面铁甲,以及派员帮助试验火炮等各种费用,共价 6 830.542 3 两;支付定远镇远停泊德国期间码头费,以及运送该两舰回国的保险费,共价 106 933.531 4 两;支付伏尔铿造船厂为两舰添置的一切器具,以及该厂帮助雇用的看船人员工资等项,共价 63 744.757 82 两;定镇回国准备费用及沿途一切花费,共价 209 034.935 242 6 两;支付船政派赴德国建造人员 11 名的差旅、安家费、工资等各项费用,共价 28 921.592 7 两;支付监工、工程人员为建造两舰,以及当初为购买铁甲舰而赴英德各厂考察所产生的交通费、房租、膳食、杂支,共价 39 075.121 9 两;支付刘步蟾等 9 人赴德国接管定镇回华所产生的安家费、薪水、差旅,共价 46 199.217 9 两;支付刘步蟾等 9 人在英德各国往来的差旅、房租、杂支、医药等费用,共价 13 420.521 两;支付

———————————

① 李鸿章:《定造铁甲船折》,光绪六年六月初三日,安徽教育出版社 2008 年版,第 108 页。

江海关代为兑换英镑以及在德雇用搬运工人等各种杂费,共价 2 736.248 194 4 两;支付送船来华的德国船员回国差旅费、工资、食宿、杂费等,共价 48 423.927 545 两。总计定造"定远""镇远",以及中途产生的各项相关费用,共 3 399 240.898 521 5 两银,超出李凤苞估计价值 13 万两。清廷向各处拨款用于购买定镇的经费为 3 646 515.132 95 两,其中福建关藩盐三库拨款 60 万两,福建省奏借出使经费 20 万两,总理衙门拨南洋购船经费及出使经费 40 万两,提用两淮商捐 100 万两,提留招商局应拨还各省的官本以及漕运水脚费 846 515.132 95 两,四川官盐局税厘 30 万两,户部划拨30 万两,收支相抵,尚结余 247 274.234 428 5 两银,归入"济远"购造项目内使用。甲午一役两艘铁甲舰发挥了巨大作用,但未能改变失败的命运。甲午战前,北洋水师主要军舰计有镇远、定远两艘战船,济远、致远、靖远、经远、来远、超勇、扬威七艘快船,镇中、镇边、镇东、镇西、镇南、镇北蚊炮船六艘,左一、左二、左三、右一、右二、右三六艘鱼雷艇,威远、康济、敏捷三艘练船,利远一艘运输船,共计 25 艘,官兵 4 000 余人。中日对决中全面失败,1895 年 2 月 10 日管带刘步蟾下令炸毁定远号以免资敌,沉没后刘自杀,镇远则触礁受损最后投降编入日本海军。

表 10.22　北洋海军经费收支示例(1889—1890 年)①　　　　单位:千两银

项　　目	1889 年		1890 年	
	收	支	收	支
各省关解到税厘	96.5		1 387.9	
各处解还领用军火价	0.9		1.7	
淮军饷项协拨行营制造局造子薪工	22.5		23.9	
北洋电报局收缴信资	9.6		12.5	
收入总额	1 109.7		1 544.9	
户部核销出洋学生杂支		9.2		9.2
户部核销淮饷协拨造子薪工		22.2		22.8
户部核销水雷鱼雷各营		53		57.3
兵部核销兵轮教习洋员		58		50.2
工部核销采买物料		145		462.9
工部核销修理		49.3		43.3
工部核销制造		100.7		113.5
支出总额		997.2		1 426
备注:收入项还包括上年结存、扣收京平平余、电线经费余款、收回十五年份薪粮等项,支出项还包括扣存平余、学堂等处员弁工食、海军俸饷、内河各轮艇、恤赏运保等项、工程等				

---

① 张国辉:《洋务运动与中国近代企业》,中国社会科学出版社 1979 年版,第 396—397 页。

表 10.23　北洋海军购自福州船政局之自造军舰情况①

舰名	型式	吨位	航速	武器配置	购造时间
湄云	木质炮船	550		5 门火炮	1869 年
镇海	木质炮船	572		5 门火炮	1871 年
海镜	木质运输船	1 391		5 门火炮	1873 年
泰安	木质炮船	1 258		5 门火炮	1877 年
康济	铁胁练船	1 310			1879 年
平远	装甲巡洋舰	2 150	10.5	11 门火炮,4 管鱼雷	1890 年
广甲	无防护巡洋舰	1 300	14.2	11 门火炮	1889 年
广乙	鱼雷巡洋舰	1 000	16.5	11 门火炮	1891 年
广丙	鱼雷巡洋舰	1 000	16.5	15 门火炮,4 管鱼雷	1892 年

表 10.24　北洋海军外国舰艇购置情况表②

单位:航速(节)排水量(吨),价格(万两银)

舰名	舰　种	建造国	订购价	武器配置	备　注
镇东	蚊子船	英国阿姆斯特朗厂	11.25	5 门火炮	1879 年到华排水 430
镇西	蚊子船	英国阿姆斯特朗厂	11.25	5 门火炮	1879 年到华排水 430
镇南	蚊子船	英国阿姆斯特朗厂	11.25	5 门火炮	1879 年到华排水 430
镇北	蚊子船	英国阿姆斯特朗厂	11.25	5 门火炮,航速 10	1879 年到华排水 430
镇中	蚊子船	英国阿姆斯特朗厂		5 门火炮	1881 年到华排水 440
镇边	蚊子船	英国阿姆斯特朗厂		5 门火炮	1881 年到华排水 440
超勇	巡洋舰	英国阿姆斯特朗厂	32.5	14 门火炮	1881 年到华排水 1 380
扬威	巡洋舰	英国阿姆斯特朗厂	32.5	14 门火炮	1881 年到华排水 1 380
定远	铁甲舰	德国伏尔铿厂	142.303 7	22 门火炮,3 管鱼雷	1883 年到华排水 7 220
镇远	铁甲舰	德国伏尔铿厂	179	22 门火炮,3 管鱼雷	1884 年到华排水 7 220
济远	巡洋舰	德国伏尔铿厂	68.620 4	18 门火炮,4 管鱼雷	1885 年到华排水 2 300
经远	巡洋舰	德国,时速 16 海里	86.95	14 门炮,4 管鱼雷	1887 年到华排水 2 900
来远	巡洋舰	德国,时速 16 海里	86.95	14 门火炮,4 管鱼雷	1887 年到华排水 2 300
致远	巡洋舰	英国	82.87	25 门火炮,4 管鱼雷	1887 年到华排水 2 300,18 海里
靖远	巡洋舰	英国	82.87	25 门火炮,4 管鱼雷	

---

①　张国辉:《洋务运动与中国近代企业》,中国社会科学出版社 1979 年版,第 113 页;陈悦:《北洋海军舰船志》,山东画报出版社 2009 年版,第 289—291 页。

②　陈悦:《北洋海军舰船志》,山东画报出版社 2009 年版,第 289—291 页。

续表

舰名	舰　种	建造国	订购价	武器配置	备　注
左一	鱼雷艇	英国亚罗， 时速 23.8 海里	8.599 8	2 门火炮，3 管鱼雷	1887 年到华排水 90
左二	鱼雷艇	德国，时速 13.8 海里		2 门火炮，2 管鱼雷	1887 年到华排水 78
左三	鱼雷艇	德国，时速 19 海里		2 门火炮，2 管鱼雷	1887 年到华排水 108
右一	鱼雷艇	德国，时速 18 海里		2 门火炮，2 管鱼雷	1887 年到华排水 108
右二	鱼雷艇	德国，时速 18 海里		2 门火炮，2 管鱼雷	1887 年到华排水 108
右三	鱼雷艇	德国，时速 18 海里		2 门火炮，2 管鱼雷	1887 年到华
福龙	鱼雷艇	德国挨吕屏什好， 时速 23 海里	5.7	2 门火炮，3 管鱼雷	1886 年到华排水 120
1、2、3、 4 号鱼雷艇	鱼雷艇	德国，时速 13 海里		2 门火炮，2 管鱼雷	1881 年到华排水 28
定一	鱼雷艇	德国，时速 15 海里		2 门火炮，2 管鱼雷	1882 年到华排水 16
定二	鱼雷艇	德国，时速 15 海里		2 门火炮，2 管鱼雷	1882 年到华排水 16
镇一	鱼雷艇	德国，时速 15 海里		2 门火炮，2 管鱼雷	1881 年到华排水 16
镇二	鱼雷艇	德国，时速 15 海里		2 门火炮，2 管鱼雷	1881 年到华排水 16
飞霆	驱逐舰	英国			1895 年到华排水 349
飞鹰	驱逐舰	德国			1895 年到华排水 837
备　注	1888 年北洋海军成军时已拥有 5 艘国产、30 艘进口军舰，为三洋海军中最强者				

　　1894 年 7 月 25 日，日本联合舰队不宣而战，在丰岛海域突然袭击北洋护航舰队，甲午战争爆发。9 月 17 日，黄海海战中北洋舰队损失 5 艘军舰。1895 年，在威海卫之战中，北洋舰队孤立无援，困守刘公岛长达月余，抵住了日本联合舰队 7 次进攻，而援兵不至，最后全军覆没。1896 年，云贵总督王文韶接替李鸿章成为北洋大臣后，随即开始着手复兴北洋水师，向英德两国购买多艘战舰。1909 年，南、北洋海军被改编为巡洋舰队与长江舰队，从此北洋舰队之名亦不复存在。

　　北洋海军投入巨资进行了基地建设，主要包括旅顺基地和威海卫基地。旅顺口分为东西两澳，北洋舰队主要营建东澳，即东港。东港东、南、北三面共长 4 106.8 尺，西面拦潮大坝长 934 尺，西北留一口门，供军舰进出，整个港池四周均砌大石岸。东港内东北由建有大船坞，即旅顺大坞，长 413 尺，宽 124 尺，深 37.89 尺，坞口以铁船横栏为门，整个船坞均用山东大块方石，用水泥砌成。1892 年 11 月，盛宣怀致电胶州章军门，"围岛土填需款已批准，塞门德土（水泥)八千六百八十八桶,望即与礼和订定,因其快炮可一同雇船装运,候复即令该行赴尊处面议"。①另外,港内还建有修船各厂 9 座,南岸建有仓库 4 座,东岸建有仓库 1 座,用于储备船械备件。港坞四周设施用铁路连接,沿岸有大型起重机 5 座,另建有铁码头,供应军舰煤和军械。另外,在澳东兼有石码头,专供修理雷艇、蚊子船。港内各设施,共有电灯 46 座,各处铺设自来水管,以供官兵工匠饮用自来水。另外,为疏浚港池,旅顺港还特地配备进口的挖河机器船。为保护基地的安全,在建设坞澳的同时,旅顺基地沿海一侧依山地势,共筑造 9 座海岸炮台。以旅顺口口门为界,口东 5 座、口西 4 座,从东至西分别为:老蛎嘴后炮台、老蛎嘴炮台、摸珠礁炮台、黄金山副炮台、黄金山炮台、老虎尾炮台、威远炮台、蛮子营炮台、馒头山炮台。其中除老蛎嘴炮台为穿窑式外,其余均为露天炮台,共配置火炮 58 门,其中 200 毫米口径以上 9 门。以后又陆续增建炮台 4 座,增添炮位 23 门。从 1889 年起,又环绕旅顺背后修筑陆路炮台,共计 17 座,炮位 78 门。与此同时,为掩护旅顺后路,兼防金州,又在大连湾修筑海岸炮台 5 座,陆路炮台 1 座,炮位 24 门。在此期间,李鸿章因旅顺船坞工程进展缓慢,于 1887 年将其转包给法国人德威尼承建,1890 年 11 月 9 日竣工,旅顺成为北洋水师的维护、修理基地。

威海卫基地从 1887 年开始全面建设,由于开工较晚,其设计建造比旅顺基地更加先进,至 1890 年共建成北帮(威海北岸)炮台 3 座(其中北山嘴、祭祀台炮台均为上下三层的大型炮台),南帮(南岸)炮台 3 座,刘公岛炮台 6 座(东泓、南嘴、迎门洞、旗顶山、公所后、黄岛),日岛炮台 1 座。1891 年,又在威海卫后路修建陆路炮台 4 座,整个威海卫炮台群,共配置大小炮位 167 门,各炮台建造极为坚固,所配火炮多为德国克房伯后膛巨炮,此外在刘公岛和日岛上还分别建造了地阱炮,其炮以水机升降,见敌则升炮击之,可以旋转自如,四面环击。燃放之后,炮身即借弹药之坐力退压水汽,复还阱中,这种地阱炮射程远、威力大,军舰一旦被其击中则必沉无疑。除炮台群外,配套的后勤设施如铁码头、船坞、海军医院、海军公所等也相继建成,共同构成威海卫庞大的海军基地体系。威海卫成为北洋水师的永久驻泊地。

(二)南洋海防

清廷筹建海军过程中,起初就以南北洋地面过宽、界连数省为由,决定分段督办、以专责成,派沈葆桢、李鸿章分别督办南北洋海防事宜。南洋水师,又称南洋海军,由两江总督、南洋督办掌管,最初由沈葆桢策划,后经左宗棠、曾国荃、刘坤一等次第扩充,它的舰只大部分来自江南制造局和福州船政局,外购舰船中以向英国订购居多。因财政困难,清廷决定先练北洋一军,经费使用上重点保证北洋。

---

① 《上游去电》,盛宣怀全宗档案 027180,上海图书馆藏。

沈葆桢从国家大计考虑,认为四百万分建两军过于分散,提出全数解送北洋。从1875年8月至1878年7月南洋项下的经费"尽解北洋"。此后,才将经费分解南北洋各半。不过,也很难得到足额拨解,"南洋自光绪四年最案分解起,截至本年(光绪六年)八月底止,仅收各省关解到经费共银四十余万两,核较原拨银数,不及十分之一"。①沈葆桢凭借两江总督的职位和经办福州船政局的经验,不断扩充南洋水师。1879年,沈葆桢去世后由李鸿章全面规划海军工作,李鸿章更是在天津设立海军营务处,海军实力越来越集中于北洋。1883年,曾国荃曾明确表示,南洋水师兵轮为数无多,"各船大小不齐,兵额不一",用以海战严重不足。②至1884年中法战争前,有巡洋舰、炮舰等十七艘约二万吨,实力仅次于北洋海军。北洋海军虽为清廷重视和李鸿章倚重,但也面临经费亏欠。1886年1月,李鸿章抱怨,近三年来北洋岁收不过六十余万两,南洋所收更少。1885年中法战争时期,南洋水师曾派五舰赴台支援,在海上遇法舰九艘。南洋舰队中三舰退避入港,另外二舰进入石浦湾后自沉。之后南洋水师一度长期停止建购新舰。1894年,两江总督兼南洋大臣刘坤一向德国订购四艘鱼雷艇,因发生中日战争,延后至1895年冬来华。从1878年至1894年17年间,南洋经费约600万两左右,历经十六年却仅相当于南洋三年的额拨款数。南洋海军自创建始至1908年34年间,从南洋购置舰艇支出上看,共计约660万两(其中258万两用于外购,占39%),远低于北洋海军甲午战前购置舰艇所用1 532万两。其经费除各省关协拨外,其不足部分,由各省自筹款项。1909年,南北两洋水师合并,改成立巡洋舰队及长江舰队,南洋舰队正式消失。

表10.25　南洋海军购自国内造船厂舰船造价统计表 ③

序号	舰名	舰种	排水量(吨)	造价(万两银)	制造单位	建成时间
1	测海	炮舰	600	8.3	江南制造总局	1869年
2	威靖	炮舰	1 000	11.8	江南制造总局	1870年
3	靖远	炮舰	572	11.0	福建船政	1872年
4	驭远	炮舰	2 800	31.9	江南制造总局	1875年
5	登瀛洲	炮舰	1 258	16.2	福建船政	1876年
6	金瓯	铁甲炮舰	195	6.3	江南制造总局	1876年

①　刘坤一:《南洋海防经费诸饬粤海关迅行汇解片》,《中国近代史资料丛刊·洋务运动》(二),第463页。
②　张国辉:《洋务运动与中国近代企业》,中国社会科学出版社1979年版,第110页。
③　梁义群:《近代中国的财政与军事》,国防大学出版社2005年版,第160、176页。

续表

序号	舰名	舰种	排水量(吨)	造价(万两银)	制造单位	建成时间
7	澄庆	炮舰	1 268	20.0	福建船政	1880 年
8	钧和	炮舰	均 1 114	均 15	江南制造总局	1882 年
9	开济	快碰船	2 200	38.6	福建船政	1883 年
10	横海	快碰船	1 230	20.0	福建船政	1884 年
11	镜清	快碰船	2 200	36.6	福建船政	1885 年
12	保民	快碰船	1 477	22.4	江南制造总局	1885 年
13	寰泰	快碰船	2 200	36.6	福建船政	1887 年
14	建威	鱼雷快船	850	63.7	福建船政	1895—1908 年
15	建安	鱼雷快船	850	63.7	福建船政	1895—1908 年
16	海安	炮船	2 800		江南制造总局	1871 年
合　计			19 814	402		

表 10.26　南洋海军购自国外舰艇价格统计表①

舰名	舰种	排水量(吨)	价格(万两银)	国家	订购时间	到华时间
高桥	轮船					原属常胜军,1863 年 8 月被劫往太平军,9 月被焚
恒川	轮船				1863 年	?
撒基诺	轮船					Sginaw,亨利华尔售沪
蟋蟀	轮船					Grieket,杨坊购,亨利代管
海生	轮船					Hyson,杨坊等购,亨利代管

---

①　关于"吧吡"船:同治元年正月二十一日,曾国藩用五万五千两购买外洋火轮船,周覆甫、朱筱山将轮船驾押至安徽请曾国藩、李鸿章等人验看。四月初九日,曾国藩向奕䜣、桂良等人奏报,该船最初为"宝顺"号,嫌小退还。改购"吧吡"号,"被售者所欺,诡易其名曰'博云',实不可用"。后又改为威林密船一只。参见《曾国藩全集》(25 卷),书信(4),武汉出版社 2011 年版,第200 页。其中"龙骧""虎威""飞霆""策电"四艘蚊子船先归北洋后调拨南洋使用。"辰""宿"两鱼雷艇由德国伏尔铿厂制造,1 250 匹马力,单装 37 公厘 1 磅弹速射炮 2 门("宿"字装 3 门),单装 14 寸鱼雷发射管 3 个;"列""张"两鱼雷艇,1 200 匹马力,单装 37 公厘 1 磅速射炮 2 门,单装 14 寸鱼雷发射管 3 个。"江元""江亨""江利""江贞"为两江总督兼南洋大臣魏光焘向日本神户川崎造船所订购,分别于 1904 年 11 月 16 日、1907 年 6 月 25 日、1907 年 9 月 18 日、1907 年 9 月 18 日下水。建成移交日分别为 1905 年 2 月 25 日、1907 年 11 月 19 日、1907 年 12 月 31 日、1907 年 11 月19 日。950 匹马力,时速 13 海里,4.7 寸速射炮 1 门,3 寸 12 磅速射炮 1 门,单装 47 公厘 3 磅弹速射炮 4 门,机关枪 4 挺。参见梁义群:《近代中国的财政与军事》,国防大学出版社 2005 年版,第161、176 页;陈悦:《北洋海军舰船志》,山东画报出版社 2009 年版,第 10—17 页;马幼垣:《靖海澄疆——中国近代海军史新诠》,联经出版社 2009 年版,第 343、349—351 页。

舰名	舰种	排水量（吨）	价格（万两银）	国家	订购时间	到华时间
马丁瓦特	轮船					Martin White，杨坊等购，亨利代管
太华	轮船					Ta Hwa，杨坊等购，亨利代管
罗思	轮船					Rose，杨坊等购，亨利代管
升得利	轮船					Zingars，杨坊等购，亨利代管
奉师	军舰				1852 年	上海捕盗局
羚羊	军舰				1852 年	上海捕盗局①
太平	轮船			英国	1855 年	上海捕盗局
孔子	轮船				1855 年	上海捕盗局
宝顺	轮船		7.00	英国	1855 年	上海捕盗局
铁皮	轮船			英国	1856 年	上海捕盗局
威林密	火轮船			英国		1862 年转运兵饷
龙骧	蚊子船	319	9.52	英国	1875 年	1876 年 11 月
虎威	蚊子船	319	9.52	英国	1875 年	1876 年 11 月
飞霆	蚊子船	400	12.98	英国	1875 年	1877 年 6 月
策电	蚊子船	400	12.98	英国	1875 年	1887 年 6 月
南琛	巡洋舰	1 905	27	德国	1883 年	1884 年
南瑞	巡洋舰	1 905	27	德国	1883 年	1884 年
"辰"字	鱼雷艇	90	10	德国	1894 年	1895 年
"宿"字	鱼雷艇	90	10	德国	1894 年	1895 年
"列"字	鱼雷艇	62	10	德国	1894 年	1895 年
"张"字	鱼雷艇	62	10	德国	1894 年	1895 年
江元	浅水炮舰	565	26	日本	1903 年	1905 年 2 月
江亨	浅水炮舰	565	26	日本	1903 年	1907 年 11 月
江利	浅水炮舰	565	26	日本	1903 年	1907 年 12 月
江贞	浅水炮舰	565	26	日本	1903 年	1907 年 11 月

备注：价格中一般包含运费，截至 1853 年"商人道台"吴健彰购雇大型洋船军舰达到 6 艘，李鸿章在 1862 年至 1864 年购雇大小洋船 36 艘②，常胜军统领华尔原为上海捕盗局"孔子"号大副，后为上海道吴煦组织洋枪队，上海捕盗局舰队由李鸿章负责掌管

① 费正清：《中国沿海的贸易和外交：1842—1854 年通商口岸的开放》，美国斯坦福大学 1969 年版，第 421、526 页。

② 于醒民：《阿思本舰队始末》，《社会科学战线》1988 年第 3 期。

（三）福建海防

左宗棠奉命成立福建船政后,随着福建船政制造厂和船政学堂的不断发展,马江附近的军港设施日益健全、船政制造的军舰和培训出的海军人才也渐成规模。1866 年,清廷命沈葆桢总理船政事务,统管造船厂和前后学堂、水师营。在连续建造"万年清""湄云""福星"三艘兵舰后,经船政大臣沈葆桢奏请批准,将福建船政的军舰编成舰队,设轮船统领统一管理,首任轮船统领由原福建水师提督李成谋担任,并制定《轮船训练章程》十二条。1874 年,福州船政局拥有的舰船已初具规模。经过数年发展后,至第三任轮船统领彭楚汉时,清廷为加强台海防务,于 1879 年 7 月 4 日颁上谕,诏令闽局轮船先行练成一军,以无防护巡洋舰"扬武"号为旗舰,福建水师正式宣布成立。

福建水师驻防福建沿海,由福建船政大臣节制,又称船政水师,所需经费在船政造船费和养船费下开支,是中国第一支近代化海军舰队。与福建旧式水师(绿营水师,归闽浙总督指挥,主要负责内河巡防)平行存在,互不统属。中法战争爆发前,福建水师有总计 11 艘军舰,19 只运兵船,主要舰船由船政局自制,总吨位约为 9 800 吨。福建水师共有中左右前后 5 营,额设官兵 4 300 余名。舰船以自造为主,共有大小船只 67 艘,其中 48 艘为战船,另有 19 艘为海岸巡哨之桨船,而在战船之中,又有 13 艘有固定的海上汛地,只有 35 艘可机动出洋作战。购买军舰耗银 300 万两上下,其中超过 30 万两用于向外国求购,占总经费的10％以上。

中法战争时,法军登陆台湾,被刘铭传击退。法军认为必须全歼福建水师,从而切断福建和台湾之间的航道。1884 年 7 月,8 艘法国军舰进入马尾港口停泊。清朝惧怕开战,要求"沿途多张旗帜,列队河干疑敌。密饬后山防营,择要埋伏,杜敌人登陆包抄"。福建水师被法国舰队堵在港口内,虽然军舰数量超过法军三艘,但法舰均为铁甲舰,福建水师则为清一色木壳军舰。在吨位和火力上,双方也差距明显。福建水师侧翼完全暴露在法军舰队重炮覆盖范围内,背靠海岸炮台的福建水师却未先行对法舰打击。法国远东舰队配备具有装甲防护的固定镶嵌式阿姆斯特朗后膛重炮,还有最新式武器——鱼雷和机关炮。而福建水师则为人力推动的威斯窝斯前膛炮,虽然主力舰装备了蒸汽机,但是都是立式蒸汽机,极容易被破坏。福建曾联名上书请求朝廷派北洋舰队南下支援,最后,仅有广东水师派来2 艘军舰。8 月 22 日,法国舰队临时递交战书,福建水师仓促应战。法军在海战中使用杆雷艇机动攻击。福建水师旗舰扬武舰被杆雷艇三次袭击,左侧船舷处水位装甲破裂,动力瘫痪后失去作战能力搁浅,福建水师很快陷入各自为战的局面。

在法军舰炮的饱和攻击下,驻防马尾港的福建水师受到重创,11 艘主力军舰,就有扬武、济安、飞云、福星、福胜、建胜、振威、永保、琛航 9 舰被直接击毁。为防止被俘,另有伏波、艺新两舰自沉。19 艘运输船全部沉没,水师官兵殉国者七百六十人。福建水师全军覆没,法国控制了制海权。时人指出,福建水师平时训练不够正规,各船"分操向无定期,合操亦无定法,进各船散布海口,养而不教",以致"士卒游惰,船械敝蚀"。①1909 年,清政府将福建水师与广东水师、北洋水师以及南洋水师,合并重编为巡洋舰队和长江舰队。

福建水师军舰的壳体大多为木质结构,仅有动力舱室外部有轻装甲覆盖。所采用的立式蒸汽机比铁甲舰采用的复式蒸汽机航速慢,防护效果差。1870 年,福州船政局经过 4 年努力,先后建成"万年清""湄云""福星"三艘战舰。福建水师成军后以马尾军港为基地,守备浙江、福建、厦门海域。至马尾海战前,福建水师已拥有 17 艘舰船,包括福州船政局建造的 15 艘木肋舰艇("扬武""飞云""伏波""济安""福星""永保""万年清""艺新""振威""琛航""元凯""长胜""建威""海东云""海镜"),以及购自美国的"福胜"、"建胜"钢肋炮艇。

表 10.27　福建水师来自福州船政局自造轮船情况②

序号	舰名	舰种	排水（吨）	造价（万两银）	建成时间	备　注
1	万年清	运输船	1 370	16.3	1869.9	马力 150 匹,10 海里每小时,6 尊炮位
2	福星	炮舰	515	10.6	1870.10	马力 80 匹,9 海里每小时,3 尊炮位
3	伏波	运输船	1 285	16.1	1871.4	马力 150 匹,10 海里每小时,5 尊炮位
4	安澜	运输船	1 005	16.5	1871.12	马力 150 匹,10 海里每小时,5 尊炮位
5	飞云	炮舰	1 258	16.3	1872.10	马力 150 匹,10 海里每小时,5 尊炮位
6	扬武	炮舰	1 350	25.4	1872.12	马力 250 匹,12 海里每小时,18 尊炮位
7	振威	炮舰	572	11.0	1873.8	马力 80 匹,9 海里每小时,6 尊炮位
8	济安	炮舰	1 258	16.3	1873.9	马力 150 匹,10 海里每小时,5 尊炮位
9	永保	运输船	1 353	16.7	1873.10	马力 150 匹,10 海里每小时,3 尊炮位
10	琛航	运输船	1 358	16.4	1874.3	马力 150 匹,10 海里每小时,3 尊炮位
11	元凯	炮舰	1 258	16.2	1875.8	马力 150 匹,10 海里每小时,5 尊炮位
12	艺新	炮艇	245	5.1	1876.7	马力 200 匹,9 海里每小时,5 尊炮位
13	超武	炮舰	1 268	20	1878.9	马力 750 匹,12 海里每小时,5 尊炮位

① 中国史学会主编:《中国近代史资料丛刊·洋务运动》(二),上海人民出版社 1961 年版,第 550 页。
② 张国辉:《洋务运动与中国近代企业》,中国社会科学出版社 1979 年版,第 108 页。

续表

序号	舰名	舰种	排水（吨）	造价（万两银）	建成时间	备　注
14	福靖	鱼雷舰	1 030	20	1893.1	马力2 400匹,9海里每小时,11尊炮位
15	靖远	铁胁木壳炮舰	572	11	1872.8	
16	大雅	运输船	1 391	16.4	1874.5	
17	福安	运输船			1897.4	

福建水师向外洋购进了一批军舰,部分有仿制之用途。"海东云"系法国建造之轮船,原名"五云车",1869年由闽浙总督英桂向外商轮船公司买进,经福州船政局改装后编入福建水师作为台湾沿海巡缉之用。排水量约350吨,吃水9.3呎,航速8节。"扬武所用,多英国之前膛炮,摧坚及远,迥异寻常而灵巧则如。飞云所用之布国后膛炮。盖前膛炮筑药、装子、洗炮,均须人出舱外,身但炮口。既虑敌炮见伤,又防余药遗患。后膛炮则装放之时,敌人无从望见。而内膛螺丝中,有无渣滓黏滞,从后窥之,便一目了然。惟打放数十次之后,即须暂停。否则恐其热而炸裂。盖正巧与坚实互有短长。在熟知其情者,舍所短而用所长,庶几收其利,不受其害。"[1]

表10.28　福建所购外洋轮船[2]

序号	舰名	舰种	排水量（吨）	造价（万两银）	制造单位	建成时间	备　注
1	靖海	轮船	578		英国	1865	拿获济匪英轮"古董"号后更名
2	长胜	轮船	195		英国	1865	捕盗用
3	福源					1866	
4	华福宝	练船			中国香港	1866	
5	海东云	轮船	350		法国	1869	赴台巡缉,原名"五云车"
6	建胜	炮艇	256	12.0	美国	1875	1876年到华
7	福安	炮艇	720		英国	1894	
8	福胜	炮艇	256	12.0	美国	1876	
9	福龙	鱼雷艇	120	5.7	德国	1886	
10	建成	炮舰			德国		
11	建威	练船	475	1.8	普鲁士	1869	原名"马得罗"
12	平远	练习舰	457		德国	1886	由美商手中购得

---

[1]　秦翰才:《左宗棠全传》2010年未刊本,复旦大学图书馆藏,第211—212页。

[2]　《海防档·购买船炮》第2册,台湾近代史研究所1957年版,第706—708页。

（四）广东海防

广东水师,也叫广东海军,是驻扎于南海区域的一支海军舰队,直接在旧绿营水师的基础上组建,长官为广东水师提督,受两广总督节制,主要基地设在广州黄埔。1839年,林则徐到达广州后,发现洋炮比中国铸造的土炮先进,英军火炮能在十里之外发炮轰击,而清军火炮因射程有限就只能被动挨打。他奏请朝廷增造船炮,做到"制炮必求极利,造船必求极坚"。经过鸦片战争后,到1842年10月,广东先后仿造了数艘安置舷侧炮的新式战舰。1866年时任两广总督瑞麟向英国、法国购入六艘蒸汽火炮舰船,用于巡海、缉私、捕盗。1884年,张之洞出任两广总督后,广东水师向福州船政先订购了一艘无防护巡洋舰广甲号,后又追加广乙、广丙两艘鱼雷巡洋舰和炮舰广庚。甲午海战前,广东海军的旗舰是"广甲"号无防护巡洋舰。广东水师共有舰艇40艘左右,总吨位1.1万吨。广东海军舰艇装备主要依靠历任两广总督筹集资金订购,1867年瑞麟任总督时即开始筹购,初期以外国炮艇为主,后以国内自造船为主,数量较多,但吨位较小。大部分为几百吨的炮艇,供守备和巡缉使用,作战能力一般,"船炮俱小,皆不能行驶重洋"。①"广甲""广乙""广丙"1894年参加南北洋大会操北上,中日甲午战争中归北洋海军指挥,"广甲""广乙"先后于丰岛海战、黄海海战中被击毁。"广丙"号在威海卫海战结束后被俘,编入日本海军。

1905年,广东水师提督李准,在新任两广总督张人骏支持下,整顿水师,加强训练,装备洋枪,购进英国军舰数艘。几年后,战斗力有明显提高。1907年,李准曾率舰巡视西沙各岛,并在伏波岛刻石留念:"大清光绪三十三年广东水师提督李准巡视至此。"1909年,广东水师与北洋水师、福建水师、南洋水师一起编为远洋舰队和长江舰队,是年5月,广东海军提督李准率伏波号、琛航号、振威号组成的小型舰队前往西沙巡视,抵达南沙群岛,最远到了曾母暗沙附近。此后,广东水师作为一支独立编制的存在宣告终结。

表10.29　广东海军舰艇数量与购造价格统计表②

单位:排水量(吨)、造价(万两银)

序号	舰名	舰种	排水量	造价	制造单位	建成或外购时间	备　注
1	截杀	兵舰	768		美国	1840	"甘米力治"(Cambridge)号商船改装而成
2	飞龙	炮艇		2.330 2	英国	1866年	1866年到华

---

① 《中国近代史资料丛刊·洋务运动》第2册,上海人民出版社1961年版,第504页。

② 梁义群:《近代中国的财政与军事》,国防大学出版社2005年版,第164—165页。

续表

序号	舰名	舰种	排水量	造价	制造单位	建成或外购时间	备　　注
3	澄清	炮艇	1 209	4.0	英国	1866 年	1867 年到华
4	绥靖	炮艇	439	4.0	英国	1866 年	1867 年到华
5	镇海	炮艇	439	4.9	英国	1867 年	1867 年到华
6	澄波	炮艇	150	4.0	法国	1868 年	1868 年到华
7	安澜	炮艇	450	4.7	英国	1867 年	1868 年到华
8	镇涛	炮艇	450	4.7	英国	1867 年	1868 年到华
9	海镜清	蚊子船	440	15	英国	1879 年	1881 年到华
10	雷龙	鱼雷艇			德国	1882 年	
11	雷虎	鱼雷艇			德国	1882 年	
12	雷中	鱼雷艇			德国	1882 年	
13	雷乾	鱼雷艇			德国	1884 年	
14	雷坤	鱼雷艇			德国	1884 年	
15	雷离	鱼雷艇			德国	1884 年	
16	雷坎	鱼雷艇			德国	1884 年	
17	雷震	鱼雷艇			德国	1884 年	
18	雷艮	鱼雷艇			德国	1884 年	
19	雷巽	鱼雷艇			德国	1884 年	
20	雷兑	鱼雷艇			德国	1884 年	
21	蓬洲海		800		粤省自造	1869 年	
22	海长青	炮艇	320		粤省自造	1872 年	
23	缉西	炮艇	320		粤省自造	1872 年	
24	执中	炮舰	500		粤省自造	1879 年	
25	海东雄	炮舰	350	3.39	粤省自造	1881 年	
26	联济		200		粤省自造	1883 年	
27	广元	炮艇	200	5.0	粤省自造	1886 年	黄埔造船厂
28	广亨	炮艇	200	5.0	粤省自造	1886 年	黄埔造船厂
29	广利	炮艇	200	5.0	粤省自造	1886 年	黄埔造船厂
30	广贞	炮艇	200	5.0	粤省自造	1886 年	黄埔造船厂
31	广金	炮舰	550		粤省自造	1890 年	黄埔造船厂

序号	舰名	舰种	排水量	造价	制造单位	建成或外购时间	备　注
32	广玉	炮舰	550		粤省自造	1891 年	黄埔造船厂
33	广甲	巡洋舰	1 300	22	福建船政	1887 年	马尾造船厂
34	广乙	猎舰	1 010		福建船政	1890 年	马尾造船厂
35	广庚	兵船	316		福建船政	1889 年	马尾造船厂
36	广丙	猎舰	1 030		福建船政	1891 年	马尾造船厂
37	广己	兵轮	400		粤省自造	1888 年	
38	广戊	兵轮	400		粤省自造	1887 年	
39	镇东	炮艇	200 以下		粤省自造		
40	广安	炮艇	200 以下		粤省自造		
41	神机	炮艇	200 以下		粤省自造		
42	靖安	炮艇	200 以下		粤省自造		
43	横海	炮艇	200 以下		粤省自造		
44	宜威	炮艇	200 以下		粤省自造		
45	翔云	炮艇	200 以下		粤省自造		
46	扬武	炮艇	200 以下		粤省自造		
47	肇安	炮艇	200 以下		粤省自造	1882 年	
48	南图	炮艇	200 以下		粤省自造	1882 年	
49	静波	炮艇	200 以下		粤省自造		
50	广德	炮艇	200 以下		粤省自造		
51	广镜	炮艇	200 以下		粤省自造		
52	楚泰	炮舰			日本	1908 年	
53	楚同	炮舰			日本	1908 年	
54	楚豫	炮舰			日本	1908 年	
55	楚有	炮舰			日本	1908 年	
56	楚观	炮舰			日本	1908 年	
57	楚谦	炮舰			日本	1908 年	
58	湖鹏	鱼雷艇			日本	1908 年	
59	湖鹗	鱼雷艇			日本	1908 年	
60	湖鹰	鱼雷艇			日本	1908 年	
61	湖隼	鱼雷艇			日本	1908 年	

（五）船政局厂

中国从前水师轮船，都是用人力驾驶，鸦片战争失败后，"师夷长技以制夷"呼声大起。曾国藩、左宗棠曾叫人制造小轮船，采用蒸汽为动力。1866 年徐寿、华蘅芳制造的 25 吨重小轮船"黄鹄"，被认为是"中国自造轮船之始"。1866 年 6 月，闽浙总督左宗棠上奏朝廷请设局造船，"如虑机器购觅之难，则先购机器一具，巨细毕备，觅雇西洋师匠与之俱来；以机器制造机器，积微成巨，化一为百。即备一船之轮机，即成一船；成一船，即练一船之兵。比及五年，成船稍多，可以布置沿海各省，遥卫津、沽。由此更添机器，触类旁通，凡制造枪炮、炸弹、铸钱、治水有适民生日用者，均可次第为之"。①同年年底，左宗棠在奏折中谈到福州船政局，"庶来年机器轮机运到时，可先就形成轮机，配成大、小轮船各一只。此后机器轮机可令中国匠作学造。约计五年限内，可得大轮船十一只，小轮船五只。大轮船一百五十匹马力，可装载百万斤。小轮船八十匹马力，可装载三四十万斤。均照外洋兵船式样。总计所费，不逾三百万两"。②"轮船中应用星宿盘、量天尺、风雨镜、寒暑镜、罗盘、水气表、千里镜、玻璃管，以办垫轮机之软皮即音陈勒索等件，现饬日意格等回国探问制造器具价值，如所费不过数千金，即由日意格等筹购一分，约募工匠一人同来，一并教造。"③福建船政从此诞生，后来引进相关设备后，开设拉铁、铸铁、钟表、帆缆、火砖、舢板、打铁、轮机兼会拢、模子、水缸兼打铜等十四家工厂，④成为当时远东最大的造船基地，是中国海军的摇篮，并成就了以严复为代表的杰出人物。船政是国家直属机构，由皇帝直接控制，第一任船政大臣沈葆桢是正一品大员，可以专折奏事。

1867 年 11 月，向法国购买的各种机器、汽机及雇用的监工、工头和工匠陆续来厂，铁厂、船厂、机器厂、锯木厂、转锯厂、大机器厂、水缸厂、木模厂、铸铁厂、钟表厂、铜厂及储材厂相继建成。⑤1868 年 8 月，福建船政局基建工程大部分完成，有转锯厂、铜厂、模子、合拢、轮机、拉铁、铸铁、钟表、帆缆、火砖、舢板、打铁等厂，东西考工所（工人宿舍）、驾驶学堂、管轮学堂、绘事院、艺圃以及官厅、健丁营等。工厂已制出精密仪器、钟表、星宿盘、量天尺、罗盘、水汽表、风雨镜、千里镜（望远镜）、玻璃管子、软毡、瞄准器等。1886 年，闽厂奉旨仿造法制钢甲舰一艘，舰款四十六万两先期解到十六万两，3 月福州船政大臣裴荫森即派魏瀚赴欧洲采购物料，为仿造法制钢甲舰作准备，同时替闽厂购办炮械和弹药。魏瀚访欧归来，上奏

①　蒋廷黻：《近代中国外交史资料辑要》上卷，湖南教育出版社 2008 年版，第 375 页。
②　秦翰才：《左宗棠全传》2010 年未刊本，复旦大学图书馆藏，第 207 页。
③　同上书，第 208 页。
④　同上书，第 209 页。
⑤　沈葆桢：《沈文肃公政书》卷 4，朝华出版社 2017 年版，第 26—31 页。

报告,"如由闽厂仿制法兰西所制之船,每艘只需银四十五万两,较外洋定办可省十一万两"。①船政共建成 13 个工厂,生产的舰船,从木壳到钢甲,从商船、炮艇、轻重巡洋舰、装甲巡洋舰到猎雷舰,都紧跟造船先进国家之后,已能铸铁、铸铜、炼钢。接着自建电报线、海底电缆,自制大炮、水雷、鱼雷,应用探照灯、电扇、电灯于船上。20 世纪一二十年代制造水上飞机,是名符其实的国防工业,马尾造船厂一度是全国最大国防工业基地。"开济"建成后,南洋大臣左宗棠特意向船政定造同一规格的铁胁船 2 艘,都安装上自制的舭龙骨,以减少摇摆,规格直追国际标准。英国海军军官上船参观后,赞扬,非经目睹尚难信闽厂有此精工巨制。

在福建船政尚未形成造船能力前,江南制造局被寄予厚望,1868 年 8 月江南制造局制成的 600 吨重"恬吉"号轮船下水,1869 年 5 月 640 吨重"操江"号船下水。中国第一艘千吨级的轮船要推福建船政生产的"万年清"号兵商两用木壳船。"万年清"是船政生产的第 1 号轮船,排水量 1 370 吨,马力 580 匹,航速 10 节,于1869 年 6 月 10 日下水。英国人称,其工艺水平可和英国自己的机械工厂的任何出品相媲美而无愧色。

表 10.30　江南制造局自造轮船②

舰艇名	类别	吨位	武力	成船年份	造价(两银)	备　注
恬吉	兵船	600 吨		1868 年	81 397.3	后改惠吉
操江	兵船	640 吨	大炮 8 尊	1869 年	83 305.5	1887 年被撞沉
测海	兵船	600 吨	铜炮 6 尊 大铁炮 2 尊	1869 年	82 736.5	
威靖	兵船	1 000 吨	铜炮 10 尊 钢炮 3 尊	1870 年	118 031.4	
海安	兵船	2 800 吨	钢炮 26 尊	1873 年	355 198.1	
驭远	兵船	2 800 吨	钢炮 18 尊	1875 年	318 716.9	1885 年被法舰轰沉
金瓯	小铁甲船	200 吨		1876 年	92 586	
钧和	兵船			1882 年		
保民	钢板船	1 900 吨	钢炮 8 尊	1885 年	223 000	

福州船政局开办经费为 47 万两,1872 年 3 月内阁学士宋晋以造船靡费太重为由,奏请暂行停止福建船政局造船之举。清廷交福州将军和福建巡抚办理,两

---

①　《请拨款仿制穿甲快船折》,《中国近代史资料丛刊·洋务运动》第 5 册,上海人民出版社 1961 年版,第 348—350 页。

②　廖和永:《晚清自强运动军备问题之研究》,文史哲出版社 1987 年版,第 109—111 页。

人所称极有附和停造之议，"原限五年内，成船十六艘，现已竣工者，仅六艘，已开工者亦仅三艘；经费不逾三百万两，现已实支三百十五万两。至造成之船，虽均灵便，较之外洋兵船，尚多不及"。左宗棠大胆辩驳，"经费超溢预算，由于范围较原计尽扩大，并未浪费。惟如遽停止，则已投资本与未满期限仍须支付之洋员洋匠薪工，回国盘川，及加奖银两等，均为虚掷。五年之期，尚有三分之二，安知不能造足原议之船数。至船之构造，原拟配炮三尊，今可配炮八尊；且一艘改造二百五十匹马力，可配新式大洋炮十三尊；足征已在进步。且外国造船已历数十年，中国尚仅三年，一时自难竞胜。惟有继续深求，可冀后效"。李鸿章也对左宗棠给予大力支持，"该局已成不可弃置之势，苟或停止，则前功尽弃，后效难图，而所费之项，转成虚糜"。①朝廷如此才允许继续办理。

到1873年办厂经费增至每年80万两②，来源是海关拨款、土药、地丁等税。福州船政局的造船经费由闽海关每月拨银五万两，养船经费由本省税厘局提供。1873年，从茶税项下每月增拨二万两。从1866年至1895年的29年间共耗银一千四百余万两。③1866年6月25日，左宗棠在奏折中谈到福建船厂费用，"计造船厂、购机器、募师匠须费三十余万两；开工集料，支给中外匠作薪水，每月约需五六万两；以一年计之，需费六十余万两。创始两年成船少而费极多。迨三四五年，则工以熟而速，成船多而费亦渐减。通计五年所费不过三百余万两，五年之中国家损此数百万之入，合虽见多，分亦见少，似尚未为难也"。④12月，左宗棠在奏折中谈及福州船政局，"惟采买物料一切，有此月需多，彼月需少者，势难划一。应将关税每月协拨兵饷五万两，划提四万两，归军需局库另款存储，以便随时随付，而前后牵计仍不得逾每月四万之数，以示限制"。⑤自建厂伊始到1874年时福州船政局出产15艘各种运输及炮船，其中"机器实有四艘购自外国，其余均系自制"。⑥

甲午战后，慈禧太后强调"练兵为第一要务"，命令由所筹船政经费下开支，船政大臣几经努力，留下15万两，其余解部。⑦福建船政在经费十分紧张的情况下，建造了"福安""吉云""建威""建安""建翼""宁绍"等舰船，造价192.4万两，其中

①　秦翰才：《左宗棠全传》2010年未刊本，复旦大学图书馆藏，第213页。
②　张国辉：《洋务运动与中国近代企业》，中国社会科学出版社1979年版，第43页。
③　《船政奏议汇编》卷11，1902年刻本，第17—45页。
④　蒋廷黻：《近代中国外交史资料辑要》上卷，湖南教育出版社2008年版，第375页。
⑤　秦翰才：《左宗棠全传》2010年未刊本，复旦大学图书馆藏，第207页。
⑥　同上书，第212页。
⑦　朱寿朋：《光绪朝东华录》（四），总第4147—4148页；《福建船政始末记》，张侠等编：《清末海军史料》，海洋出版社1982年版，第763—764页。

"建威""建安"鱼雷快船调拨给南洋海军使用。福建船政自 1866 年至 1911 年,经营 40 余年,"共享银 1 921 万两有余,造船 40 余艘,用银 852 万余两,建筑费 211 余万两,装备费 64 万余两"。①福建船政所造舰船大部分调拨给各洋海军使用。不过,1895 年至 1905 年十年间,虽然进口了不少设备物料,然而福州船政局仅仅成船 5 艘,效率不高。福建船政总计为中国海军制造过 40 余艘舰船,其中木壳船 19 艘,铁胁木壳船 10 艘,钢甲钢壳船 11 艘。晚清全国共生产 50 吨以上轮船 48 艘,船政有 40 艘,占 83.33%。吨位占国产总吨位的 82.26%。1890 年,中国有北洋、南洋、粤洋、福建四个水师,共有舰艇 86 艘,其中 44 艘购自国外,自制的有 42 艘,船政船厂生产的占 30 艘,占我国自制的 71.43%。船政生产的舰艇结构齐全,有兵商两用船、商船、运输船、炮舰、巡洋舰、鱼雷艇、猎雷舰、练船、拖船、小汽艇。

在 1875—1884 年间,福州船政局共制造巡洋舰 2 艘,炮舰 12 艘,兵舰 14 艘;1885 年以后又陆续制造铁甲舰 2 艘,巡洋舰 7 艘,守船 6 艘,练船 3 艘,运输船 1 艘。

表 10.31 1869—1907 年福建船政局自造轮船统计表②

单位:排水量(吨)、造价(万两银)

序号	舰名	舰种	排水量	造价	建成时间	备注
1	万年清	运输船	1 450	16.3	1869.6	马力 150 匹,10 海里每小时,6 尊炮位
2	湄云	木质兵船	515	10.6	1870.1	马力 80 匹,9 海里每小时,3 尊炮位
3	福星	木质兵船	515	10.6	1870.10	马力 80 匹,9 海里每小时,3 尊炮位
4	伏波	木质兵船	1 258	16.1	1871.4	马力 150 匹,10 海里每小时,5 尊炮位
5	安澜	木质兵船	1 005	16.5	1871.7	马力 150 匹,10 海里每小时,5 尊炮位
6	镇海	木质兵船	572	10.9	1871.12	马力 80 匹,9 海里每小时,6 尊炮位

① 《福建船政始末记》,《清末海军史料》,海洋出版社 1982 年版,第 763 页。
② 梁义群:《近代中国的财政与军事》,国防大学出版社 2005 年版,第 162—163 页;秦翰才:《左宗棠全传》2010 年未刊本,复旦大学图书馆藏,第 209—211 页;廖和永:《晚清自强运动军备问题之研究》,文史哲出版社 1987 年版,第 109—111 页;马幼垣:《靖海澄疆——中国近代海军史新诠》,联经出版社 2009 年版,第 363—364 页;陈悦编:《船政规章文件汇编》,山东画报出版社 2017 年版,第 24 页;徐泰来:《洋务运动新论》,湖南人民出版社 1986 年版,第 314—317 页。

序号	舰名	舰种	排水量	造价	建成时间	备 注
7	飞云	木质兵船	1 258	16.3	1872.6	马力 150 匹,10 海里每小时,5 尊炮位
8	扬武	木质兵船	1 393	25.4	1872.4	马力 250 匹,12 海里每小时,13 尊炮位
9	靖远	木质兵船	572	11.0	1872.9	马力 80 匹,9 海里每小时,6 尊炮位
10	振威	木质兵船	572	11.0	1872.12	马力 80 匹,9 海里每小时,6 尊炮位
11	济安	木质兵船	1 258	16.3	1873.1	马力 150 匹,10 海里每小时,5 尊炮位
12	永保	木质兵船	1 391	16.7	1873.8	马力 150 匹,10 海里每小时,3 尊炮位
13	海镜	运输船	1 391	16.7	1873.11	马力 150 匹,10 海里每小时,3 尊炮位
14	琛航	运输船	1 391	16.4	1873.12	马力 150 匹,10 海里每小时,3 尊炮位
15	大雅	运输船	1 391	16.4	1874.2	马力 150 匹,10 海里每小时,3 尊炮位
16	元凯	木质兵船	1 258	16.2	1875.6	马力 580 匹,10 海里每小时,5 尊炮位
17	艺新	木质兵船	245	5.1	1876.7	马力 200 匹,9 海里每小时
18	登瀛洲	木质兵船	1 258	16.2	1876.9	马力 580 匹,10 海里每小时,5 尊炮位
19	泰安	木质兵船	1 258	16.2	1877.1	马力 580 匹,10 海里每小时,10 尊炮位
20	威远	铁胁木壳兵船	1 258	19.5	1877.5	马力 750 匹,12 海里每小时,7 尊炮位
21	超武	铁胁木壳兵船	1 268	20	1878.6	马力 750 匹,12 海里每小时,5 尊炮位
22	康济	练船	1 310	21.1	1879.7	马力 750 匹,12 海里每小时,11 尊炮位
23	澄庆	铁胁木壳兵船	1 268	20	1880.10	马力 750 匹,12 海里每小时,6 尊炮位
24	开济	铁胁双重快碰船	2 153	38.6	1883.1	马力 2 400 匹,15 海里每小时,10 尊炮位

序号	舰名	舰种	排水量	造价	建成时间	备　注
25	横海	铁胁木壳兵船	1 230	20	1884.12	马力 750 匹，12 海里每小时，7 尊炮位
26	镜清	铁胁双重快碰船	2 200	36.3	1885.12	马力 2 400 匹，12 海里每小时，16 尊炮位
27	寰泰	铁胁双重快碰船	2 200	36.6	1886.10	马力 2 400 匹，15 海里每小时，16 尊炮位
28	广甲	铁胁木壳通报舰	1 296	22	1887.8	马力 1 600 匹，14 海里每小时，11 尊炮位
29	平远（龙威）	钢甲钢壳巡洋舰	2 150	52.4	1889.5	马力 2 400 匹，11 海里每小时，7 尊炮位
30	广庚	钢胁木壳兵船	316	6	1889.5	马力 440 匹，14 海里每小时，6 尊炮位
31	广乙	钢胁钢壳鱼雷快船	1 110	20	1889.8	马力 2 400 匹，14 海里每小时，9 尊炮位
32	广丙	钢胁钢壳鱼雷快船	1 030	20	1891.4	马力 2 400 匹，15 海里每小时，11 尊炮位
33	福靖	钢胁钢壳鱼雷快船	1 030	20	1893.1	马力 2 400 匹，9 海里每小时，11 尊炮位
34	通济	钢胁钢壳练船	1 900	22.6	1894.9	马力 1 600 匹，13 海里每小时，12 尊炮位
35	福安	运输舰	1 800		1897.8	马力 750 匹，11.5 海里每小时，4 尊炮位
36	吉云	拖船	135		1898.9	马力 300 匹，11 海里每小时
37	建威（自强）	鱼雷炮舰	850	36.7	1902.12	马力 6 500 匹，23 海里每小时，10 尊炮位
38	建安（大同）	鱼雷炮舰	850	36.7	1902.12	马力 6 500 匹，23 海里每小时，10 尊炮位
39	安海	巡逻艇	65		1901.5	马力 300 匹，11 海里每小时
40	建翼	鱼雷艇	50		1902.6	马力 550 匹，21 海里每小时
41	定海	巡逻艇	65		1902.8	马力 300 匹，11 海里每小时

除了建造轮船军舰之外，福州船政局还派遣了大量留学生学习驾驶和制造技术。福建船政局外派海军留学生的经费各省不愿筹拨，最后经过丁日昌认真覆减，将原来四十九人的规模减少为三十人，将五年之期缩短为三年。同时又将三年后回华路费缓汇，命学生艺徒改坐二等舱位，经费问题才算解决。总计学生三

十名,三年之内所需经费约为二十万两,由福建负担,闽省厘金项下筹银十万两,闽海关四成洋税项下筹银五万两,船政经费项下匀拨五万两,分年汇解。①

1845 年,大英轮船公司的监修职员约翰·柯拜在长洲岛租用泥船坞修船。1851 年,他在泥船坞基础上建造了 5 000 吨级花岗岩船坞,命名"柯拜船坞"。该船坞是当时远东地区最大的石船坞。1873 年,瑞麟委任在籍候选员外郎温子绍为总办,在广州城南文明门外聚贤坊,兴工创办广东军装机器局,次年开局。1876 年秋,两广总督刘坤一以分期付款办法,用银 8 万元购买黄埔的于仁、柯拜、录顺船坞三所,并厂屋楼房、机器锅炉等。广东军装机器局在船坞修理本省轮船,并建造内河小轮船和内河炮艇。1879 年,温子绍捐资仿造铁胁木壳浅水炮艇"海东雄"号(蚊子船)。1884 年 5 月,两广总督张之洞筹办粤洋海军。同年 7 月,奏设黄埔水雷局和鱼雷局。12 月,将广东军装机器局改名为广东制造局,专门制造枪炮、弹药。1885 年初,时任两广总督张之洞从"闱姓款"(一种赌捐)内提取 20 万元,折合白银 4 万两,委署广东水师提督方耀为督办,臬司沈镕经、候补道施在钰为会办,利用原广东机器局的柯拜、录顺两船坞开设黄埔船局。从香港招雇华工,采用香港华洋船厂的设计图纸,从香港、上海及国外采购器料。

1881 年 9 月广东黄埔船局仿造的"海东雄"号浅水炮艇竣工。船身长 40 米,排水量 350 吨,主机为自制康邦卧机,功率 200 马力,航速 8 节。与从英国购回的铁壳蚊子船"海镜清"号试航相较,两船的航速和发炮的准确性相去不远。而自制蚊子船的工料费,共用银 3.39 万两,仅是进口船价和运费 16 万两的四分之一。该炮艇在广东水师服役约 30 年之久。

1885 年 3 月,广州黄埔船局开工试制铁胁木壳浅水炮艇,至年底造成 4 艘,命名为"广元""广亨""广利""广贞"。船身长各 110 英尺,宽 18 英尺,舱深 8.5 英尺,排水量 200 吨,采用双桨、双康邦卧机。其中两艘 78 马力,航速 8.7 节;另两艘 65 马力,航速 7.8 节,配炮 5 门,可行驶近海。造价用银共 12.51 万余两。1886 年秋,张之洞调王葆辰任黄埔船局总办,于荫霖任督办,熊方柏任帮办,负责建造"广戊""广己"两艘铁胁木壳浅水炮舰,并于 1887 年 10 月、1888 年 5 月先后建成。船身长 150 英尺,宽 20 英尺,吃水 7 英尺,排水量 400 吨。采用双桨、双卧机,功率 400 马力,航速达 10 节,配炮 6 门,可行驶近海。这两舰的机器设备,全部由该局的技师谭茂等自行制造。两艘造价共用银 5 万多两。1887 年,黄埔船局安装水雷艇 9 艘,其设备材料均购自德国。1889 年 7 月,张之洞令王葆辰等用官绅捐款建造"广金""广玉"两艘铁甲炮舰。这是黄埔船局首次建造铁胁钢壳舰船,张之洞电调船政留学归来的制造委员郑成,及曾在法国监造过北洋水师的"经

①　王家俭:《中国近代海军史论集》,文史哲出版社 1984 年版,第 31 页。

远""来远"两舰的曾宗瀛,到黄埔船局审定图纸和检验工程质量。两舰于 1890
年、1891 年先后完工。船身长 150 英尺,宽 24 英尺,吃水 9.5 英尺,排水量 650
吨,双桨、双卧机,功率 500 马力,航速 10.8 节,可行驶大海,配炮 5 门,每艘造价
用银 5.7 万两。1891 年至 1893 年,两广总督李瀚章对两座石坞作过一次大修理,
以便"广甲"等较大型军舰能进坞修理。1893 年 12 月 17 日,李瀚章奏称船局无
兴造之事,应行裁撤。船局裁撤以后,修船业务由水雷局、鱼雷局代管。1901 年,
清廷恢复黄埔船局,先后派林贺峒、邓正彪、魏瀚任总办,主要厂所包括黄埔水雷
局、鱼雷局、船局和广东水师学堂等。1910 年前后,黄埔船局的船坞官员、匠役共
76 名,年经费 21 215 两白银,年修轮船 48 艘,修船费用 13.025 万两白银。
1911 年辛亥革命期间,魏瀚离粤返闽,黄埔的船坞及机器设备由留守人员刘义宽
设法保存移交。1924 年,孙中山依托黄埔船局和水师学堂设施在长洲岛创办黄
埔军校,黄埔船厂也成为军校师生教学、生活的重要场所。

三、 军贸经费奏销与积欠

晚清时期中国尚无空军出现,因此,陆军、海军军品贸易即代表了中国军队的
主要军品采购内容。采购流程的最后一步就是报销经费,清朝的财政体系比较落
后,且每年向列强赔偿巨款,到末期时财政余存无多,对各省购买军火鲜有直接拨
款。南北洋虽请领到海关洋税划拨经费,却不断被以接济赈灾、皇室修缮等各种
理由挪用,购买船舰多受影响。各省机器局经费则多由本省自筹及他省协饷构
成。他省协饷常因拖欠、延拨过于严重而无法足额到位。经费来源的不稳定,直
接导致军购款的拖欠问题时有发生。从奏销种类看,一般情况下采买外洋军火和本
省制造军火并不加以详细区分,购买军火外加官兵衣帽等项费用,统由工部核销;其
他所有薪水公杂等费由户部核销。[①]所有军火及物料购买的清册都要咨送户、兵、工
三部查核。由于晚清时期政治、经济上种种弊端的不断凸显,武器规制难划一等诸
多漏卮难以避免,一定程度上导致捉襟见肘的军贸经费使用效率极其低下。

(一)奏销种类

清朝军费支销与户、工、兵三部都有关系,《钦定户部军需则例》包括俸赏行
装、盐菜口粮、骑驼马驼、运送脚价(专有运送军装物料脚价项)、整装安家工食口
粮、采买办解、折价抵支、杂支、车马人夫等项。[②]《钦定兵部军需则例》包括夫马工
料、军功、阵亡抚恤、土司等项。《钦定工部军需则例》包括配置火药、制造铅弹、制

---

① 《为核复张曜等奏东海关添设练军经费事奏折》,盛宣怀全宗档案 082910,上海图书馆藏。

② 《续修四库全书》第 857 卷,上海古籍出版社 2002 年版,第 112—113 页。

造火绳、铸造炮位炮子、军装器械、制造地雷火弹等项。①晚清时期基本延续此成例,不过,外洋军品经费支销绝大部分不会就进口军品部分单独上奏,而是一纸奏折中户、工二部需要对支销的费用作一区分,同时抄报兵部。晚清政府财政管理不善,外洋赔款为数甚巨,军饷开支奇绌,持续数十年的外洋军品进口贸易,在经费支销上却并无专款专销成案而是非常杂乱,主要来源有洋税、协饷、捐输、厘金、借款、挪垫等项。海关监督常有协助有关抚台向户、兵(陆军)等部奏报军品进口经费开支情形的责任。

表 10.32　徐建寅、卢鸿昶等人呈报的《1892—1894 年购买军火收支账册》②

单位:行化银两

收支情况	时　间	用　途	支　银	收　银
甘肃藩台沈,收支两抵	光绪十八年十月初八	运铜帽至陕西轿车银	109.79	代购大铜帽500 万颗,小铜帽200 万颗,费用4 133.6
		车价	27	
	十八年十一月初一	瑞生洋行铜帽(朱子文经手大铜帽价银 3 000)	1 840	
	十九年二月初七	瑞生洋行铜帽(朱子文经手小铜帽价银 640)	1 800	
		兰军门解运甘肃铜帽三十箱运费	176.9	
	十九年四月十三日	托蔚丰厚汇还余款行化银103.34,并交甘肃藩台沈公文1 角	179.91	
南洋大臣刘委员、徐道台运洋枪车价,收支两抵	十八年十一月初一	天津县李、官车局陶代领车价湘平化银 250 两,996 扣	249	天津县、官车局缴回余存湘平化银84. 804 两,996扣,行化银84.465
	十九年六月初五			还行化银164.535
卢鸿昶东洋买办枪头皮带等款俱由上海收支局所划付,合计净支银13 425.952,英洋 4 646.46元	十九年正月十九	一、二、三次枪头皮带等款价银	英洋4 200 元	
	十九年二月二十六	四、五、六、七次枪头皮带等款价银	3 433.508	
	十九年四月初七	运甘军火宗载之改箱费	英洋 300 元	
		第八次枪头皮带等款	849.38	
		申付宗载之二次改箱费	英洋 200 元	

① 《续修四库全书》第 857 卷,上海古籍出版社 2002 年版,第 152 页。

② 《光绪十八年至二十一年购买军火收支账册》,盛宣怀全宗档案 040242,上海图书馆藏。

收支情况	时　间	用　途	支　银	收　银
卢鸿昶东洋买办枪头皮带等款俱由上海收支局所划付,合计净支银13 425.952,英洋4 646.46元	十九年四月初七	申付卢鸿昶第八次枪头皮带等款	英洋446.46元	
		申付宗载之洋枪改箱费	1 000.477	
		宗载之还两次改箱费		英洋500元
	十九年五月二十二	宗载之由申领改箱费	英洋400元	
	十九年六月初一	宗载之由划用第二批二次改箱费	英洋600元	
	十九年七月二十	宗载之第二批第三次洋枪改箱费（子宣第三十号信内）	英洋300元	
		宗载之还第二批一、二、三次领款		英洋1 300元
		卢鸿昶第十次枪头皮带等款	1 045.996	
		宗载之领第二批改箱费	1 090.714	
	二十年二月初二	卢鸿昶第二批第二、三、四、五、六、七、八次购买枪头皮带等款	6 076.877	
洋枪运费,合计净收2 747.702	十九年三月初三	张绮村运甘肃兰州洋枪川资	2 012.717	
	十九年四月初一	张文林运西安洋枪川资3 984	4 021.29	
	十九年五月二十三	天津运毛瑟枪200箱赴沪、津商局水脚	101.25	
	十九年六月二十一	收支所代付瑞生洋行枪价	4 766.444	
	十九年七月二十	张文林剑家之薪水	29.88	
	二十年二月初二	收支所拨信义洋行毛瑟枪价银	3 813.156	
		收支所拨商局运洋枪水脚	1 538.013	
	二十年七月二十八	收台湾郜中丞购毛瑟枪3 000杆价银		14 299.333
	二十年八月初四	找给张文林解甘肃军火经费	401.912	
	二十年九月十四	收张文林解枪运费		271.258
		收台湾郜中丞枪价银		4 861.773

从上表来看,三年中购买外洋军品主要有六笔,第一笔发生在光绪十八年,为大小铜帽共七百万颗,用银三千六百两。光绪二十年甲午战争爆发前后,在光绪十九年五月至二十年九月短短十六个月内,有五笔军品支销,共用银两万七千八百四十二两。其余的费用主要为军品附件用款,以及运送军品之水脚、川资、改箱等费,这些也占据相当大的份额。光绪二十年九月二十三日,经总理衙门批准,驻德公

使许景澄与德国伏尔铿船厂订立合同，"限五个月，海口装箱"。①鱼雷炮舰船价分为合同签订、工程进行过半、交船时三个时间点三批支付。鱼雷、火炮等伏尔铿不能自制，需要向其他厂订货的弹药装备，按订造和工程过半两个时间点分两批支付。

任何个人或单位购买军火清政府要求必须申请军火执照。1910 年 7 月 5日，税务处规定，教堂运送军火"如系保护之用，须有本教堂提单照会，方准运往，并定以限制。否则一概扣留，不准报关起运"。②由于行商领用枪械常私售与盗匪，11 月 15 日税务处声称，"各商所领军火自应遵照定限，格外慎重储藏。除缉匪外不得擅自私用"。③不过，在发放护照方面，陆军部等也常不按章程办事，李经方就曾因此而致函盛宣怀，"陆军部滥发军用执照，于各路营业大有关碍。昨在南苑观操，面告荫午楼。伊言本部亦以此为非，我断不迴护。请饬各路局严行查核，如有冒用者，即行按照定章罚处。倘不遵从，即禀贵部转咨本部，以便查办等语。本日京汉适有禀二件牵涉此事，拟批于上，请酌核"。④

表 10.33　同治年间中国海关进出口货物放行单式样⑤

单行放		
同治年月日给	计开	已完清税饷凭照放行　商人报验船装运口货物业

1862 年 2 月至 1864 年 7 月淮军报销款项有库平银 1 134.658 2 万两，其中归入常胜军报销者为库平银 278.838 8 万两，约计占 25%；而苏沪诸军报销者为库平银 854.908 7 万两。⑥晚清进口军品，往往包罗万象，甚至洋匠的薪水、洋匠的家具、洋号洋鼓也归入其中，大大降低了军贸经费使用效率。

---

①　《李鸿章全集》电稿 3，上海人民出版社 1987 年版，第 65 页。

②　《限制教堂购运军火》，《申报》1910 年 7 月 5 日第 1 版。

③　《盐商请领军火之取缔》，《申报》1910 年 11 月 15 日第 1 版。

④　王尔敏等：《盛宣怀实业朋僚函稿》，台湾近代史研究所 1997 年版，第 818 页。

⑤　Williams, S. Wells. The Chinese Commercial Guide. Hong Kong：A. Shortrede & Co., 1983.

⑥　王尔敏：《淮军志》，中华书局 1987 年版，第 267 页。

表 10.34　1895 年 2 月季邦桢咨单中显示外洋武器及相关经费①　单位：库平银两

旧　　管	新　　收	开　　除
10 517.369	运库借拨历年帑利 10 036	雇用洋枪匠三名两月薪粮 15.99
		置买修理洋枪家具 21.942
		添置洋号二对、洋鼓一对 60.326
		瑞生毛瑟枪弹一百万粒第二期四分之一价值 4 824.392

各地制造军械、购买物料银、外洋军品来华水脚保险等费都被列为军装采买费用。1863 年 6 月，清军江南粮台报销局彭玉雯上报江宁军需款报销四柱清册中记录，"第六册请销制造各项军械银二十四万一千九百四十三两七钱六分四厘一毫一丝四忽六微七织五沙，第七册请销采买铜铁布硝磺等项价脚盘费等银二十一万五千三十七两八钱二分五厘四毫二丝"②。1894 年 7 月，盛宣怀档案中有历年装兵核计水脚数目清折，"光绪八年装兵赴朝鲜，由登州至朝鲜交卸计三船共装兵一千八百五员名，给水脚规元银八千两（每名四两四钱零），光绪九年装晋省撤防湘军由津至海口交卸，每名水脚计行平银五两，计两船共装一千三百二十员名，光绪十年装庆军回金州，由朝鲜至金州交卸，每名计水脚规银四两二钱，计二船共装一千三百四十九员名"。③

表 10.35　光绪年间轮船招商局利运、普济轮船改作兵驳船，曾经专定水脚价目④

货物	天津至烟台威海水脚	天津至旅顺营口山海关洋河口水脚	天津至上海水脚	天津至镇江芜湖水脚	天津至宁波温州水脚	天津至九江汉口水脚	天津至福州厦门汕头水脚	天津至香港广州水脚
无药铅弹	每担银二钱	每担银三钱	每担银四钱	每担银六钱	每担银六钱	每担银七钱	每担银七钱	每担银七钱
有药枪子、铜	每担银三钱	每担银四钱	每担银六钱	每担银九钱	每担银九钱	每担银一两二钱	每担银一两一钱	每担银一两一钱
铁铅	每担银二钱	每担银二钱五分	每担银三钱	每担银五钱	每担银五钱	每担银六钱	每担银六钱	每担银六钱
饷银	每千两银二两	每千两银二两五钱	每千两银三两	每千两银四两二钱	每千两银五两五钱	每千两银五两五钱	每千两银六两	每千两银八两

---

① 《甲午中日战争·盛宣怀档案资料选辑之三》下，上海人民出版社 1982 年版，第 388—389 页。

② 《江宁军需第六案银款四柱清册》，盛宣怀全宗档案 024588-11，上海图书馆藏。

③ 《历年装兵核计水脚数目清折》，盛宣怀全宗档案 074263-2，上海图书馆藏。

④ 《利运、普济改作兵驳船水脚价目》，盛宣怀全宗档案 031161，上海图书馆藏。

续表

货物	天津至烟台威海水脚	天津至旅顺营口山海关洋河口水脚	天津至上海水脚	天津至镇江芜湖水脚	天津至宁波温州水脚	天津至九江汉口水脚	天津至福州厦门汕头水脚	天津至香港广州水脚
炮架杂物、洋枪	每吨银三两	每吨银四两	每吨银六两	每吨银九两	每吨银九两	每吨银十一两	每吨银九两	每吨银十一两
马匹	每匹银十两	每匹银十二两	每匹银十五两	每匹银二十两	每匹银二十五两	每匹银二十五两	每匹银三十两	每匹银三十五两
重货	每担银二钱	每担银二钱五分	每担银三钱	每担银五钱	每担银五钱	每担银七钱	每担银五钱	每担银六钱
轻货	每吨银三两	每吨银四两	每吨银五两	每吨银七两	每吨银八两	每吨银九两	每吨银八两	每吨银十两
军米	每石银二钱	每石银二钱五分	每石银三钱	每石银四钱	每石银四钱	每石银五钱	每石银六钱	每石银六钱
人位大餐间	每位十四两	每位十六两	每位二十五两	每位二十八两	每位二十八两	每位三十六两	每位三十八两	每位三十八两
人位大舱	每位二两五钱	每位五两	每位八两	每位九两	每位九两	每位十一两五钱	每位十二两五钱	每位十二两五钱
备注	以上所开军米人位两项水脚系按现在时价而计,惟涨落不定须随时合算,再如装兵人数多者另行议算							

　　淮军在李鸿章的主持下,军品经费报销有一定的特殊待遇。一般来说,"购置与制造军械火药的用费,均列于正饷之外,另案奏销。……与正饷奏案毫无关连,平吴以后则自岁入总项中剔除,列入同年中登除款目项下,并不计入支销总额之中,另外再以专案奏片报销军械火药用款"①。初时,此部分费用与常胜军所报销款项合在一起,包括五种:常胜军用款;英法兵官教练、勇粮及湘淮军洋人教习用款;购买外洋军火用款;租雇轮船用款;制造洋炮局用款。后来,常胜军遣散,留为四种,再后来租雇轮船逐渐减少,遂归为三种。剔除教练费后较为纯粹的购买外洋军火及制造军火所需费用如下。

表 10.36　淮军购买外洋军火及制造军火所需费用清单②　　　单位:库平银两

时间段	款　　额
1862.5—1863.7	1 089 495
1863.8—1864.6	352 378

①　王尔敏:《淮军志》,中华书局 1987 年版,第 302 页。
②　同上书,第 305—306 页。

续表

时间段	款　　额
1864.7—1866.1	1 063 319（外洋教习款无法析出，以平均值推测记 268 632）
1866.2—1870.4	（以平均值推测记 746 201）
1870.5—1872.1	170 201
1872.2—1873.1	115 695
1873.2—1874.7	226 436
1874.8—1876.1	222 625
1876.2—1877.1	544 738
1877.2—1878.1	112 343
1878.2—1879.1	84 500
1879.2—1880.1	62 620
1880.2—1881.1	285 066
1881.2—1882.1	（以平均值推测记 179 088）
1882.2—1883.1	67 880
1883.2—1884.1	188 259
1884.2—1885.1	177 428
1885.2—1886.1	92 626
1886.2—1887.1	（以平均值推测记 179 088）
1887.2—1888.1	67 814
1888.2—1889.1	68 391
1889.2—1890.1	45 266
1890.2—1891.1	56 143
1891.2—1892.1	43 119
1892.2—1893.1	46 006
合　　计	以三十一年内平均每月 14 924 两记，总共花费 5 492 038 两

（二）奏销过程

清廷为了对外购军械进行监管，要求各省购买外洋军品必须报部。近畿陆军的军火军需品，一般都由陆军部购进拨发。光绪末年，陆军部在购买军工系列物品时，一般采用招投标方式，每次由陆军部发出一种印好的订单格式（报价标单），各洋行按标单所规定的规格、品种、价格、数量、运费及交货日期，填妥后交陆军部审核。各省地方部队需要枪弹时，必须向陆军部申请发给进口运输执照。不过，各省系订妥后始行报部，"外来驳复，内外俱形窒碍"。1910 年练兵处强调，各地购买外洋枪械，必须将枪械名称、口径、速率及价值，公司名目等一切情形先行报部审批。由陆军部逐一考核,并选定样式后,地方才能与外洋军火商签订购办合同。①不符合外购程序的军品是不可能免除进口关税更不可能正常奏销的。

晚清税务处在 1908 年 9 月制定了《枪枝子弹进口新章》十条,次年 5 月又进行了修订,规定所有的军火,哪怕一支样枪也必须报各关监督发放进口护照,方可入关交转运局护运。清末编练新军对新式武器要求较高,国内所造常常不能满足。各省或与驻外公使议定购买军品,或与洋行定约议购。如与洋行议定军品时需先将军品名称、口径、速率以及应需价值、购自洋行名目等情形上报练兵处,由练兵处逐一考核选定式样,核复后再订立合同购买,合同中须议订交货期限,之后需将合同呈报兵部(陆军部),经兵部、工部与户部会商同意。议明该军品运交后由该厂认派教员来华教操,以咨练习,并咨送出使大臣委员验收。②军品在外洋制造完毕后,由出使大臣试验后再行装箱运送,军品到华由各省督抚向陆军部请领护照交与洋行,才能将炮械入关验收并转运各省。③各省府将军火物料采买到位后,始行报部核销。

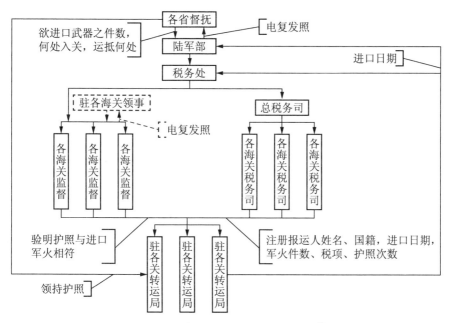

图 10.1　晚清外洋军品购运流程示意图④

(注:虚线部分为样枪进口程序)

---

① 《宣统二年五月二十三日陆军部通电各省》,《兵部陆军部档案全宗》,第一历史档案馆藏。

② 〔德〕乔伟、李喜所、刘晓琴:《德国克虏伯与中国的近代化》,天津古籍出版社 2001 年版,第 67 页。

③ 同上书,第 53 页。

④ 《税务处改订枪弹进口新章》,古籍类抄本 554261,上海图书馆藏。

1907 年,兵部陆军部发布"各厅司应办事宜",其中规定军实司制造科负责各省改练陆军,置购一应军装、军火等项核销。各省机器局采买外洋暨内地硝磺、钢铁物料等项核销,核定购买军械合同事宜。保储科则负责考核运输军械价目事宜。①1908 年 3 月,庆亲王奕劻核定军实司外国军械奏销办法,加规定军实司的奏销案件应在本部门核算后交由承、政参议厅请派人员进行复核,并送由丞参署押,再行上报批示。而且陆军部还要求各省在购买军械时的所有外文合同、清单呈送到部,由军实司通晓外文人员进行核对,"如军实司无此项译覆人员,届时即由承政厅派员复核、署押,以备存查而昭慎重"。②在各省军饷定额中解决外洋军械的购买经费,不过军饷定额却因为各省拖欠不解而常常不能保证。光绪末年各省要担负的中央和他省协饷为数甚巨,财政上入不敷出为常态,本省购买外洋军火时,一部分靠他省赶解欠饷,一部分从本应上缴之税厘、协饷中截留,或者用他款垫支,甚至向商户借款。

《清理陆军财政章程》中规定,"全国军费以京外旗营、绿营、巡防队、新练陆军经费为最巨,概由陆军部考核,又将军督抚所属有抽练巡防队者,各省勇营有未改之防练及杂项队伍,并由陆军部考核"。③1909 年度支部曾针对清理陆军财政的问题,奏请派监理官负责。陆军部进行反驳,并于 1910 年设立陆军财政处,负责清理新旧陆军经费,陆军部计划选派陆军财政官分驻各省,但"才难款绌,未易剧行"④,改由各省督抚办理,于各省督练公所内附设陆军财政局一所。这等于进一步强化了各省督抚对本辖区军费的控制权。陆军部计划"俟调查清晰,确知全国陆军费用实在数目,宣统五六年以后预算决算具有端倪,全国会计可实行,再将财政处酌量裁撤,别设陆军审计处为监督机关,于各军标分设军需局,直接臣部军需司为经理机关"。⑤裁撤陆军财政局,设立军需局的工作于 1910 年 12 月实行。1912 年陆军部正班加班奏底中显示,军实司有关军品采购与奏销相关的奏折,从中不仅可以看出采购军品的部队性质、使用外洋军品部队所在省府的大致范围,还能区分出奏销军品的具体类目,其中除了外洋军械、军工物料等正项开支外,还有篙绳、风衣、帐篷、厂房、营房等杂项费用。

---

① 中国近代兵器工业档案史料编委会:《中国近代兵器工业档案史料》第一辑,兵器工业出版社 1993 年版,第 334 页。

② 《光绪三十四年二月二十日管理陆军部事务和硕庆亲王呈》,《兵部陆军部档案全宗》,第一历史档案馆藏。

③ 《清朝续文献通考》卷 221,商务印书馆 1955 年版,第 9680 页。

④⑤ 《奏设设立陆军财政处酌拟现办章程事》,《军机处录副奏折》卷号 04-01-01-1106,档号 030,第一历史档案馆藏。

表 10.37 1912 年陆军部军实司购销军品有关奏折一览表

时 间	内 容
二月初六	云南各属团练自光绪二十六年九月起至三十年底止用过军装军火等项工料银两分别准驳一折①
二月十六	北洋准练各军暨武卫右军自光绪二十九年至三十年添置军火等项用过银两数目准销一折②
闰二月初六	新疆防军马步各营光绪二十五六七八九等年分采制军装军火用过银两一折③
闰二月十六	山东武卫右军先锋队第四案采制军装军火等项银两准销一折④
三月初六	金陵洋火药局光绪三十三年分购办物料用过银两准销⑤
三月初七	浙江防军善后各营采制军装军火及武备练军购买物件等项分别准驳;江南机器制造局光绪二十六七八九等年分用过银两分别准驳⑥
三月十六	四川各标镇协营光绪二十五年至三十三年制造药铅等项用过银两准销⑦
三月十七	黑龙江通省练军及巡警各军光绪三十、三十一两年分购买军装军火等项用过银两;前提督夏辛酉编招巡防购制军装军械等项用过银两准销;查明河南善后三十年分案内购买洋鼓按照京旗北洋常备成案核扣准销⑧
三月二十六	江苏留防光绪三十三年分制造军装等项用过银两分别准驳;塔尔巴哈台防军光绪三十二三两年收支正杂各款内采买军火等项用过银两准销;四川省各标镇协营光绪三十四年分制造药铅饷鞘暨制补哨塘船只风篷篙桨篱绳等项用过银两准销;山西机器局光绪二十四五两年第一次购买物料修建厂房用过银两准销⑨
三月二十七	湖北善后各营光绪三十二年分采制军装军火等项用过银两;甘肃关内外防练各军光绪三十一年分采制军火等项用过银两;山东善后八十八、八十九两次制造军装军火等项并案准销;通行各省报销照度支部原议旧案准其开单办法今拟通行单式以便稽核⑩
四月初二	热河练军光绪二十九年起至三十三年止采购军装军火等项用过银两准销;北洋淮军光绪三十三年制造军装等项用过银两准销;四川机器局购买物料用过银两准销;四川各标镇协营制造药铅等项自十九年起至二十四年止用过银两准其开销并自二十五年起至三十三年止应俟声复再行核办⑪

---

① 《陆军部各厅司处应办事宜》,《清陆军部档案资料汇编》第 1 册,全国图书馆文献缩微复制中心 2004 年版,第 456 页。

② 同上书,第 470 页。

③ 同上书,第 483 页。

④ 同上书,第 496 页。

⑤ 《陆军部各厅司处应办事宜》,《清陆军部档案资料汇编》第 2 册,全国图书馆文献缩微复制中心 2004 年版,第 501 页。

⑥ 同上书,第 508 页。

⑦ 同上书,第 519 页。

⑧ 同上书,第 528 页。

⑨ 同上书,第 545—546 页。

⑩ 同上书,第 555—556 页。

⑪ 同上书,第 569—570 页。

时　间	内　容
四月初七	补销驻津马步小队光绪三十四年分案内购置外国风衣用过银两准销;吉林陆军第一协光绪三十二三两年分制办军装军火等项过银两分别准驳①
四月初八	江北陆军十三协自三十二年三月起至年底止采制军装动用各款准销;江西省善后二十七年分制造军装等项并修造船只修建炮台用过工料银两分别核准行查②
四月十七	北洋陆军常备京旗各军光绪二十九年分购置大批军火用过银两准销③
四月十八	黑龙江垦务游击巡防各营光绪三十一至三十三年购买军装军火等项用过银两分别准驳;广东海防兼善后各营光绪三十一年分制办军装军火等项用过银两分别准驳④
四月二十七	金陵洋火药局三十四年分购买物料用过银两准销;江南财政局光绪三十三年分第一案购办军装军火修理炮台等项用过工料价值银两分别准驳⑤
五月初八	河南机器局光绪三十一年至三十四年购买机器等项并补销上案购买机器定价;北洋陆军各营光绪三十三年分第六届采制军火修理枪炮购置体操器具等项用过银两;云南各属团练自光绪三十一年起至三十三年年底止用过军装军火等项工料银两准销⑥
五月十八	直隶武卫左军第十五届光绪三十四年至宣统元年十二月止制办军装等项过银两⑦
五月二十二	山东机器局光绪三十、三十一两年购买机器案内声复各款补销;河南善后光绪三十三年分第二十五案购买军装械等件准销⑧
五月二十八	具奏军械制造各省纷歧谨议现时办法以符宪政而实军用;具奏拟派开缺道员朱恩绂充各省局厂督办⑨
六月初八	阿尔泰改练陆军营制制办军装器具用过银两分别准驳⑩
六月初九	新疆防军马步各营光绪三十、三十一年分采制军装军火银两;热河常备军马步各营采制军装军火修盖营房等项用过银两⑪

---

① 《陆军部各厅司处应办事宜》,《清陆军部档案资料汇编》第2册,全国图书馆文献缩微复制中心2004年版,第573页。
② 同上书,第577—578页。
③ 同上书,第581页。
④ 同上书,第588—589页。
⑤ 同上书,第599—600页。
⑥ 同上书,第612页。
⑦ 同上书,第622—623页。
⑧ 同上书,第630页。
⑨ 同上书,第641页。
⑩ 同上书,第653页。
⑪ 同上书,第662页。

续表

时　间	内　容
六月十九	山东省善后九十、九十一两次制造军装等项用过银两准销;山东抚标左右两营第八次采制军装等项用过银两准销①
六月二十八	长江水师金陵湖口两船厂三十年分修造长龙等船用过工料银两;山西机器局光绪二十六年至二十九年购买物料修建厂房动用各款分别准驳;山西常备各军光绪二十九年至三十三年采制军装军火等项用过银两准销②
七月十五	具奏改订陆路快炮式样并先行购买俾近畿各镇练习以资模范;具奏法厂运来样炮未经订购应给子弹价暨运费③
七月十九	山海关道标练军购置军装军火等项用过银两分别准驳;山西改练常备军二十八年二月起至十二月止销案;甘肃关内外防军三十一年销案内有二十五年由陕代甘购买枪火④
七月二十九	关内外巡防各军三十二年分采制军火等项准销;广州驻防宣统元年分收支剩存筹备修补军装银两数目准销;云南善后自光绪十二年起至三十年止购制军装器械军火等项分别准驳⑤
八月初五	查明吉林陆军第一协光绪二十二三两年分制造军火等项案内制办给单帐篷等七项用过银两准销⑥
八月初十	河南陆军第一案购买军装军火暨秋操所用各款分别准驳;新疆防军马步各营光绪三十二年分案内采制军装军火等项用过银两⑦
八月十九	具奏宣统三年应办军械制造局所需经费碍难遵行预算请临时奏请拨款先期声明立案⑧
八月二十	四川机器局三十三年分动用经费购买物料等项;河南机器局由二十八年起至三十年止购买物料;近畿陆军各镇三十三年第一案采制军装等项动用各款分别核准行查⑨
八月二十六	浙江防军善后光绪三十一年分采制军装军火等项用过银两准销⑩
八月二十九	北洋机制造局光绪三十二三两年分购买机器料物暨添造厂房等项用过银两分别准驳;山西机器局光绪三十四年分购买物料用过银两准销;山西机器局光绪三十年至三十三年购买机器物料修理厂房动用银两准销⑪

---

①　《陆军部各厅司处应办事宜》,《清陆军部档案资料汇编》第 2 册,全国图书馆文献缩微复制中心 2004 年版,第 692—693 页。

②　同上书,第 701—706 页。

③　同上书,第 738—739 页。

④　同上书,第 748、753—754 页。

⑤　同上书,第 761、771 页。

⑥　同上书,第 774 页。

⑦　同上书,第 782 页。

⑧　同上书,第 791—792 页。

⑨　同上书,第 795 页。

⑩　同上书,第 807 页。

⑪　同上书,第 815 页。

时　　间	内　　容
八月三十	北洋陆军光绪三十二年分采制军装等项用过银两准销;近畿陆军各镇三十三年第一案采制军装等项动用各款分别核准行查(奉堂谕撤下)①
九月初十	四川善后光绪三十四年分第二十六案采制军装军火等项用银两准销;近畿陆军各镇光绪三十四年分第二案采制军装军火等项分别准销;新疆防军马步各营光绪三十三年分案内采制军装军火用过等项银两准销②
九月二十	江北陆军光绪三十二三两年分订购军装等项银两准销;江南筹防局光绪三十三十一三十二等年分案内购买枪炮等项用过银两准销;北洋津防练饷光绪三十三年分采制军装等项用过银两准销③
九月三十	延吉边务第二案购制军装建造营房等项分别准驳;山东机器局光绪三十三十一三十二三十三等年购买物料用过银两准销④
十月初六	近畿陆军各镇三十三年第一案采制军装等项动用各款分别核准行查⑤
十月初十	吉林陆军第一协光绪三十四年分制办军装军火等项用银两准销;查明四川善后各营军火案内补销各款⑥
十月二十	山东机器局光绪三十三十一两年购买机器添建厂房用过银两准销行查;东三省陆军第三镇第一二混成协光绪三十三四两年分购办军装军械暨修炮位物料并购置沟垒桥梁各项器具材料用过银两分别准驳;沿江巡防队第二案采制军装等项银两分别准驳⑦
十月三十	北洋制造机器局购买炮子铜盂机器用过尾价银两⑧
十一月十七	直隶练军各营光绪三十二三两年分采制军装军火;北洋复设机器局二十九年至三十年八月止销案;陕省添购炮位子弹价值银两分别核准⑨
十一月二十	四川善后各营光绪二十二三两年分采制军装等项用过银两分别准驳;川省购买外洋暨鄂厂枪支子弹动用银两⑩
十二月初一	北洋机器局光绪三十年九月起至三十一年十二月底止购买外洋内地料物销案⑪

---

① 《陆军部各厅司处应办事宜》,《清陆军部档案资料汇编》第 2 册,全国图书馆文献缩微复制中心 2004 年版,第 825 页。

② 同上书,第 839、844 页。

③ 同上书,第 863、867 页。

④ 同上书,第 891 页。

⑤ 同上书,第 905 页。

⑥ 同上书,第 910—911 页。

⑦ 同上书,第 924、928 页。

⑧ 同上书,第 955 页。

⑨ 同上书,第 970—971 页。

⑩ 同上书,第 977—978 页。

⑪ 同上书,第 988 页。

时　　间	内　　容
十二月二十	近畿陆军各镇军装案内声复各款准销;安徽善后防军各营第三十二案采制军装军火等项用银两分别准驳①
十二月二十五	热河常备军光绪三十四年分制办军装添建营房分别准驳;驻津护卫马步小队三十四年支用各款分别准驳②
合　　计	十一个月共计 46 批次与奏销军火有关奏案,平均每月 4 批次,其中能明确分辨出涉及外洋军品的有 5 个批次

1859 年烟台设立税务局归直隶总督统辖,1863 年移登莱青道驻扎监督,聘外国人为税务司。登莱青道于 1862 年 3 月由莱州移驻烟台。登莱青道道台崇芳兼任东海关监督。"山东东海关同治七年(1868)添设洋枪炮队练军,先经三口通商大臣会同山东巡抚奏咨一切事宜,悉照天津练军章程办理,其调练官兵即于登州镇标拣派额兵五百名,该官弁兵丁月支薪水口粮及采买外洋军火等项,奏明在于东海关常洋各税银内动支。……令山东巡抚转饬该关道嗣后报收该年常税数目册内开支练军及采买军火器械各款,务当分晰注明某年某款支用若干分别开列,毋得笼统造报以便查考而免缪辖。"③

1875 年,盛宣怀处理过一批因部队撤销而无人领购的西洋武器,从处理过程可以看出晚清军火购销主要由各地独立操作。"查上年海疆有事,鲍爵军门派员在上海泰来洋行购定外洋枪炮计价九万余两,付过定银二万两。去年枪炮到沪而鲍军因裁撤饬令经手委员退还,该洋行坚执合同不允,江海关邵道奉南北洋大臣饬令调停,会商职道当将所订格林炮等件,合原价银二万两者归与南洋大臣收买,此外矛头毛瑟枪三千五百杆原价每杆银十二两,有药弹子十七万五千颗,原价每千银十六两五钱,合计每杆带子五百颗需银二十两二钱五分,另购皮带价银在外,其枪件曾经冯道瑞光验看,与前出使大臣李在德国所购者系属一律,惟职道以此时各省并无军务,若不格外核减,决难收买。经与洋行再三议减至每杆带子五百颗,准给规银十八两,又皮带皮袋规银一两,在上海交收并无丝毫用钱,该洋行勉强应允,现奉宪台面谕浙江分买一千二百杆,计规银二万二千八百两,与洋行分订合同呈送外,应请宪台饬知防军善后局派员到沪会同验收运解,并乞筹款付价,实

---

① 《陆军部各厅司处应办事宜》,《清陆军部档案资料汇编》第 2 册,全国图书馆文献缩微复制中心 2004 年版,第 1008 页。

② 同上书,第 1019—1020 页。

③ 《户部为核复福润奏东海关添设洋枪炮队练军经费事奏》,盛宣怀全宗档案 082911,上海图书馆藏。

为公便。"①

外购军品往往是由各地的海防支应局、海防军械局直接支付款项,军品到位之后再行奏销。1884 年 10 月盛宣怀咨天津海防支应局、天津海防军械局文,"为咨会事,窃照本道部遵饬与泰来洋行定购八个生的密达后膛铜炮并子弹立定合同,请拨银两缘由,兹于九月二十日奉商宪李批开,据详并合同均悉,云云缴等因,奉此查详稿并合同业经抄录咨会在案,兹奉前因,除分咨外相应备具印领咨送贵局、咨会贵所,请烦查照迅速拨发,似前项炮位等件运到验收,望切施行"。②同日,盛宣怀领天津海防支应局款条显示,"与领状事,实领得天津支应局发给定购德商泰来洋行承办铜炮等件定价规银一万六千七百五十两,所具印领是实"。③盛宣怀还曾为广东代办军火,"与领状事,实领得天津支应局发给代粤省定购德商泰来洋行承办陆路钢炮子弹等件定价规银八千两,所具印领是实"。④

1889 年,山东海关增设洋枪炮队事奏销情形,报户、工、兵三部,在天津海防定章军需定例内报销,其中购买军火由工部核销,而官兵薪水等银由户部核销。"兹查光绪十五年正月初一日起至十二月底止,共出过东海关常税银三万八千一百三十一两五钱四分,内支过该年官弁兵丁委员薪水口分马干经书听差工食洋枪炮队公费兵丁衣帽故兵棺木采买制造军火子药等项,应归户部核销二万七千七十八两三钱五分八厘九毫三丝五忽,应归工部核银一万一千二百八十一两四钱一分八毫三丝一忽二,共请销银三万八千三百五十九两七钱六分九厘七毫六丝六忽,除将本案内扣平余银二百二十二两五钱六厘七毫五丝八忽二微,俟奉准部覆,再行支领清款。至此次应按湘平核扣银一千八十三两一钱三分四厘三毫五丝七忽四微,已照数提归常税,原款据东海关监督登莱青道盛具详请奏。除将收支细数清册分咨户兵工三部查核外,会同直隶总督臣李恭折具奏,并据该抚将案内收支清册具文送部前来。臣等伏查山东东海关同治七年添设洋枪炮队练军,先经三口通商大臣会同山东巡抚咨一切事宜,悉照天津练军章程办理……该官弁兵丁月支薪水口粮及采买外洋军火等项奏明在于东海关常洋各税银内动支,前据该抚将光绪十四年十二月底以前用过银款按年造报奏销在案,兹据光绪十五年分东海关供支该练军薪水口粮并制造工料采买外洋军火等项,共用过银三万八千三百九十五两七钱六分九厘七毫七丝六忽,遵照新章按湘平支发内除制造及采买外洋军火子药并兵丁衣帽等项银一万一千二百八十一两四钱一分零八毫三丝一忽,遵照新

① 《盛宣怀上李鸿章禀》,盛宣怀全宗档案 033302,上海图书馆藏。

② 《盛宣怀咨天津海防支应局、天津海防军械所文》,盛宣怀全宗档案 033527-1,上海图书馆藏。

③ 《盛宣怀领天津海防支应局款条》,盛宣怀全宗档案 033527-2,上海图书馆藏。

④ 《盛宣怀领天津海防支应局款条》,盛宣怀全宗档案 033561,上海图书馆藏。

章移咨工部自行核覆奏销,知照臣部查核。……令山东巡抚转饬该关道嗣后报收该年常税数目册内开支练军及采买军火器械各款,务当分晰注明某年某款支用若干,分别开列,毋得笼统造报以便查考。……册造除供支东海关洋枪炮队练军并统带帮带号令带队分带管带炮管理营务办理文案差官薪水口分及经书工食油烛纸张夫工价口粮米折马干公费病故兵丁赏给棺木等项,自光绪十五年正月初一日起至十二月底止,共请销银二万七千零七十八两三钱五分八厘九毫三丝五忽。……以上共请销银三万八千三百五十九两七钱六分九厘七毫六丝六忽,内除采买制造军火并兵丁衣帽等银一万一千二百八十一两四钱一分八毫三丝一忽,遵照奏定新章移咨工部自行核覆奏销外,计臣部准销银二万七千零七十八两三钱五分八厘九毫三丝五忽。"①从中不难看出,山东海关增设洋枪炮队费用来自东海关常洋税银,1889 年前统归户部核销。1889 年后,改归户工两部核销,其中制造采买军火等项归工部核销,1889 年山东海关的军火采买等项核销 11281 两余,仅占当年核销费用总额 29%,而外洋军火价值远高于官兵薪水,可见采买外洋军火用款之拮据。

1889 年 9 月,户部《核覆张曜奏东海关添设练军经费事奏折》:"检查东海关常税光绪十四年分收支银两每年系以九月初一日起至次年八月底止为一脚,该练军报销系以正月初一日起至年底止为一安,彼造报两歧,稽核不易,应令山东巡抚转饬该关道嗣后造报该练军奏销,将所收常税银两按照关期于册内注明第几期,自正月起至八月止共收银若干两,又第几期自九月起至十二月止共收银若干两,庶界限分明,臣部易于考核,毋再仍前开报。……又另册开报应扣湘平银 1 079.859 181 6 两,核算支给官兵薪水口分公费工食马干故兵棺木等项应扣四分湘平银数亦属符合,惟此项湘平银两据称照数提还常税原款,归彼案列收造报,应令该关道于造报该年常税额内另款列收注明某年某案扣收湘平名目,以凭稽考,毋得笼统开报致滋弊混。"②1889 年 9 月 9 日、10 月 7 日,1890 年 10 月 4 日、12 月 14 日山东巡抚张曜,1893 年 8 月 21 日、10 月 3 日山东巡抚福润,先后上奏工部光绪十四、十五、十八年山东泰安轮船及东海关练军采制军火用银,即《抄工部核销练军采办外洋军火用银奏折》③《核销山东泰安轮船采制军火用银折》④《核销山东省东海关练军并采制军火用过银两折》⑤《添设洋枪炮队练军折》⑥等折。其均称,遵照新章派员按册查核,所开价值银数均与历办成案相符。

①　《抄录户部核覆东海关练军奏折》,盛宣怀全宗档案 073923-4,上海图书馆藏。

②　《为核覆张曜奏东海关添设练军经费奏折》,盛宣怀全宗档案 082910,上海图书馆藏。

③　《抄工部核销练军采办外洋军火用银奏折》,盛宣怀全宗档案 073923-5,上海图书馆藏。

④　《核销山东泰安轮船采制军火用银折》,盛宣怀全宗档案 033119,上海图书馆藏。

⑤　《核销山东省东海关练军并采制军火用过银两折》,盛宣怀全宗档案 033750,上海图书馆藏。

⑥　《添设洋枪炮队练军折》,盛宣怀全宗档案 033750,上海图书馆藏。

东海关账册账单支出项中有专门为购办军火而作出的划拨项目,"(光绪十六年十一月)支估银四百八十八两零三分八厘正……由上海购办毛瑟枪价划解。……光绪十三年正月,解天津机器局共估银二万零九百七十六两零七分六厘正……三月十三日补解天津海防局十一年分一半纹船经费四百三十两三钱正……十一月解蚊子船一半经费(四成洋税项下)一万一千六百零七两四钱四分二厘"。①光绪十六年共支解天津机器局(四成洋税项下)二十五万一千六百两零六钱四厘正,天津支应局(四成洋税商局税项下)一万二千六百九十八两七钱二分九厘正,蚊子船经费二万三千二百三十四两九钱九分七厘正,天津海防支应局抵解滇饷六千九百八十三两九钱九分三厘正,奉拨黔饷划解电线经费一万零四百七十六两正,解饷川资一千八百五十一两零三分一厘正。②

表 10.38　1888 年 2 月至 1889 年 1 月东海关练军制造采办外洋军火经费支销③

单位:银两

单位	性质	所开项目	户部核销	工部核销	东海关常税
东海关练军	采买制造加工	子药		11 448.394 387 5	38 211.92
		军火			
	兵丁	衣帽等项			
	薪水等项	薪水口分	26 996.479 537 1		
		马干			
		经书听差工食			
		洋枪炮队公费			
		故兵棺木			
	合计		38 444.873 924 6		
		扣收平余银	225.933 671(扣收一分平余暨六分减平)		
		垫支不敷银	7.023 175		
	备注	此次应按湘平核扣银 1 079.859 181 6 两,已照数提归常税原款据东涵盖监督登莱青道盛(宣怀),具祥请奏,臣覆查无异,除将收支细数清册分咨户兵工三部查核外,谨将合同直隶总督臣李(鸿章)恭折具奏。……山东东海关同治七年添设洋枪炮队练军,先经三口通商大臣合同山东巡抚奏咨一切事宜悉照天津练军章程办理,其调练官兵即于登州镇标拣派额兵五百名,该官弁兵丁月支薪水口粮及采买外洋军火等项奏明,在于东海关常洋各税银内动支,前据该抚将光绪十三年十二月底以前用过银款,按年造报奏销各在案			

---

①　《东海关光绪十二至十六年解款及公款清账》,盛宣怀全宗档案 041109,上海图书馆藏。

②　《东海关光绪十六年报销分门总数》,盛宣怀全宗档案 041003,上海图书馆藏。

③　《为核覆张曜奏东海关添设练军经费奏折》,盛宣怀全宗档案 082910,上海图书馆藏。

表 10.39　1890 年东海关练军制造采办外洋军火经费支销①　　　　　单位:银两

单位	性质	所开项目	户部核销	工部核销	东海关常税
东海关练军	采买制造加工	子药		11 223.361 895	40 273.53
		军火			
	兵丁	衣帽等项			
	薪水等项	薪水口分	29 281.799 686 7		
		马干			
		经书听差工食			
		公费			
		故兵棺木			
合计			核销不能相抵银 231.631 581 7		
备注			东海关监督盛宣怀兼任山东烟台海口洋枪炮队练军总统官,东海关添设练军应需饷干军火等项奏明在于常洋各税项下动支,均照天津定章及烟台奉部准销成案办理,按年报销。本案内扣收平余银尽数动支外计垫支不敷银 8.061 699 9,俟准部复再行支领清款		

表 10.40　1892 年东海关练军制造采办外洋军火经费支销②　　　　　单位:银两

单位	性质	所开项目	户部核销	工部核销	东海关常税
东海关练军	采买制造加工	子药		11 661.082 5	36 154.4
		军火			
	兵丁	衣帽等项			
	薪水等项	薪水口分	24 732.519 641 6		
		马干			
		经书听差工食			
		洋枪炮队公费			
		故兵棺木			
	合计		36 393.599 891		
		扣收平余银	232.598 175(扣收一分平余暨六分减平)		
		垫支不敷银	7.147 41		

---

①　《户部为核复福润奏东海关添设洋枪炮队练军经费事奏》,盛宣怀全宗档案 082911,上海图书馆藏。

②　《添设洋枪炮队练军折》,盛宣怀全宗档案 033502,上海图书馆藏。

单位	性质	所开项目	户部核销	工部核销	东海关常税
备注	此次应按湘平核扣银 989.378 55 两,已照数提归常税原款据东涵盖监督登莱青道李正荣,具祥请奏,臣覆查无异,除将收支细数清册分咨户兵工三部查核外,谨合同直隶总督臣李(鸿章)恭折具奏。……山东东海关同治七年添设洋枪炮队练军,先经三口通商大臣合同山东巡抚奏咨一切事宜悉照天津练军章程办理,其调练官兵即于登州镇标拣派额兵五百名,该官弁兵丁月支薪水口粮及采买外洋军火等项奏明,在于东海关常洋各税银内动支,前据该抚将光绪十八年十二月底以前用过银款,按年造报奏销各在案。……应令该关道于造报该年常税额内另款列收注明某年某案扣收湘平名目,以凭稽考,毋得笼统开报致滋弊混			

表 10.41　1888 年①、1889 年②、1892 年③东海关练军及泰安轮船制造采办外洋军火经费支销

单位:银两

单位	性质	所开项目	十四年用款	十五年用款	十八年用款
东海关练军	制造加工	火药			
		烘药			
		炮子			
		铅箭			
		制造工料	11 448.394 387 5	11 281.410 831	11 661.080 25
	采买	来福大洋枪			
		铜帽			
		皮纸			
		铅条			
	折给兵丁	衣帽等项			
泰安轮船	采买	洋煤			
		炸弹			
		细洋火药	12 434.66	12 783.734	1 860
		铜帽			
		药线			
		铅子等项			

---

① 《工部为核销东海关练军及泰安轮船制造采办外洋军火等项用过准销银两折》,盛宣怀全宗档案 082695,上海图书馆藏。

② 《抄工部核销练军采办外洋军火用银奏折》,盛宣怀全宗档案 073923-5,上海图书馆藏。

③ 《核销山东省东海关练军并采制军火用过银两折》,盛宣怀全宗档案 033750,上海图书馆藏。

续表

单位	性质	所开项目	十四年用款	十五年用款	十八年用款
收储煤斤军装	火药库支应局公所租赁大间房 36 间		288	288	240
	火药库支应局公所租赁小间房 32 间				
合计			24 271.054 387 5	24 353.144 831	13 761.080 25
备注	光绪十八年泰安轮船经费统计自正月起至九月底止,表中费用均为工部核销。光绪十八年山东练军进行了部分裁撤,各项费用仍在该关常税项下按月拨抵				

1892 年 2 月起至 10 月底止泰安轮船收支情况,反映出东海关练军采办军火用款及报销办法:"由内阁抄出到部嗣据山东巡抚将东海关练军并泰安轮船采制军火等项银两造具,逐款细册送部核办前来,当经臣部将制造军火等项数目是否相符移查兵部去后,今准覆称。查东海关练军光绪十八年分采制军火等项核与上案数目尚属相符,应准其采制等语。……遵照新章派员按册查核,所开各款价值均与办过成案相符,应准开销。……所有臣部核覆山东省东海关练军并泰安轮船采制军火租赁民房等项用过银两准销缘由理合,恭折具奏。"①

李鸿章 1885 年 11 月上报《北洋海防月支各款折》,统计采购制造等项约需140 余万两,新购英德四快船尚未计算在内。1894 年 7 月 20 日,孙金彪就军火报销一事曾致函盛宣怀,"约计经久之款有三,尚有未尽事宜,彪实一时检点不周,应求大才悉心代筹,教所未逮,其常年款用内炮费一下从前威旅各军均芗翁手定,渠任东海后卷宗移交楚宝观察,请就近指询,敝处大小炮位数目另附清折,仰备寻核。又烟防以后每年台炮应用操药、炸药、拉火并升敬炮所用粗粒药四项,里次上禀,近于繁琐务求此次会商楚翁代定一章,核实价数归入覆禀案内,一并作为常年需款,则此后按期请领,既无丝毫匮乏之虞,又不致屡渎宪听感荷"。②1898 年湖南巡抚赵尔巽在奏折中称,"现值军务要需无论如何为难,总须设法筹挪,顾全大局,业已严饬司局,赶即不问何款,先行解银三万两以应急需,其余七万两仍须竭力挪借陆续汇往。……兹已自商号借垫银三万两,指明在司库裁兵节饷项下拨还银一万两,边防经费项下拨还银二万两"。③赵尔巽还上奏湘省北洋协饷事,"本年粤西军务未定,湘界毗连筹办西南两路边防调兵加饷,前队已扎桂林,兹复添募新勇购置枪械类皆挪东补西,库局搜罗殆尽,事关重大会值艰难,实有应接不暇之

①　《核销山东省东海关练军并采制军火用过银两折》,盛宣怀全宗档案 033750,上海图书馆藏。
②　《孙金彪致盛宣怀函》,盛宣怀全宗档案 056545-1,上海图书馆藏。
③　《赵尚书奏议》,上海图书馆藏古籍电子文献 T28072-142,第 5803—5804、5812—5813 页。

势。……北洋协饷一款实属力难兼顾,与其筹商辗转贻误要需,曷若据实陈明,免滋咎戾"①。

表10.42　1904年2月至1904年7月底四川练饷收支情况②　　（市平银:两）

旧　管	新　收	登　除	开　除	结　存
上届销案结存 38 921	各项盐厘、各城斗秤、芋酒、土药期撞等捐、营口厘捐、同江河税、东边税捐、斗秤捐、东西流水扎萨克图等处荒价以及各项借款还款减平共 3 522 661	135 831	户部核销:各局处营队薪饷、教堂恤款、各官养廉津贴、提运军火委员津贴、川资等项 3 071 286	130 345
			兵部核销:各营队恤赏、养伤并车船脚价运费电报等费 56 828	
			工部核销:购办南北洋军火各营队按月购办枪炮铜帽铅丸价值并修建巡警兵房新设备县衙署监狱工程等费 167 290	

从中明显可以看出,军饷中户部主要负责核销官兵薪饷、津贴,兵部主要负责官兵养伤、电报等费,而购办军火及修建营房等经费主要是在工部进行核销。

表10.43　1864—1876年各省军需工部奏销银两统计表③　　单位:银两

单　位	阶　段	项　目	军需总数	工部奏销
山东	1873.1～1873.7	挑练官兵	302 284	22 284
山东	1871.8～1873.8	抽练绿营马队	30 519	5 239
中城察院	1872.9～1874.9	五城练兵	12 702	
漕运	1872.4～1873.1	清淮善后	31 000	
西宁	1870.5～1873.10	军需	486 000	
山东	1873.8～1874.7	抽练绿营官兵	28 143	4 859
山东	1874.2～1874.7	挑练兵勇	262 887	24 972
山东	1873.2～1874.1	东海关习练洋枪队	29 085	8 784
山东	1873.2～1874.1	成造轮船巡哨	20 577	18 807

① 《赵尚书奏议》,上海图书馆藏古籍电子文献 T28072-142,第 5815—5817 页。
② (清)叶景葵:《赵尚书奏议》,上海图书馆藏电子文献 T28072-142-1。本表为从该文献中析出计算而得。
③ 《各省奏报军需银两数目》,《清代兵事典籍档册汇览》卷 64,学苑出版社 2005 年版,第 270—311 页。属各省扣收平余后仍需清廷有关部门报销之银两。

单　位	阶　段	项　目	军需总数	工部奏销
塔尔巴哈	1874.2～1875.1	军需	37 665	
山东	1873.8～1874.1	酌留练兵	265 383	23 747
直隶	1870.5～1872.1	淮军西征	5 433 980	兵、工 211 634
直隶	1873.2～1874.1	津郡海防	367 085	59 728
湖南	1867.2～1868.7	军需	2 426 900， 钱 31 万文	196 273
湖北	1871.2～1871.12	军需	2 768 518	196 273
盛京	1873.9～1874.3	东省留防官兵	53 090	
盛京	1872.4～1873.3	东省练兵	73 185	
绥远城	1867.11～1871.12	军需	1 873 894	58 580
张家口	1871.2～1871.12	军需	30 271	兵、工 29 793
江西	1869.2～1871.1	军需	2 240 886	111 262
奉天	1874.2～1875.1	州县经费	3 445	
陕甘	1864.8～1874.1	甘肃办理军务	40 000 000	
云南	1863.2～1874.1	办理军务	14 662 507	
陕西	1860.2～1874.1	办理军务	2 219 057	
中城察院	1873.9～1874.9	五城练勇		
广东	1864.8～1866.2	军需	4 133 755	396 575
广东佛山	1864.8～1869.10	军需	2 154 547	187 542
广东翁源等县	1865.5～1867.1	军需	429 743	17 526
广东广肇两属	1864.8～1869.7	剿办匪类	2 454 423	215 499
广东陆丰等县	1868.7～1869.10	军需	78 254	5 073
广东灵山等县	1864.7～1874.6	军需	182 264	28 515
哈密	1874.2～1875.1	军需	445 004	7 207
库伦	1874.2～1875.1	古北口练军	244 542	3 452
闽省	1874.2～1875.1	军需	7 500	7 207
河南	1872.5～1872.10		699 303	25 970
张家口	1875.2～1876.1	运送军粮脚价	104 464	17 898
察哈尔	1875.2～1876.1	支应过经官兵	481 502	63 306

单 位	阶 段	项 目	军需总数	工部奏销
直隶	1870.5～1872.1	苏省留防兵勇	1 374 368	70 488
直隶	1870.2～1872.1	造送淮扬镇标	31 827	18 401
直隶	1875.2～1876.1	造送松沪教练外洋枪炮军需		336 451
安徽	1872.8～1873.7	皖营军需	958 182	75 227
湖北	1872.2～1873.1	军需	2 160 087	84 710
粤东	1875.2～1876.1	旅绿各营	125 481	1 857
山东	1869.12～1874.7	习练绿营马队	14 125	2 381
山东	1869.12～1874.7	挑练官兵	267 071	23 745
河南	1872.11～1873.4	两案军需	684 035	27 418
闽浙	1864.8～1866.11	台湾剿办匪徒	143 714	兵、工 51 146
安徽	1873.7～1874.11	皖南营军需	1 049 719	80 887
山东	1874.2～1875.1	过轮船经费	26 993	11 725
四川	1867.2～1868.1	军需	2 626 441	198 097
船政奏	1875.2～1876.1	制造轮船经费		5 786 321
浙江	1872.2～1874.1	军需	1 078 885	203 222
山东	1875.2～1876.1	酌留练兵	237 650	19 397
山东	1875.2～1876.1	习练绿营官兵	16 508	2 482
直隶	1873.2～1874.1	津郡海防	310 196	48 432
山东	1874.2～1875.1	设洋枪队	27 005	11 074
湖南	1867.8～1868.3	军需	2 370 743	242 500
漕运	1873.12～1874.7	清淮善后	24 960	15 500
直隶	1872.2～1873.1	淮军报销两案	3 003 686	111 217
直隶	1876.2～1877.1	州县支应兵差	629 093	80 064
直隶	1876.2～1877.1	苏省洋枪队		210 540
两江	1875.2～1876.1	留防	59 875	
两江	1872.2～1873.1	新兵各营	16 879	
直隶	1872.2～1873.1	苏省留防	759 064	38 287
河南	1873.5～1873.10	三案军需	988 699	32 151
中城察院	1874.9～1875.9	五城练勇	11 713	
伊犁	1873.1～1873.10	军需	120 792	

单　位	阶　段	项　目	军需总数	工部奏销
盛京	1873.4～1874.3	东省练兵	75 457	
盛京	1875.3～1875.8	东省留防官兵	66 709	
河南	1873.11～1875.6	防兵	3 381 272	
安徽	1873.7～1874.11	皖军防饷	48 335	
库伦	1870.5～1873.8	蒙古官兵	47 130	
湖北	1873.2～1874.1	军需	860 529	65 489
直隶	1876.2～1877.1	苏三案留防	1 218 038	59 372
盛京	1875.9～1876.2	东省留防	52 337	
山东	1876.2～1876.7	酌留练兵	301 649	21 300
吉林	1876.2～1877.1	冬围津贴	13 092	
伊犁	1874.11～1875.10	军需	158 043	
伊犁	1874.7～1875.4	库尔喀喇乌苏领队	82 894	254
山东	1876.2～1876.7	抽练绿营	16 395	2 859
盛京	1875.4～1876.3	东省练兵	91 396	
直隶		江苏留防	20 129,钱 164 688 160 文	钱 2 191 400 文
漕运	1875.1～1875.7	清淮善后	22 330,钱 183 619 900 文	13 264
两江	1876.2～1877.1	留防四案	1 090 618	90 369
广东	1869.2～1873.1	剿匪	540 302	16 247
山东	1875.8～1876.1	抽练绿营马队	14 123	2 379
塔尔巴哈台	1873.7～1876.1	军需	180 607	22 475
贵州	1877.2～1878.1	军需	20 000 000	
合　计	1863.2～1878.1	各项军需	277 770 000,钱 3 300 000 文	10 025 733,钱 2 191 400 文,占军需总额 3.6%

为了统一管理军品贸易,清廷不断采取措施收回军权,对各地的经费进行严格限定。对于各省军事经费,清廷在由度支部清理各省财政之后作了统一规定。1910 年 8 月,军咨处陆军部通电各省,"盛京天津等抚台提督都统密,现值时艰日迫,亟应扩张军备,贵督抚、提督、都统凤矢公忠,当能顾全大局,力任其难,查各省报部预算案内,于按年编练镇数,奏案诸多未符,曾经本部电请追加在案,至所有

已经编练新旧各军之经费,贵督抚提督都统无论如何为难,未便轻易核减。本处本部即按照业经报部内籍作为贵省军事经费,处部负有国防专责,理应统筹,希查照办理为荷"。①然而,各省督抚大臣对此却有不少怨言。8月,四川总督赵尔巽接广东来电,"现在各省财政,均经度支部派员清理,军事经费疆臣但有规划之责,并无核准之权,是减与不减岂各督抚所能议校。如照来电以报部内籍即作为军事经费,是该项尚未由度支部核准,而处部即作为确定之经费揆之,费理殊有不协,设不先事声明,将来贻误国防谁任其咎,此事重在未便轻易核减一语,似应请军咨处陆军部与各省内籍到部时,随时移明度支部,不得核减方为着实"。②1910年9月,陆军部荫昌等在奏请中称,"中国向来军事,督抚专任其责,各顾省界,于全局国防用兵之计画,往往血脉不能贯通,甚至此省入款,移作彼省军用,则有协饷之名,殊非统一军政、财政之办法。……军政更为国家行政之大端,绝无地方行政之性质,若不通盘筹画,则听其各自为谋,隔阂将何所止。臣等再三商酌,惟有就此次各省咨送预算实数,由臣部会商军咨处,统筹全局。凡一切军制、军需、军实之急待扩充,及旧军应行裁改各节,均为切实整理,嗣后由中央通筹挹注。但视国防之缓急,一泯从前省界之见,庶几消弭畛域,统一军储,有裨国防实非浅鲜"。③1910年年底,陆军部又奏请将各制造军械局收归陆军部管理。清廷力图取消督抚专任其责的分散局面,收回军政大权以归军权一统。但在清朝政权衰微、几近灭亡的大趋势下,长期形成的地方分治局面绝不可能轻易改变。更多时候不仅本省购买军火之款项无着,对于朝廷指拨之协饷,也只能"挪东补西"。

表10.44 四川省宣统二年西藏边备经费构成④　　　　　　　单位:银两

性　　质	款项来源	数　　额
旧有成案	洋款	250 000
他款垫支	甘肃新饷内截留	150 000
他款垫支	北洋军需截留	100 000
合　　计		500 000

对各省来说,每次外购军火之后都要按时上奏经费支销情况,说明经费具体来源以求核准。这种支销徒有形式,因为朝廷一般不会下拨经费,主要是对各省经费的安排给予意见,最多下旨协助赶催他省欠饷。1906年3月,"凡有洋匠包

①② 赵尔巽全宗档案543-74-3,中国第一历史档案馆藏。
③ 中国近代兵器工业档案史料编委会:《中国近代兵器工业档案史料》第一辑,兵器工业出版社1993年版,第351页。
④ 《赵尚书奏议》,上海图书馆藏古籍电子文献T28072-142,第4737—4739页。

工，及购买外洋船只、军火物料等项，均应造具清单，咨部（工部）查核"。①1907 年
8 月，《四川机器局光绪三十二年支用经费折》称，"所有各项物料价值及员司、工
匠薪资并一切经费，照案在于土药厘金项下开支。总共用库平银一十一万七千五
百一十六两九钱三分四厘五毫七丝五忽，又制造洋火药采买牙硝支用库平银一万
零二百七十七两，遵照部章，分晰造册，详请奏资核销前来"。②1908 年川练饷收
支情况中规定"各营队按月购办枪炮铜帽铅丸价值"由工部核销。③川省新旧各军
经费来源略有不同。1909 年 6 月，四川省总督赵尔巽上奏 1908 年川省《订购枪
弹价值折》，称"归用枪弹之处照数筹还垫款，新军所用者由粮饷局陆军新饷项下
拨还，巡防军所用者由筹饷局防剿经费项下拨还，以清界限而便造报"。④10 月，
宜昌来电，"督宪意，莫弁解德枪一千枝，江行窘极借给库平银二百两，请饬扣柏
枝。（批注，宜昌宪唐，此等事何须电报筹借，俟借文到自有办法也）"⑤。度支部
甚至作为清廷财政机构也几近崩溃，无钱动用。度支部曾致电东三省都督赵尔
巽，"部库已告竭，借款交到无期，仍请由尊处设法办理"。⑥1910 年 5 月，四川总督
赵尔巽奏《动拨购备枪械价值银两折》，"四川新旧各军枪械已经不敷应用，亟须陆
续添购，曾经电商陆军部核准，计需银二十七万两之谱。现于司库防剿经费项下
动支银七万两，滇黔官运局矿务项下，动支银二十万两以资购备，而充军实"。⑦各
省常赶催他省欠饷以补军购经费之缺口。9 月，度支部通电各省总督，"（各省总
督）伊犁购运炮弹估需四十余万金，据广将军以事机紧迫，电商本部请催欠饷，希
即迅速设法筹解三四万金，交甘肃藩库以应急需"。⑧宣统三年四川省应得他省
协饷五十二万两银，却仅收到十八万八千八百两，尚欠三十三万一千二百
两。⑨甚至有时需要向他省借款。辛亥革命前后，清政府人心惶惶，各级官僚大
臣们常被发动捐银报效，"提督姜桂题等电秉，请饬各亲贵大臣将所存款项提回
接济军用，已有旨谕，令宗人府传知各王公等将私有财产尽力购置国债票，兹又
据该督抚等秉请情词尤为恳切，著将十五日谕旨电寄各该督抚阅看，并将该督
抚等电秉抄给宗人府传知各王公等一体阅看，该王公等休戚相关深明利害，务

①　中国近代兵器工业档案史料编委会：《中国近代兵器工业档案史料》第一辑，兵器工业出
版社 1993 年版，第 330 页。

②　同上书，第 828 页。

③　《赵尚书奏议》，上海图书馆藏电子文献 T28072-142-1。

④　《赵尚书奏议》，上海图书馆藏古籍电子文献 T28072-142，第 2662 页。

⑤　赵尔巽全宗档案 543-76-2，中国第一历史档案馆藏。

⑥　赵尔巽全宗档案 543-110-2，中国第一历史档案馆藏。

⑦　《赵尚书奏议》，上海图书馆藏古籍电子文献 T28072-142，第 4387—4388 页。

⑧　赵尔巽全宗档案 543-77-1，中国第一历史档案馆藏。

⑨　《赵尚书奏议》，上海图书馆藏古籍电子文献 T28072-142，第 6000—6004 页。

宜仰念时艰,竭诚图报"。①东三省也强调"奉省各王公本年应征地租尽数留充军饷"。②在中央部库和各省番库财力艰窘的情况下,拖欠外洋军火之货款成为普遍存在的现象。

（三）货款拖欠

按照中外签订的军品订购合同,军火采购款一般分三次拨付,定款三分之一（定立合同之日）、头批款三分之一（军火在外洋装船时汇付）、尾批款三分之一（军火到关验收完毕时付清）。

盛宣怀作保向西方相关厂家购买物料,常有不能及时还款之情形。1888年9月22日,怡和洋行向盛宣怀催缴物料钱款,"敝行于本月十五号收到由尊处交下银一万二千一百零五两,即阁下所该敝行一万六千一百零七两一钱四分款内之项,除收尚应找银四千零零二两一钱四分。……应共银四万八千五百两,加以西历上年四月间块铜价银一千二百五十两,统共该银四万九千七百五十两,计开收到尊处付来各款……共计收过银四万五千七百四十七两八钱六分,除收尚应欠找敝行银四千零零二两一钱四分,以上所该银数,请即汇解敝行,乞勿远延为祷"。③1894年9月,电报学堂洋教习璞尔生致函盛宣怀,索要电报线款项,"前代盛大人所购军线材料共银一千零十八两六钱,均系璞尔生之现银代垫,至今尚未见付。……念璞尔生一介寒儒,无多出息,安得有此余项存而不用。恳求大人从中美言,代璞尔生转请,能将此垫款早日付还,则感高恩,诚如身受,此非璞尔生之过为急急,实出于情之不得已也"。④1896年11月3日,比利时科克铁厂总办给盛宣怀函件,"敝厂与汉阳厂交易有年,所有代垫各款尚可俟至明年八月清还。……截至本年十月三十日为止,共该二百一十七千六百五十一法郎零五十五宣丁又九千三百七十一磅十九先令零一化令。……愿与汉阳厂交易可以久长,更恳大人将来不论汉阳厂及铁路所需机件委予承办,则敝厂断不敢稍涉附会,辜负美意。且敝厂常备上等矿师及工程师,其中亦有曾来中国者。若承委办则凡机件必能与中国合用无疑也"。⑤该函件所附清单中罗列了相关物料的名称,如酸水、药水、火砖、焦炭炉配用料件、铅类矿苗、四轮运车、压气机、化铁炉配用机件、吹火机架、起重机等。1897年1月7日,耶松厂致函盛宣怀催要军品款项,"敬肃者一八九六年六月三十号湖北铁政局应还敝厂银二万八千二百两,外加长年利息七

---

① ② 《廷寄赵尔巽》,古籍类465284,上海图书馆藏。
③ 《怡和洋行致盛宣怀函》,盛宣怀全宗档案032280,上海图书馆藏。
④ 《甲午中日战争·盛宣怀档案资料选辑之三》下,上海人民出版社1982年版,第203—204页。
⑤ 《致铁厂洋人函抄存》,《盛宣怀主办汉阳铁厂时期与外人往来有关函件》,古籍类542540,上海图书馆藏。

厘,该款嗣由宪台作保准于一八九七年六月三十号本利还清,业经详在敝厂一八九六年八月二十五号所呈。大人函内查尚有尾款二千九百七十四两四钱九分,连息尚未付清,是以至一八九六年六月三十号铁政局共欠敝厂银三万一千一百七十四两四钱九分,此数由蔡道台锡于一八九六年八月十七号在武昌所发函内言明无误,日前敝厂函问蔡道台各节而至今未蒙复示,所有尾款二千九百七十四两四钱九分,连一八九六年七月一号起之利息到期,应向何处领取,务乞指示为荷"。①

1895 年 11 月 6 日,湖北枪炮厂向户部上奏,"枪炮厂已无款可用,而洋厂欠款尚多,均须清还,湖北饷力支绌,实属无可筹措,一省之财力断不能供大局之急需,现在外债急须归偿。……户部存沪借款拨银六十万两以济急需,如部臣以部中借款未可轻动,拟请即在江南所借瑞记洋款拨用,此款系奏明由臣于江南陆续设法筹还,并非司局原有正款,于京协各饷绝无妨碍,由鄂厂分为四年将所造枪炮作价匀还,照外洋买价让减一,每年还银十五万两。目前鄂厂有款以应急需,日后江南有械以资防务,似乎两益而无损,与凭空拨江南之款以协鄂省之用者迥然不同。此款除先还各洋厂欠款外,尚可作为本年制造之需,拟即截至今年年底止,将铁厂枪炮厂用款分别划清,再将枪炮厂购机造厂之用款及厂成后陆续开机试造至今年年底止之用款分别划清分案造报,自明年为始以后每年即尽此常款三十余万两,支用自光绪二十二年正月起至十二月止,此一年内若仅就此三十余万之经费核计,约计工料只能造枪三千枝,每枪配弹百颗,造快炮六十尊,每炮配弹五百颗,臣本年闰五月覆奏江省善后折内曾经声明鄂厂工厂未熟,所出不多,一年以后始能出枪七八千枝,炮一百尊,盖第一年工匠未熟,第二年检工匠之艺机器之力可造成此数,然亦必须经费足敷工料之需,乃能造足。缘工料乃按件核计之事,若经费太少则亦不能多造也,大约一年以后若每年能多拨银三十万,则必可尽机器工匠之力出快枪七千快炮一百,并配足药弹,若不加拨,则此枪三千枝炮六十尊之数,总可如额。……拨银一百万两附入湖北枪炮厂添造新厂责令每年造成快枪一万七八千枝,快炮三百尊并配足无烟药弹等因。查此项新拟设之枪炮各厂共实需二百万,而此二百万乃购机建厂之费,与常年制造无涉,厂成机设以后尚须每年筹拨经费若干,购料雇工乃能制出枪炮药弹,并非有机有厂即可,不再需工料经费已能每年制出枪炮也。……湖北制造枪炮厂本非专为湖北而设,然其事自发端于广东及移设于湖北以来,皆只就一省之财力量入以为出,故当时广东创议购机建厂则取给于广东之官绅盐埠各项捐资,后以广东铁矿无多地势偏远移其机器款目于湖

---

① 《致铁厂洋人函抄存》,《盛宣怀主办汉阳铁厂时期与外人往来有关函件》,古籍类 542540,上海图书馆藏。

北,所需常年经费则又登给于湖北之土药税银及川盐淮盐江防加价五六年来,从未借助于他省也。……现在该厂(湖北枪炮厂)所制快枪当系小口径新式兵枪,此项机器马力几何,每日能出枪筒拉来福线后膛机孔约几杆,制成后较沪局所制有无区别,较英国两响枪里斯比枪德国新毛瑟枪美国黎意枪法国新旧哈乞开司枪,致远、速率、功力若何? 该厂所制快炮当系纯钢,较沪局所制有无区别,较英国阿姆斯特朗德国克虏伯厂,致远、速率、功力若何? 现购机器马力能制快炮吨重若干,一月能成若干? 应令一并查明详细声覆,并将该厂炉座房屋先行绘图咨送,即所制枪炮弹药等件亦应运解督办军务处试演,以占利用。……皖岸商人广大等七十二户呈缴银二十七万两,请认皖监一百票,计一万二千引湘岸平江商人洽豫等七户呈缴银八万两请认平江监八票,计四千引共缴银三十五万两已如数解交江南筹防局兑收,其新引请归现运钢分一并须环转运,设有新增捐款免予摊缴,又湘岸商人报效银二万两,不请奖叙,又淮南场商淮北池商共捐银十三万两,请照运贩呈缴期限一律缴还,附案照海防例给奖实官三项共银五十万两,适符原案之数。仰恳天恩,俯念铁厂为铁路造轨要用制造武备根源,准将前项票费商捐报效银两拨充铁厂经费,并将此项商捐银十三万两归入两淮运贩捐输海防成额一律照章给奖,再铁厂款项去冬早竭债欠累累,东矿开煤化铁等事需费甚急,不能一日停工,是以臣前奏于江省筹防局款拨用约计已及五十余万两。……一年皆系无米之炊勉强腾挪支柱(此项盐款务款五十万两仅敷前数月开支)之用至债欠尚难清还。……日前经费各处挪凑,只能支持至八九月之交拟请划清界限,若商人早能承接,则用款及各项欠款截至承接之日止,若无商承办亦请截至今年年底止,此数月内筹垫之用款及应还之急款大约总在四五十万之数,盖目前必须将煤巷多开,各种钢铁加工精炼,令其粲然具备,然后商人易于招集。惟仰恳天恩仍准在江南筹防局随时暂行借拨以应急需,将来有商则归商认,无商则臣必当设法筹款奏请拨还,俟年底截清用数。……如部中不能拨款,惟有暂为停工以待有商接办,倘须停工应由部中早为知照,以便预为核计,散遣洋匠,清理物料。……应令该督(张之洞)查明该厂自厂成开炼以来究竟垫用经费若干,实出各项钢铁若干,销售得价若干,约计明年能出钢铁若干,应垫经费若干,并垫拨年分若干,以及制炼之为良为楛价值之为高为下,一并先行奏明再由臣部核拨明年炼铁经费,其历年造厂购机采煤炼铁炼钢出货销货存货款目银数,务即查照此次原奏截至今年年底止,分款详细造报并将铁厂房屋等项绘图贴说送部,以凭查核要之,湖北铁厂本为创开风气力图富强,无论官办商办均须有货可通有利可获,方不至始作终辍,为志士绅所惜、万国所诧,该督既身任其事,以为天下,先天下之人亦欲一观厂成以为快,此固不得不用要岁会须名责实以副天下之望者也。应请饬下该督责成,承办各员认真监督,及早程功不得徒托空言虚縻公帑"。①湖北枪炮厂作为清廷重点建设的军工厂局,所需经费主要靠自筹并未借助他省,所造军火则供应全国,因内无存款,外有洋债,实际处于停工状态。户部借款无权动用,张之洞就想办法在自己经手过的江南外借洋款内腾挪。还要向户部一再声明,与正款、京饷、协饷无涉,用枪炮抵价还作。若每年保证常款 30 万两,也仅能造枪 3 000 支,快炮 60 尊。户部欲拨银 100 万两,责令每年造枪 17 800 支,却不知新设枪炮各厂仅建设费就需 200 万两,即便有机有厂,无后续经费则无枪炮产出。多方逻掘,收缴商捐 15 万两,也无法抵债,实在无款只有遣散洋匠一途。湖北枪炮厂的情况并非鲜见,其他军工厂用款也不充裕。

辛亥革命前夕,清廷向外洋订造的军舰也涉及货款偿付问题,"联鲸""舞凤"均在清王朝结束前建造完成,因而舰体方面没有遇到类似"应瑞""肇和"那般付款未完的情形,不过"联鲸""舞凤"装备的火炮均为从英国维克斯公司进口,民国成立时二舰的火炮款项尚未付完。其中"联鲸"装备的 4 门 47 毫米炮连同炮弹共价 2 694 英镑,清政府仅支付了 898 英镑,尚欠 1 796 英镑;"舞凤"装备的 4 门同型炮共价 2 481 英镑,已付 827 英镑,欠款 1 654 英镑。但欠款数额不多,民国政府成立后不久就予以结清。

赵尔巽档案中还记载着四川省机器局 1907 年兵工、钢药两厂历年积欠华洋各商物料价银数目情况。兵工厂共欠银十五万四千一百二十四两四钱八分八厘,其中欠洋商银两主要为:瑞生核桃木枪壳价银一千两;三菱公司东洋煤价银三万一千八百四十九两四钱八分;三井东洋煤价银二千九百七十三两一钱四分;瑞记钻头价银四百两。钢药厂积欠银三十四万二千三百六十两三钱六分二厘,其中欠洋商银两主要有:订购礼和造药炼钢机器十二种价银九万六千四百四十五两五钱(查合同内本息共德银 169.5 余马克,惟马克时价不一,约合华银五十七万余两,分作四年摊还,本年除已付不计外,尚应找上数);礼和溴水价德银 4.608 645 万马克约和(合)华银一万五千两;三井溴水东煤等项价银二万零四百二十九两八钱零四厘。②四川省购买蜀赫厂机料,货款难清,屡被赶催。1908 年 10 月,"赵制台洪,续汇到十七万一千马(马克)照收,弟奉旨回华预备交代蜀赫厂机料,现又起运大批,余仍赶催该款,除收尚欠一万三千九百五十马,请速补汇以免该厂借词推延"。③1909 年 8 月,赵尔巽接到电报,"川省拨借宁省机关炮弹照式买补,已逾四月二十七第一批付银之期,将来鄂炮弹倘有不符,彼必以付价迟延借口,宁省财政万分支绌,全款固难筹垫,即比第一批之六千九百余两,亦无可腾挪,乞迅赐电汇,

---

① 《户部奏折》,盛宣怀全宗档案 000997,上海图书馆藏。
② 赵尔巽全宗档案 543-40-6,中国第一历史档案馆藏。
③ 赵尔巽全宗档案 543-75-4,中国第一历史档案馆藏。

并照合同续付为幸"。①

档案中还能看到四川省外购军火时有赖账不还的情形。1910 年 2 月 12 日，伦敦威金生枪械有限公司致电赵尔巽，因 1906 年四川省购去小手枪一支，连子弹共值英金 2.15 镑。该购枪款一直未还，"前承购去手枪子弹等件，该价迭次函索迄未惠复，未悉此函是否已邀台览，抑或沉失无着，深以为念兹，再肃函并将账单一并附上，到乞查阅赐复，并将该款汇寄敝行，不胜盼切待命之至。此请锡圻先生台安"。②

北洋机器局还曾经以军品短缺为借口，拖欠货款。杨廷杲致函盛宣怀，"查北洋官局旅顺雷营所用欠机器材料价银七百九十四两，上年曾禀请催领，据云尚有少物未曾领到。窃思即系略少，亦应明示所少何件，其余收到物件之项理应先行给发。求再行办公事，赶紧催领划申以清款。再有旅顺营内方管带本欠材料银五百九十五两二钱，收过银五百八十两一分，尚欠银十五两二钱五，亦求一催归下"。③

洋行与清廷两方面互有拖欠的情况。在席步天与盛宣怀信函中有，"满德由烟抵沪，连日催瑞记洋行将七百五十磅一款速为了结，日前买办吴纯甫由金陵回沪，满德约其昨日来敝行面谈，步天在坐。公同商议，据该买办云此款非其一人所得，业已表散，瑞记自能次第收回弥补，如不能收回势必将得此用金之人开单呈报，瑞记直言无隐，开罪众人实与该行生意大有关碍，故必思将款索回，俾得愿顾全大局，惟操之过急未易办理，请宽其时日，自能设法弥缝云云。步天察其言语，似系实情，惟一二日内尚未能了结，请稍缓，由满德随时催促此款，总可收回，不致有误。……四万金借款抵付胶州炮价，节次禀请，迄未结付"。④

四、军贸经费贪挪与虚耗

中国一向具有比较完备的法律制度，比如监察系统、御史制度、弹劾制度，都能对权力进行制约，更有着丰富的反贪污、反腐败的规定。然而，人治大于法治的古代社会，再完备的法律制度也无法做到从一而终，贯彻到底。晚清政府几乎无官不贪，军官冒领军饷、作风稀拉情况屡见不鲜，甚至雇人值班巡逻、拦路抢劫，在军火采买、军工制造领域，贪污照样盛行不辍。1897 年 7 月 25 日，赫德在给金登干的信中说："中国人是优秀的种族；有极大的'耐力'，他们的储备力量和运气使

①② 赵尔巽全宗档案 543-76-2，中国第一历史档案馆藏。
③ 王尔敏等编：《盛宣怀实业朋僚函稿》，台湾近代史研究所 1997 年版，第 1857 页。
④ 《席步天致盛宣怀函》，盛宣怀全宗档案 040423，上海图书馆藏。

他们冲破了摧毁别的帝国的暴风雨。只要做事情方法上稍有进步：这个国家的分量很快就会被认识，但是中国缺乏进步所需要的两种品质：热爱真理和廉洁奉公！"①相对来说，李鸿章在晚清权倾朝野，有很大的贪污受贿机会，然而，不像其他劣迹斑斑的清朝官僚，至今史学家们都没有找到更多李鸿章贪污的实凿证据，中俄密约所涉及的贪污案，也仅仅属于孤证。②即便如此，西方人还是在不断批评他。濮兰德指出，"在他周围的一切，在他的船的甲板上，在他的一切衙门机关里，有的都是他自己委派的许多无赖汉，他们只是忙着把钱装到荷包里，出卖了国家的安全，北洋海军成了李鸿章'为他家属和亲信谋利的奶牛'"。③李鸿章尚且如此，其他的官僚一旦与购造军品有瓜葛，就很难保证公正清廉了。何况还有人事、编制等因素造成的经费挪用与虚耗问题，外购军品成为许多官僚借机生财之道，里面既有浮开价值，也有暗捞好处，更有公开索贿，军品外购中种种弊端的存在都大大降低了军贸经费的使用效率。甲午战后，胡燏棻曾指出，"军需如故，勇额日缺，上浮开，下折扣，百弊丛生"；"各营员皆以钻谋为能事，不以韬矜为实政"。④

（一）浮帽

军品外购的职位常常让人们趋之若鹜，涉事官僚往往通过军品采购中的浮开价值、虚价报销、私价与正价相区分等方式捞取好处。

---

① 陈霞飞编：《中国海关密档》（六），中华书局1990年版，第710页。

② 1896年2月，清政府任命李鸿章为"钦差头等出使大臣"，赴俄致贺沙皇尼古拉二世加冕，目的是"联俄拒日"，实现"密结外援"。6月3日沙俄借口"共同防御"日本，把"借地接路"作为中俄缔约的先决条件，诱使清政府签订《御敌互相援助条约》，一般称为《中俄密约》。《中俄密约》的签订和筑路权的攫取，为沙俄侵略势力进一步深入和控制中国东北地区提供了各种方便，大大加强了沙俄在远东争夺霸权的地位。谈判期间，财政大臣维特为迫使李鸿章就范，向李鸿章许诺，如果建筑铁路一事顺利成功，将付给李鸿章300万卢布。据华俄道胜银行董事长乌赫托姆斯基回忆录《对清国战略上的胜利》记载，"《中俄密约》签字后的第二天，财政部办公厅主任罗曼诺夫与乌赫托姆斯基、总办罗启泰在一份向李鸿章付款的协定书上签字。协定书规定，头一个100万卢布在清帝降旨允准修筑中东铁路后付给，第二个100万卢布在签订铁路合同和确定铁路路线后交付，第三个100万卢布则等到铁路工程全部竣工后才支付。这份议定书并没有交给李鸿章本人，而是作为绝密文件由俄国财政部收藏起来"。而据《沙俄财政部档案汇编》记载，李鸿章一共接受了沙皇俄国170.25万卢布的贿赂，有李鸿章派人提取款项存条和当日提款的记录。不过，至今国内还没发现李鸿章受贿300万卢布的真实记载。参见相京：《〈中俄密约〉签订真相》，《文史天地》2008年第12期；谭文凤：《李鸿章签订〈中俄密约〉中的两个问题》，《历史档案》1999年第4期；刘宽宽：《国际外交史上的大骗局——论光绪中俄密约》，《社会科学战线》1987年第2期；郭蕴深：《维特与一八九六年"中俄密约"》，《学习与探索》1984年第6期；张玉芬《从联日到联俄：李鸿章与〈中俄密约〉的签订》，《南都学坛》2016年第3期。

③ 濮兰德：《李鸿章传》，文海出版社1974年版，第227—228页。

④ 刘晋秋、刘悦：《李鸿章的军事顾问汉纳根传》，文汇出版社2011年版，第171页。

1866 年 1 月 10 日，曾国藩与李鸿章咨札中透露，"查核该局历报采办物料多有浮开价值，应将各销册发交李守逐细核减，勒令将浮冒余银交出存公制办。以后该局领发银钱、收放军火、办买物料、点验工匠、核给薪金，均责成李守督同核实经理，该员等如敢再有浮开捏报，即禀请以军法惩治，所有军火分局关防即行吊销"。①1876 年，福建巡抚丁日昌奏参候补同知文绍荣等人浮开价值购买日本废弃枪械。官方记载中军购贪污极为少见，而惇亲王奕誴却对此发表感叹，"岂真无弊哉？特徇隐不发者居多耳"。②不过当时的外洋报纸中却有新闻反映清政府军购官员向德国洋行购买旧式洋枪，每支价银 2 两，奏销时却定为每支 9 两。③在外洋人看来，清政府的主管官员不了解这些军械的价值，自然无法决定购买何种军械。而各武器代理则尽全力讨好军购人员及其下属，甚至寻求领事或外交支持，当然这一切花费都会算入军械价值之中。④某省官员赴天津采购外洋军械，本已将价值翻倍预备上报，验收人员到来后，却非常不满，认为"如此之利器而报如彼之贱价，是揭前人之弊而塞后人之利源矣，大不可，速再增之"。⑤1879 年 11 月 15 日，曾纪泽在《使西日记》中说到，"葛立德言及胡雪岩之代借洋款，洋人得息八厘，而胡道报一分五厘。奸商谋利，痛民蠹国，虽籍没其资财，科以汉奸之罪，殆不为枉。而或委任之，良可慨已"。⑥

1894 年 7 月，赫德与金登干询问了阿姆斯特朗厂关于一艘猎雷舰的价格，同期中国驻英兼法比意国公使的龚照瑗询问的价格却高出前者所问价格的一倍还多（金登干问得二万八千镑包含保险费在内，龚照瑗回复李鸿章为五万八千镑且不包括保险费在内，后来龚为促成交易降为五万镑），而且在阿姆斯特朗厂通过龚照瑗与李鸿章直接交易而排除赫德的用意非常明显的情况下，"龚照瑗贪得离谱是较合理的解释"。⑦1894 年，江南苏松太道刘麟祥曾长期担任江南制造局总办，直接控制采购权，"遂成大弊二端，一则局中需要最多之物料，率由总办先以廉价购入，而令别人出面以重价售诸局中；一则凡欲售物于局中者，必先由其仆隶或司员引进，乃得与总办会晤，皆先议私费，而后及正价，凡仆隶司员皆有所沾润，而

① 《李鸿章全集》(一)，安徽教育出版社 2007 年版，第 355 页。
② 中国史学会：《中国近代史资料丛刊·洋务运动》(一)，上海人民出版社 2000 年版，第 215 页。
③ 《中国近代史资料丛刊续编·中日战争》(第十二册)，中华书局 1989 年版，第 285 页。
④ Chester Holcombe：The Real Chinese Question. New York：Dodd, Mead & Company, 1900，p.134.
⑤ 《东方杂志》第 4 卷，第 10 号，1907 年 11 月 30 日。
⑥ 秦翰才：《左宗棠全传》2010 年未刊本，复旦大学图书馆藏，第 202 页。
⑦ 马幼垣：《靖海澄疆——中国近代海军史新诠》，联经出版社 2009 年版，第 264 页。

皆取偿于物价之中"。①胡雪岩为左宗棠的西征借款,主要用来采购外洋军品。1894 年 12 月郑炳麟致函盛宣怀中谈到,"嗣后凡有购买外洋军械美差,皆委任之"②。1895 年 7 月 3 日翁同龢日记载,"购买军器之委员中饱"③。各地督抚在购办军械时,常有瞒报现象,借此贪污大量军贸经费。1903 年 6 月,闽浙总督崇善上奏称,福建存储快炮 2 000 余尊,炮弹 38 000 余颗,各式前后膛快枪 2 万余支,枪弹 1 千余万发,"足敷应用,无须添购"。然而仅过八个月时间,1904 年 2 月,继任者李兴锐查验后奏报说,"快炮不及百分之一,余皆旧日废坏土炮,快枪则共有数百支,他皆旧式各国所弃而不用者"④,再次要求向外洋订购枪械,以应急需。很明显,崇善或李兴锐必然其中有一人为谎报,否则在没有大战的情况下,仅半年多时间军械存储不该有如此大之变化。1904 年 6 月 9 日的《中外日报》记录了江南制造总办刘麒祥在主持制造局事务时,通过采购物料中饱私囊的情况,"盖自总办(刘麒祥)自握议价处之权后,遂酿成大弊二端:一则局中需要最多之物料,率由总办先以廉价购入,而别令他人出面,以重价售诸局中;一则凡欲售物于局中者,必由其仆役或员司引进,乃得与总办会晤,皆先议私费,而后及正价;凡仆役员司工匠,皆有所沾润,而皆取偿于物价之中"⑤,所得好处费由刘麒祥抽取大头,手下人分享小头⑥。1906 年 3 月,工部奏称"运用愈繁,报销愈简,殊非慎重帑项、核实度支之道。现在库储奇绌百倍从前,购造等事日多于昔,外省开销尤以涉于洋务者为独巨。尝有奏称核实请销于前,而承办人员复以侵冒被劾于后。可知动辄以绝无浮冒为词者,恐不免借洋务两字为开支巨款之地"。⑦

（二）贿赂

国际军品贸易往往在订立合同时就通过条款的方式,明确佣金的比例,这是中介或买办应得的公开合法的利润。军火厂商或洋行也乐见代理人接受佣金,因

①　[澳大利亚]雪珥:《绝版甲午——从海外史料揭秘中日战争》,文汇出版社 2009 年版,第 135 页。

②　《甲午中日战争·盛宣怀档案资料选辑之三》下,上海人民出版社 1982 年版,第 361 页。

③　翁万戈、谢俊美:《翁同龢〈随手记〉》,《近代史资料》第 98 号,中国社会科学出版社 1999 年版,第 160 页。

④　滕德永:《清政府军械外购对清季军事近代化的影响》,《太原师范学院学报》(社会科学版)2014 年第 5 期。

⑤　《中外日报》1904 年 6 月 3 日;陈真:《中国近代工业史资料》第 3 辑,生活·读书·新知三联书店 1961 年版,第 75 页。

⑥　王兆春:《空教战马嘶北风》,兰州大学出版社 2005 年版,第 86 页。

⑦　中国近代兵器工业档案史料编委会:《中国近代兵器工业档案史料》第一辑,兵器工业出版社 1993 年版,第 330 页。

为这样可以使代理人成为受雇的和有利害关系的一方。①同时,收受佣金的代理人也需要受到厂商相关规定的约束。不过,华洋军火贸易中,清廷却绝不容许任何经手人员公开接受这种好处。李鸿章曾经电告在英国的李凤苞,购买舰船要尽可能节省开支,"帑项艰拙,事竣严实开报,段不认经手者少有浮冒"。②折中的方式是,在买卖双方进行谈判时将佣金写进合同,用来报效朝廷。中间人的好处费则由卖方想别的变通办法解决。政府官僚在采购外洋军火中接受佣金会被认为是行贿而有被追责的风险,同时清政府想当然地认为可以利用公开的佣金降低总价,以图节省费用。因此,凡是涉及中方的外购军火,经手人员的酬劳与西方军火买办公开收取佣金完全不同。华洋军火贸易合同中写明的五分或八分"佣金"只是一种形式,厂商在净价上加5%,然后再减去5%,完全成了一种数字游戏,与中介人该拿的好处费无关。1881年,时任驻德公使的李凤苞在铁甲舰订造合同中专门规定了有关佣金条款,"订造铁甲船之价,毫无经手之费,中国使馆,无论何人,皆不得经手之费。又申明,本厂亦不送贿与所派监工之员,凡送贿或送经手之费即作为犯法"。③当然,经办军火贸易实际的好处费(相当于西方军火买办该拿的佣金)并未消失,而是在正价之外由卖主或买卖双方均摊另给。④这种费用是(厂商)打了各种可能的折扣并得到它应得的纯利后,从利润中拿出来作为好处赠给有关代理的。⑤目的是补偿其在代理过程中可能产生的花费,一般都在交易完成之后才支付,通常不影响总价。为了维护代理人的利益,厂商要求这种好处费,不能从货价中扣除,也不能把它交给中国政府。⑥在订造蚊子船的过程中,造船厂向金登干明确表示可以拿出1%到2%的利润作为好处费。第一批蚊子船交易完成后阿姆斯特朗造船厂秘密给予金登干4 365英镑作为佣金,赫德在1879年指令金登干将所得佣金退还清政府。⑦

清政府后来也调整了关于回佣的态度,除了九五扣列明合同之外,也遵照国际惯例,标明给经手人员的回扣,下面所示的这份订购合同,回扣及经手人员回佣都是五分,相当于洋行给了清政府五分折扣,清政府体恤商情又把这五分送给了经手人员。相当于清政府用正价购买军品,"回佣"变成了照顾双方面子的

---

① 陈霞飞编:《中国海关密档》(八),中华书局1990年版,第130页。
② 中国史学会编:《中国近代史资料丛刊·洋务运动》(二),上海人民出版社1961年版,第442页。
③ 1881年1月8日签订的《中国驻德大臣李与德国士旦丁伯雷度之伏尔铿厂两总办订定铁舰合同》,参见陈悦:《北洋海军志(修订版)》,山东画报出版社2015年版,附件第344页。
④ 夏东元:《盛宣怀传》,上海交通大学出版社2007年版,第33页。
⑤ 陈霞飞编:《中国海关密档》(一),中华书局1990年版,第419页。
⑥ 同上书,第295页。
⑦ [英]魏尔特:《赫德与中国海关》下,厦门大学出版社1993年版,第49页。

一种形式。只不过有的中介情愿报效,以赢得清廷好感,争取更多订单。尽管正式合同订明经手人员好处,但不管报效与否,恐怕无法完全避免其他形式的好处费。

1892年1月,天津礼和洋行连纳提供格鲁森厂快炮给北洋军械总局,与清政府订立合同:

> 立合同天津德商礼和洋行今承北洋军械总局总办张奉北洋大臣直隶爵阁督部堂李(鸿章),谕定购格鲁森快炮等项用将价值数目条款开列于后:
>
> 计开
>
> 第一条,自立合同之日先付定银三分之一,定价德银三万七千九百三十六马克六十六分,其余价银三分之二价值德银七万五千八百七十三马克三十四分,俟货到天津全行交清后如数给领;
>
> 第二条,运华水脚保险等费应由礼和洋行照最廉价值代办,照厂价不得过十二分,将华洋文原单呈核后随应找三分之二正价一并核给,务必以减省为是;
>
> 第三条,所有承办各件除照厂价扣九五回用付给外,另给礼和经手行用五分,以恤商情,此经手行用亦随应找三分之二正价付给;
>
> 第四条,马克以天津行平化实核给照付银之日,问明天津银行本日市价算给;
>
> 第五条,此项价值均系原厂实价,如中国驻德大臣查问该厂之价与合同或有不符,连纳情愿认罚,即将此合同销去,定银退还;
>
> 第六条,自立合同之日起,所有承办快炮二架子弹等件限于光绪十八年三月运到天津紫竹林码头交货,如逾期不到将所付定银按交定银日起每月照一分认息;
>
> 第七条,所有承办各项当向德国格鲁森厂购办新造新式者,不得以次旧等货搪塞,炮位造成时应由该厂呈请中国驻德大臣点验,系与原议相符分发运,发运时须由厂按箱编号开单,随炮寄呈以便点收备查,有曾经用过或与原议不符,除分别议罚外由该厂速行更换呈验方准发运;
>
> 第八条,自外洋所办各项来华,如遇风波遗失等事,应由礼和洋行向保险行理论,即速重购赔运,必须将何时失事实据呈军械总局验明方准免扣逾期利息;
>
> 第九条,所有承办各件进出中国各口护照应由军械总局详请给发;
>
> 第十条,自立合同之日先付定银三分之一,其余价银三分之二俟货到台全行交清后如数给领;

计开

五十三密里口径三十倍长快炮一尊,配陆路炮架一座,并弹子车一副,厂价一万三千七百五十马克,计六尊共价八万二千五百马克,未装药空开花子每百个厂价一千一百六十五马克,计二千个共价二万三千三百马克,装黑火药开花子一千个,价一万四千马克,总共十一万三千八百十马克,水脚保险行用各费均在外,应给三分之一定银三万七千九百三十六马克六十六分。

北洋军械总局总办张

光绪十七年十一月二十三日承办格鲁森厂德商礼和洋行连纳

再每炮架一座应添八密里厚钢板上下挡牌一副,由连纳电商格鲁森厂照式添造,不另加价又添配装卸子药器具一全副包合装卸子药之用,连纳格外报效,亦不领价,其行用五分连纳情愿于找领尾价时亦不请领,以抒认报效之忧。

十七年十二月初五日又议妥登注此照

计开每尊

炮身零件

线度尺两根,准星一个;炮表一个,炮书两本;炮洗把头两个,炮把杆子一根;水桶一个,胰子盒一个;牛油盒一个,蜜油壶一把;炮闩套一个,螺丝板一个。

炮闩零件

停炮闩螺丝一个,顶针一条;机簧发条两条,退子义一个;退子义卡子一个,退子义转轴一根;板簧连板簧机一副,转轴一条。①

由国际通行的公开收入在中国则转换为各种形式的贿赂,包括银两、样枪、礼物、旅游等任何可以拉拢腐蚀官僚的东西。有人称,"常年有许多买卖的代理人,川流不息地从各地区和海洋上的各岛屿走向天津的总督衙门"。②1886 年 10 月,北洋海军旅顺防务工事合约招标结束,器材和工程费用高达 125 万两的合同给了一家法国辛迪加。对此,怡和洋行天津分行的人指出,合同的取得主要是因为"慷慨而明智的贿赂"。因为,法国辛迪加曾通过天津道台贷款给山东官员 60 万两,这正是法国人赢得合同的关键所在。信义洋行席步天在致盛宣怀函中暗示好处费,"适闻新局纱机五十张,钧意拟令瑞生经办,但李德日前承购之件业已与朵勃

---

① 《礼和洋行与北洋军械总局合同》,盛宣怀全宗档案 040403,上海图书馆藏。

② 中国史学会编:《中国近代史资料丛刊·洋务运动》第 8 册,上海人民出版社 1961 年版,第 468—469 页。

生订定核算资本，实在毫无沾益，深冀新局机器锅炉两项仍归李德经办，为数较多，或可稍资河润以作桑榆之收，兹如饬令瑞生分办，在李德既莫沾实惠，在瑞生亦无甚利益，不若终始栽培俾其报效之诚，得据万一此时若与他家订定，而李德尚在鄂中，步天实觉难乎为情"。①1889 年，信义洋行做成与天津军械所的生意，很大程度上得益于满德将清政府首付的 10 万两定金全部用来贿赂清政府官员。御史志锐参劾满德利用购买枪炮谋巨款，满德很紧张，发动人脉为自己开脱，在李鸿章的帮助下，满德渡过了难关。1892 年 9 月 5 日，天津信义洋行李德向盛宣怀借款，"立借据，克虏伯驻华经手人上海信义洋行李德，今借到津海关道盛宪规银六万两，言明按年八厘起息，期至光绪二十年七月十五日归还，到期不还准将此据执作烟胶炮价，不得借言推诿，恐后无凭，立此存照，另言明，息银六个月一付"。②洋行买办向中方官僚借款生息的情况不多见，不排除借此增加彼此间感情、进行利益输送的可能。1893 年 11 月，德商信义洋行用请盛宣怀休养旅行的方式来争揽军火生意，"万一小有不豫，步天（信义洋行席步天）深愿台从暂行请假南旅度岁，既免北地苦寒更避隆冬煤气兼可省视晨昏，为期不过三月有余，转瞬冻解风融再行销假"。③

晚清做军火生意的折扣有时高达 40％以上，大部分为中介所得。"买办赚的钱要倍于洋行的利润，这种说法虽属可疑，但是买办赚的钱与洋行利润相当则是肯定的"。④1872 年，容闳向曾国藩奏请选派幼童留美时，说到"中国一直向德国进口煤炭和木材，这几年因洋煤洋木这两宗，就多支付了二十五万两银子。拿这笔钱造船的话，可以造出两艘威靖号"。曾国藩感到不解，"进口钢铁、铜、铅说得过去，中国的煤炭、木材并不少，为何要买洋人的？"容闳说，"据说以前马制台硬要我们买瑞生洋行的煤炭、木材，也是因为瑞生给了他的好处"，"我想从明年起不再买了，不料瑞生洋行说，秦道台（江南制造局总办）早已签了合同，明年照旧，不能更改了"。⑤上海道台聂缉椝（曾国藩的女婿）插话，"洋人赚一万两银子，要分二千两给他。他这几年利用江南局总办的职权赚饱了。银子究竟得了多少，我们弄不清楚，光西洋自鸣钟，瑞生洋行就送给他七八座，客厅里摆满了洋货"⑥。浙江宁波人王铭槐在甲午战争期间，通过德国洋行为李鸿章购入鱼雷艇和其他军火，通过私下方式赚取了大笔佣金，得到李鸿章赏识，被举荐到与华俄道胜银行充任买

---

① 《席步天致盛宣怀函》，盛宣怀全宗档案 041433-1，上海图书馆藏。
② 《李德致盛宣怀借据》，盛宣怀全宗档案 053682-2，上海图书馆藏。
③ 《席步天致盛宣怀函》，盛宣怀全宗档案 033383，上海图书馆藏。
④ 汪敬虞编：《中国近代工业史资料》第 2 辑（下），科学出版社 1957 年版，第 977 页。
⑤⑥ 唐浩明：《曾国藩：黑雨》，湖南文艺出版社 2004 年版，第 436 页。

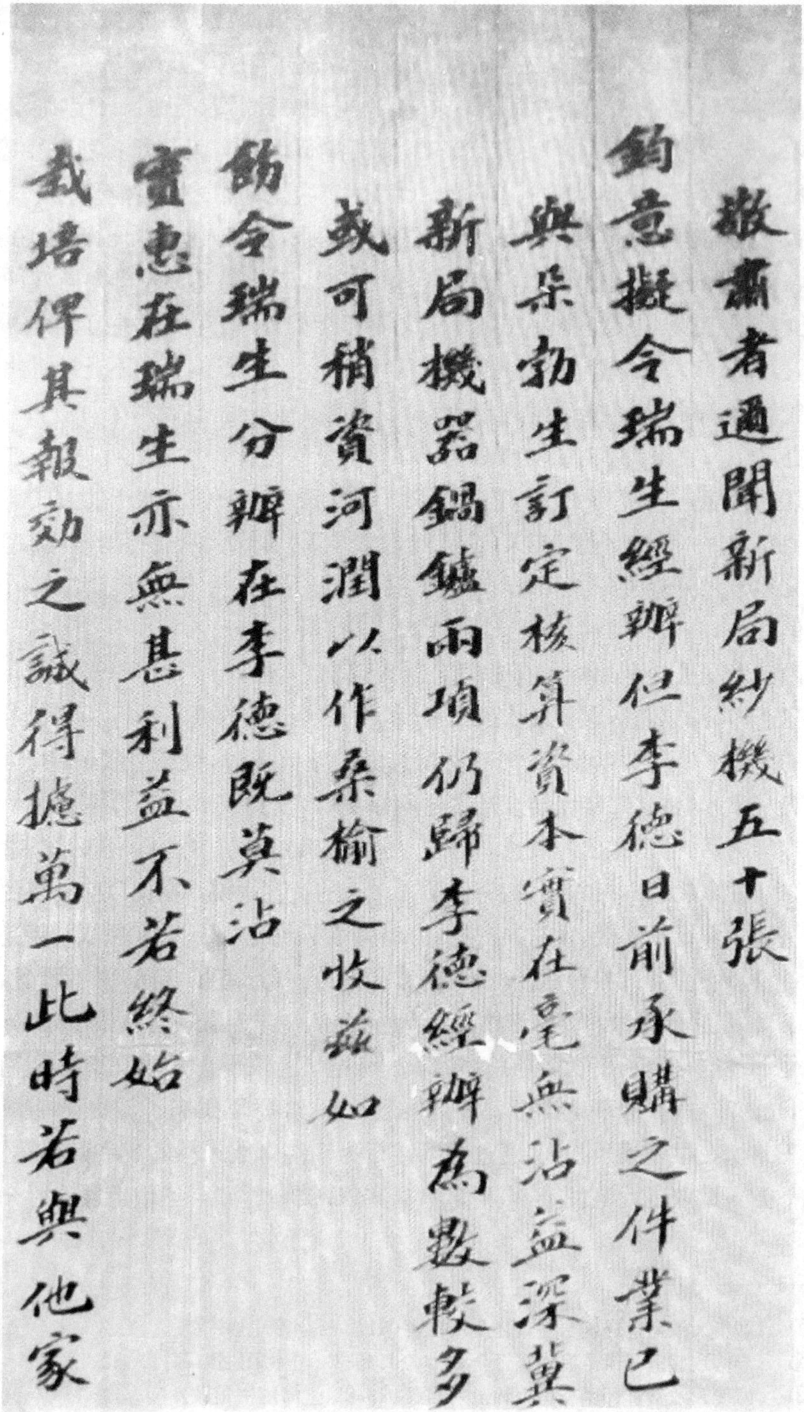

敬肅者通開新局紗機五十張

鈞意擬令瑞生經辦但李德日前承購之件業已

與朵勃生訂定核算資本實在毫無沾益深冀

新局機器鍋鑪兩項仍歸李德經辦為數較多

或可稍資河潤以作桑榆之收藪如

飭令瑞生分辦在李德既莫沾

實惠在瑞生亦無甚利益不若終始

栽培俾其報効之誠得擴萬一此時若與他家

图 10.2　信义洋行李德写给盛宣怀拉拢生意的信函（上海图书馆盛宣怀全宗档案 053682）

办,成为天津"四大买办"之一。"在清政府向道胜银行借债和收付款项时,王铭槐随意做行市,从中取利。这些收入连同应得的佣金,使他发了一笔洋财。'四大买办'之一的汇丰银行买办吴调卿,也是靠了这一手起家的。"①"清末盛京将军衙门营务处总办张锡銮,经孙宝琦介绍,与王铭槐交往十分密切。王铭槐在沈阳给礼和洋行卖军火,所以进行得很顺利,即由于张锡銮的关系。王铭槐通过张锡銮又结识了张作霖、杨宇霆等,随后由王毓丞负责与张、杨保持联系,在军火生意上得到不少方便。后来奉系军阀购置军火及兵工厂设备,都是由杨宇霆和王毓丞二人串通承办的。"②

为了抢夺其他洋行的军工生意,各洋行买办都想尽办法拉拢清廷官僚。克虏伯为了收买李鸿章,专门为李鸿章做了一幅真人大小的画像,挂在天津直隶总督府中。③雍剑秋是一个著名的买办,仅从经营军火生意中获得的佣金等项收入,就高达 500—600 万元。④雍剑秋在做德国礼和洋行的买办时,清政府刚刚成立禁卫军,"需要大约五千支枪支和相应的子弹以及其他的装备。他运用拉拢贿赂办法,替克虏伯兵工厂作成了第一批军火生意。不过这次生意他只赚了两三万两银子。随着禁卫军的扩大,他又同冯国璋、张勋做了几批生意。当兵部改为陆军部时也做了一些军火买卖。这些都是通过他的私人关系做成的"。⑤德国捷成洋行(A.Narte Co.)代理德国另外一个钢铁、军火、轮船的垄断集团,即艾哈德兵工厂军火。为了在中国打开销路,捷成洋行总经理纳尔德背着礼和洋行,请求为礼和洋行经售德国克虏伯厂军火的雍剑秋为捷成洋行服务,同克虏伯兵工厂竞争。雍剑秋早就对礼和洋行的吝啬不满,嫌佣金回扣太低而且不愿意多花"活动费"。他向捷成洋行总经理纳尔德提出了三个条件:"第一,运动费要大,就是说对中国当局官僚,要用大量金钱收买,不要象礼和那样吝啬;第二,货物价格,要比国际水平低一些,最低限度,要比礼和的低;第三,要采取长线钓鱼方法,就是花了运动费,无论成功与否,都要洋行认账。纳尔德懂得这不过是'羊毛出在羊身上'的办法,完全同意,于是他就一转而为捷成洋行的军火买办。"⑥听说天津逸信洋行买办孙仲英在行贿吉林督军孟恩远争取军火生意时,雍剑秋专门拿着陆军部的介绍函到

---

① 　天津市政协文史资料研究委员会编:《天津的洋行与买办》,天津人民出版社 1987 年版,第 207 页。

② 　同上书,第 212—213 页。

③ 　刘晋秋、刘悦:《李鸿章的军事顾问汉纳根传》,文汇出版社 2011 年版,第 31 页。

④ 　天津市政协文史资料研究委员会编:《天津的洋行与买办》,天津人民出版社 1987 年版,第 257—258 页。

⑤ 　同上书,第 238—239 页。

⑥ 　同上书,第 239—240 页。

孟恩远那里威恩并施,大力笼络,终于击败逸信洋行把二百万元军火生意抢到手。雍剑秋之所以拿到陆军部函件,恰恰是因为事先贿赂陆军部次长徐树铮二十万元好处费所致。①这笔生意做成之后,雍剑秋得到佣金和运动费四十万元。后来雍剑秋陆续与陆军部做成了几笔大生意,"陆军部购买各种步枪、手枪和其他军需用品,如望远镜、测绘测量仪器、暖水壶等。每支步枪附带子弹四百发,每支授权附带子弹二百发,总计价值八百多万元。佣金三分,计二十四万元。运动费报销了六十万元,实际只花了四十万元,剩下的二十万元由他中饱","陆军部购买各种大炮,并附带各种炮弹。这笔生意共计六百万元,佣金二分五厘,计十五万元。运动费是八十万元,实际用了五十万元,自肥了三十万元"。②

辛亥革命爆发,袁世凯政权贪污纳贿之风丝毫未减,为洋行继续拉拢政府做军火生意提供了便利。捷成洋行雍剑秋放手运用金钱从新政府高层中寻找各方关系,"于是他开始联系第一任内阁总理唐绍仪。可是唐不久去职,所花运动费没有生效。在第二任内阁总理陆征祥任内,雍在交通总长朱启钤身上大下功夫。通过朱又结交了历次内阁中的段祺瑞、周自齐、金邦平等人,因而他在袁世凯任总统期间,军火生意做得一帆风顺"③。后来捷成洋行无偿贡献给袁世凯德国艾哈德兵工厂所产步枪六千支、二十四生的德式大炮十尊,袁世凯随后要求陆军总长段祺瑞对雍剑秋的军火售卖尽可能给以关照。袁世凯称帝前夕,曾经秘密购买军火为己保驾护航。他把雍剑秋叫至总统府,在居仁堂进行私密谈话,要求雍剑秋紧急为其购置价值一千多万元的一批军火。这笔生意并非按照常规通过陆军部采办,而是以总统陆海军统率办事处的名义进行,非常机密。袁世凯要求雍剑秋只能和纳尔德商量,不许外人知晓。当时欧战已开始,德国正需要大量军械,纳尔德认为很难满足袁世凯要求。但为依附袁世凯政府并赚取大笔费用,还是收下定金,通知艾哈德兵工厂加紧制造。后来袁世凯病死,纳尔德才通知德国艾哈德兵工厂停止制造。民初,倪嗣冲购买袁世凯生前已付定金二百万元的德国军火,雍剑秋从货价中提出大量运动费外,实得八十万元。雍剑秋从其他各省军阀或陆军部、海军部经常补充购进的零件和一切军品器材,如小兵轮、小炮艇之类,也赚取不少好处费。

雍剑秋包揽军火交易的关键人物是朱启钤,朱在陆征祥内阁任交通总长,后任内务总长。对朱启钤的行贿可谓无所不用其极,"朱那时住什锦花园,是个崇尚欧化的人。雍剑秋投其所好,把欧洲出产的新式服用品大量买来送给朱。大约在

---

① ② 天津市政协文史资料研究委员会编:《天津的洋行与买办》,天津人民出版社 1987 年版,第 241 页。

③ 同上书,第 240 页。

1912 年,雍、朱两家结成干亲,不到三年又成为儿女亲家,目的是进一步勾结朱启钤。周自齐也是雍剑秋的换帖兄弟,雍就让孩子拜他们为义父母,他再认周之长女周岐为干女儿。这样与周自齐的拉拢,也就密切起来。为了接近段祺瑞,又认段芝贵的二女儿为他的干女儿。后来又更进一步同段祺瑞的得意门生徐树铮换帖,结为盟兄弟。其老婆还与唐绍仪的女儿(顾维均之妻)结成为干姊妹"。①各国洋行买办都想各种办法勾结陆军部官僚,定期给陆军部官员好处,抢揽军工生意。陆军部把大多数订单交给捷成洋行专营的德国艾哈德兵工厂,并非是该厂产品性价比最优,只是因为该洋行拉拢陆军部官员力度最大。②

　　一次陆军部需要购进一批各种类型的炮弹,包括七生五的大炮榴霰弹,这些品种是从前购进的克虏伯兵工厂的各种大炮所用,现在需要补充。各洋行纷纷投标,报价均包括运动费在内,因此定价都高。照例是月初递标单,15 日开标,在开标前陆军部投标委员会的主持人,把各家标单抄出一份送给雍剑秋,供他研究。这一次他发现各家报价太高,可是都是克虏伯厂的货色,艾哈德兵工厂没有做过这几种炮弹的生意,因而没有把握争到这笔生意。徐树铮怕雍得不到标,就亲自参加研究。纳尔德(捷成洋行总经理)拿出世界运费价目表来对照,发现各家把运费提高了一倍。于是捷成洋行投标时在运费一项减去一半,货价上也减了一些。结果捷成得标。礼和洋行不服气,提出反对意见,说克虏伯的货色是名牌,而且与中国做了多年生意,不能以标价高低为标准,要求陆军部重新考虑。徐树铮包庇雍剑秋,对礼和洋行人员说:"克虏伯东西固然好,难道运费也有好坏吗? 捷成洋行为什么比你们的运费少呢?"礼和洋行也就不能再争了。这批炮弹运到长辛店,由陆军部验收。陆军部派了高级官员和军械司技术人员进行检验,准备试放三天后,再行点收。试放时所用的炮自然是克虏伯厂原产的各种大炮。艾哈德兵工厂这次所制的炮弹是按国际标准规格制造,基本上是合乎规格的,不料在试放时这些炮弹均上不了膛,因而验收人员为之大哗。纳尔德、雍剑秋、徐树铮也大吃一惊,一时不知所措。好在雍剑秋对陆军部各部门都进行过贿赂,便要求延期再验。在再验以前,他们将炮弹详细检查,但找不出毛病。最后只有把克虏伯兵工厂出产的炮弹,向陆军部要出每种一枚,再作比较研究。但这件事既不能让礼和洋行知道,又要对中国政府严守秘密,故又大量花钱,秘密进行。他们把克虏伯兵工厂出产的各种炮弹经过研究,看出原来克虏伯兵工厂并不完全按照国际标准制造,留有一手(炮弹筒壳与弹头衔接处,比国际标准短了一些,其他并无差异)。因此

　　①　天津市政协文史资料研究委员会编:《天津的洋行与买办》,天津人民出版社 1987 年版,第 245—246 页。

　　②　同上书,第 241—243 页。

用一种截切机,把弹头衔接的筒壳截下一圈,便能上膛,再行试放,结果满意。①

达官显贵中有许多人都被雍剑秋行过贿,不少官僚都非常相信他,把卖官鬻爵的钱托他用堂名或化名存入外国银行,不计利息,甚至愿意为其交保管费。"有庆亲王奕劻、恭亲王溥伟、肃亲王善耆等。"②德华银行中的存款,由于德国在一战中的失败而丧失殆尽。汇丰银行中的存款则由于大部分系秘密存放,钱款主人死亡后变成无主存款,甚至白白送给了这些外国银行。驻中国各地的外国银行,吸收为数众多的官商储户存款时,为防止别人发现,一般都采用堂、记化名和印鉴的形式,其后人在不知化名或找不到印鉴又不晓得存单号码的情况下,数十万两白银被直接没收的情况并不鲜见。花旗银行还有一项规定,存户有达15年没有过问信的,就视为无主承受的存款而径行没收。③

为尽可能阻止清政府跨过洋行,交由驻外公使或其他军火商直接向国外厂家订购武器,代理洋行常常与军工厂联合专卖、统一定价,迫使清政府只能通过洋行订购枪炮,别无他途。1880年怡和洋行独家代理刘铭传一笔60万两的"枪炮合同",而且在刘铭传的洋务计划中,从军火到铁路器材的订货,差不多都由怡和经手。④张之洞通过洋行购买了大量外洋军械,但明显感觉受了蒙骗。"(购械)种种吃亏,去年侥幸为之,岂可为训。"⑤1888年,清廷强调"凡购办船械、军械,须由出使各国大臣在外洋议价定购,不得由洋商经手"。⑥不过,驻外大臣对军火购买熟悉程度不一,加之军工厂保有通过洋行销售的习惯,非洋行渠道外购的武器也难保节省费用。总体来看,清廷通过驻外大臣在外洋购买的主要集中在部分船炮上,枪炮及器料等其他军品仍然通过洋行外购,一直到民国时期,从未停止过。1910年12月,叶景葵致电赵尔巽,"七米九马克沁弹归礼和专卖,每千一百四十余马克,应否定买,乞示遵"。⑦德商礼和洋行沙尔在给四川省军械总局的信函中讨论了枪炮的价目。"钧处委开,德国克虏伯厂所造七生的半陆路过山新式管退快炮,并各种子弹价值遵即缮具清折两扣,业已呈请鉴核在案。现又奉钧命以该炮及子弹照折开价目,属为切实核减或在价外酌量报效公费若干,否则自行径向

---

① 天津市政协文史资料研究委员会编:《天津的洋行与买办》,天津人民出版社1987年版,第241—243页。

② 同上书,第239页。

③ 政协武汉市委员会文史学习委员会:《租界洋行》,《武汉文史资料文库》第五卷,武汉出版社1999年版,第133、145、154页。

④ 聂宝璋:《1870年至1895年在华洋行势力的扩张》,《历史研究》1987年第1期。

⑤ 苑书义等编:《张之洞全集》,河北人民出版社1998年版,第5063页。

⑥ 中国史学会编:《中国近代史资料丛刊·洋务运动》第5册,上海人民出版社1961年版,第81页。

⑦ 赵尔巽全宗档案543-76-2,中国第一历史档案馆藏。此处的"米"指厘米。

该厂直接订购,所冀略事缄省属为力图克已,据实禀覆等因。奉此遵即一再覆核,伏查前项呈报价目,委系切实克已与历年各省及近今南京浙江两处所购之价均系一律无异,听俟钧处查照。至拟向克虏伯厂直接订购一层,事属可行。但该厂定价划一,与敝行所开决无分毫出入,尽可发电查明按该厂之定价,凡环球各国向其定造皆一律章程,岂独售与贵国大部及各省然也,就该厂定价而论,直接向定与敝行经手如有参差,敝行可以代任其咎,并代认其罚,所不辞也。若就敝行经理而论,历来对于陆军部暨各省所订购炮位子弹附属各件价额逾千万,均系一体章程,苟查有丝毫参差之处,情甘以一罚十,统祈放心并听候钧处行文考查。"①

（三）挪用

晚清时期军贸经费时常被挪用,既有借此向清廷报效的无奈之举,也有拆东墙补西墙的临时之策,更有假公济私的不良之行。

清廷每当财政拮据时,便从海防经费中抽取,几乎从清廷钦定海防经费开始,就出现了海防经费被借用和非法挪用的情况,大大影响了近代海军的建设速度和质量。李鸿章当年未处朝政中枢时,就在反对修园上起过重要作用。他还曾上奏,停内府不急之需,减地方浮滥之费,以裨军实而成远谋。奕譞入主海军衙门之初,要李鸿章挪用购船款项30万两"修三海工程",他也推说,因购船尚不敷,请另指他处有著之款拨付。然而,来自朝廷的压力不是一般督臣轻易可以顶住的。1885年,中法战争刚刚结束,清廷就决定重修南海、北海、中海,所谓三海游乐工程。醇亲王于总理衙门之外兼管神机营,而三海工程也由他主持,自然为其挪用海防经费提供了最大可能。该工程总计需经费586万两,为筹集工程所需款项,是年12月12日朝廷连下三道谕旨,发动督抚以为海防筹款的名义为修建工程集款。要求粤海关筹款100万两,款项未到之时由神机营存款内借支;每年内务府经费中拨银10万两;内务府年终拨款不敷,由海军衙门存款内借银40万两。②李鸿章致函辩驳,"昨奉大咨,以奉宸苑承修三海工程款不敷用,奏准于发存汇丰银行生息船款内暂提银三十万两汇解钧署转交,一百札行粤海关监督,于前次派筹一百万两内拨还清款等因,自应遵照办理。查发存汇丰行生息船款二百四十八万两,除已叠次买镑汇支咨报有案,现仅实存银一百零一万余两,兹再提回三十万两,则只存银七十一万余两,英德两厂所定四船均限十八个月及二十、二十一个月完成,为期均不甚远,应找三分之一船价,须分批给付,一经英德使节来电,即须买镑汇寄,刻不容缓。据曾、许两使咨询,该四船求合新式添购炮雷,各项价目倍增,就前存船款计之,不敷之数约在八十万两以外,正在往返咨询,拟另请尊处豫筹添

①　赵尔巽全宗档案543-23-8,中国第一历史档案馆藏。
②　戴逸、李文海主编:《清通鉴》(第18册),山西人民出版社1999年版,第7884—7885页。

拨,倘此次借提三十万,粤海关一时未能清解,诚恐失信外洋,贻误匪浅"。①后来所借款项虽然都由指定专款归还②,但对海军建设的影响是巨大的,曾国荃就议论过,"自设海军衙门以后,南洋海防经费一切提归内用,涓滴无从取资"③。三海工程尚未结束时,1888 年清廷又决定修建颐和园,并开始筹备西太后六十寿诞庆典,真正大规模对海防经费的挪用开始了。10 月奕譞致函李鸿章,"万寿山工程用款不敷",嘱其与各地督抚设法"集款二百万存储生息,以备分年修理"。④李鸿章即通报两广总督张之洞、两江总督曾国荃、湖广总督裕禄、湖北巡抚奎斌、四川总督刘秉璋、江西巡抚德馨等。对张之洞说:"窃以为粤中指款名目繁多,若能酌节用项,分次匀提,正与朝旨邸教不动正款主意相合,且时逾五稔,尚可分岁经营。但每年得二十万,五年积成百万,则尊处已独任其半。此外南洋各处一二善国从而附益,便可观成,其余瘠区竟无庸布告。此为功力,岂可测量。"⑤对曾国荃说,"目前需用紧急,无论正杂各款,均可移缓就急,分年提解。将来能在外筹还固佳,即便无可挪填,待款项凑齐后,再行酌量奏明办理,谅无不可"。此笔集资共计达 260 万两,并称为"海军经费","存储北洋生息,按年解京,以补正、杂各款之不足。本银专备购舰、设防一切要务"⑥。1889—1991 年,天津机器局还为颐和园建筑昆明湖船坞工程,建造小轮船,装电灯,演气球,购运洋水龙等与军工生产完全无关的项目。三海工程与颐和园工程共计挪用清军建设经费 1 272.982 9 万两,相当于南洋海军 17 年间海防实际支出(约 600 万两)的两倍,如果真正用于中国海军建设,将大大超过甲午战前日本海军的实力。1891 年开始,经户部奏准南北洋购买外洋枪炮船只机器暂停两年,致使北洋舰队在 1888 年成军至甲午战前"未购一船"。9 月 10 日,李鸿章上奏指出,"北洋所购船械系专款,不在每年的北洋经费之内,停购仍属无银可解。已购船械之器件如有损坏而因停购而任其缺损"。"厂原有各机器,俱系西洋新式,灵巧异常,机关极脆,用久易敝。各口所设鱼雷水雷,尤为攻守利器,其雷筒电信等件,遇有缺坏,若不添配,遂成弃物。各厂局轮机器具,运动倍繁,损坏尤易。……奏定海军章程声明库款稍充,仍当续购多支,乃能成队。"⑦然而清廷未理会李鸿章的申诉。该折中还对朝廷的朝令夕改行为提出异议,"(前谕指出,海军关系紧要,必须精益求精)方蒙激励之恩,忽有汰除之令,

---

① 李守孔:《中国近百余年大事述评》第一册,台湾学生书局 1997 年版,第 314 页。

② 叶志如、唐益年:《光绪朝三海工程与北洋海军》,《历史档案》1986 年第 1 期。

③ 《曾文襄公书札》第 5 册,文海出版社 1970 年版,第 2054 页。

④⑤ 李鸿章:《致两广制台张(香涛)》,《李鸿章全集》(卷 34),信函(六),安徽教育出版社 2008 年版,第 434 页。

⑥ 张侠等:《清末海军史料》,海洋出版社 1982 年版,第 641 页。

⑦ 《李鸿章全集》第 14 卷,安徽教育出版社 2008 年版,第 154 页。

惧非圣朝慎重海防作兴士气之至意也"。①

表 10.45　1875—1881 年北洋海军海防经费被清廷挪用情况②

名　目	挪用款项（两）
处理马嘉理案	203 000
借拨河南买米	40 000
山西河南赈灾	200 000（天津练饷中拨 100 000 两赈灾不计入海防经费）
京师平粜不敷价银	74 000
直隶赈抚各属运米价脚银	10 000
河间等处井工	40 000
惠陵工程	40 000
提还西征饷银	1 000 000 余
合　计	1 607 000 两，占实际收入 4 826 618 两的 33％

表 10.46　1885—1895 年南海、北海、中海工程挪用清军建设经费情况③

年　份	海军衙门	神机营	其　他
1885 年	借银 40 万两		
1886 年	借款 30 万两	借支 35 万两	
1885 年至 1890 年	每年内务府年终拨款不敷借银 40 万两	粤海关筹款 100 万两到位前借支	1886 年李鸿章在醇亲王要求下以创京师水操学堂名义向德国华泰银行借款 97 余万两
	两部门共计拨银 229.432 9 万两，占三海工程此间经费总收入 513 万两的 44.7％		
	代表奉宸苑工程处借拨欠发厂商 66 万两		
1891 年至 1895 年	挪借 141.5 万两		
合　计	533.932 9 万两（三海工程用款总计 600 万两）		

---

① 李鸿章：《复奏停购船械裁减勇营折》，光绪十七年八月初八日，《李鸿章全集》（卷 14），奏议（十四），安徽教育出版社 2008 年版，第 154 页。

② 李鸿章：《海防经费报销折》，光绪九年十二月十九日，《李鸿章全集》（卷 10），奏议（十），安徽教育出版社 2008 年版，第 360 页。

③ 姜鸣：《龙旗飘扬的舰队》，上海交通大学出版社 1991 年版，第 205 页。本书根据姜鸣先生提供的数据制表。同时应该指出的是，该书中"从 1885 年至 1895 年十年中，整个三海工程（包括大修、岁修及庆典）共计挪借海军衙门经费 437 万两"中的"437 万两"，似由"229.432 9＋66＋141.5"三数据相加而得，因未去除神机营拨银款项，该数额存疑，故未采用。

表 10.47 1888—1895 年颐和园工程挪用清军建设经费情况①

年　份	海军衙门	海防捐与新海防捐	修建昆明湖水师学堂和恢复昆明湖水操名义	天津制造局制造洋设备
1888 年	45.75 万两	(1886—1889 年海防捐 157.7 万两,1890—1894 年海防新捐 100 万两) 共计 257.7 万两	67.8 万两	40 万两
1889 年—1894 年	克扣平余银 80 万两			
1889 年—1894 年	180 万两			
1891 年—1894 年	存购舰款 260 万两所生利息额 40 万两			
合　计	739.05 万两(修缮总耗资 1 000 万两)			

　　从 1885 年海军衙门成立到 1895 年裁撤的十年中,海军的各种经费收入达 2 000 到 3 000 余万两。②其中用于颐和园工程的在 600 万到 1 000 万两之间。③海军衙门的官员,看到内务府、奉宸苑司负责修建翊坤宫、太和殿、西苑等工程的官员们谋得巨大好处,也千方百计利用修建颐和园的机会发大财。据不完全统计,修建颐和园过程中有关官员所获得的暴利,大大超过了内务府和奉宸苑司官吏们所贪数额。④海军军费就这样被浪费和挪用,严重地破坏了海防建设。

　　与朝廷工程用款不同,中国各地区时常爆发自然灾害,清廷要求各地军用经费挪垫使用。1877 年,山西、河南遭受旱灾,清廷要求李鸿章拨海防经费应急,李鸿章虽然不太情愿,但也深知"谕旨饬臣酌量借拨,敢不设法另筹,以顾大局"。⑤从天津练饷中借拨十万两,后清廷再次令李鸿章拨海防经费,李鸿章便将退回美国水雷之款拨付,认为"赈济灾黎,非他可比,拟请即于天津海防经费项下拨银二十万两,以七成给晋,合十四万两,三成给豫,合六万两。连前拨晋省练饷银十万两,已足三十万两之数"。⑥1877 年 9 月,盛宣怀上禀中显示为赈济山西

　　①　邹兆奇:《慈禧挪用海军费造颐和园史实考证》,《学术月刊》1984 年第 5 期;张侠等编:《清末海军史料》,海洋出版社 1982 年版,第 680—688 页;姜鸣:《龙旗飘扬的舰队》,上海交通大学出版社 1991 年版,第 200—210 页。
　　②　周育民:《晚清财政与社会变迁》,上海人民出版社 2000 年版,第 36 页。
　　③　李国华:《清末发展武器装备的心理准备》,《军事历史研究》1991 年第 2 期。
　　④　王兆春:《空教战马嘶北风》,兰州大学出版社 2005 年版,第 89 页。
　　⑤　李鸿章:《借拨晋赈折》,光绪三年八月初八日,《李鸿章全集》(卷七),奏议(7),第 417 页。
　　⑥　李鸿章:《筹拨晋豫赈款折》,光绪三年八月二十三日,《李鸿章全集》(卷七),奏议(7),第 420 页。

旱灾而挪用练军款项事,"本年晋省旱获情形较重,拟于江浙两省存典练饷项下各提钱七万五千串以作协济晋省救荒之用"。①1878 年,盛宣怀负责委办练饷生息事宜,是年 4 月 2 日李鸿章札盛宣怀文,"江苏典商承领练饷成本制钱,前经奉提七万五千串归还海防经费项下挪垫晋省赈款,又奉提八万串归垫发交桂丞本诚赴奉买粮银两,均经详奉批准,嗣准盛道宣怀先后折银批解,仍由局按收银日期照天津市价易钱核算,计奉提制钱七万五千串,除将解到银两折算外尚不敷制钱一万五千十三串二百三十五文,其第二次奉提制钱八万串仅解过银四万两,按照天津市价合足制钱五万八千七百三十串二百十五文,不敷制钱二万一千二百六十九串七百八十五文,二共不敷制钱三万六千二百八十三串二十文,业经分晰详请转饬补解,曾奉批准在案,迄今日久未准补解,海防之饷攸关未便久悬,应请转饬盛道迅将应补解不敷制钱三万六千二百八十三串二十文转饬各典商迅速措解,毋再延缓"。②海防捐本为修筑炮台之用,灾荒之年却又用来赈灾。1880 年 4 月,李鸿章咨督办苏典练饷生息事宜直隶即补道盛宣怀文,提到天津练饷被挪为赈款事,"查江苏典商承领天津练饷制钱三十万串,内除奉提解还直晋赈款成本制钱十五万五千串外,尚存制钱十四万五千串,应缴光绪四年九月以前生息,制钱业经如数缴清,其自光绪四年十月起至五年九月底应缴一年生息制钱一万一千一百五十串,前因未准拨解曾于上年十二月间咨催,迄今仍未准解,拟合再行咨催"。③1893 年 2 月,"东省堤埝自十六年勤果公请款修培迄今,又愈两载,上年秋汛异涨,白茅坟等处先后漫口河身愈见增于审度情形,非于春初择要增培缓急殊无可恃。弟于各总办撙节,估计需实银五十六万五千四百余两,已于客腊奏情部拨,顷奉部咨,以筹凑维艰无可指拨,覆奏接阅之下,焦灼莫名欲中止而近年河患皆在北岸,东省时切步徒之忧,欲覆奏而展转需时必误险要工作,筹维再四,惟有烟台海防捐款尚可通融济急,查此项捐款本为修建炮台之用,刻下存储银两尚不全行支发。拟将此项捐款奏请移缓就急,暂作加培北岸要需,一百改收规平以广招徕,俟将奏明原估银数收足后再照旧章办理,专归烟台炮台经费设一时收捐未裕而台工需款又殷,地省亦必另筹接济断不致顾此失彼,似此说法周转不必取给部库而东省工程有著不为无米之炊,裨益实非浅鲜"。④1893 年 2 月 27 日盛宣怀接电,"海关道盛弟赴下游防护,准汛前商海防捐通融作修培款项,是否可行,请先电复汤方伯润"。⑤3 月 14 日盛宣怀接电,"河工需款五十六万收规平,台工需款四十万收湘平,统限一年

①　《盛宣怀上？禀》,盛宣怀全宗档案 035237,上海图书馆藏。
②　《李鸿章札盛宣怀文》,盛宣怀全宗档案 066317,上海图书馆藏。
③　《李鸿章咨盛宣怀文》,盛宣怀全宗档案 034408,上海图书馆藏。
④　《福润致盛宣怀函》,盛宣怀全宗档案 026026,上海图书馆藏。
⑤　《上游来电》,盛宣怀全宗档案 027178,上海图书馆藏。

收足,复电均称仍归一鼻孔报捐报解。如不另生枝节当可办到。倘河工捐另树一帜,则台工捐必致无着,宪台河海兼筹似宜奏明,仍归一局办理。俟奉旨后先解三十万两以后收捐,河急则先解河,台急则先解台,通力合作,总期一年报竣,以副钧委。如河工另立门户台工捐不停自停,将来炮价须东省另筹,似非正办。①3月17日来电,"昨已具奏请将收存海防捐款暂行动用,仍照原估五十六万五千四百两之数划作修培经费,一面再行收捐以资炮台应用,如此量为转移要工可及时兴修,应请阁下一局办理是所至祷"。②9月,上海道聂缉椝致电盛宣怀,"沪关应解直隶练饷并光绪十六年及十八年分奉饷在旧欠练饷内拨作永定河工费银两,均经汇交天津道衙门转解在案,所有本年永定河南北岸同时漫溢较十六十八两年灾象尤重,奉拨沪关旧欠直饷银十万两,未奉傅相谕饬汇至贵关转解,是以仍旧照案分作两批备具文批交商汇至天津道辕转解保定直隶练饷局兑收归垫"。③1895年2月,王文韶致电钦差吴清帅,"另电属商赈款,否孙言票庄现不借贷。惟有代垫。尊处枪价银七千余两,请即截留作为捐赈,略尽寸心,希察照。此外,直隶赈款能否续借? 俟二十五接篆后与司道妥商再复"。④

李鸿章深为北洋海军的经费不断被挪用而着急,1877年在借拨赈灾款时强调,"惟是海防为军国大计,洋务之变故难言。无事时以为此项可缓,漠然置之,迨有事时则已措手不及"。⑤次年又有朝中大臣提出将海防经费拨充京饷,李鸿章断然反对,再次重申"此项经费,总理衙门与户部奏定章程,专为办防之需,不准挪作他用,原因海防关系重大,经费筹画艰难,合之则可逐渐经营,分之则断不能集事。……非不知和议已成,我力可以稍息,诚以洋务变故难言,若无事时以为可缓,一旦有事则已措手不及。故训诫谆谆,以防务为重而期其必成也"。⑥然而,对于财政支绌的清廷来说,只要战乱没有临头,便把军队建设放在次要地位。1891年6月1日,户部奏《酌拟筹饷办法折》,规定南北洋购买外洋枪炮船只器械暂停二年,所省价银解部充饷。李鸿章在致云贵总督王文韶的信中称,"宋人有言,枢密方议增兵,三司已云节饷,军国大事,岂真如各行其是而不相谋?"⑦台湾刘铭传认为这是自绝其藩,周馥力劝李鸿章"痛陈海军宜扩充,经费不可省,时事不可料,各国交宜不可恃。请饬部枢统筹速办",否则将来一旦失败的责任必然归

---

①② 《上游来电》,盛宣怀全宗档案027178,上海图书馆藏。

③ 《聂缉椝致盛宣怀函》,盛宣怀全宗档案016791,上海图书馆藏。

④ 《甲午中日战争·盛宣怀档案资料选辑之三》下,上海人民出版社1982年版,第613页。

⑤ 李鸿章:《海防经费免再抽拨片》,光绪三年八月二十三日,《李鸿章全集》(卷7),奏议(七),安徽教育出版社2008年版,第421—422页。

⑥ 李鸿章:《海防机局款难分拨折》,光绪四年三月十三日。

⑦ 李鸿章:《复云贵制台王》,光绪四年三月十三日。

咎北洋。①

军贸经费有时也是涉事者基于小集团利益而主动挪作他用,并非被动之举。1881 年,李鸿章为了推进中国的电报建设,从淮军军饷中垫支库平银 192 994 两有奇。甚至电报学堂、守护电报线路兵丁薪粮公费也都由淮军协饷内开支。甲午战时,李鸿章在得不到朝廷拨款时,不得不从海军薪粮中挪垫 20 万两白银购买火炮。②左宗棠西征军费紧张,各省协济久欠不解,无奈之下先后六次举借洋款,然而所借军费并非全部用于西征战事。1881 年 5 月,左宗棠就亲自挪用为兰州织呢局报销费用,虽为地方兴利,但毕竟与军费之用途迥异。

表 10.48　兰州织呢局经费报销一览③　　　　　　　　　　单位:万两银

用款项目	报销途径	款　　额
淘金机器价银	胡光墉捐购	
购织呢、开河、掘井机器价银,入口完税银	1881 年 9 月前西征军需款	11.883 2
德运沪、沪运鄂、鄂运甘,保险及水陆运费		7.297 5
起造房屋、洋匠、通事委员、司事各项薪粮局费、制办器具		11.300 5
合　　计		30.211 2

各方官僚都视军工经费为肥肉,随意挪用垫补。1893 年 10 月 31 日,盛宣怀为湖北督抚出主意,用军费生息归还办矿欠款,"闻宪台因前办鄂矿欠款四万二千串意欲停利一节,督宪甚觉为难,缘鄂省各典息欲皆有待用要需,现尚不敷,每年骤少四千二百串,诸多掣肘,若一家停息各家必然求减尤多窒碍,且铁布两局正在多方罗拙,夏间已奏提各典官本,是以难于回复。窃思得一策:闻枪炮局现因造架弹厂需款十数万,正在筹借,若钧处另代借十万作为每月利息一分,五年归还,共应得息银六万,至此款四万三千串,自上年六月十八日后即未缴息,算至本年十二月十八日止一年半应缴六千三百串,本利并计钱四万八千三百串,合银三万二千二百两,合之襄阳电线借款一万,共作为四万二千两,由钧处先行扣收,息银划归枪炮局认息自还,善后局尚余银一万八千两分年付清,其本银十万第五年统还。至此款实系枪炮局用,该局每年有奏定经费三十六万,内系土磁税及川淮盐江防两款,此次合同及禀详立案,即可指定将来于此款照数拨还,年年着着之款,每年造枪炮可多领少汇出,此数还账甚不难也。如此办法钧处似甚有益旧累笔扫净。而枪炮局可应急需,督宪想必乐从,且鄂省公款亦俱有着,三面俱圆,当可邀允。

①　周馥:《自订年谱》卷上,《周悫慎公全集》,秋浦周氏校刊 1922 年版,第 27—28 页。
②　吴胜:《御侮与抗争》,安徽教育出版社 2017 年版,第 110 页。
③　秦翰才:《左宗棠全传》2010 年未刊本,复旦大学图书馆藏,第 220 页。

但借款必须此数方能办理,此卑职从中调停之策,即请钧裁"。①11月5日,盛宣怀致电湖北,"枪炮局现须造架弹厂需款十余万,拟看尊处代借华商十万五年还,息稍重无妨。枪炮厂有奏定常年专款,其款系鄂省自收,合同可写明于此项扣还确实有着。此款为数有限鼎力,甚不为难,务祈代筹"。11月6日湖北来电,"本银十万或改为第四年还五万,第五年还五万,还利办法一切仍照前议"。11月8日去电湖北,"华商只肯一年,恐无济,现与洋商筹议不奏借法,候洋电再转禀"。②11月14日来电,"三年为期较紧,拟自(光绪)二十一年起即还本,五年还清,息七厘,每年还本二万利随本减,共息银二万一千两,较尊意多得息银三千五百,彼此似均有益,惟银行借款究有不便,可否由招商电报等局转借或别有妙法,其合同盖印签押各节均照尊议,断不以他款扣抵,务请放心"。③1893年11月10日来电,"无论华洋商,阁下若肯设法,此款为数无多,断无不成"。11月12日去电,"与银行议借十万,三年期,第一年付利七千两,第二年还本五万息七千,第三年还本五万息三千五百,总署督盖印,须言定在司道衙门到期照付不能转限。该印官亦盖印签押,必须指明铁政纺织商务借用乃可不奏"。11月23日去电,"银行电复五年须咨总署,三年可不咨,华商只允一年,或藩司或以海关出票"。11月26日来电,"万不宜咨,务望妥商即代订合同为感,此事系有专款,可谓确费,并非铁局用,前电已详,其实华商如肯借亦决不至拖欠也,期限还法俱照银行,两息尚可较量,能再与华商议之否"。11月27日去电,"银行必欲禀知公使,华商只肯一年,屡议未妥"。11月29日来电,"商借之款实由弹厂所用,若铁厂则此数诚无差矣。究竟酌处能代借与否,望速示"。11月30日去电,"银行据云,伯震因接公使知会,故不敢瞒"。12月2日来电,"津行既不肯,沪行亦必相同,银行即可不议,即请代借华商十万,一年还利息由尊处酌定,关道暨枪炮局出名,祈请代订合同并定交银日期,银须速交,分两次交亦可"。12月4日来电,"须令关道会同枪炮局者,此款系该局所用,岁有专款,以便立案指款拨还也。如华商愿只由关道出票亦听其便"。④后又改为信义洋行李德出面借款,1894年1月10日去电,"前议李德云,现借实系售炮洋款,因系织布商务数少期近,故可通融不咨总署"。1月11日来电,"华商满记改为上海商人四字,加用布局,关防关道总办均画押,期限不动,四条均可照办"。当日去电,"歌电已告李德,四条照办,另改合同带鄂签印后十五付银"。⑤

有时包括外购用款在内的军饷居然要挪为偿还外借洋款,对经常欠饷的清军来说更是雪上加霜。1900年12月,护理江苏巡抚布政使聂缉椝致函盛宣怀,苏州原认筹还英德洋款37 142.857两每年分四次于二、五、八、十一月解赴江海关道

---

① ② ③ ④ ⑤ 《上游来电》,盛宣怀全宗档案027178,上海图书馆藏。

交纳,"业将司库应筹银两先后移请江海关于解司本省兵饷款内就近划收,至光绪二十六年八月止分别核作收放详咨在案,所有本年冬月分司库应解英德还款银九千二百八十五两七钱一分五厘,现已届期,应即移请江海关在于应解庚子年本省兵饷款内就近划收抵解以归便捷,即于二十六年地丁款内动支银九千二百八十五两七钱一分五厘,作为放解江海关兑收司库,筹解英德还款,即作收江海关解司库庚子年本省兵饷"。①

吴煦、杨坊在为常胜军购买军火时,私自采买珠宝。"愈斌所买灵珀、朱草与颜真卿诗卷墨迹,业已交出。杨坊购回之东珠朝珠、洋金蟒袍料,既经遵缴,著即从宽免其深究,俟有进京妥员委令赍缴,仍著该抚留心访察,如松、沪一带风闻民间尚存有禁中物件,务即设法尽数收缴,毋令迟久散失。"②

(四)虚耗

在军品的内造和外购两个渠道中,清政府花费了大量白银,但在制造船炮过程中偷工减料,在购买技术设备和原料时中饱私囊的现象广泛存在。1884年6月,有大臣指出,各省所购武器和设备物料,"既无成例以核其报销,复无额数以示之限制。无事则夸其足恃,以为出奇无穷;有事则恨其未精,顿觉相形见绌"。③一方面库款奇绌,款不应手;另一方面,虚耗严重,军购效费比极低。

1874年,李鸿章依靠赫德向英国阿摩士庄厂定造舰船,赫德乘机向李鸿章推荐一种被称为"蚊子船"的小型炮舰,并"力劝中国用蚊子船"作为海军的主力舰船。福州船政监督日意格指出,赫德目的是使"使中国水师永无兴日,船政工程渐废"④。后来连李鸿章也不得不埋怨道,赫德"于治兵实门外汉也,前在英厂购蚊子船数只均系铜片镶做,岁须两修,蚊子船吃水仅八尺"。⑤购买蚊子船,致使清廷虚糜巨款。中法战争时,1884年8月,广东道监察御史赵尔巽奏称"增兵耗饷宜统筹全局,简器练军以为持久之计","持久之道首在饷不虚糜乃可兵归实用……法人之来中国不过二三千人,已牵动我沿海数十万之师,饷源已虞不继,今天下防军所在多有而命一将则一将募勇,简一师则一师添兵,若各省绿营驻防既不足恃并各省现有之防勇亦不足恃,而必取资于乌合召募之众,诚不知何以应敌,何以持久。……应请旨饬下内外各大臣统筹全局,自此以后但就现在兵勇训练精益求精,内地之勇准其抽调惟不准率请添募以节饷需,复详细综计各口军火盈绌,设法购造源源接济以为应敌之要务,外洋虽有公法不准装运军火然利之所在可以唉

---

① 《聂缉椝咨行在户部文》,盛宣怀全宗档案108652,上海图书馆藏。
② 《李鸿章全集》(一),安徽教育出版社2007年版,第216页。
③ 屠守仁:《应诏陈言疏》,《屠光禄疏稿》卷二,台湾文海出版社1966年版,第121页。
④ 《海防档》乙编,《福州船厂》,台湾近代史研究所1957年版,第857页。
⑤ 《李鸿章全集》(卷33),信函(五),安徽教育出版社2008年版,第592页。

之,惟在得人慎密行事,至四川湖南等有机局省分所造枪炮亦令就近分拨解用,仍令源源造办"。①1887 年,李鸿章按照慈禧太后的旨意,花银 22 000 两,从英国购买一套铸钱机器,在天津机器局设厂铸钱,反而使制钱成本大大增加,"亏折未免过巨",②被迫终止。1892 年 11 月 3 日,盛宣怀致济南抚台的电文中称,德商售与李鸿章挖泥船"除已付定银一万外再给规银四万,即在沪交船,照合同该行吃亏,船价将及一万又保险银利洋匠薪水亦将及一万,势难再减,傅相面谕,船既不能退回外国,合拖宕彼合吃亏,更难结束,只可就此了结。宣(盛宣怀)将河防局艰难情形奉商,蒙相谕河局筹付二万,允在宣经收海防捐内拨付二万,将来会奏必照准。至此船收后长年养费甚巨,东省如决计不要,拟商天津司局,以后或拖运来察看收养□挖淀河,化无用为有用"。③结果到了 11 月 10 日,盛宣怀电文中称,"近年磅价日增,现在市价约合五两与彼辩论多日,彼云若后来找领亦照四两三钱定价,当时何不竟定中国银数而仍定英金一万二千磅乎? 若以今例昔按照合同,纵难办理,且洋匠薪水及到申后银利保障,巴使开来清折,伊轻易不肯让,及中堂面谕该商方允将杂项全让,今若不趁此了结,转眴封河又搁下去,以后赔费更多,恐愈难结束。法船前与李梅面议找给银八万两……德法联合向总署饶舌更难著手,须奉商傅相,不如先了德船使法人知道只有减价一法……今以六万买此船更无用处,宣愧才力不胜或请贵局派大员来津会商或令德法两国赴尊处面议"。④11 月 25 日,盛宣怀再致济南汤方伯,"中堂回省否? 前电挖泥船事迄未奉复,傅相因称德均未催办此案。起河在即,势难再搁,致使决裂。……除招商局出六万,海防捐出二万外,如仍照原议河防局出银五万两定,再行会商傅相与两国筹议或能了结"。⑤1894 年 7 月 24 日,信义洋行孙廷杰致函盛宣怀,讨论运送军械事,同时也夹杂非军品转运事,既说明盛宣怀负责经理甲午之战清军后路,却仍留意自己的纺纱厂而对战争并未全身心投入,也从一个侧面说明当时的盛宣怀等人对中日之战持乐观态度。"昨晚所说纺纱机器零件关系到请荔翁与李德签字寄津,小行已电致李德前往,仰祈大人速发电为叩,再爱仁轮船此次已开往朝鲜,其所载闽省之二十八生炮二尊,万不能按期到闽,即请宪台转禀中堂电致闽督。"⑥不排除盛宣

---

① 《赵尚书奏议》,上海图书馆藏古籍电子文献 T28072-142,第 6807 页。

② 李鸿章:《请停机器铸钱折》,光绪十四年八月二十日,《李鸿章全集》(卷 12),奏议(十二),安徽教育出版社 2008 年版,第 458 页。

③ 《盛宣怀来电存稿(第三十册)》,盛宣怀全宗档案 003630,上海图书馆藏,第 61—62 页。"□"为难以辨认之字。

④ 同上书,第 70—72 页。

⑤ 同上书,第 105 页。

⑥ 《孙廷杰致盛宣怀函》,盛宣怀全宗档案 074245,上海图书馆藏。

怀借自己总理后运之权利,通过军用途径搭运旗下民品以占公家便宜,同时,盛宣怀之船运公司抢运军品也是生利之途径。

晚清兵工厂的管理人员都是由清廷和地方各级政府机构委派而来的官僚和政客,他们向兵工厂内安插了许多挂名支薪的亲戚朋友。江南制造局非生产人员多达 648 人,占全厂总人数超过四分之一。该局总办魏允恭曾报告说,不少局中人员"大多因情面和裙带关系而来,他们只领薪俸,不来办公,每月薪水多者数十两,少者也有十多两,每年耗费巨额资金"。①兵工厂官僚们从外省来本厂订购枪炮、修理轮船所收费用中贪污,常多收少报,或隐匿私吞。钦差大臣铁良反映,江南制造局各种款项不下七八十万两,按当时汇丰银行半年利率 6 厘计算,半年应得利息为 21 000—24 000 两,而上报的利息仅有 7 000 两,历年累计数惊人。云南机器局在册工人名额为一百名,实际劳动时的工人最多才六十人。广州机器局财务、善后、军装等局"或串通一气,或暗地分肥"。②1897 年 8 月,冯煦光、盛春颐等向盛宣怀上报汉阳铁厂生产效率情况,"查厂中除总翻译外,所有各厂副已不为少,今总监工骤添各厂副翻译六七员名之多,每月添出薪伙约计百数十金,大半系耶稣教内之人,颜翻译一人在厂已住有月余尚未批给薪伙,闻此人开薪总在百元百金之谱。查各厂五六两月新添工匠,又匠人加薪,又长工改升工匠,约计每月添出此项开支一千一百三十余元之多,并同新添翻译另折开呈。查长工向止按日按名给钱,不做工即不给钱,今改升工匠则每月均有工食长短多寡悬殊,且仍须招用长工殊非节省合算之道。查打铁厂添补工匠多系上年开革,如谭光伦前因工劣不力及盗卖钢铁开革,今谋许启邦保荐,复充匠目,月定五十元,又许元友即许启邦之弟,月定三十五元,又匠目向止一名,此厂匠目多至三名,又李新在上海每月不过三四元,今月定十五元,林官在上海每月亦止三四元,今月定十二元,周乐锅炉厂帮工实值不过六七元,今月定十五元,又甘福兴原日在化铁炉十八元,现定二十二元,由化铁炉匠目转荐。查机器厂较甘发苗,考其工艺不佳,图样不识,只值工价二十元,今借许启邦之力,月定六十元,又梁旭本拟充当副匠目,嗣因开工造坏机件后改充车床匠,月定三十元,实值不过十五六元,新添管家具司事郑复元螺丝公母未能辨别,月定薪伙十三元,实止值四元,其余概可想见。查翻砂厂工匠李岳成即杜成,去年减去工价不就辞去,因在上海无藏身之地,今串通许启邦及该厂匠目李家绍夤谋改名李岳成,复充工匠,月定二十八元,原日二十六元,又新添吕观仲,实姓李,在上海每月十二元,今月定二十八元,谭俊在上海每月十四元,今月定三十元,李悦安、李华显均李家绍兄弟在上海十三元,今李悦安月定二十八元,李

---

① 王兆春:《空教战马嘶北风》,兰州大学出版社 2005 年版,第 85 页。
② 彭玉麟:《彭刚直公奏稿》卷 5,上海西法石印 1902 年刊本,第 28 页。

华显月定二十四元,陈阿草本厂艺徒,原日五串文,今月定十五元,尽以私情开报糜费殊甚。查翻砂厂近来铸边各厂大件之料,铸坏不能用者甚多,计款甚巨,其余铸坏小件不一而足,如马丁厂水力机器底板二块,贝色麻厂压铁路机器拖板六块,轴座二个,汽筒一个,压铁路机器零件七八件,又化铁炉铁水管亦已铸坏,共耗生铁焦煤大小各工约洋一千一百余元,徒费工料皆管工不力,工目疏懒之弊。查贝色麻厂漏弊最多,查工匠所用锉刀机器油棉纱等,恃总监工之势,该工匠任意浮领,浩费稽核收发两处,概不敢核减,日积月累其款甚巨,如此情形岂能于厂有益。查贝色麻工匠罗浩然,查系枪炮厂艺徒,前充贝色麻工作复又就枪炮局炮架厂工作,夜间充贝色麻工作,每夜上工过半点,一点钟时,今串通此厂司事,按照夜工开报,以一人充当两厂工作,监工者,不能考查徒费辛工,此种情形所以不能尽恃洋人,必须华人兼管,卑府前致姚鲁泉函即本此意。炒熟铁厂自三月停工后,机器汽锤等件无人经管,业已生锈不堪,且有损坏者,卑府等意谓该厂停工仍发半价,似应随时饬派该匠人擦磨干净,修理完善上以白漆牛油以备后用,该厂现归堪纳第。查炒铁厂工作熟铁历试无利,以为华人经管不力,前经洋总监工接办诩有新法改造,所有旧炉全行拆去,刻查其实悉依旧样做成,并无奇谋异制,将来开办亦未必能有起色,徒费拆造缴费和千五百余两。各厂制造修理各项货物,总当先行知照总稽核处,再行修造方有稽考,方不谓之私造,今闻各厂私造货物甚多,并不经由总稽核实一漏卮,现尚逐细密查,即如翻砂厂匠目李家绍私造阜昌行茶砖用点铜锡,公司印二百个,共重七十余磅,约计费工料一百余元之多,确有凭据,其模样已经拿获在此。查楚富楚强两轮,从前每月每轮赴厂请领公费银四十两,一切不问自换辛洋人管理之后,五月分共领材料银三百数十两,六月分共领材料银一百六十余两,此外尚须另为出钱添办货物似觉糜费太巨,且辛洋人性情刚愎,屡次滋事已由卑职得福(宗得福)另禀"。①从中可以看到,该厂管理混乱,军费虚糜,情况比较严重。不仅外籍员工利用裙带关系,任意增加翻译人手,不干活吃高额空饷。中方管理层则边招长工,边升工匠,假设生产任务并未增加,则徒费金钱。因有劣迹已被开缺过的员工,任由亲朋关系而复招回厂,且高定者达三倍以上薪水。领高薪造劣件者、出工不出力者比比皆是,机器锈蚀无人管理、偷造私货换取钱财等等弊端,经年累月、层出不穷,一方面军费亏空,另一方面虚耗严重,有权之洋人华人无不借机生财,究其根由,恐怕是制度使然。

福州船政局在到1874年7月为止的六年半时间里,开支总额为五百三十五万两,大大超过预算额。法国雇员的薪水是最大的开支项目(在每月五万两至八万两的经营费用中占一万二千两)。两千名中国工人的工资总数为每月一万两,

---

① 《冯熙光、盛春颐、宗得福致盛宣怀函》,盛宣怀全宗档案 055409,上海图书馆藏。

而一百五十名中国管理人员的薪水总共只有一千二百两——这显然没有把许可的开销和津贴计算在内。在造船合同和支付工人工资方面存在着许多贪污舞弊的漏洞。采办系统存在大量侵吞公款的现象,在沈葆桢接任的第一年里尤其如此;经常发现买来的木材、煤炭和金属材料不能使用。1878 年,有人发现山东机器局所购置的机器中,有些大型机器在闲置,一时使用不上。①

1895 年 6 月,顺天府府尹胡燏棻在《条陈变法自强事宜折》中,谈到机器局效率问题,"中国各省设立制造船政枪炮子药等局不下十余处,向外洋购买机器物件,不下千百万金,而于制造本源,并未领略。不闻某厂新创一枪一炮能突过泰西,不闻某局自制一机器能创垂民用,一旦有事,件件仍须购自外洋,岂真华人之智不及西人哉。推其病源,厥有三故:各厂之设也,类依洋人成事,而中国所延洋匠,未必通材,往往仅晓粗工,不知精诣,袭迹象而遗神明,其病一。厂系官办,一切工料资本,每岁均有定额,即有自出心裁,思创一器者,而所需成本苦于无从报销。且外洋一器之成,如别色麻之钢、克虏伯之炮,或法经数易,或事更数手,成本费数十万金,然后享无穷之利、垂久之大业。今中国之工匠,既无坚忍之力,国家又别无鼓舞之途,遂事事依样洋葫芦,一成不变,其病二。外洋各厂之工头匠目,均系学堂出身,学有本源,而其监督总理之人,无不晓畅工艺,深明化重光电算学之学,故能守法创法,精益求精。今中国各局总办、提调人员,或且九九之数未谙,授以矿质而不能辨,叩以机括而不能鸣,但求不至偷工减料,已属难得。器械利钝,悉听工匠指挥,茫无分晓,其病三"。②据西方人对 1898 年金陵制造局机器设备的观察所见,"机器设备很好,主要购自英国,间或也有德国和瑞士的","但却用来制造过时的无用的军需物品。他们正在大量地制造一种小炮,只能放射一磅重的炮弹","大部分的机器用来制造抬枪"。③1898 年即甲午战争结束第四年,英国退役海军少将贝思福爵士参观沪、津、宁、汉、粤、闽六个兵工厂,在次年发表的《细述中国》报告中记载,"工厂设备是第一流的各种德制机器。我特别注意到许多现代化的铣床……可是没有一部机器是装设完整的。我又目睹了大量制造火药的机器,也没有装设起来"。发出感慨,"若照今日各省各办之情形,不过便各督抚之私图,于国家何益哉"。④在他看来,创办者视所创办局厂为本集团所有,局务、生产一手包揽,并且互相拆台,各自为政,把军工企业当作争权夺利的资本而长期控制。

---

① 逄振镐、江奔东:《山东经济史》近代卷,济南出版社 1998 年版,第 58 页。

② 谭国清:《传世文选·晚清文选》(卷下),西苑出版社 2009 年版,第 37 页。

③ 贝斯福:《中国之瓜分》,转引自张国辉:《洋务运动与中国近代企业》,中国社会科学出版社 1979 年版,第 39 页。

④ 徐剑梅:《甲午战争打断了中国现代化进程吗》,《国学》2013 年第 5 期,第 5 页。

清廷在与外洋结算军品借款时,常常遇到镑价涨落而产生虚耗。1890 年一两银相当于 5 先令左右,"银价昨报四先令九便士,现期前与芝眉函商,如涨致五先令三便士,即将自保船险,存款预买英镑,以备归还汇费欠项,实是稳策"。①天津海防支应局禀李鸿章,"现向英商阿摩士庄定购快船并碰船二支,每支议定英银八万镑两支共计英银十六万镑,分三期交付另备英银二万五千镑为运船来华费及水雷船等用,共计应交英银十八万五千镑,除第一第二两期应交银两,均已汇交外,约略核计尚须找汇英银六万余镑,此项找汇之款按照订立合同应于船成交付时付清,伏思合同内开应交之银如推展期限自应付之日起,按每百镑一年付银五镑行息等语。由此类推如先期交银自亦可由阿摩士庄商人照交息银与中国,且镑价长流落无常,现时镑价尚贱,乘此镑贱之时买镑汇交所益匪细,可以相处下支应局库储支绌不能不处处讲求节省以裕经费,职道鸿因往晤商德税务司璀琳请其函致赫德税务司商酌妥办,兹据德税务司覆函内称,前日面谈买碰船利银一事,顷奉赫德税务司函称利银一事,不能保其必有如若有利,自当归支应局照收,但现在上海买英镑之价甚廉迟数月后必增,即此而论已得自然之利云云。特此奉闻,如目下银两现成仍劝早送英国为是等语。伏查赫德总税务司所称镑价情形,与职局所闻相仿,所有船成后应行找汇伦敦银两,自应提前预汇以期合宜……至津局拨兑船价银两前两次系由轮船装运,现议由妥实号商源丰润等汇兑,在津承领库平化宝二十万两,在沪承交上海规元二十一万七千六百两,上海见票迟十四天交银,所有水脚保险及公估驳力等项使费,均不得开销分毫,应请宪台饬知上海刘道如期收银,查照上两届办法按照时价尽数买镑汇寄伦敦交收。此项船价及另备盘费并水雷船价等项,共计应交……另行筹补足数在于应解北洋经费内扣抵分别申报备核,如蒙批准遵行即由职局将汇兑银票备具文函封交天津文报处,由招商局轮船寄交上海刘道查收取银"。②李鸿章就海军快船借款事致天津海防支应局,"现由英厂订购快船兼碰船二支,应交第三期价银约库平二十万两,目下虽未届期,拟趁此镑价较贱之时照数拨交号商源丰润等汇兑至沪,由江海关刘道酌核收买英镑汇寄伦敦并请行知赫总税务司与英商妥议,按照原立合同中国交价张期,每百镑一年付银五镑之例,于此次价银先期交到时酌照行息候分行遵照缴"。③

晚清财政体系不发达,没有代用货币流通,只能以实银作为通行货币,在实银的交付过程中耗费浩繁,"所需解费现准部咨,仍照向章在于上项经费银两内提扣,按照解沪洋款每千两准支银十二两"。④解沪洋款每汇解 1 000 两就需解费

① 《盛宣怀致马建忠函》,盛宣怀全宗档案 047619,上海图书馆藏。
② 《天津海防支应局详李鸿章批文》,盛宣怀全宗档案 040488-1,上海图书馆藏。
③ 《李鸿章批天津海防支应局文》,盛宣怀全宗档案 040488-2,上海图书馆藏。
④ 《赵尚书奏议》,上海图书馆藏古籍电子文献 T28072-142,第 1182 页。

12 两。而解京之饷则更高达 31 两。"所需解费按照京饷例每千两准支银三十一两,即在应解上项经费内扣提。"①

外洋军火进口时,陆军部和各省督抚常不顾经费支绌的情况盲目购买,其中不乏贪图私利之因素;而且为追求武器之最新式,常常脱离军队的实际需求,效费比不高。1910 年 10 月,陆军部致电赵尔巽,"查九响毛瑟其式太旧,用于军队殊不相宜,望妥酌并望查照前练兵处购办枪炮通行原咨,一并电复"。②12 月,叶景葵致电赵尔巽,"至机关炮现在亦有考验,此炮以马克沁为新式,以费克斯马克沁为最新式。委员等以为川省购办此物,非费克斯马克沁不可,缘此炮效力既大,击射尤速"。③清军官员更多地把战胜列强的希望寄托在所购武器的款式上,以为买到最新式一定可以战胜列强。这种心理很容易为外国军火商所利用,而且各列强为了本国的安全也不可能把最新式武器卖与中国。因此,清军花巨资得到的更多的是采购官员主观意识中的最利之器而已。

各地方在购运军品上往往与所属兵员额数不符,胡乱采购。盛宣怀档案中所存一份 1901 年外务部咨吉林军火文件显示,"吉省由南省购买快枪铅丸火药一事,当经本部函达俄使去后,兹据复称接准来函所开,由上海制造局运吉之枪械子药无阻各情,当即转达伯里总督,旋据电复,此项运往吉省枪械子药实系为时未至之事,此项军火之全数与吉省所驻中国兵队之实数全然不符。查吉省之捕盗马步各兵实七千五百三十三名,并无炮位。据伯里总督之意,以此数颇敷用以剿灭红胡匪,若复续行,将军火运往吉省系属无用,因现值俄国兵队曾助中国捕队也,又拟运往子母一百六十万粒一节,此数殊为不解;并大铜帽之颗数甚巨,尤不可解;应用之洋火药可照成案拨给各捕队,至哈乞开斯子母五十万粒,更为实属莫解者也。总之,据伯里总督之意,将各军火运往东三省先须按照东约之第三条,筹定驻劄东三省中国兵队之数目为是等因。前来查告省兵队有无炮位,所运子药是否必需此数方能敷用,必须切实有据方能辩论"。④

1856 年 5 月,清军在太平军面前节节败退,上海英方税务司李泰国向清方建议,"宜买此轮船数只,扫除狂寇"。⑤1862 年 2 月,两广总督劳崇光受命与赫德在广州磋商购舰事宜,由在英国休假的总税务司李泰国具体承办,是年年底由中号、小号兵船共 7 艘组成的舰队即在英国购就。1863 年 9 月,该舰队相继抵沪津,结

---

① 《赵尚书奏议》,上海图书馆藏古籍电子文献 T28072-142,第 2550 页。

② 赵尔巽全宗档案 543-77-1,中国第一历史档案馆藏。

③ 赵尔巽全宗档案 543-74-4,中国第一历史档案馆藏。

④ 《外务部为咨行事案查吉省由南省购买快枪铅丸火药一事》,盛宣怀全宗档案 000700,上海图书馆藏。

⑤ 夏东元:《洋务运动史》,华东师范大学出版社 1992 年版,第 299 页。

果由于李泰国和清政府对舰队指挥权、用人及花费等各方面皆出现严重分歧,最终双方解除合约,舰队解散,各军舰由阿思本带回伦敦拍卖。在此过程中,清廷付出购舰款、月款、回国经费、和零税银等项共172万两,收回各项余款、船炮变价之款计102.1万两,白白损失69.9万余两①,却一无所获。1894年在英国政府对中国全面军火禁运的情况下,中国决定向智利购买军舰,驻英公使龚照瑗在8月23日电告李鸿章,小克锡(James Johnstone Keswick)已议购智利二舰,此合约由智利与怡和签约,怡和再与清廷签约。②几经转手,佣金必占售价相当高的比例③。

大多数督抚对武器学理并未有充分的掌握,甚至所雇洋匠也是学理不精,在购买和使用外洋武器的过程中常出现随意配置、胡乱操作等现象。曾任金陵制造洋火药局总办的朱恩绂,1909年6月赴各省制造军械局厂考察,指出四川机器总局"嗣因所雇洋匠学术甚浅,未将汽机飞轮转数配合得法,致各厂机力减少,该匠等预计出数(引按:机器出产枪弹数)相差甚多。经臣督饬随员详加研究,就轴轮与总绳轮逐一比明白,当即绘图指示员匠如法改换,咸知各机能力可与合同原议相符。……当初厂员误疑机力不足,议以三十万金添购机器,今此议遂罢,即增购亦不过数万金可了"。④1910年3月16日,"南京张制台鉴洪,前拨机关枪子八万系配他项,该弹只能单放不能连发,请于代川购补机关枪弹内另拨八万交叶道赶运,原弹或解还,或另算价均听尊便"。⑤3月22日,"赵制台鉴洪,鱼电敬悉,查机关炮后有一机关,将其拨动抽开,始能连放,前拨子弹午公在任时,以所存原弹只有数千,因尊处需用甚急,德制毛瑟枪弹与机关炮向可通用,宁省试验单放连发均可随意,故配德造毛瑟枪子弹八万颗,昨贵省兵器科员杨瑾来宁考查,亦经试验,可否候俟该员回川施放,若仍不能连发,再请运宁抽换,统祈钧裁"。⑥3月24日,赵尔巽致电叶景葵,"上海端叶,订购机关炮宜用新式铜保弹板,较带灵准,有无查复"。⑦3月27日,叶景葵回电赵尔巽,"督宪程潜称,铜保弹板系哈职克期(哈乞克斯)机关炮所用,马克沁无之,保弹板每个容弹五十枚,弹带能容二百五十枚,各有好处,似不宜改,前购礼和机关炮发放不密,乃子弹之病,非弹带之病,因所配子弹万方,系用鄂沪等厂旧弹杂凑而成,并非礼和原物,此次合同务求严

① 张雪蓉:《阿思本舰队糜费考辩》,《历史教学问题》1991年第3期。
② 马幼垣:《靖海澄疆——中国近代海军史新诠》,联经出版社2009年版,第274页。
③ 光绪二十年七月二十三日《寄译署》,《李鸿章全集》(卷24),电报(四),安徽教育出版社2008年版,第264—265页。
④ 中国近代兵器工业档案史料编委会:《中国近代兵器工业档案史料》第一辑,兵器工业出版社1993年版,第342、344页。
⑤⑥⑦ 赵尔巽全宗档案543-76-2,中国第一历史档案馆藏。

密,当无此弊"。①

军品进口途中,常常有较大损失,质量不佳者、中途沉水者等情况并不鲜见。1894 年 8 月,张肇纶致函盛宣怀,"信(信义洋行)枪三千枝,台北委员本已剔出四百枝,旋奉电谕再四与之相商,前途仍照数验收信枪三千枝、瑞(瑞生洋行)枪二千二百枝,两共五千二百枝,均已照交清楚"②。1895 年 7 月盛宣怀致函沈能虎:"捞'高升'物洋人罗贝士,即壮恒,花费受苦,给予千二百元作为了事。……电称'捞取克虏伯炮九尊,车架全,要银五千,请交烟道台收'。……顷满德到津,面禀傅相及弟处云:'罗贝士所捞之克虏炮,查验螺丝等件均已锈坏,洋枪更属无用,无法修理,只可当作古董。'"③1896 年 1 月,顾元勋致函盛宣怀,"旅顺船坞、海西鱼雷营等处所有该营机器、鱼雷、一切物料荡焉无存,机器各厂约取去机器七成,尚有三成既无皮带又乏手具。坞局须添机器及应用材料(以二万余金购器,以二万金买料),一俟节辕行文,再行禀请归宪台分饬洋商订购,赶运到旅,以备开创之用"④。清廷难得的军费并未全部用在军械购买上,如武器运送来华过程中常常在海上失事,罗贝士捞取克虏伯大炮九尊,所需捞费 5 000 两。⑤

早在 1878 年总理衙门就已经意识到军购已成为各省采购人员的"利薮",这些人往往"以劣充良""虚耗巨款",只能专派精明廉政之员,总司其事。为了尽可能减少军品采购人员的浮冒贪污问题,清廷采纳李鸿章建议,交由驻外公使负责采购外洋军械。但是驻外使臣的岗位特点决定了,其不可能把所有精力都放在军购上,同时,缺乏制度的约束,仅靠个人的品性,也难于完全杜绝贪污问题。清政府充分发挥购械合同的规范作用。如购械时往往把相关合同抄呈南北洋大臣,由其负责联系出使大臣进行核查,发现合同所开价目较原厂实价有增多之处,应按照使馆所查之价进行核算,并进行议罚。除多开之数应扣减不计外,再于应付价值内照多开之数加倍扣罚。而且往往还要比较国内军工厂同类军火之价格,相差无几时要求优先采购国内所产。只是由于国内所产枪械问题丛生,又缺乏相关补贴机制,即便仅从物有所值的角度着眼,各省督抚也是千方百计找借口,弃内地所产,选购外洋军品。

军械从来都只是战争的工具,其效能的发挥在更大意义上取决于武器的使用者及合理的军事制度。而在相当长的时期内,清军重视了武器的更新,却忽视了人的改造和制度的改革。赵尔巽任内不停地购买外洋军火,然而,他并非不知道

①　赵尔巽全宗档案 543-76-2,中国第一历史档案馆藏。

②　《甲午中日战争·盛宣怀档案资料选辑之三》下,上海人民出版社 1982 年版,第 129 页。

③　同上书,第 457—458 页。

④　同上书,第 481 页。

⑤　《盛宣怀致沈能虎函》,盛宣怀全宗档案 031369-6、057356,上海图书馆藏。

武器作用的有限性。早在 1884 年中法战争时,任福建道监察御史的赵尔巽就在奏折"为海防紧要敬陈战守机宜"中强调,"不知船炮虽精亦恃有用之人,苟有肉薄敢死之士,何船炮之足畏,何坚利之不破。……果有强帅自有利兵,果有肉薄敢死之士虽无炮台土圩足以克敌矣"。①甲午战败,一批号称在亚洲甚至在全世界海军舰船史上具有较高水平的,费尽心机购自外洋的先进舰船,要么在战斗中被击沉,要么被清军炸沉,要么被敌人俘虏。花费巨额经费建设的北洋海军,没能保卫大清却全军覆没。经久不衰的采购之下,外洋军器数量在不断增多,然而对武器的保养却并未到位。沈能虎曾致函盛宣怀,"查火药储至七年,药已卸劲,如收储之厂库不合洋式,或被潮气即有妨碍,拟使储存相宜之处,而时逾七年始用此子弹,岂亦鄙人担当耶?"②沈葆桢主持福州船政局时,"船政局干修极多极厚,或每年数千金,少亦数百金"。③继任者黎兆棠在短短三年任期内积攒银六十万两之多。④

---

① 《赵尚书奏议》,上海图书馆藏古籍电子文献 T28072-142,第 6790 页。
② 王尔敏等编:《盛宣怀实业朋僚函稿》,台湾近代史研究所 1997 年版,第 1235 页。
③ 刘坤一:《刘忠诚公遗集》书牍,卷 7,1909 年刻本,第 62 页。
④ 《中国近代史资料丛刊·洋务运动》五,上海人民出版社 1961 年版,第 271 页。

参考文献

一、古籍档案

《军机处录副奏折补遗》，3 全宗，673 卷，缩微胶片 2472 号，第一历史档案馆藏。

奭良：《赵尔巽行状》，古籍类 39050，上海图书馆藏。

《赵尔巽奏稿》，古籍类 85689，上海图书馆藏。

《赵尔巽电稿》，古籍类 456257，上海图书馆藏。

《廷寄赵尔巽》，古籍类 456284，上海图书馆藏。

《盛宣怀奏稿》，古籍类 495945，上海图书馆藏。

《满清卖路贼盛宣怀历史初编二十回》，古籍类 495803，上海图书馆藏。

《盛宣怀主办汉阳铁厂时期与外人往来有关函件》，古籍类 542540，上海图书馆藏。

国家图书馆：《清代军政资料选粹》（十册），全国图书馆文献缩微复制中心 2002 年版。

国家图书馆：《清代光绪兵部奏稿》（十三册），全国图书馆文献缩微复制中心 2004 年版。

《国家图书馆近代统计资料丛刊》（六十九册），燕山出版社 2009 年版。

《清代兵事典籍档册汇览》（一百册），学苑出版社 2005 年版。

《清代外交孤本档案》（五十二册），全国图书馆文献缩微复制中心 2005 年版。

中国第一历史档案馆：《清代军机处电报档汇编》（全四十册），中国人民大学出版社 2006 年版。

中国第一历史档案馆：《光绪宣统两朝上谕档》（全三十七册），广西师范大学出版社 1996 年版。

中国第一历史档案馆：《光绪朝朱批奏折》（全一百二十册），中华书局 1996 年版。

朱寿朋：《光绪朝东华录》（全五册），中华书局 1958 年版。

奕䜣：《钦定剿平粤匪方略》《钦定剿平捻匪方略》，同治十一年铅印本。

盛宣怀:《愚斋存稿》,中国书店 1987 年版。

盛康:《清朝经世文编续编》,文海出版社 1972 年版。

薛福成:《庸盦笔记》,江苏人民出版社 1983 年版。

薛福成:《庸盦内外编·文编》,光绪二十四年印。

容闳:《西学东渐记》,岳麓书社 1986 年版。

《张之洞全集》,河北人民出版社 1998 年版。

郑敦谨、曾国荃:《胡文忠公全集》,文海出版社 1976 年版。

吴元炳:《沈文肃公政书》,文海出版社 1967 年版。

故宫博物院编:《清光绪朝中日交涉史料》,故宫博物院 1932 年刊行。

蒋廷黻:《筹办夷务始末补遗》,北京大学出版社 1988 年版。

《中德外交密档(1927—1947)》,广西师范大学出版社 1994 年版。

陈霞飞:《中国海关密档——赫德、金登干函电汇编》,中华书局 1995 年版。

池仲祐:《海军实纪——购舰篇、造船篇》,民国七年海军部本。

《同治朝筹办夷务始末》,中华书局 1964 年版。

郭嵩焘:《郭侍郎奏疏》,艺文印书馆 1964 年影印本。

《光绪朝上谕档》,广西师范大学出版社 1996 年版。

杨家骆主编:《洋务运动文献汇编》,世界书局 1964 年版。

赵尔巽等:《清史稿》,中华书局 1998 年版。

薛福成:《出使四国日记》,宝海校注,社会科学文献出版社 2007 年版。

《曾纪泽遗集·文集》卷 5,岳麓书社 1983 年版。

许同莘《许文肃公日记》,文海出版社 1968 年版。

徐建寅:《欧游杂录》,湖南人民出版社 1980 年版。

《清穆宗实录》,中华书局 1986 年版。

《清宣宗实录》,中华书局 1986 年版。

蔡少卿:《薛福成日记》,吉林文史出版社 2004 年版。

陈旭麓:《盛宣怀档案资料选辑》,上海人民出版社 1979 年版。

马建忠:《适可斋记言记行》,光绪二十四年石印本。

《曾国藩全集》,岳麓书社 1985—1994 年版。

《左宗棠全集》,岳麓书社 1987 年版。

《张之洞全集》,河北人民出版社 1998 年版。

《李鸿章全集》,安徽教育出版社 2007 年版。

《中国近代史资料丛刊》,上海书店出版社 2000 年版。

《筹办夷务始末》,中华书局 1964 年版。

《清末海军史料》,海洋出版社 1982 年版。

《中国旧海关史料(1895—1948)》,京华出版社 2001 年版。

《中国旧海关史料未刊稿(1895—1948)》,广西师范大学出版社 2012 年版。

《晚清外交会晤并外务密启档案汇编(全九册)》,全国图书馆文献缩微复制中心 2008 年版。

实业部国际贸易局:《最近三十四年来中国通商口岸对外贸易统计》,商务印书馆 1935 年版。

姚贤镐编:《中国近代对外贸易史资料(1840—1895)》,中华书局 1962 年版。

文公直:《最近三十年中国军事史》,《民国丛书》第 1 编第 32 辑,上海书店出版社 1989 年版。

《清季外交因应函电资料(1874—1911)》,香港中文大学出版社 1993 年版。

吴伦霓霞、王尔敏编:《盛宣怀实业函电稿》(上下),香港中文大学出版社 1993 年版。

王尔敏、陈善伟编:《近代名人手札真迹——盛宣怀珍藏书牍初编》(第一到第九册),中文大学出版社 1987 年版。

台湾所藏外交部档案:2660《向英交涉接收日本驱潜艇案》。

台湾所藏国军档案:771.06/6015《国外订购舰艇案》;771.06/2423《德国承造"长风""伏波""飞云"三舰案》

二、近人专书

董守义:《恭亲王奕䜣大传》,辽宁人民出版社 1989 年版。

陈崇桥、张田玉:《中国近代军事后勤史》,金盾出版社 1993 年版。

《17—19 世纪中欧枪械比较研究》,中州古籍出版社 2015 年版。

《中西火炮与英法联军侵华之役》,科学出版社 2015 年版。

《16—17 世纪西方火器技术向中国的转移》,山东教育出版社 2014 年版。

吉辰:《龙的航程——北洋海军航海日记四种》,山东画报出版社 2013 年版。

戚其章:《中国近代史资料丛刊续编·中日战争》(十二册),中华书局 1989 年版。

谢忠岳:《北洋海军资料汇编》,全国图书馆文献缩微复制中心 1994 年版。

陈诗启:《中国近代海关史》,人民出版社 2002 年版。

陈悦:《北洋海军舰船志》,山东画报出版社 2009 年版。

茅家崎:《太平天国对外关系史》,人民出版社 1984 年版。

吴杰章、苏小东、程志发主编:《中国近代海军史》,解放军出版社 1989 年版。

沈渭滨:《困厄中的近代化》,上海远东出版社 2001 年版。

周军、杨雨润:《李鸿章与中国近代化》,安徽人民出版社 1989 年版。

廖和永:《晚清自强运动军备问题之研究》,文史哲出版社 1987 年版。

茅家崎:《太平天国通史》,南京大学出版社 1991 年版。

崔之清:《太平天国战争全史》,南京大学出版社 2001 年版。

王家俭:《李鸿章与北洋舰队——近代中国创建海军的失败与教训》,生活·读书·新知三联书店 2008 年版。

成晓军:《洋务之梦:李鸿章传》,四川人民出版社 1995 年版。

孙瑞芹:《德国外交文件有关中国交涉史料选译》,商务印书馆 1960 年版。

中国史学会编:《中国近代史资料丛刊·洋务运动》,上海人民出版社 1957 年版。

张侠、杨志本、罗澍伟、王苏波、张利民:《清末海军史料》,海洋出版社 1982 年版。

黄鸿寿:《清史纪事本末》,上海书店 1986 年版。

冯自由:《中华民国开国前革命史》,上海书店出版社 1990 年版。

冯自由:《革命逸史》,中华书局 1981 年版。

姜鸣:《中国近代海军史事日志(1860—1911)》,生活·读书·新知三联书店 1994 年版。

孙修福、何玲:《中国近代海关史大事记》,中国海关出版社 2005 年版。

郭廷以:《太平天国史事日志》,上海书店 1986 年版。

茅家琦:《郭著太平天国史事日志校补》,台湾商务印书馆 2001 年版。

江世荣:《捻军史料丛刊》,商务印书馆 1957 年版。

罗尔纲:《太平天国史》,中华书局 1991 年版。

王庆成:《太平天国的文献与历史》,社会科学文献出版社 1993 年版。

龙盛运:《湘军史稿》,四川人民出版社 1990 年版。

郦纯:《太平天国军事史概述》,中华书局 1982 年版。

朱东安:《曾国藩传》,四川人民出版社 1985 年版。

彭泽益:《十九世纪后半期的中国财政与经济》,人民出版社 1983 年版。

黄宇和:《两广总督叶名琛》,中华书局 1984 年版。

庄练:《中国近代史上的关键人物》,中华书局 1988 年版。

李士风:《晚清华洋录》,上海人民出版社 2004 年版。

马廉颇:《晚清帝国视野下的英国》,人民出版社 2003 年版。

上海市政协文史资料工作委员会编:《旧上海的外商与买办》,上海人民出版社 1987 年版。

上海外事志编辑室编:《上海外事志》,上海社会科学院出版社 1999 年版。

中外关系史学会编:《中外关系史译丛》,上海译文出版社 1985 年版。

汤象龙:《中国近代海关税收和分配统计》,中华书局 1992 年版。

汪敬虞:《十九世纪西方资本主义对中国的经济侵略》,人民出版社 1983 年版。

汪敬虞:《外国资本在近代中国的金融活动》,人民出版社 1999 年版。

许毅编:《清代外债史资料》,中国档案出版社 1990 年版。

许毅等:《清代外债史论》,中国财政经济出版社 1996 年版。

严中平:《中国近代经济史(1840—1894)》,人民出版社 2001 年版。

姚贤镐编:《中国近代对外贸易史资料(1840—1894)》,中华书局 1962 年版。

张晓宁:《天子南库:清前期广州制度下的中西贸易》,江西高校出版社 1999 年版。

黄鸿钊:《中英关系史》,开明书店 1994 年版。

邓绍辉:《晚清财政与中国近代化》,四川人民出版社 1998 年版。

卢汉超:《郝德传》,上海人民出版社 1986 年版。

《中国昨天与今天 1840—1987 国情手册》,解放军出版社 1989 年版。

张振龙:《中国军事经济史》,蓝天出版社 1990 年版。

连心豪:《水客走水——近代中国沿海的走私与反走私》,江西高校出版社 2005 年版。

赵振玫主编:《中德关系史文丛》第 1 辑,中国建设出版社 1987 年版。

刘善章、周荃主编:《中德关系史译文集》,青岛出版社 1992 年版。

中国德国史研究会等编:《德国史论文集》,青岛出版社 1992 年版。

吴景平:《从胶澳被占到科尔访华——中德关系 1861—1992》,福建人民出版社 1993 年版。

汤象龙:《中国近代海关税收与分配统计》,中华书局 1992 年版。

戴一峰:《中国海关与中国近代社会》,厦门大学出版社 2005 年版。

夏东元:《洋务运动史》,华东师范大学出版社 1996 年版。

梁义群:《近代中国的财政与军事》,国防大学出版社 2005 年版。

吴相湘主编:《驻德使馆档案钞》第 3 册,台湾学生书局 1967 年版。

姜鸣:《龙旗飘扬的舰队:近代中国海军兴衰史》,三联书店 2002 年版。

张国辉:《洋务运动与中国近代企业》,中国社会科学出版社 1979 年版。

王国强:《中国兵工制造业发展史》,黎明文化事业公司 1986 年版。

《中国近代兵器工业——清末至民国的兵器工业》(1861—1949),国防工业出版社 1998 年版。

曾祥颖:《中国近代兵工史》,重庆出版社 2008 年版。

《中国兵工企业史》,兵器工业出版社 2003 年版。

《抗战时期重庆的兵器工业（1937—1945）》，重庆出版社 1995 年版。

于学驷、李树华：《兵工史料：1—18 辑》，兵工史编辑部，1984—1988 年版。

李金强等：《近代中国海防——军事与经济》，香港中国近代史学会 1991 年版。

于学驷：《军事工业——根据地兵器》，解放军出版社 2000 年版。

王垂芳：《洋商史》，上海社会科学院出版社 2007 年版。

郭立珍：《中国近代洋货进口与消费转型研究》，中央编译出版社 2012 年版。

三、学术论文

王扬宗：《江南制造局翻译书目新考》，《中国科技史料》1995 年第 2 期。

郑剑顺：《福建船政学堂与近代西学传播》，《史学月刊》1998 年第 4 期。

于醒民：《一八六一年亨利华尔购买炮舰案》，《史林》1986 年第 2 期。

王家俭：《国际科技转移与北洋海防建设——论洋员在洋务运动中的角色与作用》，《中华文史论丛》1999 年第 58 期。

［法］巴斯蒂（Marianne Bastid-Bruguiere）：《清末赴欧的留学生们——福州船政局引进近代技术的前前后后》，《辛亥革命史丛刊》1991 年第 8 期。

［法］巴斯蒂：《福州船政的技术引进（1866—1912）》，《素馨集——纪念邵循正先生学术论文集》，北京大学出版社 1993 年版。

姜鸣：《清末的伦道尔式炮艇》，《舰船知识》2002 年第 274 期。

马幼垣：《抗战时期未能来华的外购舰》，《中央研究院近代史研究所集刊》1996 年第 26 期。

马幼垣：《甲午战争以后清革新海军的尝试——以向外购舰和国内造舰为说明之例》，《岭南学报》1999 年第 1 期。

马幼垣：《甲午战争期间李鸿章速购外舰始末》，《九州学林》2005 年第 2—3 期。

马振犊：《抗战爆发前德国军火输华评述》，《民国档案》1996 年第 3 期。

陈孝惇：《甲午战争后清政府海军之重建》，《海军学术月刊》1995 年第 4 期。

欧阳煦：《我舰队训练最早最高的外籍顾问——琅威理（1843—1906）》，《海军学术月刊》1988 年第 2 期。

余文堂：《中德早期的贸易关系（1650—1860）》（The Early International Trade Between China and Germany，1650—1860），教授升等论文，台中青峰出版社 1990 年版。

余文堂：《中德早期贸易关系》修订版，稻禾出版社 1995 年版。

余文堂：《中德早期关系史论文集》，稻乡出版社 2007 年版。

陈存恭:《列强对中国禁运军火的发端》,《近代史研究所集刊》1973 年第 4 期(上)。

陈存恭:《列强对中国军火禁运》,《中国现代史专题研究报告》1973 年第 4 辑。

胡汶本:《试论德国帝国主义在山东势力的形成(1897—1914)》,《文史哲》1982 年第 2 期。

皮明勇:《德国与晚清军事变革》,《军事历史》1990 年第 3 期。

王建华:《晚清军事改革与日、德、俄三国的控制》,《苏州大学学报》1992 年第 1 期。

郑宗有、易文君:《论洋务运动与德国》,《史林》1994 年第 2 期。

陈纪遥:《十九世纪中德贸易往来》,《中国社会经济史研究》1985 年第 2 期。

徐枫:《德华银行与德华银行纸币》,《中国钱币》1985 年第 1 期。

姜鸣:《备受争议的大清海军"济远"舰》,《舰船知识》2002 年第 11 期。

闫俊侠:《一本虽薄却重的晚清出洋大臣日记——浅谈李凤苞及其〈使德日记〉》,《兰州学刊》2006 年第 12 期。

王伟:《李凤苞与晚清海军建设》,《辽宁教育行政学院学报》2008 年第 3 期。

刘振华:《李凤苞、徐建寅主持购买铁甲舰考论》,《军事历史研究》2009 年第 1 期。

张学海:《盛宣怀与甲午战争》,《学海》1998 年第 2 期。

四、学位论文

滕德永:《清政府军械外购问题初探》,北京师范大学 2009 年博士论文。

赵惠:《洋务运动时期清政府军备的海外采购》,中山大学 2005 年硕士论文。

刘振华:《晚清政府向西方购买舰船过程与其中的人事考察(1874—1884)》,华东师范大学 2006 年硕士论文。

贾伟川:《洋务运动时期海外军用设备采购的途径》,暨南大学 2005 年硕士论文。

王晶:《晚清至民国时期(1861—1914)中德军事技术交流初探》,华南师范大学 2007 年博士论文。

王雅馨:《晚清驻外公使许景澄研究》,吉林大学 2007 年硕士论文。

刘薇:《张之洞与中国近代兵工企业》,武汉大学 2010 年博士论文。

郭明中:《清末驻德公使李凤苞研究》,台湾中兴大学 2002 年硕士论文。

李其霖:《清代台湾之军工战船厂与军工匠》,台湾淡江大学 2002 年硕士论文。

洪子杰:《1875—1881 海关购舰之研究》,台湾"中央大学"2008 年硕士论文。

曾敏泰:《驻德公使许景澄与晚清军备购办之研究》,台湾成功大学 2009 年硕士论文。

黄宇旸:《李鸿章与清季购舰政策研究》,台湾淡江大学 2011 年硕士论文。

五、英文资料(包括中译本)

Bays, Daniel E.: *China Enters the Twentieth Century: Chang Chih-tung and the Issues of a New Ages*, *1895—1909*. Ann Arbor: The University of Michigan Press, 1978.

Rawlinson, John L: *China's Struggle for Naval Development: 1839—1895*. Cambridge: Harvard University Press, 1967.

Wang, Y. C: *Chinese Intellectuals and the West*, *1872—1949*. Chapel Hill: The University of North Carolina Press, 1966.

Robert Gardiner, ed., *Steam*, *Steel & Shellfire: The Steam Warship*, *1815—1905*(London: Conway Maritime Press, 1992).

Admiralty(Great Britain), Intelligence Department, *China: War Vessels and Torpedo Boats*(London: Her Majesty's Stationery Office, 1891).

GARDINER R. *Conway's All the World's Fighting Ships*, *1860—1905* (London: Conway Maritime Press, 1979).

Randal Gray, ed., *Conway's All the World's Fighting Ships*, *1906—1921*(London: Conway Maritime Press, 1979).

Peter Brook, *Warships for Export: Armstrong Warships*, *1867—1927* (Gravesend, Kent: World Ship Society, 1999).

John L. Rawlinson, *China's Struggle for Naval Development*, *1839—1895*(Cambridge, MA: Harvard University Press, 1967).

G. E. Armstrong, *Torpedoes and Torpedo Vessels*(London: George Bell and Sons, 1901).

Joseph Berk, *The Gatling Gun: 19th Century Machine Gun to 21th Century Vulcan*(Boulder, CO: Paladin Press, 1991).

David K. Brown, *Warrior to Dreadnought: Warship Development*, *1860—1905*(London: Chatham Publishing, 1997).

Chan Lau Kit-ching, *China*, *Britain*, *and Hong Kong*, *1895—1945* (Hong Kong: The Chinese University Press, 1990).

Feng Djen Djang, *The Diplomatic Relations between China and Germany since 1898* (Shanghai Commercial Press, 1937).

David Douglas, *The Great Gunmaker: The Life of Lord Armstrong* (Northumberland: Sandhill Press, 1970).

Ivo Nikolai Lambi, *The Navy and German Power Politics, 1862—1914* (Boston: Allen and Unwin, 1984).

Steven A. Leibo, *Transferring Technology to China: Prosper Giquel and the Self-Strengthening Movement* (Berkeley: Institute of East Asian Studies, University of California, 1985).

Lee McGiffin, *Yankee of the Yalu: Philo Norton McGiffin, American Captain in the Chinese Navy (1885—1895)* (New York: E. P. Dutton and Company, 1968).

David Pong, *Shen Pao-chen and China's Modernization in the Nineteenth Century* (Cambridge: Cambridge University Press, 1994).

Richard J. Smith, *Mercenaries and the Mandarins: The Ever-Victorious Army in Nineteenth Century China* (Millwood, NY: KTO Press, 1978).

Brooks. Barbara J. "*Japan's Imperial Diplomacy: Consuls, Treaty Ports, & War in China, 1895—1938.*" University of Hawaii Press, 2000.

Lone. Stewart. "*Japan's First of Modern War: Army and Society in the Conflict with China, 1894—1895.*" London: St. Matin's Press, 1994.

Sharon A. Minichiello. "*Japan's Competing Modernities: Issues in Culture & Democracy, 1900—1930.*" University of Hawaii Press, 1998.

Paine. S. C. M. "*The Sino-Japanese War of 1894—1895: Perception, Power and Primacy.*" Cambridge, UK; New York: Cambridge University Press, 2003.

R. C. Anderson, "Captain McGiffin and the Battle of the Yalu," *American Neptune*, 9:4(October 1948), p.301.

Richard M. Anderson, "Flatirons: The Rendel Gunboats," *WI*, 13: 1 (March 1976), pp.49—78.

W. Bille, "French Small Cruisers Forbin and Surcouf," *WI*, 6:4(December 1969), pp.330—331.

C. Brook, "Chinese Torpedo Gunboat Fei Ting," *WI*, 8: 4 (December 1971), pp.203—206.

Toshio Tamura(田村俊夫), "The Fate of the Chinese Torpedo Gunboat Fei Ting," *WI*, 24:2(June 1987), pp.190—192.

Peter Brook，"Armstrong Torpedo Gunboats，" *WI*，15：2（June 1978），pp.134—144.

J.Cornic，H. Le Masson，*et al.*，"The Four Chinese Schichau Built Destroyers，"*WI*，10：1（March 1973），pp.112—113.

Boris V. Drashpil，Toshio Tamura，and C. C. Wright，"The Fate of the Four Chinese Torpedo Boat Destroyers，"*WI*，10：1（June 1987），pp.193—198.

Stephen S. Roberts，"The Imperial Chinese Steam Navy，1862—1895，"*WI*，11：1（March 1974），pp.19—57.

C. de Saint Hubert，"Notes on the French Protected and Unprotected Cruisers，1860—1900，" *The Belgian Shiplover*，149（January 1974），pp.89—92.

Paul Silverstone and C. Saint Hubert，"The Chinese Navy（1870—1937），"*Waiships Supplement*，39（August 1975），pp.11—32.

I. A. Sturton，"The Imperial Chinese Steam Navy，1862—1895，"*WI*，12：1（March 1975），pp.5—10.

［美］康念德：《李鸿章与中国军事工业近代化》，杨天宏译，四川大学出版社1992 年版。

［美］郝延平：《十九世纪的中国买办——东西间桥梁》，李荣昌等译，上海社会科学院出版社 1988 年版。

［英］季南：《英国对华外交 1880—1885》，商务印书馆 1984 年版。

［英］马士：《中华帝国对外关系史》，张汇文等译，上海书店出版社 2006 年版。

［澳］冯兆基：《军事近代化与中国革命》，郭太风译，上海人民出版社 1994 年版。

［美］鲍威尔：《中国军事力量的兴起（1895—1912）》，中华书局 1978 年版。

六、德文资料（包括中译本）

余文堂：《德国对华关系 1860—1880》（德文版）。Yu Wen-tang，Die deutsch-chinesischen Beziehungen von 1860—1880，Studienverlag Dr. N. Brockmeyer Bochum W. Germany，1981.

［德］伊丽莎白·凯斯特：《俾斯麦时期的在华德国军事顾问 1884—1890》（德文版）。Elisabeth Kaske，Bismarcks Missionare Deutsche Militarinstrukteure in China 1884—1890，Harrassowitz Verlag Wiesbaden 2002.

［德］乔伟、李喜所、刘晓琴：《德国克虏伯与中国的近代化》，天津古籍出版社2001 年版。

〔德〕施丢克尔:《十九世纪的德国与中国》,生活·读书·新知三联书店 1962 年版。

〔德〕辛达谟:《德国外交档案中的中德关系》,台北《传记文学》1982 年第 4 期。

七、日文资料(包括中译本)

〔日〕黛治夫:《海军炮战史谈》,原书房 2009 年 8 月版。

〔日〕宫内邦子:《连海军战略》,原书房 2010 年 5 月版。

〔日〕松村劭:《三千年海战史》(下),中央公论新社 2010 年 8 月版。

〔日〕海军军令部:《廿七八年海战史》,春阳堂 1905 年版。

〔日〕海军历史保存会:《日本海军史》(全十一册),第一法规出版株式会社 1995 年版。

〔日〕宫崎滔天:《三十三年之梦》,佚名初译,林启彦改译,花城出版社、三联书店香港分店 1981 年版。

后　记

本书为国家社科基金一般项目"晚清华洋军品贸易与近代军事变革"的阶段性成果。

对该课题的关注源于本人在复旦大学中国史博士后工作站时的学术经历,为了能听到各位史学大师的授课,我每天在各大教室流连忘返。导师组戴鞍钢老师的近代经济史专业课是最吸引我的必听课之一,作为旁听生,我从头听到尾,受益匪浅。在戴老师的指引下,开始对晚清华洋军品贸易产生越来越大的兴趣,也得到了合作导师吴松弟老师的大力支持。然而,真正进入研究状态后方才发现,研究之难度超乎想象。在外患内忧的刺激下,购买洋枪洋炮与铁甲舰船装备军队、引进西洋设备与物料仿造军械,是晚清军事自强运动的主要内容。以武器及设备物料单向进口为主要内容的华洋军品贸易,持续时间之长、规模之大、牵涉国家之多,在中国历代军事史上是罕见的。厘清此问题,殊为不易。不仅在于军品贸易因特殊性而隐讳不宣,而且资料散见于世界各地,既有官方档案,更有企业留存。

对一国国防建设来说,守正与创新、引进与自造,是永远需要不断平衡的一对关系,更是历久弥新的研究课题。我以学术"小白"的身份斗胆进入了这一领域,从爬梳一档史料、研读盛档卷宗开始,在晚清政府对军品贸易的筹划、列强对清廷军贸需求的策略、清廷军贸经费的筹集与使用等方面,有了一些粗浅思考,凝结成册。当然,目前的研究只是初步的,许多方面仍存在盲点,有待后续研究进一步完善。

课题研究过程中,除了合作导师吴松弟老师的精心指导外,还要感谢北京的陈争平老师,是他的鼓励给了我研究的勇气。华强老师、廖大伟老师、戴鞍钢老师、姜鸣老师、陈悦老师、马建标老师、戴海斌老师、林志杰老师、孙建军老师等各位前辈或同仁,对我的研究给予极大的帮助。还要特别感谢妻子吴凤华、女儿费易的理解与支持。

衷心感谢上海建桥学院提供的资助。

图书在版编目(CIP)数据

晚清华洋军品贸易的兴起与筹划/费志杰著.—上
海:上海人民出版社,2023
ISBN 978 - 7 - 208 - 18348 - 3

Ⅰ.①晚… Ⅱ.①费… Ⅲ.①军械-进口贸易-研究
-中国-清后期 Ⅳ.①F752.654.7

中国国家版本馆 CIP 数据核字(2023)第 103418 号

责任编辑 刘华鱼
封面设计 一本好书

晚清华洋军品贸易的兴起与筹划

费志杰 著

出 版	上海人 出版社	
	(201101 上海市闵行区号景路 159 弄 C 座)	
发 行	上海人民出版社发行中心	
印 刷	上海商务联西印刷有限公司	
开 本	720×1000 1/16	
印 张	20.5	
插 页	4	
字 数	384,000	
版 次	2023 年 7 月第 1 版	
印 次	2023 年 7 月第 1 次印刷	

ISBN 978 - 7 - 208 - 18348 - 3/K • 3295

定 价 98.00 元